中文社会科学引文索引
（CSSCI）来源集刊

城市史研究

（第45辑）

URBAN HISTORY
RESEARCH

任吉东　主编
任云兰　执行主编

天津社会科学院　中国城市史研究会　主办

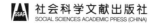

社会科学文献出版社
SOCIAL SCIENCES ACADEMIC PRESS (CHINA)

《城市史研究》编委会

目　录

1

城市治理

城市景观与文化

城市与生态

卫生与环境

Contents

3

Regional Urban Research

Urban Governance

Urban Landscape and Culture

Contents

City and Ecology

Sanitation and Environment

十年来中国城市史研究回顾与展望[*]

何一民　余爱青　任吉东　廖羽含

内容提要　中国城市史学科的兴起至今已有30多年，近十年来随着中国城市化发展的加速，中国城市史研究也出现较快的发展，主要表现在论文发表数量的增加和学术专著的大量出版。在研究内容方面，中国城市通史研究有较大的进展，古代城市史研究也较为深入，近现代城市史研究则出现了多方面的突破，新中国城市史研究也有一定的进展。虽然近十年来中国城市史研究成绩斐然，但仍然存在不足和若干薄弱环节，需要继续深化。从发展趋势来看，未来十年中国城市史研究将在现有基础上取得新的突破与发展，前景令人期待。

关键词　中国城市史　城市史研究　城市史学

近十年来，伴随着中国人文社会科学的繁荣和城市化的迅速推进，中国城市史研究呈现出加速发展和趋于成熟的良好势头，形成了诸多研究热点和比较稳定的专题研究领域，但目前还未有研究者对此进行系统回顾与总结，仅有个别学者对一些专题或会议进行了概述。[①] 本文通过对相关文

---

* 本文为全国哲学社会科学工作办公室《国家"十四五"时期哲学社会科学发展规划》中国历史学调研课题研究成果之一。

① 王肇磊、任吉东：《战争、灾难与近代中国城市发展——中国城市史研究会2015年年会暨学术研讨会综述》，张利民主编《城市史研究》第34辑，社会科学文献出版社，2016；刘凤华：《"多维视野下的城市与乡村暨城市史研究高端论坛"综述》，张利民主编《城市史研究》第37辑，社会科学文献出版社，2017；范瑛、汪琪：《"中国与世界：多元视野下的中国城市史研究"学术研讨会暨中国城市史研究会2018年会综述》，张利民主编《城市史研究》第42辑，社会科学文献出版社，2020；周琳：《清代重庆史研究述评》，《西华师范大学学报》（哲学社会科学版）2014年第6期；雷家琼、任吉东：《三十余年中国城市史研究的总检阅——"城市发展与中华民族复兴暨首届中国城市史年会"综述》，《史林》2013年第5期。

1

献（仅限于中国大陆出版物）进行梳理并结合调查，对近十年来中国城市史研究进行系统的回顾和总结，并对未来研究进行展望。

一 中国城市史论文发表与专著出版概述

2011年末，中国城市人口超过全国总人口的50%，标志着中国进入"城市时代"。十年来，城市化、现代化高速发展，在此背景之下，中国城市史研究也进入快速发展的上升期，一个重要的表现就是相关研究成果十分丰硕，学术论文发表和学术专著出版较多。

1. 中国城市史论文发表较为兴盛

近十年来中国城市史论文的发表呈现多元化的势态，笔者通过中国知网进行文献检索，[①] 其结果显示，从2011年1月至2020年12月，中国知网所载有关中国城市史的论文总数达1936篇，按年度划分：2011年为159篇，2012年为179篇，2013年为211篇，2014年为249篇，2015年为204篇，2016年为192篇，2017年为198篇，2018年为187篇，2019年为160篇，2020年为197篇（见图1）。

十年来中国城市史年平均发文量为194篇，除2014年发表相对较多外，其余各年份的发文量大体较为平均，这充分说明中国城市史学科的学术研究在十年间一直处于相对平稳的发展状态。

有关中国城市史研究的论文从时段划分来看，主要集中于中国近现代城市史研究，该时段的论文占中国城市史发文总数的58.3%；此外，有关中国古代城市史的论文发表也较多，其论文数量占中国城市史发文总数的26%；关于新中国城市史的论文占比约为9%；关于中国城市史理论研究的论文数量较少，占比为1%；其他为5.7%。这充分表明对新中国城市史和城市史理论的研究明显不足，可以说两者都是有待深耕的中国城市史学术领域。新中国成立已经70多年了，虽然在中华五千年文明长河中只占很小一段，但是这70多年中却发生了中国城市文明史前所未有的巨大变化，因而加强新中国城市史研究、梳理城市发展的历史脉络、总结城市发展的

---

① 主要以城市、城市发展、城市群、区域城市、时期+重要城市名、城址、城市内部具体设施（如茶馆、电影院、银行等）、城邑、都城、古城等为关键词进行检索，然后再逐一核对。

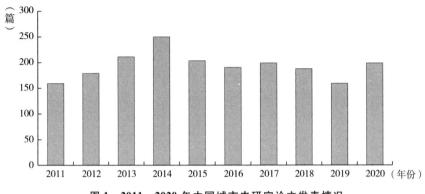

图 1　2011～2020 年中国城市史研究论文发表情况

历史经验、探寻其发展规律理应成为未来的重点研究领域。在当今中国面临百年未有之变局的转折关头，如何在从传统工业文明向新型生态文明的战略转型中把握城市发展的方向和促进城市社会治理及城乡良性互动发展，亟须探索中国特色的城市发展理论和路径。

近十年来，中国城市史的发文量较多，与国家社科基金中国城市史课题的立项数量较多有直接的关系。"十二五"期间立项 46 项；"十三五"期间立项 57 项。此外，教育部和各省市的中国城市史课题立项数也在百项以上，由此推动了中国城市史研究的进展，并直接催生了大量高质量论文的发表。"十二五"时期国家社科基金的 46 项中国城市史课题发表了论文 247 篇（大部分为核心期刊及以上的论文），平均每个课题发文 5.37 篇。其中国家社科基金重点课题发文 122 篇，在各类课题中占比最高，达 49%，平均每个课题发文 2.65 篇，一般课题和青年课题的发文也相对较多。"十三五"时期国家社科基金课题中国城市史课题由于立项时间短，故而发文量相对较少，但也达到 101 篇。由于论文研究、写作有一定周期，而发文也有一定周期，故而从论文立意写作到正式发表一般都在两年左右，甚至更长的时间，因而，中国城市史的论文发表数量较多，实属成绩斐然。特别考虑到当下期刊数量较少，论文的产出远远高于期刊的发文量，因而中国城市史学科在近十年发表了数量较多的论文实属不易，值得肯定。

2. 中国城市史专著编写出版蔚为壮观

与论文发表同步的是各类城市史专著相继出版，笔者通过中图网、当当网、京东、亚马逊、孔夫子旧书网、读秀学术搜索等网站和其他大数据库，对 2011 年 1 月至 2020 年 12 月十年间国内各出版社所出版的中国城市史专著进行梳理，共统计已出版相关著作 436 部，其中 2011 年出版 18 部，2012 年出版 11 部，2013 年出版 28 部，2014 年出版 42 部，2015 年出版 69 部，2016 年出版 63 部，2017 年出版 47 部，2018 年出版 51 部，2019 年出版 75 部，2020 年出版 32 部，平均每年大约 44 部（见图 2）。

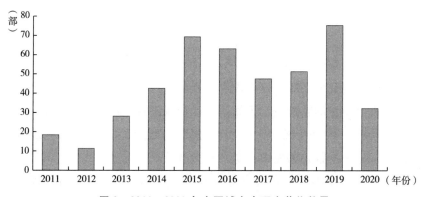

图 2　2011～2020 年中国城市史研究著作数量

从以上统计可见，十年来中国城市史研究著作的出版呈现稳步上升的趋势，2019 年达到峰值，"十三五"期间的中国城市史专著明显比"十二五"期间数量要多，这也充分体现了中国城市史研究在近五年发展速度加快。就内容而言，中国城市史著作主要呈现出新旧结合的特点，可以大致分为以下几类。

一是城市通史类著作。近年出版的代表性著作主要有何一民主编的《中国城市通史》①。区域城市通史和单体城市通史在此期间也有较多的著作出版，如《江南城镇通史》②《安徽地区城镇历史变迁研究》③《成都通史》④《苏州通史》⑤《多被人间作画图：江南市镇的历史解读》⑥《20 世纪

① 何一民主编《中国城市通史》，四川大学出版社，2020。
② 陈国灿主编《江南城镇通史》，上海人民出版社，2017。
③ 郭万清主编《安徽地区城镇历史变迁研究》，安徽人民出版社，2014。
④ 《成都通史》编纂委员会编《成都通史》，四川人民出版社，2011。
⑤ 《苏州通史》编纂委员会编《苏州通史》，苏州大学出版社，2019。
⑥ 包伟民：《多被人间作画图：江南市镇的历史解读》，中国人民大学出版社，2019。

新疆城市与区域发展研究》①等。二是对城市社会群体、空间分布、建筑与规划，以及城市经济、社会、管理、文化等方面研究的著作增多，其代表性著作有《上海人解析》②、《清代城市空间分布研究》③、"武汉历史建筑与城市研究系列丛书"（武汉理工大学出版社，2018）。三是城市史研究史料的整理与出版，为城市史研究进一步发展提供了史料基础。例如上海市虹口区档案馆编《虹口：1843～1949》④《浙东传统海商家谱研究：东海西岸传统海商家谱文献整理与研究》⑤《上海城市之心——南京东路街区百年变迁》⑥等。四是学术性与普及性相结合的城市史读物增多，如《成都简史》⑦《武汉城市简史》⑧等，这些图书以学术研究为基础，用通俗的笔触书写城市发展变迁的历史，在一定程度上满足了民众了解城市发展变迁的需求，扩大了城市史的影响力。

此外，海外学者研究中国城市的一些重要著作被引入国内翻译出版，推动了城市史研究的中外交流。如曾小萍《自贡商人：近代早期中国的企业家》，以盐业经营和商人为研究对象，还原了近代自贡盐业发展面貌⑨；艾米莉·洪尼格《姐妹们与陌生人：上海棉纱厂女工，1919～1949》，探讨了上海女工在1919～1949年的工作及生活。⑩

总体说来，近十年来大陆出版社出版的中国城市史著作数量多，类型丰富，学术影响较大，在一定程度上体现了中国城市史学科的发展。

3. 发表城市史研究的刊物增多和专栏不断丰富

近十年来，随着中国城市史学研究的不断深入，相关学术期刊对于城市史论文的发表也越来越感兴趣，不少刊物相继开设了城市史栏目。特别

① 何一民主编《20世纪新疆城市与区域发展研究》，四川人民出版社，2019。
② 熊月之：《上海人解析》，上海教育出版社，2019。
③ 何一民主编《清代城市空间分布研究》，巴蜀书社，2018。
④ 上海市虹口区档案馆编《虹口：1843～1949》，上海人民出版社，2017。
⑤ 陈国灿：《浙东传统海商家谱研究：东海西岸传统海商家谱文献整理与研究》，上海交通大学出版社，2019。
⑥ 马学强主编《上海城市之心——南京东路街区百年变迁》，上海社会科学院出版社，2017。
⑦ 何一民、王毅主编《成都简史》，四川人民出版社，2018。
⑧ 涂文学：《武汉城市简史》（汉英双语），彭汉良等译，武汉出版社，2019。
⑨ 〔美〕曾小萍：《自贡商人：近代早期中国的企业家》，董建中译，江苏人民出版社，2014。
⑩ 〔美〕艾米莉·洪尼格：《姐妹们与陌生人：上海棉纱厂女工，1919～1949》，韩慈译，江苏人民出版社，2011。

需要强调的是，作为国内唯一的以发表城市史论文为主要内容的《城市史研究》在近十年有很大的发展。2012 年中国城市史研究会成立后，《城市史研究》正式成为该会会刊，2012 年该刊被收入中国期刊网，并成为南京大学中文社会科学引文索引（CSSCI）来源集刊，这使该刊物在学术界的分量及影响力在近年有大幅提升。《城市史研究》的进步为中国城市史研究创造了新的学术平台，有力地推动了中国城市史学的发展。

此外，《史林》《中国历史地理论丛》《史学月刊》《近代史研究》等重要刊物也发表了数量较多的有关中国城市史的学术论文，如《史林》等刊物专门开辟了"城市史研究"专栏，发布与中国城市史相关的论文。不仅如此，在学术界具有重要影响力的刊物，如《历史研究》《近代史研究》，发表了更多与城市史相关的文章。据统计，各相关重要出版物近十年发表的城市史论文分别为《城市史研究》287 篇、《史林》190 篇、《中国历史地理论丛》60 篇、《史学月刊》43 篇、《近代史研究》25 篇，分别占十年来中国城市史论文发表总量的 20.5%、13.6%、4.3%、3.1%、1.8%[1]，以上 5 种出版物发表的有关城市史的论文占近十年来城市史总发文量的 43.3%。近年来，《民族学刊》《江汉学刊》《中华文化论坛》等刊物也相继发表不少城市史论文。由此可见，十年来中国城市史研究呈现兴盛发展的新局面，研究成果丰硕。

二 中国城市史研究的总体概况及特点

近十年来随着城市化的进一步推进，城市史研究的进展更加迅速，其内容更为多元。

（一）中国城市通史研究

城市通史的出现是中国城市史研究内容深化的重要表现。近十年内涌现出一批有分量的城市通史著作。如 2012 年《中国城市史》[2] 一书出版后，即受到学术界的好评。该书"在以下几方面对《中国城市史纲》有突

---

① 经统计，除去硕士、博士学位论文（共计 451 篇），近十年发表论文数共计 1397 篇。
② 何一民：《中国城市史》，武汉大学出版社，2012。

破：一是结构更完整，表述更准确，内容更全面；二是史料更丰富，史料处理更得当；三是论述更充分，说服力更强。该书反映了近20年来中国城市史研究的新成就，是一部对人们理解中国城市史总体发展进程极有帮助的重要著作"。① 2020年国家社科基金重点课题大型多卷本《中国城市通史》正式出版。该书以中国城市历史基本脉络及总体特征为中心，按朝代顺序将中国城市发展历史分为七个时期，每一时期编纂一卷，分别为绪论卷、先秦卷、秦汉魏晋南北朝卷、隋唐五代卷、宋辽夏金卷、元明卷、清代卷、民国卷，凡八卷七册，计450余万字。《中国城市通史》在充分吸收学术界相关研究成果的基础上，对中国城市发展规律和重大理论问题进行探讨、提炼和升华，在理论视角、学科构建、学术思想方面有较大突破，在城市史理论和方法方面进行了拓展与创新：一是从中国城市发展史角度审视中华文明发展的内在理路与特质；二是从中华民族命运共同体的视角对中国城市发展史进行多维研究；三是立足"纵通、横通、会通"，推动中国城市史研究的开拓与创新。

此外，区域城市通史和单体城市通史的研究成果也令人瞩目。如陈国灿主编的《江南城镇通史》系国家社科基金后期资助项目，该书分为先秦秦汉、六朝隋唐五代、宋元、明代、清前期、晚清和民国七卷，从长时段全面考察了江南城镇发展的历史进程、发展轨迹、形态演变和运作机制，深入探讨江南城镇的发展形态与内在变革，揭示其时代特征和历史趋向，总结城镇与区域社会的内在互动关系。② 陈饶《江淮东部城镇发展历史研究》也是区域城市研究代表著作之一。《成都通史》《苏州通史》等多卷本的巨著，分别揭示了成都、苏州等城市的发展轨迹及特色。③ 社会科学文献出版社也出版了"中国史话"丛书，展现了部分中小城市的发展历程与历史文化。④ 总体来说，近十年的城市通史研究主要以著作的形式大量涌现，从整体城市通史到区域城市通史，再到单体城市通史，其种类多，

---

① 张利民、熊亚平：《一部反映中国城市史研究新成就的力作——读何一民著〈中国城市史〉》，《史林》2013年第3期。

② 陈国灿主编《江南城镇通史》，上海人民出版社，2017。

③ 《成都通史》编纂委员会编《成都通史》；《苏州通史》编纂委员会编《苏州通史》。

④ 黄莉新主编《无锡史话》，社会科学文献出版社，2014；刘福铸主编《莆田史话》，社会科学文献出版社，2014。

研究内容丰富，研究水平整体较高。

（二）中国古代城市史研究

1. 先秦早期城市研究

先秦早期城市研究向来受到重视，近年来随着各地考古大发现，越来越多的古城遗址被发掘，神秘面纱被揭开，由此推动了早期城市研究，如石峁古城研究、良渚古城研究、成都平原古城群研究等。据知网统计，2011 年以来，有关石峁古城的文章共 8 篇，有关良渚古城的文章则多达121 篇，有关三星堆、宝墩等成都平原古城的文章 14 篇，此外关于山东、湖北、广东等地的先秦古城研究也为数不少。关于先秦城市的研究具有一些共同特点，即从不同视角将考古发现与城市研究结合起来，如《石峁古城：人类早期文明发展与环境选择》一文运用考古资料揭开了石峁古城的面纱，阐释其城镇发展以及消逝的因素，说明北方农牧交错地带的环境具有孕育和发展人类早期文明的有利条件。[①]《对湘鄂赣边区楚国古城址的初步认识》通过对考古材料的运用，讲述楚国在控制湘鄂赣边区后，修建五塘坳古城、安定古城、田中古城、晓塘古城四座古城，旨在加强对原居民越人的控制。[②]《韩都城变迁研究》综合韩的发展战略和考古材料，系统论述了韩迁都的过程和路线，并对迁都的背景、时间、原因以及影响和意义等做了深入的分析和探讨。[③] 近年来，也有研究者开始关注少数民族游牧地区城市起源问题。《西藏早期文明与聚落、城市的形成》一文考察了西藏城市的起源与形成，发现在新石器时期，西藏已经形成部落，金属时期，西藏出现了阶级分化，各种小邦林立，部落政权产生，一种有别于村庄聚落的居住形态——堡寨出现，堡寨成为城市的雏形。[④]

关于城市起源理论的研究近年也有所突破，《第一次"城市革命"与社会大分工》重新讨论了城市与社会大分工问题，认为城市的产生早于手工业从农业中分离，更早于商业从手工业中分离，并认为城市革命所带来

---

① 吕卓民：《石峁古城：人类早期文明发展与环境选择》，《中国历史地理论丛》2016 年第 3 期。

② 文国勋：《对湘鄂赣边区楚国古城址的初步认识》，湖南省文物考古研究所编《湖南考古辑刊》第 12 集，科学出版社，2016。

③ 徐团辉：《韩都城变迁研究》，硕士学位论文，郑州大学，2011。

④ 何一民、赖小路：《西藏早期文明与聚落、城市的形成》，《天府新论》2013 年第 1 期。

的城乡分工和脑体劳动分工，较农业从畜牧业中分离出来的第一次社会大分工更加广泛和深刻。①

2. 秦汉至隋唐城市研究

秦汉城市研究主要集中在秦汉时期郡县设置的研究与秦汉都城、王城的研究两方面。有学者初步勾勒出秦都咸阳的可能图景。② 关于秦都城的城门城郭问题，也有学者提出新的解释。③ 在秦汉时期郡县设置方面，有学者对秦朝陇西郡、即墨郡以及秦汉时期闻喜县等郡县的沿革进行了专文探讨。④

魏晋南北朝时期由于政局混乱，战火频繁，黄河、长江流域的众多城市都遭受到了不同程度的破坏，有学者以济南为例探讨了南北朝时期其城市的变迁，以及城市行政等级与职能发生巨变的原因。⑤ 但总体来看，近十年对于这一历史阶段的城市研究相对薄弱。

隋唐是中国历史发展的又一高峰时期，结束了南北朝的长期分裂，再建了大一统的多民族国家，众多城市也随之复兴发展。对此时期城市的研究成果也相对丰硕，近十年出现了一批研究隋唐五代城市发展的论文。都城长安的研究仍然较为热门，2011年以来发表的文章达277篇。江南城市研究也成为热点。⑥ 其研究内容出现精细化倾向。唐朝城市日常生活史受到学界青睐，城市娱乐、体育等日常生活也成为研究对象。⑦ 此外，西部地区城镇研究也受到一定重视。⑧

---

① 何一民：《第一次"城市革命"与社会大分工》，《甘肃社会科学》2014年第5期。

② 郭璐：《秦都咸阳规划设计与营建研究评述》，《城市与区域规划研究》2013年第2期。

③ 田大刚：《秦都咸阳城门与城郭问题新解》，张利民主编《城市史研究》第40辑，社会科学文献出版社，2019。

④ 徐少华：《秦汉左邑、闻喜县地望考论——兼论闻喜县的沿革和治所变迁》，《中国历史地理论丛》2017年第3期。

⑤ 李嘎：《南北朝时期济南城市变迁考论——基于城市行政等级与职能作用的考察》，《史林》2011年第2期。

⑥ 张剑光：《隋唐五代江南城市的基本面貌与发展趋势》，《史林》2012年第4期；茹静文：《论隋唐五代时期的杭州城》，硕士学位论文，浙江大学，2015；严秋水：《隋唐时期汴州的发展》，硕士学位论文，辽宁大学，2011。

⑦ 刘凌宇、赵亮：《唐宋都城体育活动的发展与传承》，《体育学刊》2014年第3期；万晋：《城居的日常：唐代城市日常生活相关研究述评——兼论在城市史研究中探讨日常生活的路径》，《河北学刊》2016年第1期。

⑧ 金勇强：《唐宋时期河湟地区城镇体系的演变》，《西藏研究》2015年第5期。

3. 宋元明清时期城市研究

宋代是中国城市发展史上的一个重要时期，因而有关宋代城市的研究成为热点，2011 年以来知网所载有关宋代城市的文章达 129 篇，除对城市发展进行研究外，对城市形态、空间布局、城市管理、社会救济、娱乐生活、工商活动、风景营建等的研究也受到追捧。也有学者对"坊""厢"进行了新的研究。① 由于宋代城市经历了从封闭式的坊市向开放式的坊厢的转型，城市空间多发生变化，故而对宋代城市空间的研究较为热门，有的从人口分布的角度看东京的空间利用，② 有的从北宋东京军营的利用看城市空间的重构，③ 也有的从宋代夜晚秩序看宋代城市公共空间的变化，④ 以及从桥门市井研究北宋东京的公共空间。⑤

元代城市研究一直是中国城市史研究的薄弱环节，这与元代的整体研究薄弱有着直接的关系。近十年来有关元代城市的文章仅 15 篇，缺乏整体研究元代城市的论著。明史研究近年来有较大发展，因而明代城市研究与元代相关研究相比有较大发展，通过知网以"明代"和"城市"两个关键词进行检索，2011 年以来发表的相关文章有 76 篇，研究内容也较为广泛，如城市发展、城市空间变化、城市规划、城市文化生活等。

清代是中国农业时代晚期，城市有较大发展，不少学者对清代城市研究可谓着力颇多，特别是国家清史工程的启动，推动了清代城市史研究的发展。通过知网以"清代"和"城市"两个关键词进行检索，2011 年 1 月以来共发表相关文章 164 篇。其中既有较为宏观的研究，如对清代城市重建，城市数量、规模和特点，清代江河水系城市发展变迁等方面的研究；⑥ 也有较为微观的

---

① 包伟民：《说"坊"——唐宋城市制度演变与地方志书的"书写"》，《文史哲》2018 年第 1 期；鲁西奇：《唐宋城市的"厢"》，《文史》2013 年第 3 期。

② 梁建国：《北宋东京的人口分布与空间利用》，《中国经济史研究》2016 年第 6 期。

③ 张亮、蓝勇：《北宋东京禁军军营的再利用与城市空间的重构》，《史林》2015 年第 5 期。

④ 王茂华、张金花：《宋朝城市公共空间夜晚秩序》，张利民主编《城市史研究》第 39 辑，社会科学文献出版社，2018。

⑤ 梁建国：《桥门市井：北宋东京的日常公共空间》，《中国史研究》2018 年第 4 期。

⑥ 何一民、李馨妤、念新红：《清代江河水系城市分布及特征》，张利民主编《城市史研究》第 40 辑，社会科学文献出版社，2019；何一民、胡中华：《清代长江水系沿江城市的数量、规模及空间分布》，《史林》2019 年第 3 期；何一民、赵斐：《清代黄河水系城市空间分布和数量规模变化研究》，《江汉论坛》2018 年第 5 期；何一民、陆雨思：《清代珠江沿江地带城市数量与规模的变化》，《福建论坛》（人文社会科学版）2017 年第 11 期。

从城市内部进行的研究，如对清代城市水环境治理、城市水污染治理等问题的研究。① 清代的疆域较明代有较大扩展，因而关于边疆地区城市史研究的成果也较多，特别是关于西藏、新疆城市史研究的成果较为丰硕。②

（三）中国近现代城市史研究

中国近现代城市史是中国城市史研究的热点，十年来学界围绕中国近现代城市史共发表论文多达 1079 篇，占发文总量的 58.3%。关于中国近现代城市史研究的内容非常广泛。就地域而言，全国各个省区的城市史都有涉及，但大多数文章还是以东部沿海地区特别是上海、天津等新兴开埠通商城市研究为主。就研究的具体内容而言，城市经济、治理、社会、文化、环境、空间等各方面均有涉及。其中关于城市经济的研究较多，如近代城市银行、金融业、民间合伙债务问题、证券交易所的发展与城市发展之间的关系等领域颇受重视。③ 关于警察、地方自治的研究也是近年来城市史研究的热点。④ 公共卫生管理研究受到较大关注，如关于城市卫生行政

---

① 余新忠：《清代城市水环境问题探析：兼论相关史料的解读与运用》，《历史研究》2013年第 6 期。

② 何一民：《清代西藏城市的发展演变》，张利民主编《城市史研究》第 29 辑，天津社会科学院出版社，2013；何一民、邓真：《清代民国时期西藏社会管理的变迁与特点》，《江汉论坛》2014 年第 6 期；何一民、邓真：《清代民国时期西藏寺院经济嬗变及对城市的影响》，《兰州学刊》2014 年第 3 期；何一民、付志刚：《清代西藏城市体系变迁及其空间特征研究》，《湘潭大学学报》（哲学社会科学版）2013 年第 4 期；何一民、付志刚：《自由与开放：清代民国时期西藏城市外部形态与内部空间结构》，《史林》2013 年第 2 期；何一民、赵淑亮：《清代民国时期西藏地区多种婚姻家庭形态论析》，《贵州民族研究》2014年第 8 期；王耀：《清代喀什噶尔城市形态及格局演变探析》，《民族研究》2019 年第 6期；等等。

③ 王静：《建构时间：论近代银行组织中的时间与管理》，张利民主编《城市史研究》第 27辑，天津社会科学院出版社，2011；王元周：《近代北京金融业与天津的关系》，张利民主编《城市史研究》第 27 辑，天津社会科学院出版社，2011；冯剑：《艰难的转变：近代天津民间合伙债务问题初探》，张利民主编《城市史研究》第 28 辑，天津社会科学院出版社，2012；鹿璐：《近代中国证券交易的发展与首家证券交易所——北京证券交易所》，《北京档案》2019 年第 12 期。

④ 任云兰：《20 世纪初都统衙门对天津的城市管理探析》，张利民主编《城市史研究》第 27辑，天津社会科学院出版社，2011；蔡云辉：《近代中国西部河谷城市自然灾害救灾防灾研究》，张利民主编《城市史研究》第 30 辑，社会科学文献出版社，2014；丁芮：《警察对近代市政道路的维修——以北洋政府时期的北京为例》，张利民主编《城市史研究》第 30 辑，社会科学文献出版社，2014；叶舟：《艰难过渡：常州地方自治与城市建设的近代化尝试（1909~1927）》，《史林》2019 年第 5 期。

机构、生活污水处理、城市饮食卫生管理、西医体系的确立等问题发文量也较多。① 城市社会问题研究也是热点，城市人口构成的变化、城市社会救济、城市日常生活的变化也颇受关注，如对上海孤儿院、天津慈善组织、相关慈善社团的变化与城市兴衰、都市慈善义演等问题都有不同程度的研究。② 另外，也有不少成果涉及对城市贫民、社会精英、中产阶级、教授团体以及外国人的生存状态的研究。③ 也有部分学者从休闲体育、啤酒馆、西式餐饮等近代出现的新事物来考察开埠通商城市新兴群体日常生活的变迁。④ 此外，运用现代城市空间理论来研究近代中国城市空间变化也成为城市史研究的一个新热点。⑤

---

① 杜丽红：《近代中国地方卫生行政的诞生：以营口为中心的考察》，《近代史研究》2019年第4期；沈辛成：《生活污水系统在上海公共租界的形成——兼论公共卫生研究中的现代性误区》，《史林》2019年第1期；丁芮：《近代城市饮食卫生管理考察——以北洋政府时期的北京为例》，张利民主编《城市史研究》第35辑，社会科学文献出版社，2016；高晞：《卫生之道与卫生政治化——20世纪中国西医体系的确立与演变（1900～1949）》，《史林》2014年第5期。

② 徐华博：《授之以渔：土山湾孤儿院与近代上海孤儿救济》，《史林》2018年第6期；高华：《民国时期天津慈善组织发展特征初探》，张利民主编《城市史研究》第39辑，社会科学文献出版社，2018；方秋梅：《沦陷时期的社团变异与城市衰败——以汉口市公益分会及公益联合会为个案》，张利民主编《城市史研究》第40辑，社会科学文献出版社，2019；郭常英：《慈善义演参与主体与中国近代都市文化》，《史学月刊》2018年第6期。

③ 熊月之：《近代上海城市对于贫民的意义》，《史林》2018年第2期；付燕鸿：《近代天津城市贫民阶层的形成及其时代性原因》，《史学月刊》2013年第3期；荆蕙兰、屈宏、迟琳琳：《近代大连城市转型与新型精英群体的产生》，张利民主编《城市史研究》第30辑，社会科学文献出版社，2014；贺萧、许妲娜、喻满意：《赢得地盘：天津运输工人》，张利民主编《城市史研究》第31辑，社会科学文献出版社，2014；〔日〕幸野保典、万鲁建：《天津的朝鲜人》，张利民主编《城市史研究》第31辑，社会科学文献出版社，2014；江文君：《文人议政：近代上海大学教授职业团体之考察》，《史林》2015年第3期。

④ 汤锐：《各取所需：近代休闲体育视野下的城市民众日常生活——以天津为中心》，张利民主编《城市史研究》第36辑，社会科学文献出版社，2017；马树华：《啤酒认知与近代中国都市日常》，张利民主编《城市史研究》第35辑，社会科学文献出版社，2016；田涛、尹斯洋：《消费的现代性：20世纪初的西式餐饮与都市生活》，张利民主编《城市史研究》第41辑，社会科学文献出版社，2020；何一民：《民国时期天山北麓东路城市多民族居民生活的变化》，《民族学刊》2016年第3期。

⑤ 邹振环：《大上海的小街区——王家库/张家宅的地理空间与文化空间》，《史林》2019年第2期；沈洁：《文化空间的生成——20世纪二三十年代上海的印刷与消费主义》，《史林》2018年第5期；江文君：《从咖啡馆看近代上海的公共空间与都市现代性》，《史林》2017年第5期。

总的说来，十年来中国近代城市史研究打破了此前的研究范式，研究范围逐渐扩大，研究方法更加多样化，既有精细化的微观研究，也有整体史的宏观研究，以及城市各个层面的中观研究。

（四）新中国城市史研究

近十年来，新中国城市史研究开始受到学界关注，教育部后期资助项目出版物《革新与再造：新中国建立初期城市发展与社会转型（1949～1957）》是一本比较全面地研究 20 世纪 50 年代中国不同等级、不同类型城市的专著，该书对新中国成立初期城市政治、经济、社会、文化等各个方面的转型与变迁进行了较为深入的研究，同时也剖析了城市空间结构的变化和城乡关系的变化，以及各种变化的影响。[①] 另外，国家社科基金课题研究成果《新中国城市社会组织整合研究》也于 2020 年出版，分三个历史阶段探究了新中国 70 多年城市社会组织的发展历程，总结了中国共产党对城市社会组织整合的基本经验与主要教训，并对新时代背景下中国共产党对社会组织整合效应的进一步提升进行了思考，以为走出一条中国特色的城市社会组织发展之路提供历史借鉴。[②] 此外，近十年关于新中国经济、社会、管理的专著也不少。但值得注意的是，有关新中国城市史的论文发表较少，不足百篇，其中 73% 发表在《当代中国史研究》，约 10% 发表在《城市史研究》，余则散见于少数期刊。当前新中国城市史研究的论文主要涉及以下几个主题。一是"城市工作政策与城市管理制度"，此类研究重点是对解放战争后期至新中国成立初期中国共产党的城市政策和城市接管等方面进行研究。二是"城市人口与城市化"，此类研究与新中国城市史有着较为密切的关系，但是这些研究者多不具备历史学背景，他们只重点探讨当前城镇人口的增长、工业化的发展、城市规模的变化等。三是"城乡互动与城乡关系"，此类研究主要探讨"城乡间人口迁移流动""工农业协调性""城乡社会文化互动"等议题。四是"城市政治与社会变迁"，此类研究主要以"中国城市中的政治运动""城市基层政权建设"为研究对象，重点在于揭示新中国不同时期城市政治运动、社会重构与转

---

① 何一民主编《革新与再造：新中国建立初期城市发展与社会转型（1949～1957）》，四川大学出版社，2012。
② 高中伟等：《新中国城市社会组织整合研究》，社会科学文献出版社，2020。

型，以及城市社会变迁。五是"新中国城市居民生活与城市文化变迁"，此类研究多关注城市居民衣食住行的变化。六是"不同类型城市、区域城市和单体城市"，此类研究多以东中部城市为研究对象。

通过对近十年新中国城市史研究的学术回顾，可以发现当前新中国城市史研究具有如下特点。一是从研究对象来看，相关研究目标城市多为沿海城市和经济发达地区大城市，整体上呈现出"东部压制西部"的态势。二是从所选取的研究时段看，大量论著密集分布在新中国成立初期（1949~1957），其次为改革开放前后，新中国其他历史时期的城市史研究相对匮乏。三是从研究重点来看，以城市经济、城市建设规划为主。四是从现有研究成果发表的时间看，2015~2020年虽然研究热度逐渐恢复，但并未形成强劲势头。当前新中国城市史研究取得了一定成就，但也存在若干不足。无论是整体史研究还是个案研究都相对薄弱，不少领域甚至无人问津，研究时段缺乏连贯性，研究视野有待进一步拓宽，研究方法有待进一步创新，缺乏系统研究新中国城市史的宏大历史叙事性专著，现有的研究无法全面地、系统地、多维地展示新中国城市历史变迁，对新中国城市发展的规律和特点的认识还不深入。因而需要深入系统开展新中国城市史研究，特别需要编写多卷本《新中国城市史》，以宏大叙事的视野来整合现有的研究，推动新中国城市史研究深入发展。

三 中国城市史研究存在的不足与薄弱环节

近十年来，中国城市史研究取得了较大进展，成果丰硕，但是仍然存在若干不足和薄弱环节。

（一）理论研究相对乏力

任何一门学科的发展与进步都离不开理论创新的重要支撑。20世纪80年代以来，第一代中国城市史研究学者在开拓城市史这门新学科时，高度重视理论创新。近十年来，也有不少学者对城市史理论努力思考探索，积极开拓，吐故纳新，融汇中西，试图找寻出更多行之有效且具有中国特色的城市研究理论。但从总体上看，城市史理论研究仍然滞后。一是对海外城市史理论引进不系统、不及时；二是对已引进的理论未能进行创造性转化和创新性发展；三是具有中国特色的城市史学理论尚未形成体系，跟"西风"现象严重。

（二）多学科、跨学科融合研究亟待深化

城市是一个复杂的有机体和巨系统，涉及政治、经济、社会、文化、建筑、空间等多个子系统，因而研究城市历史，需要进行多学科、跨学科的融合研究。虽然中国城市史学界普遍认识到多学科、跨学科研究的必要性和重要性，但是在具体的实践过程中，仍存在如下问题：流于表面和形式，或对其他学科理论和方法生搬硬套，或简单地堆砌罗列不同学科术语，缺乏深度的融合研究等。

（三）长时段整体史研究不够

总的来看，不少中国城市史的相关研究成果的视野较窄，整体把握不足，如对近代以来中国城市的发展变迁缺乏宏观的把握，有不少研究者仍然有着"铁路警察各管一段落"的思维定式，研究古代城市的不了解近代城市，研究新中国城市的不了解近代城市，而研究近代城市的也多未能将近代城市置放在历史的长河中加以考察。因而城市史研究出现碎片化的现象。

（四）中外学术交流不足

中国城市史研究作为一个新兴学科，其研究领域和方法大都受到西方史学界的影响，但长期以来，其与海外的联系交流明显不足，近十年来亦是如此。西方国家有相当数量的城市史科研机构、专业刊物，有一定数量的城市史研究者。由于多方面原因，目前中国城市史学界与西方城市史学界的交往交流、互学互鉴等明显不足，中国城市史研究者走出去的人较少，而外国相关学者进入中国内地城市和高校开展城市史学术交流活动的也不多，更缺乏相应的常规化的良性互动交流平台和交流机制。随着城市史研究的不断深化，中国城市史学科要构建具有中国特色的"三大体系"，也必须加大开放的力度，加强与海外的学术交流。

15

（五）中国城市史资料库建设有待加强

中国具有悠久灿烂的城市发展史，同样具有极为丰富的城市史资料。随着当前中国城市史研究越来越走向繁盛和深入，与之相对应的却是还没有一个大型的中国城市史资料数据库，这不能不说是一个重大的遗憾。在5G 通信、大数据盛行时代，为了高效快捷地推进中国城市史"三大体系"建设，实现研究手段现代化、信息传输网络化，并使相关资料信息达到全员共享共用，建设一个综合性现代化的"中国城市史资料库"，是摆在中国城市史研究者面前的一个重大课题。

结语　对城市史研究的展望

改革开放 40 多年来，中国城市史学取得长足的发展，特别是近十年进展非常快。随着中国城市化进入一个新的阶段，中国城市史研究也将进一步得到提升，这是时代的呼唤，也是历史的使命。展望未来十年，应尽快弥补以上的不足和薄弱环节，同时还应在以下几方面着力，推动城市史"三大体系"建设。

一是系统开展城市史理论研究。加强中国城市史理论研究，首先，要具有开放意识，广泛吸收和整合世界各国的相关理论与方法。其次，要对这些理论和方法进行鉴别与分析，不能照单接收，拿来便用。再次，要将这些理论与中国国情相结合，与区情相结合，与市情结合。最后，要立足于中国，构建具有中国特色的本土化城市史理论体系，并以此来指导中国城市史研究。

二是深入开展新中国城市史研究。集合各方力量编纂多卷本《新中国城市史》，系统总结新中国城市史的发展经验，探索其发展规律，完善中国城市史学科体系，并为当代中国城市的发展提供历史借鉴。

三是广泛开展中国城市史专题研究。如不同类型与不同规模城市的发展变迁研究、不同历史时期中国城市灾害的影响与治理研究、中国城市治理体系构建与治理能力现代化研究、中国城市防疫史研究、中国生态环境变迁与城市兴衰发展研究、中国城市群的形成与发展研究等。

四是系统开展河流城市史研究。黄河、长江等流域是中华文明与许多城市的发祥地。这些地区持续不断的发展，推动了中华文明的发展。当今中国最重要的城市都是大江大河城市，如中国十大城市有6个分布在长江流域，长三角城市群、长江中游城市群和长江上游成渝城市群成为中华文明的重要组成部分。因而开展以长江、黄河为主的江河城市史研究不仅具有重要的学术意义，也具有重要的现实意义。

五是全面深入开展民族边疆地区城市史研究。中国地域广阔，不同的民族在历史长河中不断交往、交流和交融，从而共同构建了中华民族命运共同体，因而研究中国城市史不能只研究以汉族为主体的城市史，也应对少数民族较为集中的边疆地区城市史进行系统的全面研究。开展民族边疆地区城市史研究，还可以反映国家在边疆地区的社会治理与边疆现代化进程，是开拓中国城市史研究新领域的重要切入点。

六是争取整合各方面资源和力量，推动中国城市史资料数据库建设。当今中国和世界已经进入信息时代，建设大数据库和利用大数据库已经成为未来的发展趋势。中国城市史的资料极度分散，如果还是用传统的方式来收集资料、整理资料和开展研究显然已经落后，结果只会是事倍功半。因此需要整合高校、社科院、图书馆、档案馆等相关部门和机构的资源和力量，分别建设中国古代城市史资料数据库、中国近现代城市史资料数据库、新中国城市史资料数据库，尤其是新中国城市史的资料分散庞杂，仅一个城市的资料就可谓海量。建立数据库是未来开展新中国城市史研究的重要任务，需要及早谋划。

可以预期，未来十年中国城市史学科将会有更大发展，有更多的新人涌现，随着更多的学术研究的开花结果，中国城市史"三大体系"将进一步完善，并成为中国历史学发展的重要学术生长点，也可以为未来城市发展提供战略思路、深层次的文化内涵和坚实的理论支撑。

作者：何一民，四川大学城市研究所
　　　余爱青，四川大学历史文化学院
　　　任吉东，天津社会科学院历史研究所
　　　廖羽含，四川大学历史文化学院

（编辑：任云兰）

以"市"为名：近代以来中国城市
通名的形成及演变

孙　博

内容提要　城市通名是城市概念的语言符号，表达了人们对于"城市"概念的理解。近代以来，中国城市通名经历了从引入、转变、行政化到广域化的演变过程，始于清末，经过一系列变革，于改革开放后最终完成。就具体内容上，一方面是城市通名用词由"城"转变为"市"；另一方面是"市"之意涵扩展，从仅代指"城市"到同时蕴含"城市"与"政区"双重含义。这种转变同时也反映出人们对于城市的认知从"非乡村聚落"向"广域政区"的变化过程。近代以来中国市政制度的变革不仅影响了城市通名用词的选择及其内涵的扩展，还影响了城市格局及人们对城市概念的感知。随着中国城市体制改革的持续推进，可以预见，未来中国城市通名及其所蕴含的城市概念仍将不断调整。

关键词　城市通名　"市"的概念　市政改革　市制

名称是客观事物的语言符号，根据英国学者奥格登和理查兹所提出的语义三角理论，人类在认知客观事物的时候需要借助语言符号去构建客观事物的含义，从而建立起名称与客观事物相对应的认知体系。① 在地名系统中，地理概念主要经由通名表达，通名用词及其含义的变化反映了人们对地理概念感知的变迁。目前，中国地名采用"标准地名"系

---

① 张惠民主编《语言逻辑辞典》，世界图书出版西安公司，1995，第208页。

统，民政部颁发的《地名管理条例实施细则》中规定，"标准地名原则上由专名和通名两部分组成。通名用字应反映所称地理实体的地理属性（类别）"。[1] 我国现行的城市通名为"市"，[2] 其兼具"城市"和"行政区划"的双重含义。[3]

然而，中国城市通名在形成之初，使用的是"城"的名称。清廷于光绪三十四年（1908）颁行《城镇乡地方自治章程》，首次以法令条款的形式确定了城市通名："凡府厅州县治城厢地方为'城'，其余市镇、村庄、屯集等各地方，人口满五万以上者为'镇'，人口不满五万者为'乡'。"[4] 此后，随着地方自治运动的推行，截至辛亥革命前夕，共有1000余县设"城"自治，"城"作为城市通名在全国范围内得到广泛传播。[5]

近代中国城市通名"市"的形成及其演变早就为学界所关注，民国时期钱端升便在《民国政制史》中提及民国初年之"市乡制"将"城、镇改名为市"，但他认为"实际上两者亦大同小异"，因而未展开论述。[6] 张利民梳理了清末至民国初年城市通名的演变过程，认为城市通名的确立，特别是民国初年诞生的"市"，对于民间及官方构建和明确城市的概念具有重要意义。[7] 赵斐则认为作为城市通名的"市"在近代"都市"话语权强势的背景下，代替了作为旧有词语"城市"的"城"，成为新的城市通名，凸显了近代知识界与官方对于城市认知的演进过程。[8] 以上研究，虽然注意到了近代中国城市通名变革的基本现象，但对名称演变的路径与逻辑着墨不多，或只叙其果未究其因，或囿于研究时段的局限性，未能呈现

---

① 国务院法制办公室编《中华人民共和国民政法典》，中国法制出版社，2014，第502页。

② 刘盛佳：《地名通名和通名系统的初步研究》，中国地名委员会办公室编《地名学文集》，测绘出版社，1985，第104页。

③ 其一是表示与乡村相对的"城市"概念，即人口密集的行政中心或工商业、文化发达的地方；其二是表示一种行政区划，即"建制市"的概念，有中央直辖和省（自治区）辖等之分。参见中国社会科学院语言研究所编《新华字典》（大字本）（第10版），商务印书馆，2004，第442页。

④ 《城镇乡地方自治章程》，《北洋法政学报》第91期，1909年，第1页。

⑤ 梁景和：《清廷督导下的地方自治运动》，《江苏社会科学》2001年第1期。

⑥ 钱端升等：《民国政制史》下册"省制与县制"，商务印书馆，2018，第342页。

⑦ 张利民：《艰难的起步：中国近代城市行政管理机制研究》，天津社会科学院出版社，2008，第135~136页。

⑧ 赵斐：《近代以来"都市"和"城市"话语地位的变迁》，《云南师范大学学报》（哲学社会科学版）2018年第2期。

出这一历史演变的完整过程，自然也不能够揭示其历史意义。而"城市通名"本质是人们理解城市概念的一种语言符号，其含义变化的背后必然有深层的驱动因素，蕴含着制度、文化等多方面的原因，也间接反映了"城市"概念在近现代中国演化的路径，对于考察现代中国城市概念的构建有着深刻的现实意义。

基于以上原因，本文拟以城市通名的历史变迁及其背后隐含的市政制度演进为基本脉络，厘清中国城市通名语义及概念的演变过程，探究促使其更迭的深层历史原因及条件，以及促进中国现今城市行政区划格局形成的历史机缘，进而揭示中国历史上对"城市"概念的构建与认知过程及其背后蕴含的逻辑与规律。

一　辛亥革命以前"市"的概念

鸦片战争以后，随着清廷被迫打开国门，欧美列强的商品、技术、制度、文化大量传入中国，中外交流愈加频繁。自魏源以《海国图志》"睁眼看世界"后，各地陆续涌现了各类新式期刊、报纸，"市"作为城市代称最早便出现在这些新式媒体中。

最初，国内对海外城市通名用词的表述较为一致，皆谓之曰"城"。早在1843年，魏源在《海国图志》中就称伦敦为"城"：

> 英吉利国东南西北四面都界海，其二岛一名必力旦，一名爱耳兰，又南曰英兰岛，北曰苏各兰岛，英兰之民约一千六百万，都城地名伦敦，城内民百五十万。①

又如1876年3月11日《申报》《论中国渐改西法》中报道：

> 日前香港邮来新报，谓华商今议开设一生意公司……先设行于伦敦城，日后再设行于美之牛约城，以便代华商经理生意。

---

① 以伦敦城墙所在的西提区（The City）面积估算，旧伦敦城墙内面积约为2.90平方公里，在这样的空间范围内承载150万人是不可能的，可见此处所谓"城"并不是"城池"，应作"城市"解。

再如 1884 年 6 月 23 日《述报》"法国邮音"载，"法国巴黎斯城信息云：法国驻札西贡之总督不日将调回法都矣"。

同时，光绪本《清经世文三编》亦有记载"英美等国凡人烟聚处多曰城，其实无城也"；又 1869 年 3 月 16 日《上海新报》报道"英京伦敦城广市稠，居民有三百万之众"。不难看出彼时海外城市之通名为"城"，而"市"乃作市场之意。

至 19 世纪 90 年代以后，情况始有改变，渐有报纸以"市"代指海外城市，其最早见于 1890 年 11 月 7 日《申报》"东报译登"栏目：

> 美国新定法律，人民凡在十六岁以下不准吸烟，因见纽约市中少年在公众中惯吸烟草，故有此禁。

又如 1905 年 6 月 14 日《时报》电报一则："圣彼得堡市人对于市议会所拟定呈送俄皇之条陈甚表同情，且派代表人会同赍呈。"再如 1906 年 2 月 18 日《申报》《英国自由党之举动》载："二十三日伦敦电云，伦敦市之自由党已召集大会聚议白尔佛君反对之事。"种种例证不胜枚举，可见 19 世纪 90 年代以后，在使用"市"指代海外城市时，已经衍生出"城市"的含义。

然而，限于新式媒体传播速度与旧有传统的惯性，新概念的出现并不会让旧概念立刻退出历史舞台。进入 20 世纪后，国内以"城"代指城市的用法仍然存在，但是以"市"代指外国城市的说法渐多，至辛亥革命前后，从数量上来看，渐有赶超"城"的趋势（见图 1）。

尽管彼时对于国外城市称呼呈现出由"城"到"市"的变化趋势，但直到辛亥革命前夕，国内"市"的主流用法仍沿用"商业场所"之理解，此种意识在民间以及官方两种话语体系中均有所体现。如《澄衷蒙学堂字课图说》（1904 年修订本）中，"市"解释为"音恃，商贾所萃曰市，古者神农作市"，① 可以看出其概念并不包含"城市"的含义；再如 1908 年 10 月 9 日《申报》载广告一则，"新创五洲大药房分设苏州城东中市崇真宫桥东"，从这则广告中可以看出，"城"缀在"苏州"后表示城市，而"市"修饰"东中"表示贸易场所。

---

① 刘树屏编《澄衷蒙学堂字课图说》卷 1，光绪三十年澄衷蒙学堂十一次石印本，第 45 页 b。

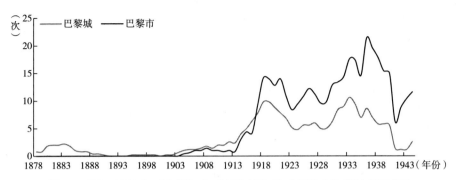

图1　1878～1944年《申报》中"巴黎城"及"巴黎市"提法出现频次

说明：以1878～1944年《申报》报道为数据来源，为呈现出词语频次的变化趋势，采用5年滑动平均法；检索词语均只统计代指"城市"含义之条目，"市情"、"市价"及"市面"等词均不计入；早期"巴黎"被翻译为"巴黎斯"，此两种译法均统计在内。

　　另一方面，在官方话语体系中，随着清末立宪改革运动的开展，"市"本身固有的商业场所含义被加强甚至制度化。早在《城镇乡地方自治章程》颁布之前，清廷于1906年在北京设立"市政会"。① 该制度得到了时任民政部尚书、肃亲王善耆的大力支持，经其下令在全国推广。② 从"市政公议会"决议事件来看，"市"虽行自治之事，但所涉范围远逊于"城市"，仍多集中于城市内的商业场所；从其设置的目的来看，北京"市政会"设立之初便强调"官商联络"以利"京城商业"。③ 正因如此，"市政会"的首要关注点为"商界治安"，因此1909年肃亲王下令向全国推广时一再强调"市政会于商界治安大有裨益"，并"通饬各省一律兴办，以利商务而维市廛"；④ 1911年1月26日《时报》曾刊有《保卫市政之一斑》一文，其中亦提及维护"市政"治安之事，"诸色人等入市购物者颇形拥挤，未免有窃匪混迹市廛"。可见，"市政会"的设立，使得"市"作为当时地方自治区域的一环，以"市政会"为基本管理单位专辖商业区域，并与《城镇乡地方自治章程》中代指城市的"城"并举，两者互为补充，构成了当时城市地方自治制度的基本格局及官方话语系统中的"城""市"观。

---

① 《京师拟设市政会》，《新闻报》1906年6月24日，第2版。
② 《京师近事》，《申报》1909年11月7日，第5版。
③ 《巡警厅创设市政公议会》，《时报》1906年7月10日，第3版。
④ 《京师近事》，《申报》1909年11月7日，第5版。

综上，辛亥革命之前，"市"已经衍生出"城市"的概念，但就目前发现的材料来看，该提法主要用于海外城市；在国内语言环境中，"市"仍多用以指"商业区域"，特别是"市政会"的设立，更加深化了"市"在官方语言系统中的此种含义。因而，即便"市"的概念有所扩展，但是直到辛亥革命前夕，"市"在国内外不同语境下的差异化理解仍是普遍现象，这也可以看作晚清和民国政府在各自官方话语体系中对"市"内涵理解之根本差异。

二　民初"市制"与"市"的"城市意涵"引入

1911 年江苏宣布独立后，旋即成立省临时议会作为立法机关，是年 11 月 18 日，临时议会起草《江苏暂行地方制》14 条，并预备制定《市乡制》，该草案第一次将"市"的概念引入法令层面，明确以"市"代"城"的方针，"市"的城市意涵被赋予中国城市亦始于此：

> 各州县市制乡制另订之，市制乡制未颁行以前暂照旧行城镇地方自治章程办理，以城、镇比于市。[①]

同年 12 月 8 日，《江苏市乡制》（次年改称《江苏暂行市乡制》）正式颁布，进一步确认了"市"作为城市的概念，与乡村区分：

> 凡县治城厢地方为"市"，其余市镇、村庄、屯集等各地方人口满五万以上者为市，不满五万者为乡。[②]

江苏省率先开始的近代市制实践，对我国近代"市"的建立产生了决定性影响。其间，上海宣布将依据《城镇乡地方自治章程》设立的"上海城自治公所"改为上海市政厅，[③] 并选出正副市长，据《上海市通志馆期刊》所记：

---

① 《苏省地方官制之大改革》，《申报》1911 年 11 月 18 日，第 10 版。
② 《江苏省议会议决市乡制》，《时报》1911 年 12 月 8 日，第 6 版。
③ 引自《民立报》1911 年 11 月 13 日刊文，又《上海市通志馆期刊》记，"上海市政厅的成立，是根据江苏暂行市乡制"。

> 《江苏暂行市乡制》由临时省议会议决公布……上海县境乃先行
> 将以前规定的城镇乡区域改划市乡区域。……上海县原来的"城自治
> 区域"从这时起改称"上海市"。①

这是中国城市第一次在官方层面上被称为"某市"。此后，越来越多
的城市在其名后缀以"市"字，"市"逐渐成为一种特指"城市"的专用
名词，而不再仅指代贸易场所。1912 年，北京政府颁布大总统令审定《南
京市制草案》，同年颁布了《市乡组织法》，② 宣布全面"改城为市"，③ 此
两案的颁行意味着"市"在官方话语系统中，由地方进一步深入中央。

然而，当时的"市"与清末之"城"一样，只是一种附属于县的地方
自治机关，④ 其虽然受县政监督，但是两者并不构成直接的上下级关系，
因而此时的"市"并不是一级地方政区，更没有独立的行政单位和行政区
划。⑤ 如《江苏暂行市乡制》中阐述市乡职能如下，"市乡以专办地方公益
事宜为主，按照定章，由地方公选职员办理，仍受本管民政长监督"；⑥ 再
如 1913 年 3 月 29 日《申报》所载之"青满城厢市董事会致苏省各县市乡
董书"亦表明"市董事会"虽然从属于县，但其作为"自治机关"与作
为"官治行政机关"的"县公署""性质迥异"，"并非如上级官署与下级
官署绝对上下之名分"。

需要着重强调的是，在当时除江苏省及个别大城市外，其余各省在践
行地方自治时大多沿用清代《城镇乡自治章程》或对其稍加修订，依然把
城市通名定为"城"。⑦ 如 1912 年《四川政报》所载《修改城镇乡地方自
治章程》对城乡自治区域的划分就完全沿用了前清所定的标准；⑧ 再如
1913 年浙江省颁布《浙江省城镇乡地方自治章程施行细则》也规定"各

---

① 蒋慎吾：《上海县在民国时代》，《上海市通志馆期刊》第 2 卷第 3 期，1934 年，第 767 页。
② 顾朝林等：《中国城市地理》，商务印书馆，2002，第 84 页。
③ 陈国灿：《略论民国时期城市体制的演变——以江浙沪地区为中心的考察》，《江汉大学学报》（社会科学版）2017 年第 5 期。
④ 民国《县市自治制草案》中规定"市以县知事为直接监督，其上级监督机关依现行官制定之"。
⑤ 傅林祥、郑宝恒：《中国行政区划通史·中华民国卷》，复旦大学出版社，2007，第 60 页。
⑥ 《江苏省议会议决市乡制》，《时报》1911 年 12 月 8 日，第 6 版。
⑦ 钱端升等：《民国政制史》下册"省制与县制"，第 428 页。
⑧ 《专件：修改城镇乡地方自治章程（未完）》，《四川政报》第 23 期，1912 年，第 8～12 页。

地方区域名称自城镇乡自治成立后，即以所定某城某镇某乡称之"。① 其他省份诸如湖南、山东、奉天等也多沿用 "城"，因此辛亥革命之后除了江苏省全省以及北京、广州等个别大城市外，"城" 依然是全国范围内主流的城市通名。

1914 年 2 月，时任中华民国大总统袁世凯下令停办地方自治，解散国会及各级自治团体；同年 12 月 29 日，参政院议决通过《地方自治试行条例》，条例规定县下应设定地方自治区域，其名称由清末之 "城、镇、乡" 统一易名为 "区"，② 此次自治的停罢使近代中国的地方自治运动陷入了一个低谷。但是在自治机关收归官办的过程中，自治团体所管辖的区域却得到了一定程度的保留，如在江苏省，"市" 的名称就得以保留，只是在《地方自治试行条例》颁行后新设的自治区域，改以 "区" 命名。③ 此后，"城" 作为城市通名逐渐淡出官方话语系统。虽然此时中国 "市" 制建设陷于停滞阶段，但是 "市" 的概念已经得到传播，并深入当时知识分子心中，如 1916 年 8 月 28 日《新闻报》中一则时政新评所记："共和国体，首重自治，自治云者，在日本曰市町村制，在前清曰城镇乡制，在民国曰县市乡制。"

1916 年袁世凯去世后，国会及各省议会重开，恢复地方自治的呼声再度高涨，在此压力之下，北京政府不得不筹划新的地方自治和地方行政区划改革方案。在此契机下，参、众两院蒋曾燠、吕复等议员提出数个有关地方县、市的自治议案，但是黎元洪政府并不满意，提出要另行制定地方自治章程，④ 并令内务部成立 "自治制度编查委员会" 着手订立新的地方自治制度。5 月，内务部拟定的《市自治制章程》草案向社会公示，草案中摒弃了 "城" 与 "区" 的概念，在文字表述上表明中央意欲确立 "市" 为 "城市" 唯一的官方称呼。⑤ 然而由于 6 月 13 日国会被再度解散，地方自治问题又一次被搁置，国内城市通名仍依从前之旧。

1919 年以后，迫于联省自治的压力，北京政府再次决心筹办地方自

---

① 《浙江省城镇乡地方自治章程施行细则》，《浙江公报》第 329 期，1913 年，第 22~23 页。
② 《法律第二十五号：地方自治试行条例》，《政府公报》第 954 期，1914 年，第 34~41 页。
③ 政协铜山县文史委员会编《铜山文史资料》第 10 辑，1990，第 12 页。
④ 叶利军：《民国北京政府时期选举制度研究》，湖南人民出版社，2007，第 359 页。
⑤ 《要闻二：县市自治制草案提交国会》，《申报》1917 年 5 月 12 日，第 6 版。

治，并陆续于 1919～1921 年颁布了《县自治法》《市自治制》《乡自治制》等一系列法令，以期在全国范围内建立全面的县、市、乡自治制度。值得注意的是，此次颁行的《市自治制》把设市的标准再次降低，从原来的人口达五万人才可设"市"，降低为一万。标准的降低理论上使全国范围内可以设市的地区大为增加，对于"市"在全国范围内的传播起到了非常大的推动作用。以江苏省为例，至 1924 年共设立 306 个"市"，平均每个县所辖"市"多达 5.1 个。① 虽然北京政府有意把"市制"向全国推广，但是受限于时局纷争，"市"的用法仍主要集中在南方联省自治的诸省内，它们大多依据各自"省宪"制定"市制"（见表 1）。② 北伐战争开始后，随联省自治运动颁布的各省宪法陆续被废止，因此在北京政府时期，"市"的设置并没有在全国范围内推广，仅在江苏省内及少数大城市内实施。

表 1　北京政府时期设"市"省份一览

省份	法案名称	颁布时间	省份	法案名称	颁布时间
江苏省	《江苏暂行市乡制》	1911 年 12 月	江西省	《江西暂行县市乡自治条例》	1922 年 3 月
浙江省	《浙江省宪法》*	1921 年 9 月	四川省	《四川省宪法》	1923 年 1 月
广东省	《广东省宪法》	1921 年 11 月	云南省	《云南暂行市自治条例》	1924 年 7 月
湖南省	《市乡自治制大纲》**	1922 年 1 月	福建省	《福建省宪法》	1925 年 1 月

注：* 九九宪法；** 该法案附于《湖南省宪法》之后。

资料来源：民国《中国年鉴》（第一回），上海商务印书馆，1924；周叶中、江国华主编《自下而上的立宪尝试——省宪评论》，武汉大学出版社，2010。

　　在北京政府时期"市制"下诞生的"市"虽然并不是完整意义上的地方行政单位，但是此番设置进一步明确了城市和乡村的区别，使"市"指代城市的概念逐渐为世人所接受。在此时期，限于时局纷争，中央及地方政府的政令无法得到有效执行，因此在实际操作中往往"城""市""区"并立，③ 但是在江苏省内，以及一些政令通达的省和大城市，尤其是南方诸省中，大多已设"市"。设"市"区域的扩展，客观上使以"市"指代

---

① 江苏省长公署统计处编《江苏省政治年鉴》（民国 13 年），江苏省长公署统计处，1924，第 59～62 页。

② 钱端升等：《民国政制史》下册"省制与县制"，第 342、344 页。

③ 钱端升等：《民国政制史》下册"省制与县制"，第 207、342～348 页。

城市的概念在国内广泛传播，极大地促进了近代中国城市通名由"城"到"市"的转变。

三　特别市的出现与"市"的行政化

早在清末颁行《城镇乡地方自治章程》之时，政府便注意到了不同市镇的规模存在巨大差异，因而可能面临管理难度不一的问题，所以在条例中特别规定"城镇有区域过广，其人口满十万以上者，得就境内划分为若干区，各设区董，办理区内自治事宜，其细则以规约定之"，随后颁行的《江苏暂行市乡制》亦完全沿用此条，只是把"城镇"换成了"市"。因此在民国初年的市制中，尽管此等设区的"市"在人口、规模上远超一般"市"，但其本质上仍是县政监督下的"自治团体"，在市政管理工作中发挥的功能有限。但是，时人渐有把设区的"市"与一般的"市"区分对待的议论。① 1917年内务部所拟定的《市自治制章程》草案中，将城市依据规模分为普通市与特别市两种，规定特别市下应设区，并提出"特别市"应当独立：

> 第二条　凡市分左列二种：（一）特别市，由内务部认为必要时呈请以教令定之；（二）普通市，除认定为特别市外皆属之。②

> 第四十二条　特别市得分区，每区设区董一名，承市长之命办理区内自治事务。③

虽然在该草案中"市"仍被定性为"地方自治组织"，但是可以明显看出其呈现出向"地方行政单位"发展的趋势。尤其是特别市，并不与其他普通市一样"以县知事为直接监督"，而"由地方最高行政长官监督"，④ 不属于县政管辖，因此实际上已具有地方一级行政单位的部分属

---

① 《要闻二：地方自治与行政区域》，《申报》1916年11月8日，第6版。
② 《要闻二：县市自治制草案提交国会》，《申报》1917年5月12日，第6版。
③ 《县市自治制草案提交国会（四续）》，《申报》1917年5月17日，第6版。
④ "第七十三条　市以县知事为直接监督，其上级监督机关依现行官制定之，但京都市由内务部监督，其他特别市则由地方最高行政长官监督之。"《县市自治制草案提交国会（四续）》，《申报》1917年5月17日，第7版。

性，可以认为是日后"建制市"制度的发端。如上文所述，由于国会再度停罢，该草案仅向社会公示而并未颁行，其对于特别市的实践仅停留在法案讨论层面。

与此相对，孙科在南方政府掌管广州市政公所期间，起草了《广州市暂行条例》，并于 1921 年 2 月获得南方广东省政府通过，该法案明确规定广州市为省直属的行政区域，不属于县辖范围："广州市为地方行政区域，直接隶属于省政府，不入县行政范围。"① 《广州市暂行条例》的颁行第一次明确了"市"作为一单独"行政单位"，再次扩展了"市"的字面含义，此后"市"不仅意指隶属于县的"自治团体"，而且进一步拥有了表示一级行政区划的概念，广州也成为全国第一个严格意义上的"城市型政区"。② 同年 3 月，南方政府又颁布了《汕头市暂行条例》，北洋政府亦于 7 月通过了以《市自治制章程》草案为蓝本的《市自治制》法案，随后又颁布了《市自治施行细则》，设立了"京都特别市"，并在"胶澳商埠""淞沪商埠"③ 等辖区筹备设立特别市。④ 至国民政府建立前夕，已经有 7 个城市宣布筹备或成立特别市，⑤ 可见，当时"市"的行政化改革已经成为南北方政府的共识。

1927 年国民政府克复南京后，先后于 5 月 7 日和 6 月 6 日颁行《上海特别市暂行条例》和《南京特别市暂行条例》，条例规定特别市直属于中央而不隶属于省县，同时规定"市长"不经选举产生，直接由中央政府委任，⑥ 呈现出明显的官治"行政单位"属性。次年又起草《特别市组织法》《市组织法》，并颁行全国，规定"市"应设立市政府总理全市行政事务，进一步加强了"市"的行政属性，并在法律层面上将"市"分为两类：直属于中央的"特别市"以及直属于省的"普通市"。同年 9 月 15 日颁行的《县组织法》规定，"各县按其户口及地形分划为若干区，除因地

---

① 《广州市暂行条例》，《东省特别区市政月刊》第 1 卷第 6 期，1926 年，第 192～197 页。
② 钱端升等：《民国政制史》下册"省制与县制"，第 429 页。
③ 彼时之商埠所辖范围已大于县，但县作为政区还未取消，同时商埠督办公署也并不是完全意义上的政府，故而"商埠"可以认为是过渡性质的机构。
④ 钱端升等：《民国政制史》下册"省制与县制"，第 439 页。
⑤ 据郑宝恒《民国时期政区沿革》（湖北教育出版社，2010）中"特别市"篇目统计。
⑥ 参见《申报》1927 年 5 月 7 日、6 月 6 日刊文及《南京特别市市政公报补编》（1927 年 4 月至 8 月）相关报道。

势限制或有其他特殊情形者外，每区至少应以二十村里组成之"，因而作为自治团体的"县辖市"失去了法律地位，各"市公所"纷纷改为"区公所"。① 县、市组织法的颁布是"市"迈向"地方行政单位"的里程碑事件，"市公所"的消失意味着纯粹作为"自治团体"的"县辖市"正式退出历史舞台，县辖自治区域曾经"城、市、区"并立的问题正式得以解决。自此以后，行政系统中只存在"普通市"与"特别市"，这标志着"市"在官方话语系统作为"地方行政单位"的概念正式推广至全国，亦可视为"市"的一次升级与概念的转变。

1930 年国民政府将原《特别市组织法》及《市组织法》合为一案，颁行新的《市组织法》，并规定"市"分为"院辖市"及"省辖市"，同时规定"市设政府，依法令掌理本市行政事务，监督所属机关及自治团体"，从法律层面上明确"市"的"行政单位"属性大于其"自治团体"属性。② 值得关注的是，《市组织法》开篇第一条即规定城市通名为"市"："市冠以所在地地名称为某市。"

此后，随着国民政府设立的"市"行政区越来越多，"市"作为城市通名的传播也愈加广泛，"建制市"系统也在此时通行全国，至 1948 年国民政府共计设立 12 个院辖市及 58 个省辖市。③ 然而值得注意的是，与现在"统县设区"的广域"市"相比，无论是"省辖市"还是"院辖市"，均为"狭域型"政区，因而其管辖面积远远小于现在的"市"，④ 但是就基本概念来说，其与现在的"市"已经基本相同。

中华人民共和国成立后，"市"作为行政区的地位进一步加强，1954 年新中国第一次在宪法层面确定了"市"作为行政区的法律地位：

第五十三条　中华人民共和国的行政区域划分如下：

（一）全国分为省、自治区、直辖市；

（二）省、自治区分为自治州、县、自治县、市；

---

① 参见《申报》1928 年 9 月 27 日、1929 年 7 月 29 日、1930 年 1 月 20 日刊文，以及刘君德、范今朝《中国市制的历史演变与当代改革》（东南大学出版社，2015）第 108 页。
② 此时的"市"虽然已经脱离了县政的监督，是完全的"地方行政单位"，但仍是法理上的"地方自治组织"，因而具有双重性质。
③ 《省辖市一览表》，《市政评论》第 10 卷第 7 期，1948 年，第 17～18 页。
④ 参见民国《江苏分县地图》，《市政评论》第 10 卷第 7 期，1948 年。

（三）县、自治县分为乡、民族乡、镇。①

1955 年 6 月 9 日，国务院根据 1954 年宪法的精神，颁布规范性文件《国务院关于设置市、镇建制的决定》，进一步详细规定了市的设置及属性，"市，是属于省、自治区、自治州领导的行政单位"，进一步明确"市"为完全的行政单位。②

综上，《广州市暂行条例》及《市组织法》等一系列法案的颁布，令"市"从过去仅仅指代"城市"，进一步扩展为"行政区"的概念，随着中华人民共和国成立后"五四宪法"及《国务院关于设置市、镇建制的决定》等一系列文件的颁布，"市"的行政区划属性越来越强，"市"的自治属性逐渐让位于行政属性，"地方自治组织"最终演变为"地方行政单位"。③ 在这个过程中，"市"的"城市"概念与"行政区"概念开始融合，其在代指"城市"的同时也是一级行政区划，改变了此前这两个概念相互割裂的局面，使"市"真正被赋予了"城市"及"建制市"的双重复合含义，意味着在语料和语义层面上，"市"作为完整意义上的城市通名概念基本形成。

四　地级市的出现与"市"的广域化

早在 1936 年 3 月，国民政府行政院颁布的《行政督察专员公署组织暂行条例》就正式宣布在全国范围内"设置行政督察专员公署为省政府之辅助机关"，并规定"行政督察区名称以数目字定之"。此后，行政督察区在全国范围内普遍设立，至 1944 年 4 月已在 23 个省级行政区内推行。④ 在实际操作中，行政督察区的管辖权力越来越大，已接近一级政府，行政督察区的管辖范围大致确定了日后地级市的地理格局。中华人民共和国成立

① 中华人民共和国民政部行政区划处编《中华人民共和国行政区划手册》，光明日报出版社，1986，第 101 页。
② 《国务院关于设置市、镇建制的决定》（〔55〕国秘习字第 180 号），国务院全体会议第十一次会议通过，1955 年 6 月 9 日。
③ 赵斐：《制度、法律与观念：民国时期的设"市"纠纷》，张利民主编《城市史研究》第 41 辑，社会科学文献出版社，2020。
④ 郑宝恒：《民国时期政区沿革》，第 604~606 页。

后，中央政府改行政督察区为专区，并改序数命名为专署驻地城市命名。专区作为省级机关的派出机构虽然不是一级行政区，但是此番变革在官方层面上促进了专区内核心城市与整个区域的融合，奠定了日后"广域型"城市形成及地域认同的基础，因此对构建现代中国城市通名的空间结构特征影响深远。1971 年"专区"易名为"地区"，并在 20 世纪 80 年代前在行政区设置的虚实之间多次变动。

改革开放后，行政区划改革作为政府工作的一项重要内容，地区设置改革被提上了日程。1982 年，中共中央印发 51 号文件并作出"改革地区体制，实行市领导县"的决定；1983 年 2 月 15 日，中共中央、国务院再次发出《关于地市州党政机关机构改革若干问题的通知》，明确表示"积极试行地、市合并"，并对市领导县的基本问题提出了原则性要求。1983 年 6 月 14 日，中共中央书记处、国务院以中共中央办公厅和国务院办公厅的名义发出《关于地市州改革中应注意的几个问题的通知》，该通知成为地方行政区划改革的指导性文件，通知中明确规定"实行地市合并，由市领导县的体制"，并把地市合并作为 1983 年地方政府改革的一项重要内容，其最终目的是在全国范围内设置以"市"为基本行政区划单位的统县政区。此次地市合并改革，一方面意味着地区作为政区的实体化，另一方面也可以视为市管县体制在全国范围内的推行，自此以后，"地区"与"市"两者合一，正式形成了现代意义上"地级市"的概念。

值得注意的是，在此次地市改革中同时推行的"撤县设市"政策，亦使国内出现了一定数量的县级市。县级市的出现对于构建现代中国城市通名同样产生了一定的影响，这使得在保持对地级市域范围的认同的基础上，形成了对更次一级"市"的认同。不过总体而言，"县级市"认同仍从属于"地级市"所构成"市"的认同，因此"地级市"概念下的"市"仍是现代中国城市通名概念的主体部分。

1983 年的全国行政区划大调整，是中国在探索城乡发展模式方面的一项重大制度创新。在此背景下，随着地市合并及撤县设市等政策的推行，市管县体制开始在全国范围内正式形成，其结果是结束了自"市"诞生以来一直作为"狭域型"政区的局面，[①] 并开始涵盖传统城市通名所不包括

---

① 刘君德、范今朝：《中国市制的历史演变与当代改革》，第 116 页。

的诸如"州""府"等"地域政区"的概念；同时在新型城乡一体化布局下，"城乡分治"从某种程度上再度回归到"城乡合治"，在国家的行政区划序列里，除了直辖市以外，正式将市分为地级市和县级市两种等级。至此，一个具备完全现代意义的，包含着城市、乡村及下辖行政单元的广域复合型行政区的"市"正式形成，这也意味着现阶段中国城市通名最终构建完成。

五　结语

城市通名作为城市概念的语言符号，其用词及含义变化反映了人们对于城市概念感知的变化。从中国城市通名演变的过程来看，城市通名的定义不是一成不变的，而是随着中国市政体制的改革不断地调整和适应，可以说城市通名概念的变化是社会大众对于国家城市格局、行政体制认知具象化的结果。换言之，近代以来不同时期人们所感知的"市"存在较大差异。总体上，人们对城市的认知经历了一个从"非乡村聚落"向"广域政区"转变的过程。

如文中所述，中国城市通名的演变可以分为四个阶段。19 世纪末"市"开始被引入国内，用以代指"城市"，扩充了其本身汉语词汇的语义；辛亥革命后随着《江苏暂行地方制》及《江苏暂行市乡制》的颁行，"市"的概念被引入官方话语体系，并最终代替了传统的城市通名"城"，成为新的城市通名用词；1921 年以《广州市暂行条例》的公布为标志，"市"的概念进入了一个建制行政化阶段，在这一过程中其所涵盖的"城市"与"政区"概念开始意合，客观上使"市"囊括了此前"州、府"的含义，并初步形成了现代意义上"市制"的概念及城市通名；在 20 世纪 80 年代的地方行政区划改革浪潮中，"地""市"逐渐合并，"市"的概念从"狭域型"政区演变为"广域型"政区，中国城市的政治生态从"城乡分治"再次回归到"城乡合治"，并最终形成中国特色的"市制"及现在汉语语境下的城市通名概念。

然而，中国城市通名的演变并未结束，"市"的概念演变的动因在于市政改革，只要市政改革仍在继续，"市"的概念也必然继续发生演化。在现有体制下，地方行政区划的改革屡被提及，理论界和有关部门也曾提出多种改革思路。第二轮"县改市"政策的推进、各市"整县改区"步伐的加快、部分"省直管"县市试点的推行，以及"撤镇设市"的实践等，[1] 都是对现有城市体制改革的积极探索。随着改革进程的加快和相关政策的不断落实，现有城市格局势必会改变，进而影响人们对于"市"概念的认知，最终影响未来中国城市通名概念的构建。因此，虽然中国城市通名的概念意涵在现阶段保持着相对稳定的态势，但用发展的眼光来看，只要中国城市体制改革还在持续推进，中国城市通名的概念也必将随之继续演进，在可预见的未来仍将不断调整。

作者：孙博，南京大学历史学院、中国矿业大学马克思主义学院

（编辑：龚宁）

---

[1] 《浙江省人民政府关于撤销苍南县龙港镇设立县级龙港市的通知》，浙江省人民政府官网，http://www.zj.gov.cn/art/2019/8/30/art_1229019369_1210.html，最后访问日期：2021年3月1日。

民国时期政治空间的公共利用

——以南京首都华侨招待所为中心

吴　元

内容提要　为鼓励华侨投资，国民政府定都南京不久即修建了首都华侨招待所，用于招待、帮助回国侨胞。招待所的管辖界限模糊，职员任命及日常管理由侨委会负责，经费开支则受中央党部节制。出于现实经济原因的考虑，作为政治象征的招待所除承担接待侨务、外交事宜外，后期逐渐成为南京地区用于婚丧、展览、集会等诸多事务的重要公共场所，成为近代政治空间公共化利用的典型之一。但同时与其他社会公共空间的利用相比，华侨招待所仍带有浓厚的政治色彩，公共利用的范围和效果有限。

关键词　首都华侨招待所　侨务委员会　政治空间　公共空间

一　问题的提出

城市史研究的兴起是快速城市化给社会带来的巨大影响，过去几十年间我国经历了城市的迅速发展，城市研究的重要性逐渐凸显。当前国内城市史研究主要聚焦于文化消费、管理体制等方面，与此同时，越来越多的研究者将"空间"作为一种研究视角，试图从"空间维度"的视角考察城市发展，关注特定空间内部的社会关系。列斐伏尔（Henri Lefebvre）将空间研究与政治关联起来，把空间分为三种形式——空间实践、空间表征、表征空间，分别对应物质空间、精神空间和社会空间。[①] 物质性政治空间即"空间实践"，空间的生产是其被开发、设计、使用和改造的过程，同

---

① 〔法〕亨利·列斐伏尔：《空间与政治》，李春译，上海人民出版社，2015。

时也是社会阶层和特殊利益集团通过控制土地和建筑等空间的主要特征来塑造和影响城市空间形态和组织的过程。空间可以成为社会关系的产物，也可以成为政治控制的工具。空间本身甚至也成为生产者，参与重组社会关系和建构社会秩序的过程。①

公共空间的定义源于哈贝马斯1962年出版的《公共领域的结构转型》一书，书中对公共领域进行了这样的定义：公共领域首先可以理解为一个由私人集合而成的公众的领域；但私人随即就要求这一受上层控制的公共领域反对公共权力机关自身，以便就基本已经属于私人，但仍然具有公共性质的商品交换和社会劳动领域中的一般交换规则等问题同公共权力机关展开讨论。这种政治讨论手段，即公开批判，是史无前例、前所未有的。②戴一峰对"公共空间"与"公共领域"理论进行了具体区分，认为并不是所有发生在公共空间内的活动都适用公共领域理论去分析。③ 近些年公共空间成为学界研究的热点，学者纷纷以近代茶馆（楼）、城市公园、百货公司等场所为中心开展研究，讨论市民在其中的休闲娱乐及社会活动。④正如王笛所述，"当人们走出家庭这样的私人领域时，便进入了公共领域"，⑤ 物质空间演变为社会空间，并被赋予了重要的政治及社会意义。目前对于公共空间的讨论较多集中于政治哲学研究的角度，将其视为政治生活的平台，展现社会公共性的一面，而较少从城市史的角度去理解公共空

---

① 朱明：《城市与空间——欧洲中世纪城市史研究的新进展》，《史学理论研究》2017年第1期。
② 〔德〕哈贝马斯：《公共领域的结构转型》，曹卫东等译，学林出版社，1999，第32页。
③ 戴一峰：《多元视角与多重解读：中国近代城市公共空间——以近代城市公园为中心》，《社会科学》2011年第6期。
④ 目前，关于公共空间的讨论主要集中在城市史研究领域，其中公园方面的研究起步最早，如史明正《走向近代化的北京城：城市建设与社会变迁》，北京大学出版社，1995；熊月之《张园：晚清上海一个公共空间研究》，《档案与史学》1996年第6期。茶馆方面的研究以王笛的《茶馆：成都的公共生活和微观世界（1900～1950）》（社会科学文献出版社，2010）一书为代表。关于百货公司的研究以台湾学者连玲玲的《日常生活的权力场域：以民国上海百货公司职员为例》（《中央研究院近代史研究所集刊》第55期，2007年）为代表。
⑤ 关于"公共领域"与"公共空间"的使用，王笛在《茶馆：成都的公共生活和微观世界（1900～1950）》一书中将此约略等同，戴一峰则认为将公共空间与公共领域理论相勾连时，应对公园内发生的活动进行区别对待，只有在特定语境下发生在公园内的政治活动才可以运用公共领域理论去解释。参见戴一峰《多元视角与多重解读：中国近代城市公共空间——以近代城市公园为中心》，《社会科学》2011年第6期。

间。如果说物质性政治空间是空间实践，那么公共空间就属于表征空间的范畴，是使用者基于生活而形成的对空间的感知和想象。空间实践、生活体验等塑造了城市居民对空间的理解和想象，包括城市空间究竟是谁的空间，以及应当根据谁的需求来进行生产。

如果从这个角度来看，首都华侨招待所①（下文简称华侨招待所）并不是严格意义上的公共空间。一方面，它并不是由民众自发形成的一个场所，而是由中央党部授意建造，隶属于国民党中央党部；另一方面，围绕华侨招待所展开的各种政治及社会活动并非对所有民众开放，而是有着各自不同的受众。华侨招待所自 1931 年落成至 1937 年南京沦陷止，在短短的七个年头里，其日常使用突破了政治的束缚，转而成为政府及民间团体开展集会、展览、接待等社会事务的一个重要场所，在这里进行了包括招待外宾、婚丧宴请、美术展览、社团集会等在内的众多活动。虽然这些活动的传播范围有限，甚至有些集会仅仅是讨论社团内部事宜，但参与这些社团的人本身就代表了不同的政治立场，某种程度上他们赋予了集会场所一定的政治倾向，反过来也影响了此后持不同政治立场的社团对于集会场地的选择。就这一点而言，华侨招待所可以视作一种变异了的公共空间。作为近代南京重要的社会交往及集会场所，目前学界关于华侨招待所的研究还不多，② 本文拟从该建筑的建造及其日常管理、使用等几个方面着手，对这一民国时期招待、帮助华侨的重要机构展开讨论，以求教于方家。

二　政治空间的生产：华侨招待所的建造

1927 年 4 月国民政府定都南京，同年底国民党海外部成立中央执行委员会招待海外同志事务所（简称海外同志招待所），③ 设南京、广州两所，其中南京为第二事务所，詹菊仙为主任委员，周守愚、劳先鞭、陈

---

① 也称为"华侨办公所"，参见《班禅日内过济赴京》，《山东民国日报》1932 年 12 月 6 日，第 6 版。

② 关于首都华侨招待所的专题研究，仅见司开国的《华侨招待所与民国首都的美术记忆》（《美术研究》2013 年第 2 期），该文主要介绍抗战前华侨招待所承担的美术展览。

③ 《中央筹设海外同志招待所》，《新闻报》1927 年 12 月 4 日，第 8 版。

任一、陈汉子为委员。① 海外同志招待所办理事项极其广泛，凡属海外同志个人或团体"一切咨询之解答及指导、海外归国同志职业或学业等问题之指导及介绍、海外侨胞同志归国兴办建设事业之介绍及调查海外同志及侨胞状况"均是其工作范围。② 第二事务所地址初设于鼓楼保泰街，后因接待国民党第三次全国代表大会海外代表，"原有房舍狭小，不敷招待之用"，于是"增加临时经费一万四千余元，并委任临时招待干事七人"，"划拨玄武湖该所附近之洋房及公园管理处、茶社、摄影店等处，以供海外代表下榻之所"。③

1928 年，由于中央海外部被裁撤，原有工作大部分纳入组织部下属的海外科。同年，侨务委员会成立，成为处理国民政府侨务工作的主角。1929 年 7 月中央第二十六次常务会议上，侨委会主任委员陈耀垣提议，将广州、南京两地第一、第二事务所划归侨委会管辖，以便统一指挥。④ 随后，同年底通过的《中央执行委员会招待海外同志事务所招待规则》就明确将海外同志招待所管理权转交给侨委会。⑤

1928 年，上海华侨联合会常务委员谢碧田、华侨教育协会主席刘士木、上海暹罗华侨学生会主席林文海、上海缅甸华侨学生会会长陈翔水、立达学园华侨同学会常务委员王家骥、复旦大学华侨学生会主席郑天成等联合请求在南京等处设立华侨招待所，并谓"华侨努力革命，心向祖国，际兹统一告成，俱有观光之意，明年三月十二日为总理窆窆之期，自必踊跃会葬，万里归来，骈集都下，倘招待无所，实不足以慰其贤劳。且首都旅馆设备简陋，海外生活与国内外殊，万一以起居饮食之微，灭其浓厚深挚之意，甚非所以劳来远人也"。⑥ 侨委会据此呈请国民政府拨款二十万元在首都建筑华侨招待所，"以一半为建筑华侨招待所经费，以一半为招待基金"。此事交由中央执委陈果夫、南京市市长刘纪文具体负责。

要建华侨招待所，选址是首要任务。南京市政府原定于海外同志招待

① 《中央常会之决议案》，《申报》1928 年 4 月 13 日，第 7 版。
② 《中央执行委员会招待海外同志事务所简章》，中国国民党中央组织部编《整理党务法令》（第 3 集），中国国民党中央组织部，1928，第 12～13 页。
③ 《海外同志招待所扩充组织》，《申报》1929 年 2 月 16 日，第 11 版。
④ 《中央第二六次常务会议》，《申报》1929 年 7 月 23 日，第 8 版。
⑤ 《中央执行委员会招待海外同志事务所招待规则》，《中央党务月刊》第 6 期，1929 年。
⑥ 《请建华侨招待所，备明春招待归国侨胞》，《时报》1928 年 12 月 8 日，第 2 版。

所所在地——五洲公园附近划地五十亩建筑华侨招待所，后因配合首都规划，改为于中山路与大方巷口划地十亩建设，并决定华侨招待所建成后，合并海外同志招待所。① 经勘查，大方巷口该地原属李姓业主所有，实际测量九亩四分六厘零一丝，南京市土地局与业主协商后按原购价每方二十二元收用，共花费八千二百四十元。② 设计方案公开招标，自美国本雪文义大学（即宾夕法尼亚大学）建筑系留学归国的范文照、赵深二人中标，承建单位选用新锡记营造公司。③ 这一时期，受民族主义影响，整个南京城市建设均突出国家主权与民族文化，城市建筑风格亦被列为重要的规划内容，在首都建设的现代化过程中选用"传统化"的建筑样式，以尽可能拓展民族主义空间，达到"使置身中国城市者，不致与置身外国城市无殊"的目的。范、赵二人均受过西方建筑学的专业训练，加之受传统中华文化熏陶，建筑风格亦趋近于将"传统"元素与"现代"材料相结合，呈现出"中西折中"的建筑语言。根据设计图纸，华侨招待所为宫殿式，共分三层：第一层为礼堂、会客室、阅报室、休息室、弹子房、游艺室、会食堂，第二、三层为宿舍、浴室、厕室以及侍役室（见图1）。④ 而且华侨招待所与外交部、中央党部均相距不远。

筹措经费是建筑华侨招待所的重要问题。根据原计划，政府"以十万元为建筑费，十万元为招待费基金"，后经预算仅建筑费一项就需花费十四万五千元，1929 年 6 月中央第四十次常务会议决议"以十五万元为预算建筑总额"。⑤ 1930 年 5 月 10 日华侨招待所正式开工建筑，不久"因移动地位及打桩等费，又填实水塘费、电灯工程费，提请追加，共为十五万〇

---

① 《筹建华侨招待所》，《申报》1928 年 12 月 11 日，第 4 版。
② 《华侨招待所收用民地案》，《首都市政公报》第 32 期，1929 年。但根据陈果夫的报告，征收土地花费一万二千四百九十八元六角八分，两者之间相差四千多元，参见《华侨招待所之落成典礼》，《中央党务月刊》第 34 期，1931 年。
③ 关于范文照、赵深二人的履历可参考《范文照建筑师小传》《赵深建筑师小传》，《申报》1933 年 2 月 14 日，第 27 版；1932 年 12 月 26 日，第 21 版。除华侨招待所外，二人还共同完成了八仙桥基督教会青年大楼、南京大戏院、南京励志社、交通部大楼等的设计。新锡记营造公司除承建首都华侨招待所外，还负责承建气象研究所、唐家湾菜场、光复路驳岸工程等工程。
④ 《华侨招待所之落成典礼》，《中央党务月刊》第 34 期，1931 年。
⑤ 《关于华侨招待所建筑费》，《中央党务月刊》第 6 期，1929 年。

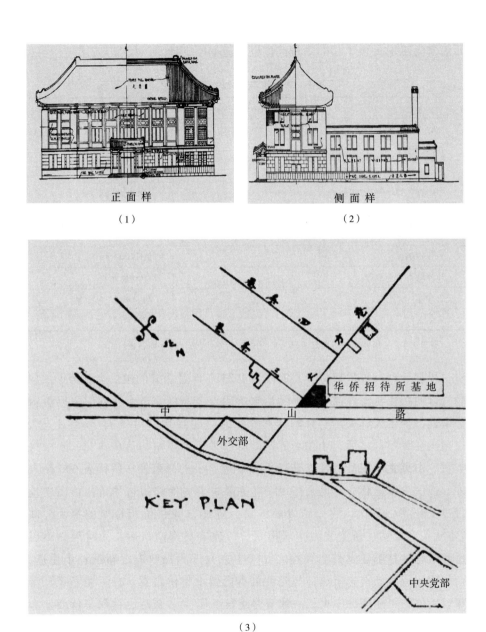

图 1　南京华侨招待所正、侧面设计和位置

资料来源:《南京华侨招待所:正面样》《南京华侨招待所:侧面样》《南京华侨招待所:地盘图》,《建筑月刊》第 1 卷第 5 期, 1933 年。

六百七十九元四角一分"。① 加之其他相关建筑开销，实际共花费近二十万元仍未完工（见表1）。② 建筑式样也未能如原定计划，仅盖至二层。③

表1 华侨招待所建设经费详目

类别	金额
地价	12498.68 元
其他造价	约 132243 元
移动地位、打桩、填实水塘、建筑、电灯工程	5937.41 元
内部热气管、卫生工程	34000 余元
日常设备（包括自流井、储水塔、房屋四周之柏油路、石片路、纱窗、纱门、应用木器家具）	40000 余元
工程师酬资	约 12000 元
补装电扇、炉灶等	4100 余元
总 计	240234.14 元
实际支付	198832.23 元

资料来源：《华侨招待所之落成典礼》，《中央党务月刊》第34期，1931年。

根据计划，华侨招待所原定作为1931年5月召开的国民会议第十二宿舍，以便招待自海外前来的国民党党员代表。但南京市市长刘纪文因事留沪未返，加之天气关系、订购器具等原因，直至1931年5月20日上午9点国民会议闭幕之后，才在华侨招待所前举行了隆重的落成典礼，除中央委员、中央党部职员、各界来宾及国民党"一大"海外华侨代表600余人外，国民党主席蒋介石也亲莅现场。陈果夫首先简略报告华侨招待所建筑经过及花费。其次，蒋介石发表演讲，陈述修建华侨招待所的缘由，即"本党革命成功，侨胞之力实居第一位。政府奠都南京后，无时无刻不以侨胞为念。首都建设甫在开始之时，中央党部国民政府之新址均未建造，而华侨招待所已首先落成，与此可见本党敬重华侨之意，盖无微不至。希望以后侨胞更能拥护中央，一致努力建设工作"④。最后，荷属华侨商业考

① 《华侨招待所之落成典礼》，《中央党务月刊》第34期，1931年。
② 最终实际花费金额为240234元，参见萧吉珊《中央华侨招待所落成》，《时事月报》第5卷第1期，1931年。
③ 关于华侨招待所的具体建筑样式可参阅《建筑月刊》第1卷第5期，1993年。
④ 《华侨招待所之落成典礼》，《中央党务月刊》第34期，1931年。

察团团长陈丙丁及华侨代表郑螺生分别发表演说，谓华侨需奉行总理"忠存仁爱信义和平"的八字嘉言，绝对拥护中央政府，以助国家完成各种建设事业。[①] 从演说内容可以看出，建设华侨招待所是国民政府这一时期施行积极的侨务政策的一项重要内容，目的在于塑造爱护侨胞的形象，进而吸引海外华侨回国投资建设。

三　政治空间的使用：华侨招待所初期日常运作

华侨招待所从成立之初即受侨务系统与党务系统的共同管理，招待所职员任命及日常运作受侨委会管辖，行政系统及经费使用则隶属于中央党部[②]。招待所下设主任、总干事各一人，干事四至五人（见表2），分属总务、招待、游艺、图书四股。从最初任命的职员名单可以看出，招待所选聘的职员大多为熟悉海外侨胞及侨情之人，如主任郑占南为侨委会常委，干事梁燕诒、萧振堂、谢公木则曾分别当选国民党全国代表大会海外代表。

表2　中国国民党中央执行委员会首都华侨招待所职员名单（1930年）

职　务	姓　名
主　任	郑占南
总干事	朱宝筠
干　事	黄隐东、梁燕诒、萧振堂、周毅生、谢公木

资料来源：《中国国民党中央执行委员会首都华侨招待所职员名单》，何仲箫编《华侨快览》，中央侨务委员会，1930，第52页。

根据华侨招待所所章规定，招待所日常招待对象主要是四类：海外同志努力党务被当地政府压迫回国有相当之凭证者；中央执行委员会或国民政府令知招待者；海外同志因公来京具有侨务委员会暨当地支部或直属支部之公函证明者；华侨或其团体对于革命有相当之劳绩因事来京回国经营

---

① 郑螺生：《华侨要奉行总理"忠存仁爱信义和平"的八字嘉言，在首都华侨招待所欢迎海外同志演说词》，《华侨半月刊》第1期，1932年。

② 南京市政府秘书处在介绍首都中央机关时将"华侨招待所"称为"中央党部华侨招待所"，参见南京市政府秘书处编《新南京》，《南京稀见文献丛刊》第8辑，南京出版社，2013，第150页。侨务委员会在其行政系统介绍时也未罗列华侨招待所，参见侨务委员会编《侨务十五年》，侨务委员会，1947，第5页。

大规模实业经本所呈请中央核准招待者。① 从招待对象的划分可以看出，国民党海外党员是招待所重点招待的对象，在招待所印制的登记证上，也将是不是党员作为一项重要指标。

招待对象入住流程十分严格，大致分回国前、在国内两个阶段：回国前，先通过中华总商会或同乡会馆等机构向居留地领事馆提出申请，领事馆审核通过致电中央，由中央发给凭证；到达国内后，至招待所出示凭证，由招待所分发招待登记证，凭证入住指定房间及领取膳食券，期满后登记证收缴注销。② 住宿期间可以免费使用招待所游艺、图书等设备；入住期间的住宿、膳食费用一应由招待所负责，但以一个月为限。③ 此外，登记证上还详细标注了招待对象的来源地、入住时间、房间号、入住原因等，一式两份，一份用于登记，一份用于存档。

作为中央党部用于内部招待的一个场所，华侨招待所成立之初的目的主要是招待自海外归国的华侨，借以体现政府积极的侨务政策，以期吸引华侨资金，襄助国家建设，后延伸至与侨务相关的外交等事宜。其使用也严格遵循了建造的初衷，自1931年5月建成后，这里接待了许多华侨团体及个人（见表3）。

表3　1931~1937年华侨招待所承担的与华侨、外交相关活动

时间	事件
1931年10月6~25日	国民党第四次全国代表大会海外代表50余人入住
1932年3月22日	宴请国联调查团
1932年11月11日	招待出席国民党第四次全国代表大会海外代表
1932年11月14日	越南侨商请愿代表入住
1933年2月22日	安南高棉埠中华总会会长兼潮州帮领袖郭镜容考察实业入住
1933年5月21日	暹罗华侨考察团陈文添等入住
1933年7月26日	首都各界欢迎留德青年飞行家孙桐岗
1933年8月17日	暹罗晨钟日报社社长白洪陆回国观光入住
1934年3月7~10日	侨委会开茶会欢迎爪哇华侨学生归国观光团

① 《中央执行委员会首都华侨招待所所章》，《中央侨务月刊》第11期，1931年。
② 《华侨巨子陈来昌昨晋京》，《申报》1934年11月16日，第11版。
③ 《首都华侨招待所招待规则》，何仲箫编《华侨快览》，第125~126页。

时间	事件
1934 年 4 月 29 日	欢迎澳大利亚联邦副总揆蓝山
1934 年 6 月 20 日	开茶会欢迎美联社副社长斐莱夫妇
1934 年 6 月 22 日	旅日侨胞胡志超、陈崇喜等被迫归国暂住
1934 年 6 月 22 日	侨生叶木花后援会筹备会
1934 年 10 月 27 日	国民党第五次全国代表大会海外代表 17 人入住
1934 年 11 月 15 日	华侨巨子陈来昌入住
1934 年 11 月 24 日	欢迎尼国副总统爱斯毕诺沙
1935 年 4 月 25 日	公宴美经济考察团
1936 年 5 月 1 ~ 7 日	菲律宾华侨考察团回国考察入住
1937 年 3 月 26 日	国民党政治委员会主席汪精卫对侨校教职员讲学会演说
1937 年 6 月 19 日	国立暨南大学侨民师资教育考察团入住

资料来源：根据《大公报》《申报》整理。

从表 3 中可以发现，这些活动大多集中在 1932 ~ 1934 年，即华侨招待所成立之初时，其中又以 1934 年活动最为频繁；从入住对象来看，以来京进行实业考察的个人或团体为主，间或回国观光、被迫回国者，入住流程也严格遵循招待所规定，在归国前先报告领事馆及中央党部，经批准后归国即可入住华侨招待所。除接待华侨居住外，招待所还承担了部分招待外宾的工作。而华侨也仅将此作为在京活动的住宿地点，较少在招待所内召开集会或发表演说，即便有在欢迎会或宴会发表演讲者，也多以号召激励侨胞团结一致，复国仇救国难或将吾国民族之精神宣扬于世界，使世界知中国并不后人，发扬国光为主题。[①] 从这一点来看，这一时期的华侨招待所更多扮演了国民政府外交部礼宾司的部分角色。

作为招待华侨、外宾的重要场所，南京市政府还在此处筹设首都外宾咨询处，以"谋外人来京游览之便利与舒适，进而使其对于我国有正确之了解"。[②] 其任务除接待外宾住宿、引导游览外，还负责介绍住所和定舟

---

① 吴铁城：《精诚团结，共赴国难》，《中央周报》第 180 期，1931 年；《举国爱戴之飞行家孙桐岗飞赣谒蒋》，《中央日报》1933 年 7 月 26 日，第 3 版。

② 这里的外人应该主要指海外侨胞。

车、编印英文本京游览指南及名胜选集、编印首都商品索引、编印并散发各种宣传刊物等。①

当然，华侨招待所的日常业务事项"极为多端，并非简单之招待可以了之"。职员除负责华侨招待所日常运行外，还需承担陪同华侨参观考察的任务。1932年越南侨商晋京请愿，华侨招待所派人陪同往总理陵墓瞻仰。② 国民党第五次全国代表大会召开前，海外华侨代表分批次赴各地考察游历，每个代表团的陪同人员除由中央党部派出外，华侨招待所也派一名干事跟随，负责沿途的联络接待等事宜。③

华侨招待所接待费用等日常支出由中央党部直接拨付，并受中央监察委员会监督及定期稽查核对。④ 根据招待所1931年8月至1934年底的财政收支情况（见图2），可以看出招待所日常收支基本保持平衡，1931年11月和1932年2月出现两次严重亏损，这应与1931年底召开国民党第四次全国代表大会有关，50余名海外党员代表下榻至招待所，衣食住行一应俱免，是一笔不小的开支。自1933年起，招待所每年的收入与支出猛增，收支情况也出现明显盈余。

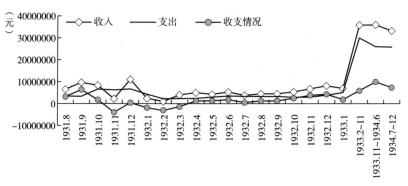

图2 华侨招待所1931年8月至1934年12月财政收支情况

资料来源：根据林森《中国国民党第四届中央监察委员会工作报告书》整理而成。

---

① 《首都成立外宾咨询处》，《申报》1937年4月13日，第4版。
② 《越南侨商代表向中央及侨委会请愿》，《海外月刊》第4期，1932年。
③ 《海外代表旅行团昨晨到平游览》，天津《大公报》1934年11月27日，第4版；《一批华侨代表团抵平》，《申报》1934年12月2日，第4版。
④ 林森：《中国国民党第四届中央监察委员会工作报告书》，中国国民党中央监察委员会秘书处，1935，第161～166页。

四 政治空间向公共空间的转变：华侨招待所后期主要活动

从华侨招待所财政收支情况可以看出，自 1933 年起，招待所日常经费开支出现明显上涨，这主要缘于自此时起招待所开始部分承担对外集会等事宜，日常租金收入、场地布置花费等已不可与此前同日而语。至 1936 年前后，招待所已基本不再承担接待华侨的工作，转而成为南京地区从事大型公共活动的重要场地之一。1933～1937 年，招待所主要承担的大型活动有如下几种。

（一）婚丧事宜

华侨招待所一楼设计有礼堂，作为民国初年南京少有的大型集会场所，这里一度成为不少政界人士追悼会及婚礼的举办场所（见表 4）。

表 4　1932～1937 年华侨招待所承担的婚丧事宜

时　间	事　件	人物身份
1932 年 1 月 10 日	郑国材追悼会	河北省党务整理委员
1933 年 11 月 15 日	黄吉宸追悼会	中央监察委员、海外党务委员、侨务委员会常务委员
1934 年 2 月 9 日	丘元武追悼会	西京日报社社长
1934 年 11 月 2 日	高奇峰追悼会	著名画家
1935 年 1 月 21 日	陈少白追悼会	孙中山挚友、党国先进、党史史料编纂委员会名誉委员
1935 年 2 月 25 日	黄晦闻追悼会	北大国文系教授、中国诗学宗师，曾任广东省府委员兼教育厅长
1935 年 3 月 10 日	鲁涤平吊唁会	军事参议院副院长，曾任浙江省主席
1935 年 5 月 12 日	刘朴忱追悼会	致祭达赖大师专使行署总参议
1935 年 5 月 14 日	石青阳追悼会	中央执行委员会委员、蒙藏委员会委员长
1935 年 6 月 11 日	胡伯元追悼会	汉口武汉日报社社长
1935 年 6 月 22 日	汪屺婚礼	汪精卫胞侄
1937 年 7 月 25 日	李是男追悼会	中央革命债务局调查委员会委员

资料来源：根据《大公报》《申报》《中央日报》整理。

就时间而言，这些活动大多集中在 1934～1935 年；就人物身份而言，除黄吉宸曾担任侨务委员会常务委员外，其他追悼会的主角均与国民党及国民政府中的高层人士有关，与华侨并无直接关系；就活动内容而言，以追悼会为主，婚礼仅有一场。选择华侨招待所为追悼会的地点也并非出自家属意愿，而是由中央党部决定的。还有一点值得注意的是，这些人并非均逝世于南京，最远如刘朴忱死于拉萨，他们的遗体也并非安葬于南京，之所以选择在南京召开追悼会，更多的是出于"从优议恤"的政治考量。

（二）社团集会

民国时期社团林立，华侨招待所得天独厚的位置及宽敞的礼堂也成为不少社团集会的重要地点（见表5）。

表5　1932～1937 年华侨招待所承担的部分社团集会情况

时间	社团集会	主要人物
1932 年 5 月	中国文艺社	张道藩
1932 年 8 月 1 日	教育部召开国防化学讨论会	
1932 年 9 月 4 日	中华钱币革命协进会第一次筹备会	方觉慧、李北崑、刘冕执
1932 年 12 月 18 日	苏俄研究社成立大会	陈立夫、张冲、康泽
1933 年 1 月 24 日	中国科学化运动协会召开记者招待会	吴承洛、陈果夫、张其昀、邹树文、胡博渊
1933 年 5 月 5 日	行政院复兴农村委员会第一次会议	
1933 年 5 月 20 日	航空建设会成立大会	宋子文、朱培德、钱新之、史量才、葛敬恩
1933 年 7 月 8 日	开发西北协会第一届年会	陈立夫、戴任、曾济宽、戴弘
1933 年 8 月 2～5 日	中国化学会第一届年会	
1933 年 12 月 2 日	中央派遣留学回国同志会成立大会	骆美奂、徐柏园、孙德中、罗刚、彭巩、王慕尊、黄钟
1934 年 5 月 13 日	中国地方自治学会成立大会	卢锡荣、龙云、赵棣华、尚其煦、朱元俊
1934 年 7 月 21 日	中华自然科学社第七届年会	
1934 年 10 月 7 日	边事研究会成立大会	朱霁青、冷融、诚允、赵丕廉、阮雨民

续表

时间	社团	主要人物
1935 年 2 月 16 日	文化建设会京分会成立会	王守元、王平陵、王忆之、王开璞
1935 年 5 月 18 日	中国农工问题研究会成立大会	
1935 年 7 月 6 日	全国司法会议秘书处成立暨首次会议	
1935 年 7 月 10 日	中国卫生教育社成立大会	戴季陶、叶楚伧、陈立夫、程天放、钮永建
1935 年 10 月 1 日	首都中国文艺社成立大会	叶楚伧、陈立夫、张道藩、曾仲鸣、方仲箫、谢寿康、孙德中
1937 年 1 月 24 日	中国农工生活改进会成立会	徐恩曾、骆美奂、吴闻天、唐启宇
1937 年 6 月 20 日	中国警察学会成立大会	王固磐、郭威白、闻钧天、彭尔康、戴笠

资料来源：根据《大公报》《申报》《中央日报》《民报》整理。

从表 5 可以看出，社团在此集会的时间主要集中在 1933~1935 年，集会的社团虽名目繁多，但大多受国民党中央执委会领导，其主要发起人或为国民政府中的重要政治人物，或是华侨招待所职员。[①] 同时，各社团主要成员互有重叠，多次选择将华侨招待所作为集会地点或出于场地熟悉之意。当然，社团在此集会的重要目的除讨论内部事宜、围绕时事发表观点外，主要是希望在集会结束后借其空旷礼堂招待新闻界人士，借以宣扬"贡献社会""充实金融""现代政治"等政治主张。[②]

（三）文艺表演与展览

20 世纪 30 年代前期，华侨招待所还是南京地区重要的艺术展览与传播场所，仅 1934~1937 年初，就在这里举办了 30 多场美术、摄影展览及演奏会（见表 6）。

[①] 朱宝筠曾任中国化学会基金委员会委员，参见吴承洛《中国化学会年会》，《申报》1933 年 8 月 6 日，第 16 版。

[②] 《中国农工生活改进会昨举行成立大会》，《中央日报》1937 年 1 月 25 日，第 7 版；《复兴农村委员会定五月五日在京举行》，《农业周报》第 2 卷第 18 期，1933 年；《中国地方自治学会筹备纪略》，《中央日报》1934 年 5 月 13 日，第 11 版。

表6 1934～1937年华侨招待所承担的相关展览、演奏会

时间	内容
1934 年 4 月 4～10 日	王济远绘画展览会
1934 年 9 月 1 日	中国美术会第一届画展
1934 年 9 月 16 日	美术展览会开幕
1934 年 12 月 3～5 日	李霞国画展览会
1935 年 4 月 19 日	中国美术会第二届年会暨展览
1935 年 5 月 1 日	潘玉良个人画展
1935 年 5 月 18～26 日	艺风社第二届展览会
1935 年 5 月 29 日至 6 月 2 日	高剑父主办春睡画院展览
1935 年 9 月 28～30 日	袁陶盦国画展览会
1935 年 10 月 4～7 日	联合摄影展览会
1935 年 10 月 10～16 日	中国美术会第三届美术展览会
1935 年 10 月 27 日至 11 月 27 日	西北文物展览会
1935 年 11 月 3～5 日	张书旂国画展览会
1935 年 12 月 8～15 日	上海美专现代名画展
1936 年 2 月 5～11 日	赵望云旅行印象画展
1936 年 2 月 20～24 日	周怀民个人画展
1936 年 3 月	法国钢琴家佛萝尼女士演奏会
1936 年 4 月 18 日	中国美术会第四届美术展览会
1936 年 4 月 29 日至 5 月 3 日	斯道卿诗书画展览
1936 年 5 月 16～20 日	容大块画展
1936 年 6 月 1 日	冯四知个人影展
1936 年 6 月 19～22 日	冯四知影览
1936 年 7 月 8～12 日	张子嘉画展
1936 年 7 月 13 日	钱海个人画展
1936 年 11 月 1～8 日	中国美术会第五届美术展览会
1936 年 11 月 10～14 日	黎葛民个人绘画展览会

时间	内容
1936 年 12 月 12 ~ 15 日	胡藻斌个人国画展览
1937 年 1 月 6 ~ 10 日	王济远个人绘画展览会
1937 年 1 月 16 ~ 23 日	吴公虎、黄哀鸿国画合作展览会
1937 年 2 月 14 ~ 18 日	夏漱兰书画展览会
1937 年 2 月 26 日至 3 月 3 日	刘一舟风景画展览会
1937 年 3 月 1 日	沈逸千蒙察绥写生展
1937 年 3 月 6 ~ 10 日	中国文艺社援绥书画展

资料来源：根据《申报》《大公报》《中国美术会季刊》《国立中央大学日刊》整理。

从时间来看，招待所自 1934 年起逐渐成为首都重要书画展场所，虽然这些展览的内容不一，但探究参展人物的背景，仍可发现，这些展览大多与中国美术会有着直接或间接的关系。中国美术会成立于 1933 年底，以"联络美术界感情、团结美术界力量以谋学术之切磋及发展中国美术事业"为宗旨，坚持"不分派别、兼容并蓄"的方针。1934 ~ 1936 年，中国美术会在华侨招待所举办了第一届至第五届年会暨画展，展出画作 3000 余幅，吸引观众无数。以个人名义开设展览的也大多是中国美术会会员，如王济远、潘玉良等。作为民国时期唯一的"全国性""半官方"美术社团，中国美术会虽然在绘画流派上包罗万象，但在政治取向上则强调"艺术家一方面虽然要个性表现，一方面却又应该使他的表现适合于现时国家的需要"，即为国家提倡艺术。[①] 这种强烈的官方背景要求开办展览的场所必须符合其政治主张，华侨招待所自然而然成为候选场地之一。此外，虽然中国美术会理事李毅士坦言招待所"会场狭小，设备不全，不适合开一个代表全国和大规模的美术展览会"，但鉴于"现在首都中可供开会的地方实在没有"，所以只能选择此处。[②]

---

① 李毅士：《中国美术会第三届（秋季）美术展览会的回顾》，《中国美术会季刊》创刊号，1936 年。
② 李毅士：《中国美术会第三届（秋季）美术展览会的回顾》，《中国美术会季刊》创刊号，1936 年。

除作为南京重要的画展场所外，华侨招待所还一度是国立中央大学音乐演奏会首选场地，1933～1937 年每学期结束都会在大礼堂举行年终学绩音乐会，由于礼堂狭小，音乐会一般分两天举办，分别用于招待本校同学和对外售票演出，并在《国立中央大学日刊》上公布节目单。①

从华侨招待所的使用途径可以发现，招待所在成立之初的三年多时间里较好地完成了招待华侨的任务，于 1936 年前后角色开始发生变化，逐渐由党部机关转变为社会公共场所，开始成为首都展览、社团集会等活动的重要举办地之一。由于招待所对入住人员全部免费，所有经费来自党部下拨，加之职员薪酬、日常管理等消耗，其在较长时间内仅能勉强维持收支平衡的状态，不得不寻找增加收入的途径。结合这期间招待所的经费收支情况来看，自 1933 年招待所开始尝试承担其他社会集会功能后，盈余情况逐渐好转。这应当是华侨招待所由政治空间转向公共利用的重要原因之一。由于招待所建立初期浓厚的政治氛围，后期无论是举办画展，还是作为音乐演奏会场所，招待所始终未能如茶馆、公园等其他场所一样，成为完全意义上的公共空间，其对社会普通民众的影响也较为有限。

1937 年南京沦陷，国民政府内迁至渝，华侨招待所人员虽得以撤离，但建筑及内部设施难以移动。招待所日后的命运如同断线的风筝，在难民收容所、日本军方报道部、汪伪政权中央党部等角色之间来回转换。至1947 年，吴铁城将其改为营业性机构，至此华侨招待所完成了其政治身份的彻底转变。

五　结语

市政建筑是城市建设的重要组成部分，也是城市史研究的重点之一。近代中国的城市空间经历了全面重组，不仅极大地改变了城市物质景观，而且对人们的生活方式和社会关系影响深远。华侨招待所成立之初属于"纯粹的"、物质性的政治空间，但在其使用过程中，空间内部逐渐产生了公共空间的意味，"公"与"私"、政治空间与公共空间的界限在招待所内

---

① 《本校音乐组定期举行音乐会》，《国立中央大学日刊》第 1592 期，1936 年。

部变得模糊，并在 1933 年前后通过经费收支的形式脱离了掌权者对空间管理的"统治"，成为一种变异了的公共空间。值得注意的是，这一时期在南京类似的政治场所还有励志社，它最初是为国民政府首脑及官员提供后勤、日常生活及娱乐服务的场馆，后逐渐成为首都名流人士举办婚礼、开追悼会、开设展览的重要场所。

与公园、茶馆、剧场等近代城市建筑相似的是，这些半公共空间也成为城市运转的重要组成部分，它们不仅改变了城市的面貌，也成为人们日常交际的场所和民众文化教育的重要场所。

作者：吴元，福建省社会科学院

（编辑：王丽）

英属海峡殖民地时期槟榔屿华埠住屋的社会权力关系与空间生成机制（1826～1946）*

赵　龙　杨　岭　李　渊

内容提要　槟榔屿在历史上是英属海峡殖民地的一部分，殖民地华埠聚落中华人住屋是映射殖民主义时代背景和华埠社会结构的重要证据。本文采用建筑类型学的研究方法，对槟榔屿乔治市华埠的住屋类型进行归类与分析，研究的目的在于从历史的角度归纳和分析华埠住屋类型，解读推动华人住屋发展与演变的社会权力关系与空间生成机制，并在此基础上进一步剖析华人住屋的功能性、文化性和适应性。研究结果表明：第一，不同类型的住屋反映了华人社会的社会权力关系和空间生成机制对住屋的形塑作用；第二，东西方文化此消彼长和相互融合的拉力作用对住屋的形成和演变产生全方位的影响，这也促成了槟榔屿华人住屋建造过程的东西方文化双重取向。

关键词　槟榔屿　英属海峡殖民地时期　华埠住屋　社会权力关系　空间生成机制

殖民主义时代成长起来的华埠聚落和传统的东南亚乡土聚落不同，这个以华人移民为主体构成的社区多位于商贸要道，呈现出"港城一体"的紧凑结构，比如新加坡、马六甲、槟榔屿、马尼拉等贸易型港口城市。在

---

* 本文系国家自然科学基金面上项目"遗产价值视角下的旅游者空间感知评价与优化研究"（项目号：42171219）、福建省自然科学基金项目"融合眼动分析和主观评价的景区视觉感知研究"（项目号：2020J01112118）、集美大学陈嘉庚研究院重点项目"英属马来亚时期（1785～1957）港口城市华人聚落形成及其发展研究"（项目号：JGYJ201903）的阶段性成果。

这些城市当中，华人聚落因其日常生计与生活，通常坐落在码头、车站和旧商业区，在聚落结构上以宗祠为中心建立同姓聚落。① 在槟榔屿，不同时期的华埠住屋背后有着复杂的社会权力关系和空间生成机制，这些华埠住屋成为解读城市发展历史，探讨华人华侨社会以及华人移民文化的关键。槟榔屿华人社会因其阶级差异性，在住屋建造上存在明显的分层，从以劳动苦力为居住群体的姓氏桥到中产阶层的城镇骑楼，再到富商权贵的庭院式住宅、折中式别墅，这些住屋类型背后是复杂的社会权力关系和空间生成机制，在住屋文化方面存在跨文化形式与建构的意喻；在功能与外观方面体现出传统与现代的二元共存。② 对华埠住屋建筑类型的研究能够从城市历史的角度去窥视华埠聚落住屋的社会权力关系以及背后所隐含的空间生成机制，挖掘建筑现象背后的历史意义。

一 殖民聚落里的华埠住屋：兼具空间主体性与建构文化的双重诠释

1786 年，弗朗西斯·莱特（Francis Light）登陆槟榔屿后将之纳入英属东印度公司的殖民版图；1819 年，斯坦福·莱佛士（Thomas Stamford Raffles）又在新加坡建立交易站和殖民地；1824 年，根据《英荷条约》（Anglo – Dutch Treaty），英国从荷兰手中换得马六甲；1826 年，英国整合马来半岛的槟榔屿、马六甲、新加坡三个港口属地组成英属海峡殖民地（The Strait Settlements，1826～1946），首府位于槟榔屿（后移至新加坡）。人类学家李亦园等认为英属海峡殖民地的历史变迁大致可以分为三个阶段：第一阶段，1826～1832 年，以槟榔屿为中心；第二阶段，1832～1867 年，政治中心转移至新加坡；第三阶段，1867～1946 年，为皇家殖民地时期。自1867 年起，海峡殖民地被划入英国政府殖民地部的直辖殖民地（crown colo-ny），殖民中心仍在新加坡，但管辖权由东印度公司移交英国殖民部，③ 1946

---

① 全峰梅、侯其强：《居所的图景：东南亚民居》，东南大学出版社，2008，第 114～115 页。

② 李雨薇、柳肃：《一种传统建筑类型的"文明化"：近代外来文化影响下的湖南乡村祠堂》，《建筑师》2020 年第 5 期，第 86～93 页。

③ 李亦园、文崇一、施振民主编《东南亚华人社会研究》（上），台北：正中书局，1985，第 20～21 页。

年英国宣布解散海峡殖民地。

在英属海峡殖民地时期，大量中国移民来到马来半岛后以聚居的形式建立社区，在房屋建造上也部分沿袭了中国华南地区的建筑营造技艺和住屋特点，展示出文化沿袭、家乡异国重建的特点。与此同时，华埠聚落住屋的另一个特点是东西方文化的此消彼长和相互融合，华埠住屋建筑融合了欧洲古典建筑与新古典建筑风格，一些建筑甚至融合了荷兰殖民时期的建筑特征和马来传统住屋特征。"殖民地聚落""华埠""住屋"作为一种特殊历史时期的建筑文化现象，是对空间主体性与建构文化的双重诠释。具体表现为两点。

第一，在殖民政策与空间主体性之间的槟榔屿华埠住屋体现了殖民制度与城镇空间的权力关系转变。1786 年 6 月 17 日，莱特颁布法令，在槟榔屿东北部的尖岬处划定部分土地作为新的定居点，并对该区域进行了简单的功能分区，在如今乔治市的玻璃口（Light Street）、土库街（Beach Street）、吉宁仔街（Chulia Street）、椰脚街（Pitt Street）所围合的范围内，规划成棋盘格子状的街区，这些街道逐渐发展成密集的商业网和聚居社区。这种格网体系勾勒出贸易港的空间划分，呈现出典型的英系居留地（TPCS）规划形态与空间格局。① 殖民地建筑和区域规划被制度化的另一个表现是骑楼街区的出现。19 世纪初，莱佛士在考察南亚、东南亚地区殖民地城市的规划和组织后，颁布莱佛士法令（Raffles Ordinances，1822）并在新加坡都市计划中推广和普及"五脚基"② 的建造要求，1826 年该法规扩展到槟榔屿和马六甲。

第二，空间主体性与文化植入的双重关系体现出殖民聚落里华埠住屋建构文化的复杂性。空间主体性与文化植入表现在两个层面：一是殖民者

---

① 陈国栋、〔日〕青木信夫、徐苏斌：《东亚现代城市之始——英系租界与居留地的殖民主义规划及管理比较研究》，《建筑师》2019 年第 3 期，第 51～69 页。

② 1822 年，莱佛士在新加坡市区规划中明确规定，每间店屋前必须留有一定宽度的有盖走廊，其间不能有阻隔，形成一条通行无阻的人行通道。走廊宽度规定为不得少于 5 英尺，所以这种走廊也被称为"five - foot - way"，华人称之为"五脚基"。"五脚基"是福建话（闽南话）借词，福建话发音为 gho ka ki。这个词语其实源自马来语的 kaki lima，由 lima 的意译"五"结合 kaki 的音译"脚基"混合而成。［引自 2021 年新加坡推广华语理事会（https：//www. languagecouncils. sg/mandarin/ch/learning - resources/singaporean - mandarin - database/terms/five - foot - way）］

建立的空间权力关系及其宗主国文化；二是以华人移民为空间主体的聚落及其原乡文化。这两个层面构成了文化的空间共同体，体现了文化多样性。宗主国文化对乔治市殖民地建筑的影响以公共建筑最具代表性，并像光谱一样不断扩展到民居建筑，对传统建筑产生了巨大冲击，原有的马来半岛乡土文化、华人移民的原乡文化和建筑形态也因此被重构。以华人移民为主体的聚落及其原乡文化如同马赛克一样嵌在殖民地文化中，并不断被宗主国文化渗透、融合、涵化，形成了变迁、互动、交融的演变历程，固有的空间概念受到文化内（intra - culture）、文化外（extra - culture）和跨文化（cross - culture）的多重影响，并进行调适，形成了兼具中西特色的华埠聚落。

二 华埠聚落住屋建筑类型及其分布形态

（一）乔治市华埠聚落住屋建筑类型

乔治市华埠聚落主要分为姓氏桥（Clan Jetties）、城镇骑楼（Shophouse/Townhouse）、庭院式住宅（Courtyard Home）、折中式别墅（Eclectic Villa）四种类型（见表1），这四种聚落类型一方面是殖民地社会和经济力量作用下的产物；另一方面，它们又遵循着各自独有的发展路径不断演进。

表1 乔治市华埠聚落四种住屋类型及其分布形态

住屋类型		分布形态	住屋风貌
a	姓氏桥	位于乔治市港口码头地带，分布集中，沿海岸呈带状分布，居住密度高	
b	城镇骑楼	位于乔治市老城区内港口腹地地带，分布集中，呈梳状和块状分布在方格网状殖民规划布局内，居住密度高	

续表

	住屋类型	分布形态	住屋风貌
c	庭院式住宅	分散于乔治市老城骑楼街区内，遵循骑楼建设规制，住屋建造尺度大，数量较之大面积的城镇骑楼少，为华埠富商权贵的豪宅	
d	折中式别墅	分散于乔治市老城外围的绝佳地带，山水相依，住屋为独栋建筑，建造尺度大，装饰豪华，为华埠社会精英及其后代的豪宅	

资料来源：a. 姓氏桥滨水聚落，Forever Break：https：//foreverbreak. com/travel/malaysia/penang/weld‐quay‐clan‐jetties/，2020；b. 新街场（Campbell Street）的沿街骑楼，马来西亚槟州博物馆，2013；c. 乔治市 Church Street 29 号的郑景贵住宅，笔者拍摄；d. Woodville，1926，Lim，J. S. H.，*The Penang House and the Straits Architect 1887－1941*，Penang：Areca Books，2015。

（1）劳工群体——姓氏桥

18 世纪末期槟榔屿开埠后，槟榔屿的转口贸易发展带动了港口腹地商贸和海运业务的繁荣。但是，由于槟榔屿港口地带滩多水浅且属泥质海岸，不适合大船停泊，港口面临无法提供戎克船等大型交通工具靠岸条件的现实困境，舢板和人力成为解决瓶颈的最佳接驳方式，由此促进了与码头相关的劳工群体及其住屋的形成。可见，殖民当局早期在海岸地带建造的用于军事和贸易目的的台阶驳岸和码头成为姓氏桥聚落发展的基础，而海运港口业务的发展则是姓氏桥产生的最直接原因，也是该聚落系统运行的动力。[1]

姓氏桥是华人的早期聚集地，其历史可以追溯到 19 世纪中期，因华人在码头工作而逐渐形成了生活与生计空间，[2] 码头的空间意涵不只是海运

---

[1] 陈茹、李晓峰、黄桑：《传统聚落现象的逻辑结构探析》，《新建筑》2020 年第 3 期，第 12～17 页。

[2] 潘怡洁：《初探槟城姓氏桥社会的形成与转变》，《闽商文化研究》2016 年第 1 期，第 55～58 页。

和贸易的空间，也同样是华工的栖息空间，是针对生存压力的聚落空间回应。① 姓氏桥按照姓氏进行聚居，形成兼具血缘、地缘和业缘的组织方式，并呈现沿水带状分布的聚落形态。姓氏桥作为滨海水上聚落，是华人家族聚落类型的代表，② 是复杂经济、社会和自然环境背景下的产物，作为生存模式体现出强大的人地调适能力。19世纪末20世纪初以来，姓氏桥聚落主要居住的族群是来自福建的漳泉移民，其建造位置位于乔治市南部的海墘（Weld Quay），聚落从海岸开始往槟威海峡深水区域延伸，这也从地理区位上显示出姓氏桥聚落的起源、功能与阶层。

随着人口的不断增长，修建的木屋沿栈道两侧分布，各桥沿栈道建造的住屋从十余间到七十余间不等，这与英属海峡殖民地时期记录马来人渔村聚落"干栏式住宅"的明信片有很大相同之处。这类住屋底部由插入海底的木质或水泥立柱支撑，立柱之上架梁覆板，以此形成运货的栈道和劳工群体的住所，兼具居住功能与码头接驳功能。每一道桥犹如一个集体社会，有各自的社会组成与工作网络。每道桥都有相当比例的男性居民从事与码头相关的劳动工作，包括以人力搬运他国船只的船员或者货物上岸、开货车载送码头的货物到指定地点等。③ 海运兴盛时，福建海商"头家"为了满足旗下船家以及码头工人的居住需求，大多在码头附近设置"公司厝"（agency house）供作单身工人或"苦力"的集体住所。④

马华社会研究者张少宽认为，20世纪30年代槟榔屿港口的物物交换贸易兴起，各姓氏桥因利益驱动呈现垄断各自市场的局面。以林、周、杨、陈为代表的单姓桥（19世纪末20世纪初建成）为例，其以姓氏和专属业务形成了各自独立的社区：林姓桥垄断了载客上岸生意，并逐渐演变为垄断中国商船往来；周姓桥则垄断了来自印尼的货品买卖权；陈姓桥及杨姓桥以木材及火炭生意为主。20世纪50～60年代，槟榔屿海运业务日

---

① 周政旭：《形成与演变：从文本与空间中探索聚落营建史》，中国建筑工业出版社，2016，第56～69页。
② 陈志宏、涂小锵、康斯明：《马来西亚槟城福建五大姓华侨家族聚落空间研究》，《新建筑》2020年第3期，第30～35页。
③ 潘怡洁：《初探槟城姓氏桥社会的形成与转变》，《闽商文化研究》2016年第1期，第55～58页。
④ 张少宽：《槟榔屿丛谈》，槟榔屿，南洋田野研究室，2005，第39～42页。

趋没落，以单姓族群建立大规模的水上聚落失去了有力的经济支持和对人口集聚的吸引力，因此出现了杂姓桥，其人口姓氏相对复杂，规模在二十余户左右。至 20 世纪 60~70 年代，大部分姓氏桥的居民不再依靠港口或海洋维系聚落和家庭生活，姓氏桥族群社会逐渐解体。[①]

（2）中产阶层——城镇骑楼

骑楼是东南亚地区城市最常见的建筑类型，在建筑功能上兼具"店"和"屋"两种功能，是中国华南地区"下店上屋"的传统商业建筑与欧洲建筑装饰艺术融合的产物，在英属海峡殖民地时期的马来半岛，这种建筑成为成千上万华南旅居者或移民所采用的住屋类型。乔治市有东南亚最集中的二战前建造的骑楼建筑，单单世界遗产就有 2900 座，这些骑楼在长达两个世纪的嬗变过程中体现出了文化多样性，见证了不同社会的变迁和发展。[②] 骑楼是典型的"城市乡土建筑形式"（urban vernacular form）[③]，最早的骑楼建筑是单层木造棕榈叶屋顶建筑，这种住屋是由农房转化过来的，只有一层，构造相对简单，高度不高。骑楼的前面是开放的，仅在夜晚时用木板围上，私密生活区则置于后面或是在阁楼上。骑楼是兼具仓储、生产、销售、居住功能的建筑类型，具备很强的外向性空间特质，对混合空间进行合理组织与集约化利用，在历史上一度成为商业城镇重要的建筑类型。从骑楼建筑产生的社会经济环境来看，"重商主义和贸易刺激了城市的成长，为城市当中骑楼的出现和演化创造了条件"。[④] 换言之，经济发展促进了骑楼建筑的形成，骑楼建筑是住户对居住空间和经济收入需求作出的调适性回应。

乔治市骑楼成排建成，虽然在形式上与闽粤地区的"竹竿厝"相似，但是在殖民法规的要求之下，二层悬挑在外部的过廊之上，为入口提供了

① Chan, L. H., "Rediscovering Historic Communal Sites and Commemorating Their Histories: The Case of the Clan Jetties", *Malaysian Journal of Tropical Geography*, Vol. 33, No. 1 & 2, 2002, pp. 11 – 20.

② Tan, C. S. & Fujita, K., "Building Construction of Pre – war Shophouses in George Town Observed Through a Renovation Case Study", *Journal of Asian Architecture and Building Engineering*, Vol. 13, No. 1, 2014, pp. 195 – 202.

③ Wong, Y. C. & Widodo, J. eds., *Shophouse/Townhouse: Asian Perspectives*, Singapore: National University of Singapore Press, 2016, pp. 11 – 13.

④ Wong, Y. C. & Widodo, J. eds., *Shophouse/Townhouse: Asian Perspectives*, pp. 11 – 13.

一个有遮盖的前部，这与中国本土的骑楼有很大的不同。槟榔屿老城区商业性历史地段的特点就是将格子状的街道切割出成块的骑楼街区，成排骑楼沿街道扩展，采用"前店后屋""下店上屋"式布局，一方面与早期商业城镇的发展相适应，另一方面为日常生计与生活的开展提供可能。此外，成排、连栋的骑楼具备中国式家庭生活的特点，能够满足几代中国移民对不同类型空间的需求。

骑楼的居住和商业功能随着时代变迁而不断演化。早期的骑楼比较矮，在建造上趋于简单，屋顶内部为木质结构，后来陶土 U 形瓦、V 形瓦逐渐取代了早期的亚答（atap）屋顶。底层立面中央设有一双木门，门上带有矩形百叶窗。二层立面处于底层过梁与屋梁之间，下部由木质矮墙组成（后来演变成陶瓷通风口）。在矮墙之上、左右两侧立柱之间有木质百叶窗格栅。受中国和英印（Anglo – Indian）设计的影响，屋前置廊。随着建造材料的进步，钢筋混凝土梁、砖造墙体取代了建筑中的木结构，新式的骑楼建造时宽度变得更宽，房屋高度也逐渐增加，许多人开始建造三层甚至四层高的骑楼。不过，窗户仍旧沿用了木质格子窗棂。在装饰上，早期的骑楼具有普通的立面和极少的装饰，但随着文化融合和艺术风格的影响，骑楼建筑的装饰变得越来越复杂和豪华，屋脊以及屋檐部分仍旧采用东方主义的装饰元素，这种变化本质上是在西方文化和东方文化之间取舍与妥协的过程。

除了商住混合的骑楼之外，非商业用途的骑楼虽然被称为"排屋"，但仍旧归类于骑楼这一建筑类型。20 世纪初期，槟榔屿华埠聚落中大片中产阶层的排屋成排建设起来。二战以前，这种纯粹强调居住功能的排屋仍旧遵循与商住混合骑楼相同的建筑形式，在建造上与沿街的骑楼商铺没有太大的不同，但是其内部已经设计为纯粹居住使用。商业性质的骑楼建筑，其底层空间完全对街道开放，用以展示店铺内的商品或者服务；而排屋不同，排屋具有非常容易识别的立面，因为没有店铺的使用需求，所以底层不再对街开敞，而是设有双开门的门廊、通风孔和左右对称的窗户，封闭性比骑楼要好很多，以便更好地服务于住户的隐私，满足安全和居住空间安静的需要。

（3）庭院式住宅

19 世纪末期，客家（Hakka）富商权贵开始建造独立的庭院式住宅以彰显财富及其与普通中产阶层的区别，这些住宅带有浓厚的东方主义特点，同时也融入了欧洲当时流行的建筑样式和建造材料。随着城市的扩展，乔治市庭院式住宅零散地分布在18世纪末期莱特划定的棋盘格式老城区内部（如郑景贵住宅）和周边的莲花河一带［包括 Leith Street（莲花河街）和 Northam Road（红毛路）一带，如张弼士蓝屋］。庭院式住宅的出现是继姓氏桥和城镇骑楼之后华人族群内部阶层差异的体现，其建造者往往是帮群意识、文化认同、乡土情结及身份认同比较浓厚的海峡华人精英群体。

庭院式住宅的拥有者以在槟榔屿经商的中国移民和华人社会领袖为主，这些中国移民因家族成员的增加和财富积累而有扩大现有住宅的需要和可能性，他们建造大型的联排别墅，外部包括商业经营用的骑楼，内部有传统中式庭院的特征，每一个庭院式住宅会占用三个骑楼建筑的地块。除了保持中国传统庭院式住宅在水平空间上的拓展之外，这类建筑也吸收了西方住宅纵向空间拓展的建造特点，多为2~3层。以郑景贵住宅为例，在房屋的形制和房间的分配上，天井占据宽敞的中心空间，贯穿建筑内部中心，为进深比较大的住宅提供足够的光照和通风条件，每层环绕天井设有廊道保证空间的便捷性；一层为公共空间，会客厅、餐饮空间、厨房设置于此，二层以上多为居住空间，房间环绕天井布置并在临街一侧开窗，办公和其他辅助用房则安置在一些较窄的空间中。庭院式住宅在建筑布局上遵循传统，同时设有水池、悬挂牌匾、中式木雕屏风和隔断等构件。庭院式住宅秉持大家族的居住理念，总体上侧重于保留中式居住和生活方式。

（4）折中式别墅

19世纪晚期至20世纪初期可以看作马六甲和槟榔屿华埠聚落的黄金时代。随着华人不断受西方文化影响，到20世纪初，一些华埠精英放弃骑楼而选择更为豪华的折中式别墅，折中式别墅脱离了骑楼中立面窄进深长的布局限制，满足大家庭的使用要求，同时也改变了过去中国移民按照原乡住屋风格建造居所的做法。殖民文化的嵌入一方面冲击了原乡文化在空间中的表征；另一方面丰富了住屋的折中式表达意涵，新古典主义建筑风格的三角山墙、浮雕、檐饰、列柱、欧式铁艺与长窗，比例匀称、尺度合宜地结合在一起，反映出槟榔屿华埠富商权贵对东西方文化的双重取向。

折中式别墅试图在马来式住宅、西方建筑特点、原乡文化意象中寻找房屋建造的最佳平衡点。因应马来半岛的炎热气候，折中式别墅与马来住宅一样在空间上注重高脚、开敞、通风、排水的建造考量，因此，在空间组织上，开放的阳台、坡屋顶、大屋檐、露台、主入口开敞空间、敞廊等空间让别墅的使用者有了"当地化"的居住体验和坐享殖民地宗主国文化的"骄傲"。西方建筑特点在折中式别墅中的表现主要有三方面：首先，殖民地文化转向背景下别墅建筑要素的替换，强调建筑立面的文化表征；其次是住屋结构与组织的空间转化，随着华埠精英群体中西方生活成为主导性的生活方式，折中式别墅从"中体西用"转为以空间为导向的"西体中用"；最后，对"折中"意涵的限制与规训，"折中"包含对文化对象的调整、选择与融合，并不是无意识地接纳和使用，而是有限程度内保留华人对空间和生活方式的理解，以及文化尊严的维护，比如中式家具、中式装饰、风水理念、祖先祭拜、婚嫁习俗等原乡文化的保留。

（二）槟榔屿华埠住屋的组合与分布特点

第一，帮群与宗亲催生华埠"聚族而居、居祀合一"的住屋分布特点。"帮"是槟榔屿华埠聚落华人社会结构中的典型特征。华人社会"帮"结构形成的根源，可归结于传统的地缘、血缘、业缘概念。[①] 华人移民社群的多元异质特征，从华人社会建构的初期就已经存在。[②] 它们往往会通过不同的地缘集团、血缘集团、业缘集团等形式体现，[③] 形成多缘混合的聚落内部形态，也即"一个带有浓厚的地缘性和业缘性，偶尔附有血缘性的方言社群"。[④] "中国传统社会结构……是靠地缘、血缘、业缘三者交织而成的，在海外华人移民社会里，它们的作用和机能是更加显著的"。[⑤] 槟

① 曾玲：《越洋再建家园：新加坡华人社会文化研究》，江西高校出版社，2003，第8～9页。
② 曾玲：《越洋再建家园：新加坡华人社会文化研究》，第4～7页。
③ 程洁：《城市民俗圈理论及其与城市文化分层的关系》，《学术月刊》2011年第6期，第98～102页。
④ 林孝胜：《新加坡华社与华商》，新加坡：新加坡亚洲研究学会，1995，第29页。
⑤ 傅吾康、陈铁凡编《马来西亚华文铭萃编》第1卷，吉隆坡：马来亚大学出版社，1982。

榔屿华埠呈现出集中性、地域性、层次性以及多元异质性等显著特征，正是基于以地缘、血缘、业缘为基础的人口聚居模式，槟榔屿形成了比马来半岛传统内陆城市更为复杂、丰富的住屋分布形态、住居形态与空间特点。

建立在帮群与宗亲聚居的社会结构基础上，"聚族而居、居祀合一"的住屋分布方式和生活形态呈现出华埠住屋分布的系统性和集中性。首先，华埠聚落内部结构中同族人聚在一起居住，形成大家族式的房舍群落，祭祀空间、生产空间、居住空间的集成，体现出聚落功能的复合特征，个体住屋与聚落的关联属性为殖民地背景下的帮群与宗亲组织内部提供了交往、生产、生计、祭祀等活动最大限度的便利。"聚族而居"在早期移民社会中是常态，同一方言群语言相通，传统习俗文化相近，这使他们在生活上可以互相照应。[①] 其次，祭祀空间在华埠聚落中处于核心地位，其空间等级要高于围拥在其周围的居住空间，因此存在居住与祭祀空间等级分明及崇宗尚祖的向心指向。王冬教授认为，"一个宗祠就是一个村社领域的核心，宗祠的建立就是该领域空间秩序的建立"。[②] 在"分族而治"的殖民地管理模式下，祭祀空间对聚落内部秩序与族群向心力形塑有重要意义。[③] 例如，槟榔屿乔治市邱氏宗族是槟城福建人"五大姓"之一，与谢氏、杨氏、林氏和陈氏构成了早期社会重要的华人势力；19世纪中叶开始，五大姓氏的福建人纷纷在乔治市牛干冬街、社尾街一带建立各自的同姓聚落，[④] 通过义山、宗祠、会馆、庙宇搭建起族群内部帮群意识、乡土情结、身份认同的联系桥梁，形成了华埠聚落典型的"家族社会"。

吴良镛院士认为，第一个聚居点建成之后，便会吸引第二批定居者前来该地区定居。这些后来者如果和第一批定居者有同样的习俗，他们就会选择一个次好的位置（一般都是在最佳位置附近）建立新的聚居点；如果后来者对首批定居者怀有敌意或戒心，便会从安全的角度考虑，在离第一

---

① 田英成：《沙捞越客家人的移民、聚落形态与社团组织论析》，《八桂侨刊》2014年第2期，第34~40页。

② 王冬：《族群、社群与乡村聚落营造——以云南少数民族村落为例》，中国建筑工业出版社，2013，第117页。

③ 卓晓岚、肖大威、冀晶娟：《试论客家堂横屋建筑类型的基础性特征及其分异衍变逻辑》，《新建筑》2019年第6期，第84~88页。

④ 全峰梅、侯其强：《居所的图景：东南亚民居》，第114~115页。

个聚居点较远的地方定居，而不去考虑这个地方从功能来看是否为好的位置。① 在这个过程中，也伴随着华人社会传统结构的重新整合，殖民主义时代形成的以地缘、血缘、业缘为核心的社会结构，如五大姓聚落和姓氏桥聚落，其帮群对立、区隔、边界逐渐模糊，传统以帮群和宗亲为特征的居住方式逐渐瓦解，以适应新的人文环境。

第二，华埠聚落"半自治"背景下住屋的"单体演绎"与"群体繁生"。受制于殖民地管理制度、权力运行、移民社会与文化系统，殖民地管理"分族而治"的模式所展现出来的空间结构，以及翻版原乡"宗族乡绅体系"治理下的血缘族群、地缘族群、业缘族群，其物质空间的表现形式与结构带有群体性聚集的"半自治"特点，形成殖民管理与宗族乡绅治理合二为一的殖民地华埠治理模式。殖民当局牢牢掌控立法、司法、税收、财政、治安、市政建设、鸦片及烟酒专卖的决定权，至于华人族群的生、老、病、死和教育、教化、宗教、信仰等基本生存保障和精神文化需求，则相当程度上留由华人社会自己解决，显示出西方殖民主义者只谋取利益不管他人死活的一贯做法。和原乡一样，宗族中富裕的士庶乡绅在华埠中捐资募款兴修学堂、祠堂庙宇、医院救辅机构，不断改善住屋环境和完善基础设施。基于这个逻辑，华埠聚落在不断的建设过程中，聚落空间的使用与人口变迁伴随着功能的复杂化过程，住屋与医院、祠堂、学校、会馆、庙宇之间的关系发展成为殖民地社会独立的空间系统，相较于殖民政府对立法、司法、税收、财政、市政等方面的严格管控，这种"半自治"的状态让华埠聚落住屋的空间延展和建造存在一丝喘息的机会。

在19世纪末期，殖民当局允许华人领袖参与殖民地政治事务，并在教育方面推广英式教育和价值观，培养亲英的海峡华人，试图通过这种方式剥离其与中华文化、社会的联结，并弱化华人社会内部的整体性，降低自治程度。除了殖民当局整体性的文化渗透之外，通过扶植亲英华人的方式将西方文化、审美及价值观渗透到殖民地单个族群的毛细血管当中，看似潜移默化，实则影响深远。这种手段是有一定效果的，在华埠聚落住屋中，各个历史时期的骑楼、庭院式住宅、折中式别墅都在不同程度上转变

---

① 吴良镛：《人居环境科学导论》，中国建筑工业出版社，2001，第262～263页。

为西式样貌，富商权贵的文化取向和装饰风格成为西方文化在殖民地的最佳样板，不断在华埠聚落中蔓延传播，成为效仿的对象，华埠聚落住屋呈现出"单体演绎"与"群体繁生"① 并存的特点。在二战之后乔治市的都市重建过程中，大面积重建的骑楼建筑依旧延续了过去西方文化的特点和审美价值，这些住屋建筑与中式特色的祠堂、庙宇、会馆形成了鲜明的对比。

第三，"大聚居、小分散"② 的住屋分布特点。槟榔屿华埠住屋分布从一开始就打上了家族主义和宗族主义的烙印，其所构建的殖民地混合社区呈现出"大聚居、小分散"的形态。这种形态一方面建立在以地缘、血缘、业缘为基础的社会结构之上，另一方面是应对华埠人多地少的居住空间压力而在聚落空间营建上的调配与回应。槟榔屿华埠聚落的住屋自开埠以来就存在"大聚居"的倾向，随着19世纪中叶华人移民的急剧增长，在老华人聚居区域的周边又形成了新的聚居区域，表现出一定程度的空间层次划分。"小分散"则是一个相对概念，可以与"大聚居"一起理解为"疏"和"密"的关系。因为华埠社会经济地位的不同，这种空间的"疏"表现为住屋分布的离散特征，譬如乔治市滨海区域底层劳工的姓氏桥聚落并未与中产阶层的城镇骑楼大面积地结合在一起，而是由多个单一种姓形成的独立社群通过经济纽带与内陆腹地联结起来。此外，19世纪中期至20世纪初期，富商权贵的庭院式住宅与折中式别墅更是以点状和线状的形式分散在旧华人聚居区域的内部、周边和更远的外围，这是在殖民地管理"大聚居"的客观形势下，实现"小分散"的集中分布。

三 华埠建筑空间生成机制和多元化格局

（一）观念与空间：殖民主义与民族主义在住屋建筑中的消解与共生

殖民主义与民族主义贯穿槟榔屿华埠聚落发展的始终，在殖民地的闭

---

① 杨思声博士在《外廊文化与近代闽南侨乡景观》（中国建筑工业出版社，2017）一书中提到的"单体演绎"与"群体繁生"的建筑现象比较符合槟榔屿华埠住屋类型的时空演化特点，故做引用。

② 丘进主编《华侨华人蓝皮书：华侨华人研究报告（2012）》，社会科学文献出版社，2012，第122~159页。

合系统之内，权力结构、经济、社会、文化等多重要素在殖民主义与民族主义的交锋中转向"实践"。槟榔屿华埠聚落作为促进个体与群体联结的方式，反映出华人移民为避免丢失社会关系和乡亲网络，克服远渡重洋的不安和缓冲殖民地社会、文化、政治的消极影响，实现移民社会共同存在的舒适性与情感性和殖民人口管理体系下的族群归属感。在约定俗成的帮群与宗亲体系内，住屋文化和聚居方式自然而然受原乡文化的惯性影响，成为既有思维模式的产物。

此外，权力本身蕴含着空间生成机制，殖民主义不断冲击移民群体的社会活动、场所塑造、空间秩序。伴随着观念与空间的调适，华人移民的住屋文化和聚居方式在逐渐发展过程中走向折中，促成趋异演化和趋异适应的渐进过程。[①] 在聚落空间生产的动态过程中，宗主国文化是不断介入、生成、被使用、被感知的空间存在，占据主导地位的文化形态、政体及话语促发华埠聚落内族群的分裂。随着殖民主义的步步深入，殖民当局处心积虑地对槟榔屿的城市空间嵌入文化表征，促进殖民文化与空间秩序的动态关联。受此影响，随着移民群体的代际更迭，原本已经成型的原乡乡土住屋建筑无论在显性还是隐性空间要素上都开始不同程度地"变异"，住屋在不断的文化杂交过程中寻找合适的表征形式。英属海峡殖民地时期建造的骑楼、庭院式住宅、折中式别墅成为乔治市城市历史发展最好的实物见证，也是多元文化折中、融合下的产物，塑造出独特的城镇景观。

（二）经济与住屋：多元经济结构与族群住屋分型演化

从聚落空间的角度来看，槟榔屿华埠住屋空间与经济、权力的相互联系是一种被遮蔽了的社会关系，是引起族群住屋分型演化的潜在原因。乔治市华埠聚落存在向多元经济结构转变的历史过程，包括西方资本主义经济体系、华人的商业结构和原居民的农业经济，同时也存在从农业经济向商业经济的调整过程。[②] 19世纪初期，按照殖民者的分类，华人被分为商

---

① 杨思声：《外廊文化与近代闽南侨乡景观》，第50～99页。
② 〔美〕吴元黎等：《华人在东南亚经济发展中的作用》，汪慕恒、薛学了译，厦门大学出版社，1989，第71～83页；李亦园、文崇一、施振民主编《东南亚华人社会研究》（上），第15～17页。

人、劳工、农夫等，其中等级最高的是商人，其次是农夫。① 在同一聚居区域内，一般而言，即便有相同经济状况的人们也会有不同的道德观、世界观及价值观，而住屋形式则反映了他们的观点。因此即便在同一种经济形态下，也可能发展出不大相同的乡村聚落、住屋及空间安排方式。② 底层劳工、中产阶层、富商权贵在住屋营建过程中各自建构与诠释了不同的建筑特色，并选择满足自身需要的空间支配方式。

在英属海峡殖民地中，作为殖民地社会经济发展引力与流动迁徙的结果，华人族群迅速填补新开辟殖民地的经济真空。华埠中新移民的加入和人口繁衍，势必造成聚落住屋的地域扩张以及大家庭的不断分裂，随着殖民地经济、生产力的发展，这些小家庭又开始独立经营自己的家庭经济。③ 殖民地经济结构随着产业结构、生产方式、生计模式的改变而不断变化，引起聚落空间中住屋选址、布局、营建、调适等多方面的连锁反应。多元经济结构衍生出新的职业群体，新阶层的跃升与底层群体的剥离引发了族群裂变，进而导致住屋的分型演化，这种华埠聚落住屋的分型演化绝非新旧的取代关系，而是一种基于原有空间或模式的转变和调适。进入20世纪，乔治市市区内的建筑密度已经非常高，直至20世纪30年代，数以千计的海峡华人骑楼在老城区里建造起来，城市面临过度拥挤的危机。

（三）领域化与阶层：殖民地居住阶层差异与等级居住的形成

槟榔屿殖民地社会的等级制度所形成的殖民地居住领域化与阶层差异反映到住居空间上，形成华埠聚落的等级居住状态。学者认为等级居住反映出两方面的内容：一是以住居单元为载体的行为和空间方式，表现为各个不同时期的住居类型的演化过程和同一时期不同的住居类型；二是以城市和聚落为载体的行为模式及其相应的空间形态，集中表现为

---

① 李亦园、文崇一、施振民主编《东南亚华人社会研究》（上），第19页。
② Rapoport, A., *House Form and Culture*, New Delhi: Prentice – Hall of India Private Ltd., 1969, p. 73.
③ 张宏：《性·家庭·建筑·城市：从家庭到城市的住居学研究》，东南大学出版社，2002，第94～104页。

城市的分区和各区的空间构成特征。① 早期福建人由于大部分定居在商港和大城镇从事商业活动，所以其以亲属移民的模式居多，这种连锁式的移民模式决定了他们的社会组织方式。为了安全、互助及适应新环境的需要，他们聚族而居，建立宗亲会联络感情和照顾宗亲利益，最典型的例子就是移居槟城的五大姓氏族人。② 18世纪末期以来，乔治市的华人聚居区可以分为两个区域，即早期华人聚居区和后期华人聚居区。在早期华人聚居区内，格状路网将地块划分为大小不同的方形街区，成排骑楼沿街建设并分布在街道两侧；而后期华人聚居区则是沿乔治市南海岸分布形成姓氏桥水面住宅。19世纪末期，客家富商开始建造独立的庭院式住宅以彰显财富和地位，继张弼士1897年斥巨资在莲花河兴建豪宅之后，谢春生、戴芷云等"客家百万富豪"也相继在此建造豪宅，直到20世纪初期，沿红毛路向西北延伸的林荫大道两侧成为华人富商权贵豪宅的聚集地。

19世纪末20世纪初，槟榔屿的经济发展处于黄金时期。政府专注市政基础设施建设，对城市建设产生了深远而持久的影响。为了维持殖民化的利益，殖民当局利用财政收入在马来半岛修建了道路、港口、桥梁、医院、供水设施，建立了跨区域运输网络，并扩大了铁路沿线范围。海峡殖民地生产力的发展引发了华埠阶层分化，职业多样化、产业细分催生出了新的移民群体、生产关系和经济结构，这些变化带来了殖民地社会结构中的阶层差异，并导致空间秩序演化。阶层跃进的动态过程带来对空间使用和占有的分立，使住宅形式开始分异。姓氏桥在19世纪以来一直是渔民和出卖体力的劳工群体主要的居住形式，这些沿滩涂建设的简陋海面吊脚楼是阶层分化和等级居住最有代表性的结果，与槟榔屿富商权贵的别墅宅邸有着巨大的阶层差异；中间阶层的骑楼建造在18世纪末期发展起来的老城区格状路网地块当中，从居住人口的构成来看，大面积的骑楼是介于华人社会阶层"高"与"低"之间的中间选项，随着殖民社会制度和规划思路而进行调整，骑楼比姓氏桥、庭院式住宅和折中式别墅更具有普适性；而

---

① 张宏：《性·家庭·建筑·城市：从家庭到城市的住居学研究》，第145～155页。

② 沈燕清：《槟城福建华人五大姓氏饷码经营探析》，《八桂侨刊》2013年第4期，第64～70页；〔马来西亚〕林忠强等主编《东南亚的福建人》，厦门大学出版社，2006，第2～3页。

掌握强大权势的华人上层人士为显示自己的地位则建造了精美的庭院式住宅和折中式别墅。

（四）渐进与势差：殖民地住屋空间的文化濡化与多元格局

殖民地的统治阶层和上流社会是传播住屋信息的主要来源，信息的流向是从上层统治阶层向下层传播，从富者流向贫者。[①] 19 世纪，英国殖民当局带来了西方文化并在殖民地传播，殖民主义者习惯把文化当成工具，通过修建具有彰显宗主国皇权和西方文化符号的公共建筑，引领殖民地建筑风貌的转变，将原本移民社会的多元建筑文化统一为具有殖民地特点的建筑风格。因此，在乔治市东北角，殖民政府斥资建成高等法院、市政厅（City Hall）、民政厅（Town Hall）、州议会等帕拉第奥式（Palladian）古典建筑，展现所谓帝国经济、政治势力，其他区域，例如 Jalan Bharu（北海新路）、Burmah Road（车水路）、Dato Keramat Road（四崁店与柑仔园路统称）等主要干道，以及分支巷弄，很快发展成为学校、寺庙及混合英印特色的豪宅华厦、洋楼以及店厝的分布区。[②] 而 1840 年以后槟榔屿的华人人口快速增加，来自广东和福建的华人带来了新的建造技术、材料的使用方法和原乡文化，中国南方的建筑细节体现在槟榔屿的骑楼建筑上并开始对城镇景观产生影响（见表 2）。到 19 世纪晚期，海峡华人在骑楼建造中采用了西方的建筑元素，如落地长窗、经典柱式和灰泥抹面；建筑上的图案包括花束、水果以及中国和欧洲的神话人物。这种殖民地住屋空间的文化濡化与多元格局体现在三个方面。

首先，在对欧洲建筑元素的采纳方面，殖民地建筑被制度化，成为皇权的象征，华埠建筑的外部装饰也因此受到影响。在后摄政风格的影响下，仿照伦敦大都市的乡村别墅和英格兰乡村的乡村别墅盛行。约翰·纳什白金汉宫（John Nashs Buckingham Palace）、圣詹姆斯公园（St. James's Park）的别墅和海德公园（Hyde Park）成为世界各地公共和商业建筑的典范。19 世纪晚期，槟榔屿的中国工匠开始借助现成的建造图册复制过去的建筑风格，到 20 世纪，骑楼建筑外部的设计越来越多地采用欧洲古典主义

---

① 胡慧琴：《世界住居与居住文化》，中国建筑工业出版社，2008，第 37～39 页。
② 高丽珍：《马来西亚槟城地方华人移民社会的形成与发展》，博士学位论文，台湾师范大学，2010，第 125 页。

元素。以乔治市骑楼为例，华人移民群体及其后代的骑楼住屋巧妙地证明了他们"既可以享受深植于中国文化的生活方式，又接受其他当地群体的文化"① 的适应性，这对维护华人的身份有着重要意义。

表2　海峡殖民地时期乔治市华埠聚落住屋的文化基因及其
文化濡化与文化多元化表征

住屋类型		原乡元素	欧洲元素	文化多元化表征
		文化基因	文化濡化	
b	城镇骑楼	象征吉祥、祈福的龙、凤、麒麟、花草竹类等浮雕；华文刻写的商号；墙身、屋脊、屋顶形式；五行山墙样式；瓦筒、瓦当、滴水的屋顶形式；香炉、神龛、五福、风水、春联、红灯笼等原乡文化载体；中轴对称布局方式、左右对称的配置；建筑内、外借由人物故事传递孝悌、仁爱、忠勇价值观念的石雕、彩绘、剪黏、泥塑等各式装饰艺术	欧洲古典主义元素；圆拱廊、百叶窗；欧式柱式、半露出墙面方柱、花叶藤蔓浮雕	
c	庭院式住宅	传统木质格栅；贝壳镶嵌的中式家具；墙身、屋脊、屋顶形式；五行山墙样式；瓦筒、瓦当、滴水的屋顶形式；香炉、神龛、五福、风水、春联、红灯笼等原乡文化载体；中轴对称布局方式、左右对称的配置；水池、悬挂牌匾、装配中式木雕屏风和隔断；雕刻镀金与贝壳镶嵌工艺制作的中式红木家具、陶瓷、盆景、牌匾、屏风、门帘和带有中国文化元素的细部构件；交趾陶剪黏工艺	欧式栏杆、立柱、楼梯和门窗式样、连续几何花纹图案的地砖；欧式柱头和吊灯；植物装饰线条；装饰细部金色的点缀；苏格兰铸铁栏杆；彩色玻璃窗；马赛克拼贴工艺；新艺术运动特点的彩色玻璃、威尼斯式窗户、英式棋盘格形的地面砖	

① Lee，P. & Chen，J.，*The Straits Chinese House：Domestic Life and Traditions*，Singapore：Editions Didier Millet Ltd.，2006.

续表

住屋类型		原乡元素	欧洲元素	文化多元化表征
		文化基因	文化濡化	
d	折中式别墅	原乡元素保留不多，建筑层面上的表达已从显性转为隐性，从具体走向抽象与弱化；住屋的文化多元化表征走向西式和表现出很强的地方环境适应性	新古典主义建筑风格的三角山墙、浮雕、檐饰、列柱；欧式铁艺与长窗；欧式室内装饰；大理石和木质地板、彩色瓷砖；欧式吊灯；木扶手、铁艺或木栏杆的木质楼梯；釉面陶瓷材料	（a）（b）

注：姓氏桥作为水上吊脚楼在移民群体的原乡和马来半岛本土都有存在，此处讨论的是原乡文化与欧洲文化的文化濡化现象与文化多元化表征，故不对其做深入讨论。

资料来源：b. 城镇骑楼的立面及屋顶式样，笔者拍摄；c. 庭院式住宅中以中国传统意象为本，吸收欧式要素的住屋装饰手法，部分图片来源于 Khoo, S. N. & Berbar, H., *Heritage House of Penang*, Singapore：Marshall Cavendish Editions, 2009, 其他为笔者拍摄；d. Goodwood in Macalister Road（a）和 Asdang house（b），图片来源于 Lim, J. S. H., *The Penang House and The Strait Architect 1887 - 1941*。

其次，中式元素的保留体现在显性和隐性两个层面。在显性层面，乔治市大部分骑楼建筑的立面局部都不同程度带有中华文化的装饰符号，如前门上的符号表示对"五福"（长寿、富贵、康宁、好德、善终）的期盼；窗户上的通风口形状类似蝙蝠，取谐音"福"；有的情况下，也用一连串的五个蝙蝠表示五福之意；双喜符号则意指婚姻幸福；方孔铜钱图案是财富的象征；桃子的符号表示长寿；花瓶的图案常用在前门上，利用"瓶"的谐音表示"太平"和"祥和"之意；而表示阴阳的八卦（Pa kua）符号往往置于门的上方来抵御"噩运"。在隐性层面，传统风水的"形""理""法"会成为住屋建造与选址过程中隐性考量的标准，这一点在富商的宅邸比较显著，这些宅邸往往比较讲究"风水"元素。据载，张弼士住宅曾聘请最好的风水师进行监督建造，郑景贵住宅也被风水师评为拥有"完美风水"的宅邸。[1]

[1] Soon, T. B. & Bahauddin, A., "Identifying Feng Shui's Form School Influence in the Internal Layout of Peranakan Architecture", *International Transaction Journal of Engineering Management, Applied Sciences & Technologies*, No. 4, 2017, pp. 301 – 316.

最后，在各种装饰要素的折中处理方面，采用了多种风格混合、混搭的处理手法。华埠的骑楼建筑，其内部陈设、家具和装饰与庭院式住宅和折中式别墅采用大致相同的形式，反映出审美情趣上的倾向性。折中式别墅采用大理石和木质地板、彩色瓷砖、精致的枝形吊灯、贝壳镶嵌的红木家具和摆满娘惹器具的柚木茶几。在住屋的内部装饰上，传统中式与西式风格有效地融合在一起，许多独立住宅采用木扶手、铁艺或木栏杆的木质楼梯，二层过廊的栏杆立柱采用绿色的釉面陶瓷。以郑景贵住宅的装饰为例，在多种风格混合、混搭处理手法之下，一方面，存在一定程度的协调，欧式的栏杆、立柱、楼梯和门窗式样、连续几何花纹图案的地砖和谐地融合在一起，欧式柱头和吊灯所采用的植物装饰线条表现出生命的张力，装饰细部金色的点缀与贝壳镶嵌的中式家具互相对应；另一方面，常常出现元素与风格的对比，比如苏格兰的铸铁栏杆与粤式门窗的木质格栅形成对比，英国新艺术运动的彩色玻璃窗与福建的剪黏工艺形成对比等。[①]住宅内除了欧洲文化的装饰要素之外，雕刻镀金与贝壳镶嵌工艺制作的中式红木家具、陶瓷、盆景、牌匾、屏风、门帘和带有中国文化元素的细部构件穿插其中，两种文化平分秋色且结合紧密，内部装饰充实而饱满。张弼士住宅的建筑外部粉刷成靛蓝色，屋顶覆盖赤陶瓦片，山墙采用中式的装饰手法，在外檐装饰部位采用捏、塑、堆、贴、刻的交趾陶拼贴工艺，而在前部的阳台上则采用马赛克拼贴工艺。总体上，张弼士住宅融合了中国、马来和欧洲元素，设有五个天井；新艺术运动特点的彩色玻璃、威尼斯式窗户、英式棋盘格形的地面砖和苏格兰式铁艺也在该建筑中得到运用，这与同时代的郑景贵住宅装饰手法如出一辙。

四　余论

英属海峡殖民地时期建造的姓氏桥聚落、城镇骑楼、庭院式住宅、折中式别墅既是多元文化折中调和、社会经济发展和地域环境适应下的产物，也是华埠聚落时间—空间演变最好的物证。本文通过对英属海峡殖民

---

① Lee，L. L.，*The Blue Mansion：The Story of Mandarin Splendor Reborn*，Penang：L' Plan Sdn Bhd，2002.

地时期槟榔屿乔治市华人四种住屋类型的解读和分析，厘清了殖民主义时代乔治市华人社会各阶层住屋建造的社会权力关系与空间生成机制。作为聚落建筑现象的综合反映，这些不同类型的住屋丰富了殖民主义时代背景下乔治市作为移民港口城市的社会图景、历史积淀和文化涵构。

总体上，殖民地港口城市的社会经济发展为华埠聚落的时空连续提供了转型与演进的土壤和动力。从社会权力关系的角度来看，东西方文化的此消彼长、相互融合（指殖民文化的嵌入与交融，宗教信仰、宗族和家庭结构、社会组织、谋生手段、社会关系的影响和变化）和殖民地建造规制对住屋建筑的形成和演变产生了重要影响，也促成了华埠聚落中丰富的历史积淀与文化涵构。从空间生成机制的角度来看，华埠聚落发展的多样性和复杂性显示出华埠社会各阶层居住空间形式与社会空间领域之间明显的分野。当然，从东南亚地域性环境的角度来看，华埠聚落住屋的紧凑布局、组织与东南亚湿热气候环境相融，形成了适应自然条件的气候适应机制、住屋技术、空间秩序和住屋观念，与此同时，在演进中形成持续、稳定的住屋建造程序与方法。

作者：赵龙，集美大学陈嘉庚研究院
杨岭，集美大学师范学院
李渊，厦门大学建筑与土木工程学院

（编辑：龚宁）

宋元时期的许市

蔡霁安

内容提要 苏州城西北的浒墅关镇是江南著名古镇。自有记载始，其聚落历史就被文人学者往前推移至先秦，实则其原称许市，约兴起于北宋元丰年间，借赵宋南渡这一政治契机得以开发，并因元代设抽分竹木场顺利由"市"升"镇"。早期许市聚落形态之形成，或是庙宇、家族、巡检等多重因素综合作用的结果，并深刻地影响了明清浒墅镇的发展。

关键词 宋元时期 许市 浒墅关镇

位于苏州城西北约三十里的浒墅关镇，其市镇历史可以追溯到宋代出现的草市——"许市"（亦有"浒市""浒墅"等名），明清时期多称"浒墅"，是江南地区历史悠久的古镇。由于明清时期浒墅镇设置税关并盛极一时，相关的研究较为丰富。其中，关于浒墅税关的研究最先引起关注。[①] 在江南市镇的宏观研究中浒墅镇亦被加以探讨，学者多按照"专业市镇"的学术范式对其进行类型划分。[②] 从市镇史角度展开个案研究的主要有夏

---

① 参见香坂昌纪《清代浒墅关の研究》，《东北学院大学论集》历史学、地理学分册，第3、5、13、14期，1972年、1975年、1983年、1984年；廖声丰《试述清代前期苏州浒墅关的商品流通》，《上海交通大学学报》（哲学社会科学版）2007年第6期；林子雅《清代（1723～1850）浒墅关税收变化与苏州经济地位之关系》，《"社会·经济·观念史视野中的古代中国"国际青年学术会议暨第二届清华青年史学论坛论文集》（下），2010；余清良《明代钞关制度研究（1429～1644）——以浒墅关和北新关为中心》，博士学位论文，厦门大学，2008。

② 参见刘石吉《明清时代江南市镇研究》，中国社会科学出版社，1987，第161～166页；樊树志《明清江南市镇探微》，复旦大学出版社，1990，第250～251页；范毅军《传统市镇与区域发展——明清太湖以东地区为例，1551～1861》，台北：联经出版事业股份有限公司，2005，第166～167页。

维中和张海英，二人分别从市镇经济发展与市镇管理模式的角度展开研究，强调了税关设立对浒墅镇发展的影响。[①] 总体而言，关于浒墅关镇的研究多集中在明清时期，对于其宋元时期的演进脉络较少关注。本文聚焦于宋元时代的许市，在对许市地名进行文献梳理的基础上，关注其聚落演变，并进行横纵向比较，以期对这一时期江南市镇发展轨迹的研究有所深化。

一　宋元以来文献中的许市

现存对许市最早的记载出现于北宋朱长文的《吴郡图经续记》（以下简称《续记》）。该书编撰于北宋元丰年间，其卷下《往迹》云：

> 许市，在郡西二十五里。《图经》云：“秦皇求吴王剑，白虎蹲于丘上，遂西走二十五里而失，剑不能得，地裂为池，因名其地为虎疁。”盖此地是也。唐讳琥，钱氏讳镠，故改云许市。[②]

从以上记载可见，至少在北宋元丰年间，许市已作为一个草市存在。朱长文指出，该地原称“虎疁”，后因避讳而改名许市。朱长文的这一解释，需进一步辨析。始皇求吴王剑这一传说汉代已经出现，陆广微征引两汉史料云：“阖闾冢在吴县阊门外。以十万人治冢，取土临湖。葬经三日，白虎踞其上，故名虎邱山。”[③]《吴越春秋》中也有类似记载。陆氏以此佐证虎丘山之来历，但仅止于“白虎踞其上”，并无下文。而到《图经》时故事有所衍生，其交代了白虎的下落，即“西走二十五里而失”，此地遂名“虎疁”，形成了一个相对完整的故事链。然而，始皇是否发掘过阖闾墓并无确证。朱长文利用此一传说认为许市一带原称“虎疁”，似嫌武断。朱氏还进一步对“虎疁”名称变为“许市”做出了解释，认为“虎疁”因避唐高祖李渊祖父李虎与吴越王钱镠之讳而改名“许市”。实则避讳之

---

① 夏维中：《明清时代浒墅镇的研究》，洪焕春、罗伦主编《长江三角洲地区社会经济史研究》，南京大学出版社，1989；张海英：《明清政府对浒墅关的管理与浒墅镇的发展》，唐力行主编《江南社会历史评论》第 4 辑，商务印书馆，2012。

② 朱长文：《吴郡图经续记》卷下《往迹》，宋绍兴四年孙佑苏州刊本，第 73 页。

③ 陆广微：《吴地记》，江苏古籍出版社，1999，第 62 页。

说似难成立。首先，唐代讳"虎"而非"琥"，避讳多将"虎"字改为兽、武、豹、彪，① "许"字和以上改字的选用取向不合。如唐代"虎丘"因避讳改为"武丘"，唐人有诗云"武丘山下冢累累，松柏萧条尽可悲"。② "虎𬴂"若为避讳似改称"武𬴂"更为可能。若真以"许"字讳虎，许市出现前应有"许𬴂"之称，但文献无征。同时，关于钱氏讳𬴂一说，史有元金履祥先世刘氏为避讳改金姓之记载，③ 未见有改"市"一说。而且"市"字或指商店林立之处，或指定时集合买卖的场所，④ 意味着商业的发展。在唐宋之际市坊制度还有严格划分的情况下，称市称坊都有严格的规定，因避讳而称聚落为"市"似不太合理。

"许市"名称的由来，或许与许姓大族聚居于此有关。一般来说，草市经济的发达往往导致一些地方权势意图掌握某些行业的交易权甚至征税权，"凡买扑者，往往一乡之豪猾，既称趁纳官课，则声势尤甚于官务"，⑤ 富室大户居草市也为常态，市镇因此得以创立与发展。正德《姑苏志》载阊门外彭华乡有许家桥，《宋平江城坊考》认为当地有许姓氏族的存在，桥因族名。⑥ 许姓大族的存在，很可能是许市成"市"的关键因素。清人亦有径称之为"许氏关"的。⑦ 道光《浒墅关志》亦证实清代有许氏家族的存在，⑧ 虽不能证明两者为同系，却能为主姓创市提供一种可能性。

南宋范成大撰《吴郡志》亦有关于"许市"的记载，该书卷13中记载了𬴂氏女所产龙子回阳山省亲的故事，其云："自云从沙来，与船人钱十千，先付五千，余钱约至苏州阳山看亲处还。登舟，即令篙工悉睡，日暮抵许市。上岸去，盖已三百六十里矣。"⑨ 此后，他在《吴船录》中又

---

① 陈垣：《史讳举例》，中华书局，1962，第147页。
② 谭铢：《真娘墓》，黄勇编《唐诗宋词全集》第4册，北京燕山出版社，2007，第1181页。
③ 陈垣：《史讳举例》，第152页。
④ 〔日〕加藤繁：《唐宋时代的市》，《中国经济史考证》，吴杰译，华世出版社，1981，第278页。
⑤ 徐松：《宋会要辑稿·食货一六·商税岁额二》，上海古籍出版社，2012，第6377页。
⑥ 正德《姑苏志》卷19《桥梁上》，第555页。
⑦ 许鸿磐：《方舆考证》第18册卷45，清济宁潘氏华鉴阁本，第135页。
⑧ 道光《浒墅关志》卷14《人物本镇》，第241页。
⑨ 范成大：《吴郡志》卷13《寺庙》，江苏古籍出版社，1999，第181页。

云：“冬十月丁卯，朔。雨中行，不住。戊辰未，至浒市十里所，泊。”① 该书记载了范成大从成都回苏州一路的见闻，经过许市时又用“浒市”之称，可见两名通用。周必大《吴郡诸山录》也称：“乾道丁亥五月戊戌朔乙巳午后，至浒市，登法华庵，望阳山在数里间，其下有澄照寺，今为朱谔右丞功德院，其旁龙母庙颇灵异。”② 《三朝北盟会编》中亦称“浒市”。③ 另，宋知庐州军州事、主管淮西安抚司公事李大东有《宋定城令赵公圹志》，载定城令赵用于嘉定乙亥（1215）二月“葬于长洲县彭华乡浒墅之南冈”。④ 可见在两宋时该地有许市、浒市、浒墅三种名称，其中“许市”见于北宋文献，出现较早，“浒市”“浒墅”之名见于南宋文献，似为后出。“浒”应一直读为“许”，h 和 x 本就通韵，后来才逐渐分化，非传说所云乾隆皇帝下江南时才错将“浒”读为“许”。

元代高德基《平江记事》云：

> 许市，去吴县西二十五里，旧传秦始皇帝求吴王名剑，白虎拒丘上，帝刺之，虎西走二十五里而没，地裂为池，因名其地曰虎疁。至南唐讳琥，钱氏讳镠，遂改名许市。后人讹旧音，于许字加点水为浒，市讹为墅，迄今两称之，不能辨云。⑤

显然，在高德基看来，浒墅之名系后出，乃因“后人讹旧音”所致。今日看来，“浒市”“浒墅”之名，应与北宋朱长文所创之“虎疁”传说有关，皆为“许市”之美称。高德基关于“虎疁”的记述，则是沿袭《图经》的说法，其中所称“至南唐讳琥”，应是“唐讳琥”之误，“南”为衍字。另元人方回有诗《浒墅》云：“太湖晚山雨，白鸟去冥冥。古冢多无后，荒祠岂有灵。异峰巉石骨，远树耸人形。兵革已苏息，废田蒲稗青。”⑥ 描绘了宋元之际兵革沧桑之后的情景。至此，浒地保持着两名并称

---

① 范成大：《吴船录》卷下，明治十三年求古堂刊本，第121页。
② 周必大：《吴郡诸山录》，杨循吉等：《吴中小志丛刊》，广陵书社，2004，第410页。
③ 徐梦莘：《三朝北盟会编》卷163《炎兴下帙六十三》，上海古籍出版社，1987，第1179页。
④ 道光《浒墅关志》卷13《冢墓》，广陵书社，2012，第216页。
⑤ 高德基：《平江记事》，王稼句编纂、点校《苏州文献丛钞初编》（上），古吴轩出版社，2005，第147页。
⑥ 方回：《浒墅》，嘉靖《浒墅关志》卷17《诗辞》，第492页。

的状态。

　　明正德年间纂修的《姑苏志》在不同卷对许市有三种不同的称呼，分别是许墅、许市、浒墅，并在卷 18 中介绍长洲县有四镇，分别为甫里、陈墓、许市和陆墓。此时虽仍以"许市"名之，但实际已升格为"镇"。而明代文人亦时称"浒墅"，时称"许市"，并不统一。明嘉靖年间编纂的当地第一本方志《浒墅关志》综合朱长文《续记》以来的各种记载，对浒墅镇地名进行了如下解说：

　　　　浒墅镇，在苏州府治西北，隶长洲县二都七图彭华乡，去郡城三十里，一名许市。《吴越春秋》云："吴王阖闾葬虎丘山，以扁诸、鱼肠剑为殉。越三日，金精结为白虎，踞于其上，故名虎丘。"《图经》云："秦始皇求吴王剑，发阖闾墓，见白虎蹲于丘上，逐之，西走一十五里，失，剑不能得，地裂为池，因名其地曰虎疁。"至五代时，吴越王钱氏讳镠，因改为浒墅，俗呼为许市。民居际水，农贾杂处，为姑苏一大镇。①

　　《浒墅关志》引《图经》较朱氏《续记》所引多"发阖闾墓"一句，应为《浒墅关志》作者所加。《浒墅关志》所云"西走一十五里"应为"西走二十五里"之误。同时，《浒墅关志》又删去朱氏《续记》"唐讳琥"一语，径直认为"浒墅"之名来源于避吴越王钱镠之讳。明清时期"浒墅"这一地名更为流行，而嘉靖《浒墅关志》的说法为此后多数方志所沿袭。

　　明代万历年间，浒墅关税使王之都在所纂《浒墅关续志》中对该地地名的传统说法提出了质疑，称：

　　　　按经义，水际为浒野，田为墅，从地势名也。旧志牵引虎疁、虎丘为说，非其质矣。至调剑化为虎，地裂为池，尤谬悠不经，无足道者。②

　　王之都认为，"浒墅"之称乃从地势得名，"虎疁"之说谬不可闻，显

---

① 嘉靖《浒墅关志》卷 1《建置沿革》，民国影印明嘉靖十六年刻本，第 11~12 页。
② 王之都：《浒墅图说》，万历《浒墅关续志》卷 1，清抄本，北京大学图书馆藏。

示出其不为传说所囿，具有独立思考的精神。但他的意见并未被后来的方志编纂者采纳，此后的康熙《浒墅关志》云：

> 浒墅镇，在苏州府治西北，隶长洲县彭华乡，去郡二十五里，一名许市。《图经》云："秦始皇求吴王剑，发墓，见白虎蹲于丘上，逐之，西走二十五里，失，剑不能得，地裂为池，因名其地曰虎疁。"至吴越时讳镠，因改名浒墅。按经义，水际为浒，野田为墅。从地势得名。①

康熙志采纳了王之都关于"浒墅"从地势得名的说法，但仍然坚持"虎疁"演变为"浒墅"之说。至道光《浒墅关志》时，则又将从地势得名之说删去，径承嘉靖《浒墅关志》之说云：

> 浒墅在江苏苏州府治西北三十里，一名许市，旧名虎疁。秦始皇求吴王剑，发阖闾墓，白虎蹲于丘上，逐之，西走二十五里，失，剑不能得，地裂为池，因名其地曰虎疁。至唐讳虎，吴越讳镠，改今名。②

可见，自北宋朱长文《续记》创"虎疁"之说后，即牢不可破，而为多数方志所沿袭。中间虽有王之都对其提出质疑，但影响甚微。这源于历代方志常有对市镇历史溯源的倾向，其实这也是乡镇志纂修过程中的一个共性。出于对家乡的热爱，方志对于本地的记载经常出现夸饰、攀附之现象。纪昀对此有过总结，称："相沿之通弊，则莫大于夸饰，莫滥于攀附。一夸饰，而古迹人物辗转附会；一攀附，而琐屑之事迹、庸沓之诗文相连而登。"③

以上征引了宋代以来各种关于许市地名的史料，加以辨析，现略做小结。首先，浒墅最早应称许市，该市至少在北宋元丰年间之前已经出现，为江南草市之一。该草市之称为"许市"，应与该地许姓大族具有支配地位有关。至于"浒市""浒墅"等地名则为后起之名，应与朱长文《续

---

① 康熙《浒墅关志》卷1《乡镇》，第29页。
② 道光《浒墅关志》卷1《建置沿革山水》，第2页。
③ 纪昀：《安阳县志序》，《纪晓岚文集》第1册卷8，河北教育出版社，1991，第166页。

记》所载的"虎疁"传说有关。这是因为，一方面，"浒"与"虎"同音，无论"浒市"还是"浒墅"皆可很好地涵括"虎疁"传说，可以使市镇的历史延长。另一方面，可能随着许市的发展，人口日益增长，原来处于支配地位的许氏族人日渐式微，当地居民亦出现不满"许市"原名，而另求美名之想法。"浒"与"许"同形，既可与"虎疁"相联系，亦可兼顾"许市"之旧名。"浒"在当地方言中至今读为"许"，应与其来源于"许市"密切相关。

二 许市聚落与空间形态的演变

唐万岁通天元年（696），苏州割吴县地分置长洲县，许市位于长洲境内，属彭华乡管辖。其东西两侧分别有太湖与漕湖，两湖间河网密布。隋大业六年（610）炀帝"敕开江南河"，[①] 运河南北走向，途经许市，与当地河流在明清二都七图处形成十字港。然而，隋唐时期运河并未被有效利用，甚少疏浚。入宋后，江南运河颇受重视，庆历年间，发运使柳灏称："切以东南一方，诸路百郡，盐、粮、钱、帛、茶、银、杂物，凡所供国赡军，尽由此河搬运。"[②] 并在沿途设有巡检催纲。两浙路漕船每年往来四次，又兼运他省货物土产，十分繁忙。这客观上促进了运河沿岸市镇的兴起。

约在同时，僧人本一在许市兴建奉先庵，本一为何人不可考。但此时许市西侧的阳山、大石山诸山上陆续出现不少寺庙。阳山上最早的寺庙出现于东晋，如支遁庵、南峰寺，多与名僧支道林有关，北峰寺、华山寺、文殊寺亦为其所开。迄至庆历时，计有庙宇7座，若涵盖许市周围的寺庙，不下10座。[③] 事实上，江南许多市镇起源多与寺庙纠葛不清，仅一座寺庙就可带动四周形成村落。据此看，由于寺庙的出现，许市一带大量的宗教活动随之而来，带动早期西岸之开发，许市形成村落甚至村市毋庸置疑。

郏亶曾言："天下之利，莫大于水田，水田之美，无过于苏州。然自

---

① 《资治通鉴》卷181《隋纪五·炀帝大业六年》，中华书局，1956，第5652页。
② 徐松：《宋会要辑稿·食货四六》，第7044页。
③ 参见嘉靖《浒墅关志》卷13《祠庙》，第176~185页。

唐末以来，经营至今，而终未见其利。"① 南宋时期，大量河口、湖荡被围垦，港浦淤塞。地方官员试图整治围田，如乾道元年（1165），平江知府沈度开掘长洲、昆山、常熟等地围田以泄水势。② 许市等地亦设巡检寨"捍卫江海，开浚港浦"，③ 整修当地水利设施，以保农田无虞。围田的扩张，是南宋迁都后对粮食需求增加的表现。范成大描述当时的苏州称："四郊无旷土，随高下悉为田。"④ 庄绰在《鸡肋编》中亦云："建炎三年（1129）七月，余寓居平江府长洲县彭华乡高景山北白马涧张氏舍……十年冬，金人犯杭、越。明年春，由平江以归。白马涧去城十八里，张氏数宅百余区，尽被焚毁，独留余所居。"⑤ 高景山位于许市西南，庄绰于建炎三年在此居住月余，此时宋金关系紧张，每天傍晚都要点烽火报平安。然而建炎年号只使用了四年，文中的"十年冬"应为绍兴六年（1136），彼时金兵犯杭、越，待到庄氏次年归来时，受战争波及，其早前寓居的张氏宅已被焚毁。文中未交代"张氏"生平，仅就其有"数宅百余区"可断其为当地富民大户，拥有大量的田地。傅宗文指出，在草市蓬勃发展的情况下，田庄和草市的分布应是犬牙交错、紧靠毗连的。这样庄主可以就近籴粜粮食，减少长途运输过程中的费用，推动产品地租向商品转化。⑥

至于战火为何延及苏州城郊张氏宅，可从《三朝北盟会编》中窥得缘由：

> 二十九日，夜至许市关，张浚舣舟集岸，遂往请见，舟中坐语甚久，兼亦略及使指。浚云："适闻得奉使回，遂欲同诣行在。徐思之，恐人疑惑。如二公到朝廷，必自有所以处。"某见许市巡检差到人夫，即时解舟。⑦

---

① 范成大：《吴郡志》卷 19《水利》，第 262 页。
② 洪武《苏州府志》卷 3《水利》，第 221 页。
③ 正德《姑苏志》卷 12《水利下》，第 394 页。
④ 范成大：《吴郡志》卷 2《风俗》，第 13 页。
⑤ 庄绰：《鸡肋编》，中华书局，1983，第 17~18 页。
⑥ 傅宗文：《宋代草市镇研究》，福建人民出版社，1989，第 30~31 页。
⑦ 徐梦莘：《三朝北盟会编》卷 163《炎兴下帙六十三》，第 1179 页。

这是果州团练副使王绘在绍兴甲寅年（1134）的记录。另据《建炎以来系年要录》载，是夜，都官员外郎魏良臣等至常州见浙西江东宣抚使张浚，"良臣等至许市，遇知枢密院事张浚于舟中。良臣等具告以金人所言，且谓金有长平之众，浚谓曰，欲同诣行在。徐思之，恐人疑惑，乃密奏使人为敌所诛，切不可以其言而动，又勿令再往军前，恐我之虚实反为所得，浚遂疾驱临江，召韩世忠、刘光世与议，且劳其军。将士见浚来，勇气百倍"。① 上述史料中提及"浒市关"和"许市巡检"，表明该地军事的重要性。宋金对峙时期，战事频仍，南宋政府"凡沿江沿海召集水军，控扼要害及地分阔远处，皆置巡检一员"，② 文中所云"浒市关"或指南宋初宋金交兵时控扼姑苏西北水路要冲的巡检所在之地。同时，南宋政府"相度地形险隘、远近酌中处，置立堡寨"。③ 万历《长洲县志》载，政府在许市设吴长寨，"并建炎后置，即巡检寨。土军各一百四十四名，保伍中取之三丁籍一，亦名义兵。岁以十月起聚，教至正月中散。人日给钱百米二升"。④ 巡检负责催促粮纲，就地垦殖，抵御水灾，并令"遇有寇盗则聚在寨御捍，无事则乘时田作。其兵与民各处一方，不得交杂，庶得相安"。⑤ 如果说寺庙的出现带动周围自然形成了村落，那么巡检寨之设则表明许市出现了大规模的土地拓殖，附近农田水利都得到了广泛开发和修整。

随之而来的是，许市的公共建筑明显增多，显示这是聚落发展的重要时期。南宋初年，官员王之道留宿许市时写有《题许市接待院壁》与《题许市施水坊》两诗：

其一：

一檐冬日送清温，疏竹萧萧覆短垣，来就老僧同曝背，不妨危坐默无言。

其二：

① 《建炎以来系年要录》卷82，清文渊阁四库全书本，中华书局，1988，第1358页。
② 《宋史》卷167，中华书局，1977，第3982页。
③ 徐松：《宋会要辑稿·食货二·营田杂录一》，第5591页。
④ 万历《长洲县志》卷9《兵防》，台北：学生书局，1987，第266页。
⑤ 徐松：《宋会要辑稿·食货二·营田杂录一》，第5591页。

梦断蓬窗特地愁，卧闻溪水啮舡头。夜航又逐东风去，重叹因人此滞留。①

绍兴年间，王之道上疏反对议和被贬，后居安徽相山。他在为官途中路经许市，滞留在此，作此两诗，表达了作者冬日中的羁旅与愁绪。诗中所云"接待院"多为僧人所建，以"延伫四方云水之客",② 所以"客若见若闻皆争相施舍，贫者出力，富者出财，巧者出技",③ 正因其具有慈善功能，亦常受朝廷敕封。如绍兴二十八年（1158），虞并甫自渠州被召返临安，"因道中冒暑得疾，泻痢连月",④ 便宿于临安城北之接待院。坊则有店铺、里巷、牌坊等诸多含义，取名"施水"或与其近水有关，这和许市作为草市的身份吻合。接待院和施水坊的出现表明了两点：其一，许市是往来商旅休憩的落脚点，接待院在其中承担着一定的慈善、救济功能；其二，位于运河边的许市本应不缺饮水供给，而施水坊出现在此，应与接待院一起构成一个休憩、饮水之处，为往来商旅提供便利。

淳熙六年（1179），杨万里自常州回上饶，途经此地，留下《将近许市望见虎丘》一诗：

浒墅人家远树前，虎丘山色夕阳边。石桥分水入别港，茅屋垂杨仍钓船。⑤

该诗营造了一派悠闲惬意的生活场景，诗中出现的桥梁，建于别港分水之处，或是许市见诸文献中最早的桥梁。至庆元三年（1197），十字港处兴建了一座普思桥。桥上碑记云："许市纪庆庵僧妙寿，施桥面石块，率众灰桩功德，报答四恩三有，法界众生，同成妙果，伏愿亡者生天，见存获庆。"⑥ 跨运河桥梁的兴建显示和东岸有了往来，预示东岸乡村开始被

---

① 王之道：《相山集》卷15，《景印文渊阁四库全书》集部71，台北：台湾商务印书馆，1982，第634页。
② 范成大：《吴郡志》卷36《郭外寺》，第527页。
③ 范成大：《吴郡志》卷36《郭外寺》，第527页。
④ 洪迈：《夷坚志》卷17，中华书局，1981，第150页。
⑤ 杨万里：《将近许市望见虎丘》，《杨万里集笺校》，中华书局，2007，第650页。
⑥ 嘉靖《浒墅关志》卷14《桥梁》，第187页。

纳入许市范围，同时表明一个突破乡都界限的以贸易为中心的聚落实体开始逐步形成。又此时江南城市发展突破城墙限制，城乡关系越发紧密。宝祐五年（1257），政府将子城内公使酒库移至平籴仓西，后又设醋酒库于城中乐桥西，道光《浒墅关志》所载之竹青库即为酒库。① 酒库是个酿造、批发酒的机构，通常有仓库区、生产区、贮酒区及专门的办公区。不少拍店、河脚店到此批酒售卖。一个酒库一年需使用数百万乃至上千万个酒瓶，因而酒库附近一般设有瓷窑，专门烧造供酒库使用的酒瓶。② 可以想象，当时的许市围绕酒库形成了建筑群和商业区，今人所修新编《浒墅关志》用竹青塘指代西岸镇区，将其作为市廛繁密的象征，寓意今之浒墅能再现宋代的繁荣。陆游入蜀路过许市时亦感慨："居人极多。"③

运河东岸武丘乡曲逆侯庙的兴建或可揭示许市一带未在运河兴修之际快速崛起之原因，这似应与当地地势相对低洼而常遭水患有关。苏州东接海岸，西北地势低平，乃诸水向心汇聚之处。这一时期，政府更重视常熟等县水利，长洲县逊之不少，水患频仍。曲逆侯庙正是在这一背景下建立。该庙位于东岸中部，祀汉丞相陈平。彼时江南百姓常为水患所扰，故里社间多建庙宇进行压制。而乡里奉祀汉代功臣，应为当时江南地区的普遍现象。如嘉定县纪王庙之设，据方志记载，唐宋时期，"相传项籍为吴松神，屡有风波之警"，④ 唐时沿江立汉功神七十二庙以镇之。吴淞江风急浪高，传闻是项羽化身所致，又称霸王潮。为镇压潮水，保两岸平安，当地人便在沿岸奉祀汉代功臣，纪王庙则因纪信而得名。久而久之，江南其他市镇亦出现奉祀汉臣以镇压水患之现象，祭祀对象包括萧何、韩信、樊哙、张良等。宝庆年间（1225～1227），东岸出现广福庵、观音庵两座寺庙，分别为僧人素定、善应所建。⑤ 显然，大量信徒、商贩借宗教活动而来，促进了聚落的繁荣。寺庙以及围绕它们出现的坊巷，极可能形成许市初

① 梁庚尧：《宋元时期的苏州》，《宋代社会经济史论集》（上），商务印书馆，2017，第444、454页。
② 李华瑞：《宋代的酒》，《文史知识》2004年第2期。
③ 陆游：《渭南文集》卷43《入蜀记第一》，舒大刚主编《宋集珍本丛刊》第47册，线装书局，2004，第366页。
④ 闵萃祥：《纪王镇志序》，《式古训斋文集》卷上，清代诗文集汇编编纂委员会编《清代诗文集汇编》第771册，上海古籍出版社，2010，第439页。
⑤ 正德《姑苏志》卷29《寺观上》，第857页。

级市场的雏形，而曲逆侯庙及广福庵、观音庵很可能成为市场发育的起点。一般来说，聚落的形成和人口的聚居与寺庙的建立、拓展往往是同步的。①

元代史料留存甚少，因而元时许市状况难得其详。元至正年间，"始于长洲县浒墅置抽分竹木场，税客商往来货物，多寡无定"，② 官署位于运河西岸二都六图。表明许市在商品流通中的地位继续提升，许市亦应因此而由"市"升格为"镇"。③ 明代税关前身是抽分竹木场，相应规章也多袭元制，由此可做合理推测，元末许市与运河东岸曲逆侯庙一带极可能因设税关合并成浒墅镇，同属税关管辖，④ 形成新编《浒墅关志》中所云："以运河为中心形成上、下塘街，又以竹青塘、龙华塘组合成镇区南北二平方公里的街坊镇区。"⑤ 这一市镇范围之雏形发端于普思桥建立之时，其后在元代借设抽分竹木场正式得到官方追认。而从上文可知，运河两岸聚落原是各自发展，分属不同乡，形成过程亦非均质而同步。设抽分竹木场后，往来船只大量汇集，繁忙时只能在河中等待交税并与沿河商铺发生贸易往来。久而久之，商业中心开始向运河岸边转移，这一趋势发端于宋元，一直延续至民国。⑥

三　许市聚落起源的多重因素及影响

宋元时期是大量江南市镇的萌芽期，聚落形成过程各不相同。许市是

① 吴滔：《从"因寺名镇"到"因寺成镇"：南翔镇"三大古刹"的布局与聚落历史》，《历史研究》2012年第1期。
② 乾隆《江南通志》卷79《食货志·关税》，凤凰出版社，2011，第512页。
③ 高承《事物纪原》云："地要不成州而当津会者，则为军，以县兼军使；民聚不成县而有税课者，则为镇，或以官监之。"（高承：《事物纪原》卷7，中华书局，1989，第358页）说明在宋代，有课税是一地称"镇"的主要条件。延至明代，在江南地区凡设局收税和设巡检之处皆可称"镇"。乾隆《澄海县志》云："民人团聚之所为村，商贾贸易之所为市。远商兴贩所集，车舆辐辏，为水陆要冲，而或设官将以禁防焉，或设关口以征税焉为镇，次于镇而无官司者为埠。此四者其定名也。亦有不设官司而称镇，既设官而仍称村、称市者，从俗也。凡天下县邑皆然。"（乾隆《澄海县志》卷2《埠市》，中国国家图书馆藏）
④ 嘉靖《浒墅关志》卷7《管辖》，第102页。其云："彭华乡功成里，即本关。浒墅镇属长洲县，管都五：一都、二都、三都、四都、五都。武丘乡采云里，本关下塘，属长洲县，管都四：六都、七都、八都、九都。"
⑤ 新编《浒墅关志》，概述，上海社会科学院出版社，2005，第4页。
⑥ 新编《浒墅关志》卷4《席草蚕桑》，第177页。

其中较复杂的一个，是庙宇、家族、巡检等多重因素综合作用的结果，且深刻影响了明清时期的镇区格局。兹以南浔、南翔为例与许市进行横向比较，并与明清浒墅镇进行纵向比较，借此分析许市在江南市镇中的特殊性以及对后世之影响。

（一）许市与南浔、南翔

南浔的发育过程与许市类似，其位于湖州东部，分处浔溪两岸，原是各自发展。唐贞观元年（627），西岸浔溪村建有祇园寺，渐有人烟。东岸的南林村在无属地名之时借建于五代后周年间之南林寺而得名。两宋之交，东岸兴建嘉应祠。民国《南浔镇志》载："建炎二年，金人陷扬州，高宗南渡，金人追之。帝至浔，惧追之，匿嘉应神祠中。月下俄见泥马忽动，跨之而行，遂入杭州。帝旧封康王，今褒能寺俗称康王寺。"[1] 且不论该故事的虚构性，嘉应祠确实存在，并与南林寺比邻。围绕二者形成了盛大的庙会与集市。每年初夏至农历九月初五，"七社人烟"云集于此，"贸易者先期而至，手技杂戏毕集，报赛演剧无虚日"。[2] 此时两岸交往越发密切，乡人在浔溪之上搭设桥梁，南浔镇渐有雏形。宋金交战后，政府在此非军事要地设官建镇，是以浔溪东西两村合二为一成为南浔镇。南浔在宋代就完成了由村到镇的转换，在整个江南市镇发育史中已属较早一类。且因庙会的持续存在，聚落内部一直存在商业驱动力，吸引四周乡脚居民前来经商与开展贸易。在此过程中市镇格局逐渐明朗，镇分七巷，南浔"已远远超过一般县城的规模而发展成为城市"。[3]

南翔镇的兴起则显示出寺庙在聚落兴起中的持续性影响。南翔南临吴淞江，有三条槎浦经过。其地理位置并不如许市、南浔居于运河这样的交通大动脉附近，是以南翔及其周围发育缓慢，若无较大局势变动很难兴起。嘉定七年（1214），平江知府赵彦橚与提刑按察使王栐上疏借论昆山三害之机，提出割昆山县东安亭、春申、临江、平乐、醋塘五乡二十七都置嘉定县，此时南翔属临江乡。赵、王的上疏从侧面印证了当地之开发进

---

① 民国《南浔镇志》卷14《寺庙三》，1922年刻本，第85页。
② 范来庚：《南浔镇志》，民国《南浔镇志》卷1《疆域》，第28页。
③ 〔日〕斯波义信：《宋代江南经济史研究》，方健、何忠礼译，江苏人民出版社，2001，第398页。

度，这为南翔提供了发展机遇。同时南翔寺新建九品观堂和僧堂，可容纳数百僧人，带动了南翔聚落的兴起。[1] 元代是南翔发展的关键时期，至元二十八年（1291），大浮屠良琦"疏沦其断港绝湟，以宣潮汐之壅，夷其曲径旁溪，以便轮蹄之役。不数年，生意津然也。乃谋诸大弟子即翁宗具出橐金，倡于众，市膏腴以增岁入，更输粟之制以输上田，较昔之费什之一，力实倍之。于是阡陌日辟，仓库日充，僧堂聚斋，熙熙若众香之国"。[2] 兴盛的南翔寺不断扩大势力范围。大德初年，良琦在南翔寺东一里处另创大德万寿寺，"已囊土地、年粒入寺，永备营缮之产"。[3] 泰定年间，其徒孙又在西南处创立万安寺，"作法华道场、弥陀、观音之殿、说法之堂"等。[4] 三寺形成鼎立之势。三寺修建之时，对周围河道进行了整治，初步形成了"四水为围"的格局。伴随着寺庙的建立与拓展，南翔聚落亦逐渐形成，两者呈现同步发展关系。而以南翔寺、大德寺、万安寺三者为坐标也奠定了明清南翔镇的基本格局，形成"东西五里，南北三里"的大镇。

从南浔、南翔两个市镇的成长过程可以看到，其主要影响因素大致有二。一是政治因素，赵宋南渡与嘉定置县直接或间接地影响了市镇的形成，尤其是前者对南浔由"市"成"镇"影响甚巨。二是庙宇的持续性作用。有学者指出："因为在江南，恐怕在全国也是如此：有块风水宝地，建了寺庙，有了香火，香火相继，村以寺名，便成了南林村。"[5] 更有学者认为，聚落的形成乃至人口的聚居与寺庙的建立、拓展完全有可能是同步的。如果我们认定有一类"寺庙型聚落"的存在，许多困惑便可迎刃而解。[6] 比较之下可知，许市既有上述因素的影响，又表现得更加复杂。它的发育可分为如下阶段。第一阶段约自唐至北宋，许

① 吴滔：《从"因寺名镇"到"因寺成镇"：南翔镇"三大古刹"的布局与聚落历史》，《历史研究》2012年第1期。
② 释宏济：《南翔寺重兴记》，嘉庆《南翔镇志》卷10《杂志寺观》，上海古籍出版社，2003，第138~139页。
③ 贯云石：《万寿讲寺记》，嘉庆《南翔镇志》卷10《杂志寺观》，第152页。
④ 虞集：《万安寺记》，嘉庆《南翔镇志》卷10《杂志寺观》，第154页。
⑤ 小田：《民间传说的社会史内涵——以一个江南市镇的成长历程为依托》，《河北学刊》2006年第1期。
⑥ 吴滔：《从"因寺名镇"到"因寺成镇"：南翔镇"三大古刹"的布局与聚落历史》，《历史研究》2012年第1期。

市是苏州城北一处草市,阳山上的庙宇客观上带来了人流与商业往来,使许市早期存在着宗教底色。南宋时又可分为巡检寨、酒库设立两阶段,两者都表明许市进入大规模拓殖时期,农田水利得到整修,建筑群、商业区开始出现,具备成市的基本条件。元代进入抽分竹木场阶段,许市在商品流通中的地位继续提升,亦因此由市升镇。另从上文可知,许市背后亦存在着主姓创市的底色,世家大族掌握着草市的交易权。其西北阳山又产白墡,《祥符图经》云:"每岁官取万余斤,为钱塘宝兴监铸钱之用,又可圬镘,洁白如粉。"① 可见,许市发育呈现多元而复杂的面貌,这在江南市镇中颇为少见,是以需要以综合化的眼光来看待这类市镇的兴起。尽管许市开发较早,但成镇过程颇为漫长,早在安史之乱时,本地已有百姓聚集,唐人李嘉佑自枫桥经许市到望亭,感慨人家尽空便是明证。② 尽管运河已经修建,但河面过于宽广,反而导致两岸往来不便,这也能解释为何许市、南浔两岸各自兴建同类建筑。同时由于苏州地势过低易生水患,许市的扩展始终受到制约。尽管元代设抽分竹木场进行征税,许市仍仅有一座跨运河桥梁,说明此时经济发展并未达到需要兴建多座桥梁,保持两岸畅通的标准,故直到明代许市才进入发展的繁荣期。

(二) 宋元许市与明清浔墅镇

许市在宋元时期的兴起,对明清时期浔墅镇的发展具有深刻的影响。

明清时期,浔墅完成了由"市"到"镇"的转变。当时,浔墅两岸往来密切,普思桥已无法满足交往需求,遂在其南北分建南新桥和兴贤桥,居民商贸也逐渐向运河两岸移动,促使形成两条主街。明代唤名佘公街,由税使佘立主持于嘉靖四十二年(1563)兴修,"河西者宽衍直达,凡缙绅舆马、商民负戴胥此往来。河东者宽达虽同,然夹以民居,乡遂之贸迁,南北之趋赴者取为变道"。③ 并在南新桥与普思桥周围形成两大草席业中心,三桥极大地方便了船只停靠上岸进行采购,甚至关署前每日还有鱼市,异常热闹。从上文可知,尽管元代设立抽分竹木场,居民商贸有所转

---

① 洪武《苏州府志》卷2《山》,台北:成文出版社,1983,第153页。
② 嘉靖《浔墅关志》卷17《诗辞》,第272页。
③ 施霖:《佘公街记》,道光《浔墅关志》卷8《坊巷乡村道路桥梁》,第132页。

移，浒墅亦由"市"升"镇"，但历经战乱，市镇并未完全建立。而诸多江南市镇兴起的过程均表明，修建店铺、桥梁和道路乃是市镇成立的前提，显然浒墅在明中期才完成这一过程。

明代税关关署建于元代抽分竹木场原址之上，景泰元年（1450）由在任税使王昱兴建。关署有明显的中轴线，象征权力，明确此处为国家机构，其内各类建筑对称分布在轴线两侧，秩序井然。同时，关署四周也得到开发。税关本坐坤向艮，背负阳山，临运河而建，考虑到征税之时，大量船只从各处而来，税关外"左以竹青桥，西入二里许，陡折而南行三里许，又陡折而东出，于署右之赵王泾桥环流方正之凿而池，若天造地设"。① 另鉴于河流分叉支港众多，难免有偷漏税之情形，故另设小关，镇中竹青塘、龙华桥、胡匠桥与张家桥，均设栅座征税，与关署一起构成当地重要的建筑景观。而各类公共建筑多以关署为圆心分布在其四周。洪武初年，浒墅镇修建府城隍庙，后又建火神庙、金龙四大王庙、大悲庵等，位于关署两侧的毛家弄、茶亭弄内。税关西北又建有义塾，由嘉靖九年（1531）在任税使方鹏所建，只因浒墅百姓好利而华，于是创建义塾，冀以扭转风气。清代税使阿尔邦阿在任期内与镇绅大加兴修义塾，共缮御圖，更正神位，重建崇圣祠与方公祠，又采纳形家之言，新建文星阁，两旁立龙门、凤池门，筑泮池之堤，增高宫墙，门外立官民下马牌。又将本镇孝子及先后登第者，榜其名于明善堂之楣，如此制度大备。"规模与郡县无别"，② 承认义塾已有文庙之实。至谢韫玉作《重修浒墅文庙记》、凌寿祺作《敬集同志修治浒墅文庙即柬轮值洒扫诸公并谢单明府沄汪少尹志仁》时，义塾已在名义上完成从普通学校到文庙之转化。清代在义塾与大悲庵之间建有茅司徒庙、文殊庵、观音阁、火神庙、金龙四大王庙、大悲庵、路头堂等，一方面市镇内部空隙被不断填充，另一方面亦能反映出市镇主导权实则牢牢握在税使手中，明代税使王之都曾坦言"职非有司"，然而面对本镇出现的社会问题时仍提出编立保甲、守望相助，如此便可弭盗安民。居民亦在本镇遭遇天灾时向税使求助，税使作为国家权力在地化的象征，牢牢把控当地发展，填补了市镇的权力真空，体现在镇区格局

---

① 王之都：《浒墅公署说》，万历《浒墅关续志》卷1。
② 王朝干：《重修浒墅关义学记》，道光《浒墅关志》卷2《学校》，第28页。

上，便是各类建筑面向税关而建。

宋代竹青库历经战争后早已不存，但随着镇中税关一带建筑日趋饱和，各大家族纷纷在竹青库一带建造房屋，主要有张氏、金氏、孙氏、许氏等。其中金氏所建既包括宅院，也有烈女祠和新祠。金氏应是当地一大姓，记载却寥寥，竹青里金家场因金氏得名。金氏在该地构筑金氏园，"其中亭榭之轩敞，廊径之缭曲，以及山池竹木之胜，皆甲一时"。① 上文所言张氏亦居竹青桥畔四湖口，族人先以经商致富，后经捐纳为官，"三十余人尽名世"，至清代五子登科，为吴中盛事。在此过程中，张氏亦存主宰市镇事务之心，是以在税关南侧兴建文昌阁，申时行作有《兴贤桥记》，据该记可知建阁与桥乃形家言关南之水"散漫无统，风气旁泄"，② 致人文不振，故有此举。于是当地张氏家族中张宏德、张宏谟、张宏祚三兄弟开放生河以迁水势，新开河名月牙河，并于河中取土筑基，建阁其上，名曰文昌，与税关并立。之后文昌阁一直作为该镇文化繁盛的象征，在市镇空间格局中占据重要地位。进入清代后，张氏在地方事务中的地位得到提升，承担粮长之责，负担全里之事，呼吁革除积弊，造福一方。然而张氏背后并无倚仗，始终难以与税使抗衡。

东岸原宝庆年间所建之广福庵于永乐五年（1407）遇火灾而毁。约四十年后的景泰年间，僧人文昇募资重建，焕然一新。至清时，广福庵改名龙华寺，俨然成为镇上居民聚居与活动中心。如该镇习俗，新年数日，"贩耍货者群集龙华寺，村妇儿女掷钱争买最为热闹，数日乃已"；③"初九天诞，乡人进香龙华寺、文昌阁尤甚"；④ 七月三十日地藏菩萨诞辰，妇人近则龙华寺，远则小华山烧香，岁已为常。围绕龙华寺的其他建筑亦逐渐建成。方鹏兴建义塾的同年，在龙华寺一侧建范文正公书院。万历十一年（1583），税使张世科又在距寺庙不远处设养正社学，与建义塾、范文正公书院之目的一致，他认为"榷关攸在，而民逐十一之利，争刀锥自润，其弟子亦相沿袭，求其通诗礼、敦孝悌"。⑤ 随后所建之庵桥、龙华桥、渔庄

① 道光《浒墅关志》卷12《第宅园林》，第208页。
② 申时行：《兴贤桥记》，道光《浒墅关志》卷8《坊巷乡村》，第136页。
③ 道光《浒墅关志》卷1《建置沿革山水风俗》，第18页。
④ 道光《浒墅关志》卷1《建置沿革山水风俗》，第18页。
⑤ 金应征：《建养正塾记》，道光《浒墅关志》卷2《学校》，第34页。

均因龙华寺得名。其中渔庄乃是镇中另一处宗族聚居之所，居有凌氏、施氏，凌氏在动乱时习武安邦，局势安定后又转而从文，同时注重经济基础，擅于治田，负责催征钱粮，参与市镇发展。施氏在明清两代均以读书科举为务，族中子弟文采斐然，又能安贫乐道，颇得贤名。而东岸建筑较为杂乱，亦无规划，兴建在龙华寺周围也是出于其早经开发的目的。从各类建筑修建情况来看，西岸是浒墅镇的行政与教育中心，东岸是市民活动中心，双中心承担着市镇的不同职能，一直延续至民国。

不可否认，整个明清时期浒墅仍处于不断的变动与开发中，并随着人口增加和商贸需求不断新增公共建筑。然而家族聚居之地、寺庙、学校、祠堂大多以宋元建筑为坐标，兴建在其四周。这说明宋元时期的浒墅建筑分布十分零散，镇中有可再建之空间。久而久之，镇民便习惯向内发展，而非向外拓殖。西岸开发一直快于东岸，不能不说是受历史惯性之影响。商业往来在运河两岸稳步进行，并以横跨运河的桥梁为节点，形成鱼市、席市等。直至民国时期，浒墅镇大运河两岸的席店草行鳞次栉比，保持一镇两街、沿河分布的格局。然而，此时镇区整体面积并无扩大迹象，仍在宋元划定的范围内，故整个镇显得拥挤而热闹，"关之民比屋连甍，街衢闐噎，缧贿云屯，阛阓鳞次"，[①] 这也成为许多江南市镇的缩影。

四 结语

自 20 世纪初市镇研究兴起，关于唐宋代草市镇的探讨便已出现，成果也很丰富。现有成果似可分为如下几种类型。其一，草市镇起源、周期与交易、景观等的研究。[②] 其二，草市镇类型的研究，如分成生产型市镇、转运型市镇和消费型市镇三类。[③] 其三，从商品经济发展、农村城市化、城

---

① 文祥：《重修浒墅关志序》，道光《浒墅关志》卷首。
② 参见〔日〕加藤繁《关于唐宋的草市》《唐宋时代的草市及其发展》，《中国经济史考证》，第 303～336 页；〔日〕斯波义信《宋代江南的村市和庙市》，《宋代商业史研究》，台北：稻香出版社，1997，第 338～380 页。
③ 参见梁庚尧《南宋的市镇》，《宋代社会经济史论集》（下），第 37～63 页；吴锡标《南宋浙西地区市镇类型及人口规模探析》，《社会科学》2005 年第 4 期。

乡关系等角度展开论述，并从全国性或者区域性视角展开的定量研究。① 其四，个案研究。② 通而观之，在四种类型中个案研究相对较少。江南市镇的研究应在宏观和专题研究的同时，关注市镇发展的个案研究，并应尽可能地追溯市镇的早期历史，以突破明清市镇志的话语遮蔽，从而完整地把握江南市镇的长程发展脉络。③

本文以许市为例，探讨市镇发展的早期历史。宋元时期，该地见诸史料的名称有许市、浒市、浒墅，并和始皇刺虎、避讳等说相关联，使其早期历史陷入扑朔迷离的状态之中。通过梳理史料可知道，许市兴起于北宋，其得名应与许姓聚居有关。许市地区紧邻苏州城，位于大运河沿岸，具有地利之便。但唐时并无聚落出现，应与该地地势低洼、水患较多有关。入宋后，政府注重对两浙路水患治理，许市乘势兴起。并伴随巡检寨、酒库之设，许市得到广泛拓殖与开发。至元代，随着设立抽分竹木场对往来货物课税，浒墅升格为镇。尽管与其他江南市镇相比，许市发育较为缓慢并缺乏连续性，却受到庙宇、家族、巡检等综合因素的作用，且明清浒墅镇的发展也深受影响。

作者：蔡霁安，南开大学历史学院

（编辑：熊亚平）

---

① 参见傅宗文《宋代草市镇研究》，福建人民出版社，1989；吴业国《南宋两浙路的市镇发展》，《史林》2010 年第 1 期；周宝珠《试论草市在宋代城市经济发展中的作用》，《史学月刊》1998 年第 2 期；陈国灿《论宋代两浙路的城镇发展形态及其等级体系》，《浙江学刊》2001 年第 1 期。

② 目前所见的个案研究有叶美芬《从村落到市镇：南浔镇起源探微》，《浙江社会科学》2007 年第 6 期；江成志《唐宋时期草市到城镇研究——以雍江草市为例》，《城市探索》2011 年第 8 期；杨果《宋代的鄂州南草市——江汉平原市镇的个案分析》，《江汉论坛》1999 年第 12 期；林德张《宋元时期澉浦镇研究》，硕士学位论文，浙江师范大学，2011；王旭《新旧博弈：宋代新兴经济镇的崛起与外部竞争——以南浔、乌墩两镇为中心的考察》，《宋史研究论丛》2016 年第 2 期。

③ 参见吴滔《从"因市名镇"到"因寺成镇"：南翔镇"三大古刹"的布局与聚落历史》，《历史研究》2012 年第 1 期。

明嘉靖时期浙江府县"因倭筑城"研究[*]

芮赵凯

内容提要 明嘉靖时期，浙江各府县为应对倭寇入侵开展了广泛的城池兴筑活动，包括新筑城池及修缮旧有城池。这一时期的城池兴筑由以知县为主体的地方官员主导，为筹措筑城经费与人力，官员们采取了诸如征发赋税（包括核收匿税）与徭役、出卖公产、罪犯赎工等举措。此外，富民的支持同样起到了重要作用。城池的兴筑，使百姓得以安居，生命和财产安全得到保障，为抵抗倭寇侵略起到了重要的作用，领导筑城的官员因此广为百姓称颂。

关键词 嘉靖"大倭寇" 浙江 筑城

中国古代的城池具有多种功能，其中最重要的功能之一是军事防御。明代浙江地区共设立 11 府 76 县（含安吉州），终明一代未筑城池的县城计 15 县。^① 在据有城池的 61 县中，除临海、仙居、嵊县、龙游、江山 5 县外，^② 其余 56 县县城皆筑造于元末至嘉靖朝。其中，元末至嘉靖三十一年（1552）新筑城池 37 座，占比 60.7%。^③ 嘉靖三十一年至嘉靖四十二年

---

* 本文是教育部人文社科重点研究基地重大项目"明清时期的周边认知与多民族统一国家的建构——以东南海疆、东北边疆的统合为中心"（项目号：16JJD770008）的阶段性成果。

① 湖州府辖武康一县，处州府辖缙云、松阳、遂昌、龙泉、云和、宣平、景宁七县，严州府辖淳安、桐庐、寿昌、分水四县，金华府辖义乌、永康、武义三县。

② 临海县城始建于北宋庆历五年（1045），仙居县城建成于北宋宣和年间，嵊县县城建成于南宋庆元年间，龙游县城建成于隆庆二年（1568），江山县城建成于隆庆元年（1567）。

③ 杭州府辖钱塘、仁和、海宁、余杭、于潜、昌化六县，严州府辖嘉兴、秀水、海盐三县，湖州府辖乌程、归安、长兴、安吉、孝丰五县，绍兴府辖山阴、会稽、诸暨、余姚、上虞五县，宁波府辖鄞县、定海二县，台州府辖黄岩一县，金华府辖金华、兰溪、汤溪三县，衢州府辖西安、常山、开化三县，处州府辖丽水、庆元二县，温州府辖永嘉、瑞安、乐清、平阳、泰顺五县。

（1563）新筑城池 19 座，占比 31.1%；除新筑城池外，这一时期修缮旧有城池 25 座，占比 41%。新筑及修缮城池总数达到 44 座，占比高达 72.1%。① 短短的十二年，却成为明代浙江地区城池兴筑的绝对高峰时段。这一筑城高峰时段，恰与明代倭寇侵扰最为剧烈的时段相吻合。② 嘉靖三十一年四月，"漳、泉海贼勾引倭奴万余人，驾船千余艘，自浙江舟山、象山等处登岸，流劫台、温、宁、召间，攻陷城塞，杀虏居民无数"。③ 同年五月，"海寇攻浙江黄岩县，破之，留城中，纵掠七日乃去"。④ 自此开启了明代倭患的中期时段，史称嘉靖"大倭寇"。倭患猝然爆发，浙江地区因地理及经济原因首当其冲，正如谢杰所述，"夫浙东地形突出海中，固为贼所必犯；浙西虽涉里海，而豪华财帛之府，尤为贼所垂涎"。⑤ 其时，浙江地区尚有诸多县城未筑城池，而此前筑有城池的县城，也因承平日久多有坍圮，浙江人民因此饱受倭寇蹂躏之苦，正是"浙之嘉湖与直之江南诸郡，固泽国也，县多无城，府虽有城而弛斥不堪御寇。况承平日久，骤加倭警，非惟乡民奔窜不自保，凡城中居民亦无固志"。⑥ 为有效抵御倭寇入侵，浙江地区各府县开展了广泛的城池兴筑行动。笔者拟对这一时期浙江府县城池兴筑的领导力量、经费及人力来源、社会反响等内容展开研究，试图全面还原这一时期"因倭筑城"的历史细节，同时助力明代

---

① 新筑城池为：杭州府辖富阳、临安、新城三县，嘉兴府辖嘉善、崇德、桐乡、平湖四县，湖州府辖德清一县，绍兴府辖萧山、新昌二县，宁波府辖慈溪、奉化、象山三县，台州府辖天台、宁海、太平三县，金华府辖东阳、浦江二县，处州府辖青田一县。修缮城池为：杭州府辖钱塘、仁和、海宁、余杭四县，严州府辖建德一县，嘉兴府辖嘉兴、秀水、海盐三县，湖州府辖乌程、归安、长兴、安吉四县，绍兴府辖诸暨、余姚、嵊县三县，宁波府辖鄞县、定海二县，台州府辖黄岩、仙居二县，处州府辖丽水、庆元二县，温州府辖永嘉、瑞安、乐清、泰顺四县。

② 目前学术界对明代倭寇的分期倾向于"三期说"，以嘉靖三十一年倭寇攻陷浙江台州府黄岩县及隆庆开海作为两个历史节点，将明代倭寇分为前、中、后三期，前期为洪武、永乐朝倭寇，中期为嘉靖朝倭寇，后期为万历朝"壬辰倭乱"。参见吴大昕《朝鲜己亥东征与明朝望海埚之役——15 世纪初东亚秩序形成期的"明朝征日"因素》，《外国问题研究》2017 年第 1 期。

③ 《明世宗实录》卷 384，嘉靖三十一年四月丙子条，台北：中研院历史语言研究所，1962，第 6789 页。

④ 《明世宗实录》卷 385，嘉靖三十一年五月戊申条，第 6800 页。

⑤ 谢杰：《虔台倭纂·倭议》，《北京图书馆古籍珍本丛刊》第 10 册，书目文献出版社，1990，第 283 页。

⑥ 严从简：《殊域周咨录》卷 3《日本国》，华文书局，1968，第 148～149 页。

筑城史的整体性研究。①

一 城池兴筑的领导力量

城池的兴筑是国之大事，筑城所需经费、人力极为庞大，这就决定了筑城行动的领导者必须在本区域内具备相当的物资与人员调配能力。古代中国，在县域内占有绝对资源调配权力的，自然要数知县这一群体。根据浙江地区地方志史料的爬梳情况，嘉靖"大倭寇"期间兴筑的 35 座县级城池（除去省城杭州及诸府府城所在附郭县），其中 31 座城池的兴筑以知县为主要领导者。当然，虽然主要的领导者是知县，但是一座县级城池的兴筑，也不可避免地需要履行国家行政制度设定，进而将更多的高级官员纳入县级城池兴筑的领导力量中来。简而言之，这一时段内城池兴筑活动的发起大致分为两种情况：一种是直接由督抚等高级官员下令知县筑城；另一种是由知县申议筑城，随后上报至藩、臬二司乃至督抚处获得许可后开始筑城。

第一种情况如巡抚王忬在任时，檄命乐清、平湖、崇德诸县筑城。嘉靖三十一年，因"倭大入黄岩以无城故"，于是巡抚王忬与温州府知府龚秉德命令乐清知县杨铨筑城。② 嘉靖三十二年（1553），王忬与巡按御史赵炳然檄命嘉兴府知府刘悫与署平湖知县殷廷兰动工修筑平湖县城。③ 嘉靖三十四年（1555），因倭寇入犯，时任崇德知县蔡本端"奉督抚王忬檄，

---

① 目前学界有关明代筑城史的研究主要有：冯贤亮的《城市重建及其防护体系的构成——十六世纪倭乱在江南的影响》（《中国历史地理论丛》2002 年第 1 期）、黄敬斌的《利益与安全：明代江南的筑城与修城活动》（《史林》2011 年第 3 期）、李菁的《明代南直隶建城运动之探讨》（辑录于王贵祥主编《中国建筑史论汇刊》第 8 辑，中国建筑工业出版社，2013），探讨了明代南直隶城池兴筑问题；徐泓的《明代福建的筑城运动》（《暨南大学学报》1999 年第 1 期）、程龙吟的《明朝晋江的筑城防倭》（《历史档案》2014 年第 4 期），探讨了明代福建城池兴筑问题；徐泓的《从"军七民三"到"军三民七"和"官三民七"：明代广东的筑城运动》（《中国地方志》2018 年第 1 期）、黎俊明的《明代中期广东的动乱与筑城运动》（《社会科学论坛》2016 年第 3 期），探讨了明代广东城池兴筑问题。有关明代浙江筑城问题，尚无专门探讨。
② 光绪《乐清县志》卷 3《城池》，《中国方志丛书·华中地方》第 477 号，台北：成文出版社，1983，第 602 页。
③ 光绪《平湖县志》卷 3《城池》，《中国方志丛书·华中地方》第 189 号，台北：成文出版社，1975，第 331 页。

度地甃筑"。① 又如巡抚阮鹗在任时，檄命长兴县筑城。阮鹗"先以提学临县校士，知吾邑不可无城"，于是"令郡守李公敏德速完其事"，恰逢"新令黄君宸甫至，毅然任之"。② 除巡抚外，总督、巡视重臣亦有檄命筑城的情况。如慈溪县城池的兴筑，始于县城为倭寇所侵，"前后两入，积骸如山，流血绛路，纵火焚民舍，几咸阳烈焰，邑空焉"，于是"世宗震怒，命兵部侍郎、副都御史胡宗宪为总督，工部尚书赵文华特简视师，所在驱除"。"二公俱弭节于慈，文华喟然叹曰：'令邑有外卫如女墙，贼遂能□而入耶？城工一劳永逸，当亟为亡羊补牢计'"。③ 面对城破后百姓惨遭屠戮的惨状，总督胡宗宪及巡视侍郎赵文华议决筑城以兹防卫，慈溪县由此开始筑城。

第二种情况如新昌县。嘉靖三十一年，知县万鹏鉴于"倭夷猖獗，民无守计"，审时度势后倡议筑城。之后，万鹏向巡抚胡宗宪与巡按御史赵孔昭申请筑城。"胡公持其议未下，咨于赵公，赵公曰：'新昌濒海，盗起而无城，是弃民也，宜亟下其议。'"④ 值得注意的是，因筑城需要大量的民力支援，所以知县在向上级申议筑城之前，会首先征得民众的同意。如宁海县因无城遭受倭寇袭击，居民四散奔逃。在倭寇撤退之后，知县林大梁拊循逃民，并劝民筑城："夫生历有阶，御戎无策，曩者所恃以为安者，今无赖矣，无已其城乎？夫城之为役固巨，然与其委积聚以资寇，孰与并汗血以自守，且吾诚不欲靳一时财力而不为吾民建万世长策也。"在获得百姓认同之后，林大梁方才"请于抚、按、藩、臬，咸以可报"。⑤ 浦江县令许河到任后，亦首先"集父老询利病"，随后"具由申达，自总督、抚、

① 万历《嘉兴府志》卷2《城池》，《中国方志丛书·华中地方》第505号，台北：成文出版社，1983，第89页。
② 嘉庆《长兴县志》卷2《城池》，《中国方志丛书·华中地方》第601号，台北：成文出版社，1983，第145页。
③ 光绪《慈溪县志》卷2《建置一》，《中国方志丛书·华中地方》第213号，台北：成文出版社，1975，第55页。
④ 万历《新昌县志》卷1《城池》，《天一阁藏明代方志选刊》第19册，上海古籍出版社，1964，第3页。
⑤ 崇祯《宁海县志》卷10《艺文志》，《中国方志丛书·华中地方》第503号，台北：成文出版社，1983，第718~719页。

按暨守、巡罔不俞"。①

除以上两种情况外，余姚县江南城的兴筑由余姚籍在朝官员吕本上疏题请。据徐阶记载："邑人少保大学士南渠吕公闻而叹曰：'今兵兴尚未已，江南脱不保，县城能独完乎？余姚不完，即上虞、山阴不足恃，而上崩之势成矣。今若益城江南，卫弦诵之宫，守常平之粟，岂惟姚民攸赖，将全浙实屏蔽之。'"遂"请于朝，天子可之"，于是"下诏益城余姚县南，而总督都御史胡公宗宪实典领其事"。② 吕本基于倭寇在江南肆虐的态势，认为余姚难以独善其身，而余姚一旦城破，上虞、山阴二县也将失去屏障，造成全浙震动，因此奏请加筑余姚江南城，以增强防御。

在筑城行动推进中，知县如能正直廉洁、事必躬亲，合理地分配筑城任务，则会推动筑城行动的进程。如嘉靖三十四年，知县范永龄筑新城县城池："侯下车三载，羡余赎锾毫无私入，且民有贫弱惜如婴儿，富室豪强法不少贷，故恩义深结于民，而佚道之使宜其令，从而事有终也。"③ 嘉靖三十五年（1556），知县万鹏修筑新昌县城池时，"复日夕巡行，壶浆慰劳，程其工拙，不少僭逾，故百度值规，庶工输巧……费廉而工倍，万侯真苦心哉"。然而，万鹏也因透支心力，"竟以劳瘁"。④ 个别城池的兴筑甚至以多任主持官员的牺牲为代价。仙居县城池的兴筑由知县姚本崇发起，但是"版筑未就而岛夷突来，并故所存者，焚无孑遗，姚以戍去"。随后，由台州府同知毛德京继续主持兴筑，因"戎事未寝，督责伤急，所筑新土未固，辄经霾潦，半为倾圮，于是德京复论罢矣"。此后，由台州府推官萧文清最终推动筑成。⑤ 知县姚本崇筑城未就而遭到倭寇袭击，以致去职戍边；府同知毛德京追赶筑城进度，导致所筑城池

---

① 光绪《浦江县志》卷4《城池》，《中国地方志集成·浙江府县志辑》第54册，上海书店出版社，1993，第127页。
② 光绪《余姚县志》卷3《城池》，《中国方志丛书·华中地方》第500号，台北：成文出版社，1983，第106页。
③ 万历《杭州府志》卷33《城池》，《中国方志丛书·华中地方》第524号，台北：成文出版社，1983，第2504页。
④ 万历《新昌县志》卷1《城池》，《天一阁藏明代方志选刊》第19册，第5页。
⑤ 光绪《仙居志》卷6《城池》，《中国方志丛书·华中地方》第203号，台北：成文出版社，1975，第338~339页。

不甚坚固，遇雨坍圮，同样导致其去职。从仙居县筑城历程可知，在倭寇频繁入侵的当口，既要保证筑城的速度，又要保证所筑城池的质量，实为不易。知县作为主要的领导群体，在筑城行动中所承受的压力不言而喻。

虽然县级城池的兴筑以知县作为主要领导者，但是如此浩大的工程推动展开，仅仅依靠知县一人监督实行，必然力不从心。于是县丞、主簿、县尉、典史等佐贰官以及耆老、富民阶层亦参与到城池兴筑的监督领导工作中，此种记载也多见诸史料。象山县城的修筑有赖于县丞、主簿、县尉三职的辅助，"邑丞华君仑、薄刘君守仁、尉区君昇赞其始，丞林君希契、簿王君溥儒、尉林君章成其终"。① 诸暨县城的修筑得益于耆老与富民的积极参与，"董其事者乡之耆老与其十递年，总而督之则富民袁旅、寿泰、骆东阳、蔡烈、吴大贤、何相、何元德、蒋巍、楼守道、陈天麟、俞拱、寿九万、赵晓、黄道中、王元梓、陈鹤年也"。②

除知县作为兴筑城池的主要领导者以外，仍有 4 座县级城池的兴筑由非知县的地方官员主导，其中有府级佐贰官，也有县级佐贰官。第一种情况有慈溪、德清、仙居三县。慈溪县的修筑，由宁波府同知侯国治推动：

> 于时，少府见洲侯公视篆定海，廉明节爱，刚毅正直，非特慈之士民仰之，当道者亦孚信之矣。梅林胡公偕甬江公驻跸于慈，慨伤残之已极，惧纷扰之奚堪。即日檄公舍定来慈，总理慈事，兼督城垣。公亦毅然就道，至则革供应，止告讦，招流移，轻徭薄赋，平狱缓刑，吊死问孤，有古鲁中牟之风。至于刱沟洫，物土方，计徒庸，虑财用，因仲秋以顺天时，因高卑以察地利，因虚实以和人心，有古段凉州之识。不三四月而停云削壁，截然告成。③

倭寇攻破慈溪县城，屠戮甚重，知县因之去职。胡宗宪及赵文华驻跸慈溪，目睹劫后惨状，檄命府同知侯国治总理慈溪县政务，并督造城池。德清县因县令改任，而委托湖州府推官方敏署理县事，推动筑城，"巡抚

① 嘉靖《宁波府志》卷9《城隍》，早稻田大学图书馆藏版，第21页。
② 乾隆《诸暨县志》卷1《城池》，《中国方志丛书·华中地方》第598号，台北：成文出版社，1983，第119页。
③ 光绪《慈溪县志》卷2《建置一》，《中国方志丛书·华中地方》第213号，第56页。

都御史王公以德清为省之门户，首当其冲，而旧城撤为海塘，略无可恃，邑令刘君又以改任去，因以筑城事专委节推方公，乃揣度地势当为城址者若干丈，计量工作木石之费若干"。① 仙居县城池如前文所述，由台州府推官萧文清最终完成修筑。第二种情况为青田县，其城池的兴筑由县丞熊缨主导。先是，嘉靖三十四年，倭寇寇略至青田县界，"耆父士夫相与谋曰：'不一劳者不永逸，吾邑建城之役势不容已，况青为栝咽喉，青能守，则左顾无忧矣'"，随后"白少尹熊公缨"，熊缨遂"移文当道，会详从允"，然而"时县令李公应朝始莅，止有难色"，最终"熊侯暨诸绅耆力言诸令，强而后可"。② 时任县令李应朝刚刚赴任，对于筑城一事犹豫不决。在熊缨及乡绅群体的力劝之下，方才同意筑城。

县级城池之外，省城所在地杭州及各府府城（这一时期修筑的府城有严州府、嘉兴府、湖州府、宁波府、处州府、温州府）则多直接由抚按重臣等檄命知府或由知府向抚按重臣申议获得许可后兴筑。如省城杭州的修缮先后由三任巡抚、一任提学副使直接推动实施：嘉靖三十三年（1554），"巡抚都御史李天宠清负城马路之侵没者"；三十四年二月，"提学副使阮鹗增筑钱塘门月城"；八月，"督抚都御史胡宗宪令于北关外登云桥筑东西敌楼二座"；三十五年四月，"巡抚都御史阮鹗令于白塔岭、兵马司、银杏树、月塘寺各筑敌楼一座"。③ 嘉兴府府城的修缮先后由巡抚胡宗宪檄命知府刘悫、巡按御史周斯盛檄命知府侯东莱进行。嘉靖三十四年，"巡抚胡宗宪、佥事王询、侍郎赵文华议建敌楼，觇贼扼要。而知府刘悫、知县张烈文董其成焉"。④ 三十九年，"侍御周公际严奉天子命，来按全浙，行部周览曰：'城弗修，犹亡城也，是未可遽谓之安。'檄知府侯君东莱使兴筑之"。⑤ 宁波府府城的兴筑则先由前任知府丘玭"上其事巡按侍御胡公宗宪

① 同治《湖州府志》卷17《城池》，《中国方志丛书·华中地方》第54号，台北：成文出版社，1970，第352页。

② 雍正《处州府志》卷17《艺文志》，《中国方志丛书·华中地方》第604号，台北：成文出版社，1983，第2232页。

③ 万历《杭州府志》卷33《城池》，《中国方志丛书·华中地方》第524号，第2482~2484页。

④ 崇祯《嘉兴县志》卷2《城池》，《日本藏中国罕见地方志丛刊》，书目文献出版社，1991，第77页。

⑤ 崇祯《嘉兴县志》卷2《城池》，《日本藏中国罕见地方志丛刊》，第74页。

暨诸藩、臬司，咸檄命出公帑以资其费"，在其调任以后，由继任知府张正和接续完成。①

二 城池兴筑的经费与人力来源

因嘉靖"大倭寇"，东南沿海兵事十余年未止。倭寇肆虐，战乱连绵，直接给财政带来至少四方面的恶劣影响。其一，倭寇频繁侵袭，抢劫财物，焚烧屋舍，百姓数代积蓄毁于一旦，直接经济损失惨重。其二，倭寇手段残忍，杀伤平民无数，直接导致了劳动力数量的减少。与此同时，卫所兵尺籍尽耗，基层政府为组织防御广泛募练乡兵，也导致劳动力数量的减少。其三，为避倭祸，百姓逃亡，流离失所，正常的农事活动被打乱，农耕不兴，百姓衣食无依。其四，明廷从湖广、四川、山东等地大量征调客兵，加上频繁作战派发赏功银两，导致军饷耗费倍增，公帑不足，只能向百姓加派，于是税赋陡增，于百姓而言更是雪上加霜。此外，根据何朝晖的研究，"在明代的县级财政中，并没有用于公共工程建设的固定预算，县级政府需要临机权宜筹措资金、人力、物力，完成公共工程的建设"。②因此，对城池兴筑的领导者而言，最重要的问题便是在公帑不足的情况下，如何尽量多的筹措到筑城所需的经费及人力、物力。就这一时段的城池兴筑情况而言，主要的来源渠道有公帑、征收赋税（含核收匿税）及徭役、赎青费、出卖公产、富民捐助、罪犯赎工等项。当然，一座城池的兴筑，其经费及人力来源一般不会单一，可能兼有多种渠道。

新城县知县范永龄在修筑城池时，其经费主要由核收匿税、赎青费以及富民捐助组成，"君乃检民欺牒，得匿税之亩四百五十，侵公之地五十亩九分，旁措赎青之金二千六百七十，风动巨室愿以资助者二千四百八十有奇，总得若干千缗，毅然兴事"。③县令施尧臣在修筑萧山县城池时，其经费及人力由公帑、徭役签派、富民捐助组成，"邑该递年一千四百名人，各分工一丈二尺。料价出于官，人给银二十五两三钱，工食令其自办，以有余补不足，约每工费银六两，其工食之费颇繁，则择城中之殷实者任

① 嘉靖《宁波府志》卷9《城隍》，第2~3页。
② 何朝晖：《明代县政研究》，北京大学出版社，2006，第171页。
③ 万历《杭州府志》卷33《城池》，《中国方志丛书·华中地方》第524号，第2502页。

99

之，以其得享有城之利故也"。① 知县林富春在修筑诸暨县城池时，其经费来源于出卖公产所得，"嘉靖三十四年冬请筑城于监司，时公帑告虚，民力勿竞，请卖官沁湖以益之，议曰'可'"。② 嘉兴府通判邓迁在修筑嘉善县城池时，其经费及人力来源于田税及徭役的金派，"是役也，用徒万人，金取人户七百四十余名，分督工役……各项费银三万五千八百五十六两九钱二分四厘六毫，中二万出公帑，余取之丁田，其帮贴之费不与焉，为雉二千六百六十四，所以配里额也"。③ 知府侯东莱奉巡按御史周斯盛命令修筑嘉兴府府城时，为体恤民力，主要依靠公帑与罪犯赎工。首先"条公帑之羡，得白金以镪，计几千几百有奇"，其后周斯盛下令"往者邮系三罪人，予察之有冤状，其赎三罪人，以襄城事"，于是侯东莱"乃按行隐度，委帑缗于三人，使具诸费而躬为之，量工程，日以考其成焉"。④

值得注意的是，官员在筑城时普遍注意爱惜民力，筑城时于民产有所侵占的，亦多会进行补偿。前者如新昌县城池修筑时，区别贫富，将富民的财力与贫民的人力互补，"时公帑靡羡金，督抚以军兴莫能佐，必敛民间财乃可，而饶瘠不相假也。侯乃视其户赋为重轻，饶者输财，贫者输力，各听其便"。⑤ 慈溪县城池修筑时，同样注意保护贫弱及罹祸者，"有司恪其籍，士民产稍裕者任其役，凡伤于兵者、罹于燹者弗役，得四百六十家。木石水陆兼输，杵声昼夜不息"。⑥ 后者如嘉善县城池修筑时，以粮食补偿所占民地，"县丞董邦宁、主簿魏世鳌公占地三百五十三亩，包补名粮一百二十七石七斗"。⑦ 萧山县城池修筑时，以银两补偿占毁民田，"城河三丈，连城共占毁过民田十丈四尺，照亩给价，该地一百五十亩，共给过价银六百八十两"。⑧

---

① 康熙《萧山县志》卷3《城池志》，《中国方志丛书·华中地方》第597号，台北：成文出版社，1983，第96页。
② 乾隆《诸暨县志》卷1《城池》，《中国方志丛书·华中地方》第598号，第119页。
③ 光绪《嘉善县志》卷2《城池》，《中国方志丛书·华中地方》第59号，台北：成文出版社，1970，第55页。
④ 崇祯《嘉兴县志》卷2《城池》，《日本藏中国罕见地方志丛刊》，第74页。
⑤ 万历《新昌县志》卷1《城池》，《天一阁藏明代方志选刊》第19册，第4页。
⑥ 光绪《慈溪县志》卷2《建置一》，《中国方志丛书·华中地方》第213号，第55页。
⑦ 光绪《嘉善县志》卷2《城池》，《中国方志丛书·华中地方》第59号，第55页。
⑧ 康熙《萧山县志》卷3《城池志》，《中国方志丛书·华中地方》第597号，第96页。

三　城池兴筑的社会反响

因倭寇入侵、战事不已给浙江百姓带来的收入影响，前文已有简述。除此之外，因承平已久，部分县城的民众低估倭寇的规模及破坏力，故而地方官员在决议筑城之前，往往会有反对之声，部分县城可能还相当强烈。这部分反对之声的平息大致有三种情况：其一，官员采取倡导说服或者暴力手段压服反对民众；其二，在县城遭到倭寇杀戮劫掠后民众主动拥护筑城；其三，民众在城池修筑完成后得以成功抵御倭寇入侵时改口叹服。

第一种情况如嘉善县与新昌县。嘉善县因"久袭承平，民不知警"，故民众"闻大役而不乐者有之"，即便知府刘悫筑城的意志坚决，甚至境内"黠寇再入，烽火同遭"，然而"恶劳靳费者犹横议嚣然"，最后由府通判邓迁"以大义导之"，终于"邑之民乃踊跃从事，乐观厥成"。[①]新昌县令万鹏在兴筑城池时"毅然身任其事"，虽然针对"民蔑肯应者"，采取"置其魁于狱"的措施，但是"众议尚汹汹"。光禄寺卿吕光洵为万鹏"请于督抚大夫暨台使者"，决定"遣按察官一人严檄驰谕"，方得"群嚣始定"。[②]嘉善县虽两度遭受倭寇入境侵犯，但依旧有介意筑城耗费人力财力的反对言论，府通判邓迁采取以大义感化的方法，方得以推动筑城。新昌县县令万鹏在将反对筑城者的头目抓捕入狱后，仍需时任光禄寺卿的新昌籍官员吕光洵向督抚与按察使申请，通过委派按察司官员进行宣谕的方式相助，使舆情趋于稳定，筑城工作才得以顺利开展。

第二、第三种情况的典型如慈溪县。嘉靖三十一年，"岛夷犯台海，因敕沿海郡邑缮城备寇。时方怡然燕幕，难与虑始，或哗曰：'无疾而呼，单财消工，何为者？'事遂停缓"。然而到了嘉靖三十五年四月，"倭奴自东埠入，谍报至闾巷，且嬉笑怒骂之，或登楼西望，见夷旌旆如绘带，纷纷若蚁，自山岭而东。惊皇告语，间已报杀入市尘矣。前后

---

①　光绪《嘉善县志》卷2《城池》，《中国方志丛书·华中地方》第59号，第55页。
②　万历《新昌县志》卷1《城池》，《天一阁藏明代方志选刊》第19册，第4页。

两入，积骼如山，流血绛路，纵火焚民舍，几咸阳烈焰，邑空焉"。而在慈溪县城兴筑之后，嘉靖三十八年（1559）四月，"贼复自东徂，西城中戒严，砺锋橐炮，清野以待，公复遣材官健卒与民协守，贼闻远去，不敢逼微城，庸讵知其祸不复丙辰"。于是"邪慈之黄口垂白，衿珮鹑衣，莫不举手加额，感泣颂叹圣天子覆焘之德，公及赵公保障之功，且图为公立祠"。①"大倭寇"爆发之初，当道让沿海郡县筑城的命令因民众反对而暂缓，直至倭寇即将进入县境侵略之时，民众仍不以为意，结果蒙受了沉重的生命及财产损失。当胡宗宪与赵文华檄命建城后，倭寇再度入犯之时，百姓有所倚靠，生命及财产得以保全，因此对筑城者感恩戴德，准备以建立生祠作为报答。浦江县亦是这种情况，城池修筑完毕后，"各从其方，启闭有时，出入有节。邑居既壮，人情大安，民初称不便者咸乐厥成"。②

此外，前文所述官员在筑城时体恤贫民的举措，同样能够起到抚慰民众、平息反对之声的作用。正如黄敬斌所言，"地方政府在筑城大工中，指导思想普遍是让经济负担落在富民和城居得益者的身上。这也是为了能既顺利兴工，又足以安抚反对者，不至于在舆论上承受过大的压力"。③

事实上，根据相关方志的记载，城池兴筑之后皆起到了抵御寇暴、保全居民的作用，筑城者也因之为人称颂。平湖县在城池修筑后遭倭寇大部队侵袭，但是因城池坚固，倭寇遂放弃攻城，"城既成，贼未洞其坚瑕也，聚骁锐数千掩薄城下，我乃闭门乘城，捍以矢石。环视仰睨，愤咬指曰：'城如是，虽百万其能克乎？'遂跟踉而走，平湖之民盖自是得喘息矣"。④嵊县则是在城池修筑过程中即遭倭寇侵袭，而即使只是部分完工，知县率众抵抗时也有所凭借，并成功击退倭寇："迨城工未毕，止二板，倭寇又自台流嵊，侯日夜督民兵分城哨守，倭寇用是遁逃。夫城工虽未完，而有险可据，侯故得以祕力警守而保完亿计生灵。向使侯不早计而亟图是役，

① 光绪《慈溪县志》卷2《建置一》，《中国方志丛书·华中地方》第213号，第55页。
② 光绪《浦江县志》卷4《城池》，《中国地方志集成·浙江府县志辑》第54册，第127页。
③ 黄敬斌：《利益与安全：明代江南的筑城与修城活动》，《史林》2011年第3期，第7页。
④ 光绪《平湖县志》卷3《城池》，《中国方志丛书·华中地方》第189号，第332~333页。

则两番寇至，时嵊能免于黄严、天台之难否也？"[1]

四 结语

从筑城领导力量上看，这一时期筑城全部经由地方官员领导实施。其中，县级城池兴筑的主要领导者是知县这一群体，他们有可能受督抚等官员的檄命兴筑，也有可能自行向督抚等官员申议，在获得许可后方才兴筑。知县个人素质高，为官勤勉，会对城池的修筑产生相当的推动作用。此外，县丞、主簿、县尉、耆老、富民等群体也为知县分担了许多工程监督工作。当然，其他地方官员，例如府同知、府推官也可能被委任作为县级城池的修筑负责人。省城杭州府城及各府府城的兴筑主体与县级城池有较大区别，基本上由督抚直接檄命知府展开。

从筑城经费与人力来源来看，倭寇肆虐，导致公帑无存，民众贫弱。为使城池兴筑顺利完成，地方官员通过征发赋税（包括核查匿税）与徭役、变卖公产等手段多方筹措经费与人力，富民的资金捐助也起到了相当重要的作用。值得注意的是，虽然经费筹措百般艰难，但是地方官员仍不忘维护百姓利益，因筑城占毁的民众田地，皆以粮食或银两进行补偿。

从筑城这一行为带来的社会舆论来看，御倭作战持续多年，民众负担沉重，加上部分民众在初期对倭寇破坏力的轻判，导致官员在提议筑城之初，民众的反对之声强烈。这些反对意见或通过地方官员以大义疏导，或民众亲历无城导致的兵燹之厄后主动拥护，或在筑城完毕之后遇倭安堵方才得以平息。当然，就时人的记述来看，民众几乎皆因筑城后得以避祸而称颂领导筑城的官员。

总而言之，嘉靖时期浙江府县的筑城活动集中于"大倭寇"肆虐的十余年间，呈现鲜明的"因倭筑城"特点。这一时期城池兴筑主要目的在于抵御倭寇，保卫民众的生命及财产安全。城池兴筑是地方大事，一座城池的兴筑，至少需要以下几方面的合力：首先，需要得到上至中央下至浙江

---

[1] 乾隆《绍兴府志》卷7《城池》，《中国方志丛书·华中地方》第221号，台北：成文出版社，1975，第207～208页。

督抚重臣的许可方能开始兴筑；其次，需要府县长官作为城池兴筑的主要领导者，统筹安排好筑城所需钱粮、人工；再次，需要府县佐贰官及乡绅群体监督、推进筑城工作的各个环节；最后，需要大量民众直接参与城池的建造。这样一场"因倭筑城"运动的开展，实是政府与民间合力，为保卫百姓生命及财产安全而积极开展的"自救运动"。

作者：芮赵凯，盐城工学院人文社会科学学院

（编辑：熊亚平）

清代山东沿海贸易重心变迁
与城市发展述论*

李　尹

内容提要　清代海禁开放后，随着沿海地区的不断开发、社会经济的持续发展，山东沿海贸易日益兴起。本文以清代档案、旧海关档案为基础史料，系统考察清代山东沿海贸易重心的变迁过程。有清一代，山东沿海贸易的重心经历了从胶州至烟台，再从烟台至青岛的变化过程。沿海贸易重心的转变，与腹地范围、贸易政策、港口条件、交通运输等方面的变化有关。贸易重心的演变推动了沿海城市的发展。

关键词　沿海贸易　胶州　烟台　青岛

山东是中国北方重要的沿海省份，有着长达 3000 余千米的海岸线。有清一代，随着沿海地区的不断开发、社会经济的持续发展，山东沿海贸易日益兴起。据档案记载，仅至乾隆年间，山东州县从事沿海贸易的海口便达 17 处。① 近年已有学者关注到清代山东沿海贸易的多方面情况，② 但对

＊　本文为山东省社科规划项目"明清以来山东沿海地区商业会馆碑刻整理与研究"（项目编号：22CLSJ09）的阶段性成果。

①　《山东布政使包括奏陈海口船规编征原委事》，乾隆七年九月初一日，中国第一历史档案馆藏，档案号：04 - 01 - 35 - 0313 - 043。

②　如许檀《清代前中期的沿海贸易与山东半岛经济的发展》，《中国社会经济史研究》1998 年第 2 期；张利民等《近代环渤海地区经济与社会研究》，天津社会科学院出版社，2003；刘素芬《烟台贸易研究（1867 ~ 1919）》，台北：台湾商务印书馆，1990；张彩霞《海上山东——山东沿海地区的早期现代化历程》，江西高校出版社，2004；赵树廷《清代山东对外贸易研究》，博士学位论文，山东大学，2006；李尹《清代北洋贸易的发展变化（1644 ~ 1911）》，《中国经济史研究》2020 年第 2 期；等等。

山东沿海贸易重心变化的探讨仍显不足。本文尝试在清代档案、旧海关档案等资料的基础上，对清代山东沿海贸易重心的变迁过程做系统考察。纵观清代，山东沿海贸易的重心经历了从胶州至烟台，再从烟台至青岛的变迁过程。沿海贸易重心变迁又相应地推动了沿海城市的发展。以下分别予以论述。

一　清前期沿海贸易与胶州的发展

胶州位于山东半岛南岸，隶属莱州府，是清代前期山东沿海最重要的商业城镇。胶州在唐代为密州板桥镇，北宋时置有板桥市舶司，与朝鲜、日本等开展海外贸易，唐宋时期是北方最重要的外贸港口之一。明代实行海禁，沿海贸易受到严重限制。不过，嘉靖以后海禁松弛，沿海贸易开始恢复，胶州与江淮间商船往来日益密切。道光《胶州志》记载："（胶州）城东三里即海潮往来之地，南至灵山卫百五十余里，俱可泊船……商贾自淮南来者俱取道于此，民食所赖以济。"① 同治《即墨县志》载："（隆庆六年）议行海运，胶之民以腌腊米豆往博淮之货，而淮之商亦以其货往易胶之腌腊米豆。"② 同治十年（1871）《重整旧规》碑记载："自前明许公奏青岛、女姑等口准行海运，于是百物鳞集，千艘云屯。南北之货既通，农商之利益普。"③ 清人谢占壬也曾言，明代后期"江南海船多至胶州贸易"。④ 只不过，这一时期的贸易皆为近海短程小规模贸易，"转运米豆南北互济，犹不过轻舟沿岸赍粮百石而止，连樯大艘未尝至也"。⑤

康熙年间开放海禁。而早在海禁全面解除的康熙十八年（1679）、十九年（1680），清政府便已开放了山东沿海至黄淮等处的短途贸易并定例收税。时至康熙后期，胶州的贸易范围大幅扩展。康熙五十六年（1717），

---

① 道光《胶州志》卷22《官师》，台北：成文出版社，1976，第849页。
② 同治《即墨县志》卷10《艺文志》，台北：成文出版社，1976，第992页。
③ 青岛市博物馆等编《德国侵占胶州湾史料选编（1897～1898）》，山东人民出版社，1987，第26页。
④ 谢占壬：《古今海运异宜》，《清经世文编》卷48，第1155页。
⑤ 道光《胶州志》卷1《海疆图序》，第106页。

有当地人记载："三江两浙八闽之商，咸以其货艀浮船泛而来，居集乎东
关之市廛"，"牙佣贩负资货为利者"则将南货转贩他处，或汇集本地货品
转售南船，"往来络绎，熙熙然南门之外"。① 福建商人"由厦门开船，顺
风十余日即可至天津，上而关东，下而胶州……来往岁以为常"。② 其后，
胶州沿海贸易进一步发展。雍正时期，有闽浙商船"各领有本县照票，常
往胶州贸易"，并且他们与胶州当地牙商"熟识已久"。③ 日本学者松浦章
所搜集的清代漂难船资料案例中，明载有不少船只是以胶州为贸易目的地
或出发地。例如，康熙三十二年（1693），江南商人程乾顺的商船在驶往
胶州时漂至济州；康熙六十年（1721），山东文登商人徐海亮往来于刘河
口与胶州的船只漂至大静；乾隆四十九年（1784），广东澄海商人陈绵顺
的商船在往来胶州时漂至朝鲜。④ 嘉道以后，相关记录数量更多。

　　胶州沿海贸易的发展在税收上也有深刻反映。康熙年间，沿海贸易形
成规模，山东沿海诸口船税定额为786两余。⑤ 进入雍正时期，"胶州、莱
阳、昌邑、利津、日照、蓬莱等六处船货稍多，委员监收，逐年收数比前
大增"。雍正四年（1726），山东修改税额，其中胶州每年税额为7540
两。⑥ 时至乾隆四十一年（1776），山东沿海各口征收船税银达到10793
两。⑦ 从税收额的变化，可见雍正乾隆时期胶州贸易发展速度之快。

　　豆货为胶州沿海贸易的主要输出品。早在明代，大豆便通过胶州港口
输往江南各地。且胶州产大豆为明代公认优质豆品。明代商书《三台万用
正宗》载："胶州之鹅黄、海白、海青，干净精神，可谓上品。"⑧ 进入清
代，山东大豆持续输往江南地区，甚至在海禁较为严格时期亦然。康熙年

---

① 道光《胶州志》卷39《金石》，第1503页。
② 蓝鼎元：《漕粮兼资海运疏》，《清经世文编》卷48，第1153页。
③ 《江南松江提督总兵官柏之蕃奏报查察停泊山东洋面两只商船情由折》，《雍正朝汉文朱批
　奏折汇编》第14册，江苏古籍出版社，1991，第130页。
④ 〔日〕松浦章：《李朝时代にぉける漂着中国船の一资料》，《关西大学东西学术研究所纪
　要》第15辑，1982，第55页。
⑤ 雍正《山东通志》卷12《田赋》，广陵古籍刻印社，1986，第52页。
⑥ 《山东巡抚包括奏陈海口船规编征原委事折》，乾隆七年九月初一日，中国第一历史档案
　馆藏，档案号：04-01-35-0313-043。
⑦ 宣统《山东通志》卷83《杂税》，华文书局，1969，第2593页。
⑧ 《三台万用正宗》卷21《黄黑豆》，转引自许檀《明清时期山东商品经济的发展》，中国
　社会科学出版社，1998，第194页。

间，山东豆货特例允许由海道运往江南。雍正末年，山东巡抚岳濬的奏折中提到："东省登州、莱州、青州、沂州等府所属县卫滨海之处，距内河甚远，必由海道前抵江南。各海口私贩米谷出洋久经严禁，惟东省青白二豆，不在禁例。"① 乾隆初年户部尚书海望亦称："登、莱、青等府地处极东，滨海环山，不通外贩，兼之土多砂碛，民间种植青白二豆居多，向听商贩出口，由海运赴江南粜卖。"② 可以说，在清前中期东北大豆贸易兴起之前，山东豆货深深影响着南方尤其是江南地区的生产生活。山东大豆成为江海关进口的主要北方货物。乾隆二年（1737），山东歉收，其冬季禁止豆货出境的行政举措，直接导致江海关次年"正月至六月进口豆船比二年首、次二季少五百余号"，③ 并大幅影响税银征额。乾隆十四年（1749），江苏巡抚上奏称："江南海关向征豆税，每年约收银二万八九千两。内沿海各口及京口过载豆货不及三分之一，而刘河所收山东豆货实居三分之二，历有档案可考。"④ 据许檀教授研究，乾隆年间每年输入江海关的山东豆货应有四五十万石之多。⑤ 这些大豆虽并非胶州一口输出，但胶州所占比例甚大。

沿海贸易的活跃推动了胶州城镇的发展。道光《胶州志》载："胶县自数百年来，久为山东省之重要商港。南来货物先是取道于元代所辟之运河以达于胶之少海，与内地最重要之商场曰潍县者相联络。厥后运河淤废，始完全改由海道，由塔埠头卸载货物，转移于东西北各地，一时商贾辐辏，帆樯云集。"随着商业贸易的发展，胶州城市逐渐繁荣。明初所建的胶州城城周仅4里，城内居民仅200余户。随着明中后期商业的发展。⑥ 清代以后，随着沿海贸易的重新兴起，胶州城关外逐渐发展为繁荣的商业

① 《山东巡抚岳濬奏报备筹稽查海口豆船事宜折》，《雍正朝汉文朱批奏折汇编》第26册，第808页。
② 《户部尚书海望奏为遵议将山东巡抚法敏奏请将沿海地方各样粮石贩运江南接济民食一折事》，乾隆三年九月三十日，中国第一历史档案馆藏，档案号：04-01-01-0031-015。
③ 《苏州巡抚陈大受奏报江海关盈余银两短少缘由事折》，乾隆八年正月初六日，中国第一历史档案馆藏，档案号：04-01-35-0314-021。
④ 《署理江苏巡抚雅尔哈善奏为山东豆船来江苏贸易请循旧例流通事折》，乾隆十四年五月二十九日，中国第一历史档案馆藏，档案号：04-01-35-0324-006。
⑤ 许檀：《明清时期山东商品经济的发展》，第140页。
⑥ 道光《胶州志》卷22《官师》，第850页。

区。至清中叶，商业区的面积已十倍于原胶州城。^① 活跃的沿海贸易为其赢得了"金胶州"的美誉。^②

二 清中期沿海贸易与烟台的兴起

清代中期，位于山东半岛北岸的烟台日渐兴起。烟台为登州府福山县属地，其港湾滩浅沙平，易于沙船停靠，是元明清时期南北海上交通的必经之地。早先并无"烟台"的称谓，民国《福山县志稿》载，"明为海防，设奇山所驻防军。东通宁海卫，西由福山中前所以达登州卫"，防军"设墩台狼烟以资警备"，^③ 因此而有烟台之称。相较于半岛南岸的胶州，烟台的发展相对较晚。乾隆以后，随着北洋贸易的规模日益扩大，各省商帮逐渐到此开展贸易。

咸丰九年（1859），山东巡抚文煜协助郭嵩焘筹办厘局，整理了当年山东沿海州县税收情况，如表1所示。由于是年山东尚无港口开埠，故该表格实际展现了清前中期沿海贸易发展百余年后，山东沿海城镇的税收分布格局。

表1 咸丰九年山东沿海州县上缴税额及占比

单位：两，%

府	州县	上缴税额	占比
登州府	福山县	12123.596	28.67
	蓬莱县	1503.108	3.56
	黄 县	2011.485	4.76
	荣成县	2004.219	4.74
	文登县	904.23	2.14
	海阳县	402.44	0.95
	宁海州	304.31	0.72

① 《郭嵩焘日记》第1卷，湖南人民出版社，1981，第267页。
② 民国《胶志》卷52《民社》，台北：成文出版社，1968，第2353页。
③ 民国《福山县志稿》卷5《商埠志》，台北：成文出版社，1968，第709页。

续表

府	州县	上缴税额	占比
莱州府	掖 县	3602.23	8.52
	胶 州	6071.469	14.36
	即墨县	8736.552	20.66
青州府	诸城县	502.69	1.19
武定府	利津县	2018.04	4.77
	海丰县	2025.3735	4.79
沂州府	日照县	71.028	0.17
总　计		42280.7705	100

资料来源：据交通部烟台港务管理局编《近代山东沿海通商口岸贸易统计资料（1859～1949）》（对外贸易教育出版社，1986）第235页附表1改制。

从表1可以看出，开埠以前，山东沿海的税收主要来自登、莱二府，两府所属州县的税收占全省沿海税收的90%左右。福山县、即墨县以及胶州为山东沿海税收较高的州县，其中又尤以福山县为最。福山1859年的税收达到12000余两，占全省沿海税收总额的28%以上，取代了清前期的胶州成为山东税收最多的沿海口岸。郭嵩焘在当年的奏报中也称："烟台为南北之冲，海船经过收泊较多于他处，故此一口为较盛。"①

烟台税收在清代中叶大幅增长，主要原因有二。其一，海运贸易的发展直接推动了税收的变化。《福山县志稿》载："（烟台）其始不过一渔寮耳。渐而帆船有停泊者，其入口不过粮石，出口不过盐鱼而已。时商号仅三二十家。"道光六年（1826）以后，清政府施行漕粮海运，烟台成为江南漕粮转输津京的必经孔道。有地方官员奏曰："南船北来，每因北洋风劲浪大，沙洲弯曲，时有搁浅触礁之患，非熟谙北路海线舵手不敢轻进，往往驶至烟台收口，另雇熟悉北洋小船，将货物分装搭载，拨至天津"。②咸丰年间，运河淤塞，原由运河北上的南方漕粮悉数改由海运北上，"自

---

① 郭嵩焘：《查明海口税务情形并遵旨酌设厘局折》，转引自丁抒明主编《烟台港史》，人民交通出版社，1988，第22页。

② 《山东巡抚崇恩奏为查明本省登莱青三府海口纳税抽厘商力不支事折》，咸丰九年六月二十八日，中国第一历史档案馆藏，档案号：03－4398－021。

是遂以海运为常"。① 乾隆以后，随着东北农业发展，清政府开放豆禁，各省船只在东北装载大豆等货后，南行时必得经登州放洋。由此，抵烟的海船数量进一步增长。晚清时期英国领事的报告也可侧面印证，"近三十年来，它和渤海湾的其他几个港口一起，成为欧洲与中国商品的巨大贸易中心"。② 其二，与府城蓬莱港口的淤塞也有密切关系。时至清中后期，登州府城蓬莱的港口条件每况愈下。"（蓬莱）水城天桥闸口为商船出入门户，每日久沙淤，未至者不得入，既至者不得出，或停泊大洋，致遭风浪漂没"，即使"历示商船带沙外运"，也"淤塞依然"。时至咸丰九年（1859），登州府城的港口已淤塞到需募捐雇工"每年春、秋大挑二次"，并"遇有淤浅处所随时大挑"，平时还得"雇夫零挑"的境地。③ 因此，登州的港口由府城蓬莱转移至该府条件更好的烟台则成为必然。清代中期沿海贸易的积累以及良好的港口条件，使烟台在第二次鸦片战争后被选择为山东省首个开埠通商口岸。同治元年（1862），清政府设东海关于烟台。

烟台开埠以后，其贸易规模继续不断扩大。据统计，同治二年（1863），烟台进出口贸易额为 390 万余两，次年则达到 627 万余两。此后进出口贸易规模不断上涨，光绪五年（1879）突破 1000 万两。十余年之后，光绪二十二年（1896）进一步突破 2000 万两，光绪二十九年（1903）超过 4000 万两，三十一年（1905）进出口贸易规模达到其在清代的顶峰 4435 万余两。之后，烟台的进出口贸易才有所衰退。我们将开埠后烟台历年进出口贸易总额整理成表 2，并生成趋势图（见图 1）。从图表中可以清楚地看出烟台开埠后至清末近 50 年的变化趋势。

这一时期烟台进口货物，洋货以棉布、棉纱、鸦片、金属、煤油等为大宗，土货则有糖、纸等。尤其是棉布等纺织品，长期占到烟台进口货值的 30% 以上。鸦片在开埠后的十余年也是重要进口商品，进口值占到两成甚至三成以上，光绪七年（1881）以后，进口值比重骤然下降。出口方面，开埠早期仍以传统沿海贸易中的农副产品尤其是豆货为主。开埠最初十年，出口豆货货值约占烟台出口货值的一半。19 世纪 70 年代以后，由

---

① 《清史稿》卷 127，中华书局，1998，第 3788 页。
② 《1865 年烟台贸易报告》，转引自丁抒明主编《烟台港史》，第 22 页。
③ 《咸丰九年登州天桥闸口捐廉挑沙记》，许檀编《清代河南、山东等省商人会馆碑刻资料选辑》，天津古籍出版社，2013，第 374 页。

表 2　1863～1911 年烟台进出口贸易总额统计

单位：芝罘两（1874 年及以前），海关两（1875 年及以后）

年份	贸易总额	年份	贸易总额	年份	贸易总额
1863	3905376	1880	10292317	1897	22857277
1864	6270299	1881	9794362	1898	27326886
1865	7183030	1882	9341308	1899	29696819
1866	8987479	1883	9507221	1900	28006979
1867	6598479	1884	10169267	1901	39940933
1868	9071164	1885	10688722	1902	38488961
1869	8549120	1886	11843015	1903	41953951
1870	8443542	1887	12752388	1904	40644643
1871	9188739	1888	12052152	1905	44352585
1872	9666309	1889	12871937	1906	40459655
1873	7723689	1890	13105538	1907	33208497
1874	8234213	1891	13016269	1908	34851743
1875	8228682	1892	13499471	1909	44319824
1876	6920033	1893	13436065	1910	36328933
1877	6454952	1894	15347853	1911	36075757
1878	9743389	1895	18180183		
1879	11530566	1896	20010550		

　　资料来源：依据《烟台进出口贸易额综合统计》，《近代山东沿海通商口岸贸易统计资料（1859～1849）》，第 4～7 页改制。

图 1　1863～1911 年烟台进出口贸易总额

于腹地其他土货出口的增加，豆货出口比重日益下降，随着东北以及江南豆业的崛起，烟台的豆货生意大受影响。时至19世纪80年代，随着贸易的不断深入和本地手工业的发展，出口货物范围逐渐扩大到手工业品等领域。草帽缏、茧绸及丝为晚清开埠中后期最受瞩目的出口土货。例如，同治五年（1866）烟台出口的草帽缏、茧绸和丝的出口额分别仅为1450担、648担和83担；光绪四年（1878）这三项的出口额分别增长至27823担、2435担和1803担；到了光绪十三年（1887），这三项的出口额进一步增至65696担、2829担和10809担。①

　　沿海贸易同样推动了烟台城市的发展。开埠前，烟台便已"帆船渐多，逮道光之末，则商号已千余家矣。维时帆船有广帮、潮帮、建帮、宁波帮、关里帮、锦帮之目"。② 开埠后，烟台"各路巨商云集，顿添行铺数百家"，③ 商业规模不断扩大。作为山东唯一开埠的沿海口岸，当时"烟台商务，西可由陆以过济之西，北可由帆船而达于金、复、安、东诸处，号称极盛"。④ 据统计，仅在光绪二十七年（1901），烟台的商店油坊已有1780家，从业人员超过13000人；客栈310家，从业人员1100人；有外国洋行26家，并在之后继续增长。⑤ 在商业贸易规模不断扩大的同时，烟台的近代工业也随之发展。一些纺织、食品、船舶修造等行业企业兴起。其中影响最大的当数张裕酿酒公司，由爱国华侨张振勋于光绪十八年（1892）创办。这家体系完整、一度为远东最大的葡萄酒公司，于国计民生有相当裨益。烟台城市的发展，也反映在城市人口规模的变化上。依照《海关十年报告》的统计，同治十一年（1872）烟台人口为2.7万人，光绪五年（1879）达到3.5万人，其后人口发展有所起伏，至光绪二十九年（1903）增至7万人，并在五年之后达到10万人之数。晚清烟台城市的繁荣透过海运旅客的往来数量也可见一斑。依据海关史料中的统计，从光绪二十六年（1900）至宣统三年（1911），除了个别特殊年份，烟台每年通

① 《近代山东沿海通商口岸贸易统计资料（1859~1949）》，第137页。
② 民国《福山县志稿》卷5《商埠志》，第709页。
③ 《郭嵩焘日记》第1卷，第254页。
④ 民国《福山县志稿》卷5《商埠志》，第709页。
⑤ "Decennial Reports, 1892-1901, Chefoo"，茅家琦等主编《中国旧海关史料》（153），京华出版社，2001，第46页。

过海运往来旅客均在 20 万人次以上，甚至不少年份旅客达到 30 余万人次。

经过清中叶特别是开埠后数十年的发展，晚清时期的烟台已发展成为山东最为重要的具有近代意义的沿海城市。然而，随着山东半岛南岸青岛的开埠与崛起，烟台在山东沿海城市中的地位开始受到挑战。

三　清末开埠通商与青岛的崛起

时至清末，青岛在较短的时间里迅速崛起。光绪二十三年（1897），德国借口"巨野教案"强占胶州湾，并迫使清政府于次年三月签订了《胶澳租借条约》。德占胶澳租借地的市区被称为青岛。光绪二十四年（1898）九月，德国宣布在青岛实行自由港制度。光绪二十五年（1899）七月胶海关正式设立，并聘用德国人充任税务司办理海关税收事宜。由此，青岛开埠并成为山东省的第二个通商口岸。

青岛开埠以后，山东沿海开放口岸由原来烟台一口变为烟、青两口。开埠后的青岛贸易发展迅速。表 3 为开埠后至清终青岛历年进出口贸易额统计。

表 3　1899~1911 年青岛进出口贸易额统计

单位：海关两

年份	洋货进口额	土货进口额	土货出口额	贸易总额
1899	219531	1110398	882577	2212506
1900	630517	2233092	1104574	3968183
1901	3430187	2564325	2761870	8756382
1902	5845729	2261104	2269392	10376225
1903	8452668	2826837	3332044	14611549
1904	8746768	3890359	6249071	18886198
1905	10830947	4295579	7225258	22351784
1906	17014885	5238052	8470914	30723851
1907	16609545	3813750	8478325	28898620
1908	15980141	4076247	12033307	32089695
1909	19600119	5914181	14736629	40250929
1910	20887297	5691699	17171415	43750411
1911	21139956	5827021	19853669	46820646

资料来源：据《近代山东沿海通商口岸贸易统计资料（1859~1949）》第 11 页改制。

可以看到，开埠后无论是洋货进口还是土货出口，青岛港的贸易总额均呈稳步增长之势；土货进口额虽然在光绪三十二年后有所反复，但总体而言呈上升势头。开埠之初的光绪二十五年，青岛口岸进出口贸易总额为221万余两，但仅仅九年之后（1908），贸易总额便达到3208万余两，增长了13.5倍。是年（1908）青岛贸易净额为3165万余两[1]，这一数字占全省贸易净额的53%，一举超过烟台的2798万余两成为山东省内贸易净额最高的港口。[2] 我们再将光绪二十四年至宣统三年山东口岸税收情况变化制成表4，也可以更直观地感受到青岛在开埠后的发展。

表4 1898～1911年山东口岸税收情况变化

单位：海关两,%

年份	烟台	占比	青岛	占比	总额
1898	566582	100	—	0	566582
1899	681692	95.4	32637	4.6	714329
1900	556862	90.3	59482	9.7	616344
1901	764999	87.7	107414	12.3	872413
1902	815849	80.9	192918	19.1	1008767
1903	802086	72.1	310461	27.9	1112547
1904	731201	62.8	432456	37.2	1163657
1905	871607	61.5	545150	38.5	1416757
1906	818322	48.7	863430	51.3	1681752
1907	633243	40.4	934623	59.6	1567866
1908	644914	41.0	926716	59.0	1571630
1909	748338	40.0	1120243	60.0	1868581
1910	651265	34.5	1238394	65.5	1889659
1911	595914	32.3	1251001	67.7	1846915

资料来源：据《近代山东沿海通商口岸贸易统计资料（1859～1949）》第18～19页改制。

青岛海关税收超越烟台甚至早于贸易额。通过税收数据可以看到，开埠仅8年，青岛口岸的税收额便于光绪三十二年（1906）超过开埠已数十

---

[1] 贸易净额＝贸易总额－复出口额。

[2] 《近代山东沿海通商口岸贸易统计资料（1859～1949）》，第15页。

年之久的烟台口岸，成为山东省内税收额最大的港口城市，并在其后进一步拉大了与烟台的差距。与全国海关税收比较，宣统三年青岛的海关税收次于上海、天津、广州、汉口、汕头及大连，在彼时中国所有条约口岸中已排至第七位。①

青岛之所以会在如此短暂的时间里迅速崛起，原因主要有以下两方面。第一，德国占领当局实行自由贸易港制度。在自由港制度下，国内外货物可自由进出该港，租借地内的土货也可自由出口，且经青岛转口的贸易还能享受税收优惠。这一政策优势，促进了青岛商业贸易的迅速发展。第二，近代交通运输系统的建成和使用。随着青岛大小港的修筑，尤其是光绪三十年（1904）胶济铁路的建成，广大山东腹地的人员、货物均可源源不断地输往青岛。"山东的各种水果及蔬菜以及胡桃、豆类、豆油、麻、烟草、毛皮、牲畜均以增长的数量经铁路运往青岛，再由该处经海上输出"，② 而国内外其他商品也经青岛装卸再以铁路输入山东内地。不仅青岛的腹地范围大幅扩展，交通运输效率也得到极大提高，货物运输的成本大幅降低。青岛因此一跃成为山东第一乃至北方重要大港。

开埠后，青岛城市发展迅速。产业方面，德国在占领期间，兴办了一批造船、棉纺、食品和机械等近代企业，创办了一批教育、医疗、媒体等社会机构。例如光绪二十六年，德国投资 300 余万马克，兴建四方铁路工场，用以承担胶济铁路车辆的装配修理；光绪二十九年，德英商人在青岛合资兴办酿酒公司，是中国最早的啤酒企业。光绪二十六年，兴中会成员朱淇在青岛创建了山东最早的民营报刊《胶州报》；宣统元年（1909），德国与中国合办的高等学校德华特别高等专门学堂落成。据统计，至民国初年，德占当局在青岛兴办的中小学计 30 余所，有力地推动了青岛城市的近代化。光绪二十六年，德国胶澳当局开始制定青岛城市建设规划，规划区域位于青岛的平坦地段，分为内外两界，内界为青岛，外界为李村，面积共约 20 平方公里。在内界区域规划布置了行政公署、住宅、商业区等建筑，并区分了欧人区与华人区。大小港一带为海港工业区。李村的 200 余村庄也被划分为数个小区。以 1900 年的规划为开始，青岛的城市建设全面

---

① 《胶海关十年报告（1901～1911）》，《帝国主义与胶海关》，档案出版社，1986，第 113 页。
② 〔德〕单维廉：《德领胶州湾（青岛）之地政资料》，周龙章译，台北：台湾地政研究所，1980，第 37 页。

展开。时至宣统二年（1910），德国当局又制定《青岛市区扩张规划》，以适应城市发展需要。按照新的规划，青岛市区规划面积达到 80 平方公里，比十年前扩大 4 倍。新规划填海建设新港口、仓库及物资集散区，还将市区沿海岸线向北、向西扩展，将台东镇经青岛至台西镇连成一片，青岛逐渐形成规模更大的带状市区。

这一期间青岛人口规模也不断扩大。胶海关报告称，"成千上万的劳动者从山东各地聚集青岛"。① 光绪二十三年开埠之前，胶澳地区人口为8.3 万人，至光绪二十八年，人口数量便上升至 9.8 万人，至宣统二年，其人口数量进一步增长至 16.2 万人，② 远超同一时期的烟台。并且由于青岛工商业的发展，其市区人口中产业工人数量比例相当大。由于开埠较晚，清末青岛的旅客往来流量尚不是很大，但有其特点。我们以宣统三年为例，将其旅客往来情况统计如表 5 所示。

从表 5 可以看到，该年有 2 万余人次的旅客往来青岛。除了与同属北方海域其他城市来往外，有相当数量的中国人从青岛去往海参崴。大量的欧洲人在这一年往来于青岛与欧洲之间，可以料想这些欧洲旅客当以德国人为最多。

表 5　1911 年青岛旅客往来统计

单位：人次

	往		来	
	外国人	中国人	外国人	中国人
上海	927	2227	1041	3069
烟台、天津	311	1269	338	1255
大连	205	609	283	1863
营口	9	1145	3	1148
安东	—	—	—	202
广州	—	—	—	12
香港	1	—	2	18
日本	179	6	186	74

---

① 《胶海关十年报告（1892~1901）》，《帝国主义与胶海关》，第 62 页。
② 《胶澳志》卷 1《民社志》，台北：成文出版社，1968，第 1 页。

续表

	往		来	
	外国人	中国人	外国人	中国人
海参崴	45	2469	22	828
欧洲	2788	—	2863	75
马尼拉	—	—	2	—
总计	4465	7725	4740	8544

资料来源："Kiaochow Trade Statistics"（1911），茅家琦等主编《中国旧海关史料》（55）。

　　胶澳被德国侵占后，尤其是宣统二年以后，青岛被德国当局作为"模范殖民地"进行建设，随着城市的不断发展，青岛日益成为"远东重要和繁荣的商业中心"。相应地，青岛在山东沿海的地位也很快超越烟台，不仅成为山东新的沿海贸易重心，更在不久后成为山东省最大的港口城市。

四　结语

　　纵观整个清代，山东沿海贸易重心经历了从胶州至烟台，再从烟台至青岛的变迁过程。接续明代中后期的发展，胶州是清前期最大的山东港口城镇，沿海贸易一度为其赢得了"金胶州"的美誉。乾隆以后，随着北洋贸易规模的日益扩大，各省商帮逐渐聚至烟台开展贸易。至道光末年，烟台发展成为一个"商号千余家"的港口城镇。烟台的兴起，与北方海运贸易的发展变化及府城蓬莱港的淤塞有密切关系。道咸年间，烟台取代胶州成为山东最重要的沿海贸易港口，并在第二次鸦片战争后被选择为山东省首个开埠通商口岸。此后直至清末最后数年，烟台一直为山东沿海商业贸易重心所在。光绪二十四年，青岛正式开埠。开埠后的青岛发展迅速，尤其是大小港修筑和胶济铁路建成后，其港口吞吐能力大幅提升，腹地范围大幅扩展。由此，青岛很快取代烟台，成为山东新的沿海贸易重心和最大港口城市。

作者：李尹，中国海洋大学中国社会史研究所、
中国海洋大学海洋发展研究院

（编辑：熊亚平）

20世纪二三十年代关于北平城市
发展选择的讨论[*]

李建国

内容提要 1928年6月,北平特别市设立。相比于之前,北平的经济受到多方面的影响。各界人士为此纷纷奔走,争相计划,以期尽快改变北平的局面。当时有人提议可以利用北平的矿产资源及特色商业,把北平发展为工商区;也有人提议可凭借北平的名胜古迹,吸引外地游客,把北平发展为游览区;还有人提议可凭借北平丰富的教育文化资源,把北平打造成文化中心。这诸多围绕北平的讨论意见,有些在之后的建设中得以实现,有些仅止于讨论。

关键词 北平 工商区 游览区 教育优势

1928年6月,北平特别市设立。北平的发展此前在方方面面都受到不小冲击,处处表现出一幅颓败的景象。要想接续往日的繁荣,便不得不多方计划。那些关心北平局势的有识之士,便开始关注北平发展可凭借的其他资源。北平有丰富的煤矿资源及特色商业,这是把北平发展为工商区的资源优势;北平有久远的历史,并留下了丰富的历史遗存,这是将北平建设成游览区的有利资源;北平有许多知名的大学及科研机构,利用这些丰富的教育文化资源,可以把北平发展为文化中心。随着时间的推移,关心北平发展的人士愈来愈多,他们从不同角度为北平的发展建言献策,以使

---

* 本文系教育部人文社会科学研究西部和边疆地区(青年基金项目)"北平'文化城'的营造研究(1928~1937)"(21XJC770003)、陕西省教育厅一般专项科研计划项目"二次北伐背景下各界对北京城市发展路径的讨论与启示"(21JK0145)阶段性研究成果。

北平能尽快繁荣起来。目前学界对20世纪二三十年代前后北平发展出路的讨论，以概括论述为主，[①] 在对发展计划的具体讨论方面，尚有进一步探讨的空间。本文立足于基础史料，以尝试更深入地论述这一时期各界人士对发展北平的多样性讨论。

一 发展北平为工商区的提议

经济发展对北平的繁荣至关重要。1929年，北平特别市繁荣设计委员会委员曾彝进就北平的经济情形详做分析后，建议把北平发展为北方的工商区，并指出北平在工业发展方面所具有的优势："北平地势，负山面海。因山之利，则有门头沟、房山、斋堂之煤，龙烟之铁，昌平、顺义之金铜锰。因海之利，则有津沽之鱼盐、渤海之轮舶。矿产既如此丰盈，交通又极称便利，天以大利惠我北平，而北平市民却未知领受，亦可慨矣。"[②] 丰富的物产资源，是北平发展为工商区的前提条件。但北平工商区要进一步发展，还需要一些特色产业及其他方面的优势。对此，国民政府立法委员吴铁城认为："北平的手工业从前发达，类中如虬角、景泰蓝、儿童玩具、靴帽、药品、铜铁用器，那一件不是北平的最好。工业既然发达，失业问题固然迎刃而解，北平的繁荣亦在意中。"[③] 北平旧有的手工艺声名远扬，北平市政府若积极着手，便可成为北平工商区发展的一大特色。对于北平的优势资源，国民政府教育部常务次长钱昌照也补充道："言及交通，干路有北宁、平汉、晋绥诸线……言及工业，基本工业有西山之煤、宣化龙

[①] 相关研究有：张武《整理北平市计划书》，作者发行，1928；朱清华《繁荣北平计划草案》，出版社不详，1931；北平市工务局编《北平市都市计划设计资料》第1集，北平市工务局，1947；朱辉《建设北平意见书》，《北京档案史料》1989年第3期；朱辉《建设北平意见书（续）》，《北京档案史料》1989年第4期；王煦、李在全《二十世纪二、三十年代北京民间市政建设和计划》，《北京档案史料》2008年第3期；王亚男《1900～1949年北京的城市规划与建设研究》，东南大学出版社，2008；王煦《国民政府"繁荣北平"活动初探（1928～1931）》，《民国研究》2012年第1期；季剑青《20世纪30年代北平"文化城"的历史建构》，陶东风、周宪主编《文化研究》第14辑，社会科学文献出版社，2013；王谦《北平文化旅游中心建设与故都城市空间生产（1928～1937）》，张复合、刘亦师主编《中国近代建筑研究与保护》（10），清华大学出版社，2016。

[②] 曾彝进：《奠都南京后北平之繁荣策（一）》，《顺天时报》1928年8月12日，第7版。

[③] 吴铁城：《繁荣北平的我见》，《华北日报》1930年1月31日，第2版。

烟之铁……此外如景泰蓝、琉璃瓦等手工业，如提倡发展，亦有补于人民生计。再如铜器，各地虽亦同样生产，但其制造则不若平市之精美，稍加改良，亦可解决北平人民之生活。平市有如此良好之经济基础，故衰落实为暂时现象，将来定可收经济上最大之效果。"① 回看曾彝进、吴铁城、钱昌照的论述，就北平工商区的发展而言，北平一地不但有丰富的物产资源，同时也有悠久的传统手工艺，还有便捷的铁路交通，可谓具备充足的发展条件。

随着对北平工商区发展的持续讨论，更多人参与其中，并提出更具体的计划。对于北平能否发展为工商区，国民政府委员李石曾认为，北平"原有之手工品，实有保存提倡之必要"。② 北平的手工艺要得到"保存提倡"，则需要北平市政府的积极扶持。对此，北平特别市兼护市长王韬便谈道："便利水陆交通，酌减通过各税，提倡家庭工艺，使本市恢复从前之各项工业。本市工业属诸家庭手工业者甚多，如地毯、雕漆、皮革的，此后宜十二分提倡。并一面由国家酌减通过捐税，与外货同等待遇，使其外展。陆路交通线，本属完备，转瞬当如原状，水路则应恢复平津通航，以图便捷。"③ 王韬强调了交通和捐税对北平手工业发展的影响。此外，平津卫戍司令于学忠对北平的繁荣也有所关注，并就北平手工艺的发展提出建议："北平市民人工工艺发达，如花儿市一带住户之制花者，虽称小工艺，其多销售至东北、河北及南方各地。类似此项之工艺，推而广之，使北平四城多设此项小工厂。"④ 于学忠提到的繁荣北平应注重手工艺，大概是指地毯、景泰蓝之类。事实上，当时北平的地毯工厂，"大半都搬到天津去了。因为地毯是出口货，这几年捐税重重，由北平运到天津，就得先纳两道税，故此商人为减轻这两道税起见，就搬到天津。景泰蓝工厂，前年经有人劝诱发生工潮后，似乎倒闭不少，而且出品也销不多"。⑤

对于发展传统手工艺一项，河北省政府委员严智怡提倡应多做奖励，

---

① 《周大文昨宣誓就职，钱昌照监誓，李、张致词均以繁荣北平相期许》，《益世报》1931年7月7日，第2版。
② 《以最经济方法充分发展北平文化》，《中央日报》1930年12月26日，第3张第2版。
③ 《繁荣北平计划》，《益世报》1930年11月1日，第2版。
④ 《繁荣北平所设小工厂提倡人工制品》，《京报》1930年11月30日，第6版。
⑤ 《北平手工业如何》，《京报》1930年11月30日，第6版。

"如各家特制之药品，精巧工匠尚不乏人，企业宜及是时设立工厂制造改良。指导整理文化委员会，负发展工艺之使命，宜择优奖励，以鼓舞之。改良者，官府予以专利；创办者，银行贷以资金。税率务必其轻，运费务从其省。复于首都及各省会、各商埠招商售卖，予以特别利益，应于奖励工艺之中，兼收繁荣平市之效，洵属一举而两得也"。① 严氏从机构设置、专利保护、金融支持、税率减免、扩大招商等几个方面为振兴北平传统手工艺支着。据当时的报刊资料反映，北平市政府虽有奖励手工业的举措，奖励标准也不低，但奖励数量少。对于北平的这些本地特色工艺，也有人提议应设法宣传，"将纸花、绢花、儿童玩物、雕刻品、绘画品、景泰蓝、铜器、驼骨品、药品、便帽、靴鞋、绦缏、糕点、鞭炮、烟火、染品、塑像等等分类陈列，以事展览，备购贩者之访问，同时零售批发，广为推销"。② 有了这些对传统手工艺的奖励措施，便可以调动起手工艺者的工作热情。同时，对于北平手工艺的宣传，也可以扩大北平传统手工艺的外界影响。

为了发展北平的工商业，北平社会局积极着手，设立工商访问处，为工商信息的传递提供方便。进而又提出设置平民工厂的建议："暂就现有警察区域，促令分区设立，每区至少须设工厂或习艺工厂一处，并规定以纺织、印刷、木器、料器、玩具、金属制造等科为主要科目，俾资倡导，而期普及。"③ 对于平民工厂一事，北平特别市政府极为重视，派工务局局长华南圭、社会局局长赵正平为北平平民工厂的筹备员，令其积极进行平民工厂筹备事宜。对于设置工厂一事，王凤元建议："工厂之设，约有两种，一供无业游民日间作工之需，一则专供一般妇孺及苦同学夜间工作之需。……至一切有损人民健康，及观瞻所系之人力车、乞丐各色人等，亦宜罗致之于工厂内，使之成为生产上之重要分子，以满足其衣食之要求。而北平工业亦必从此蒸蒸日上。"④ 可见，北平市政府也开始积极谋划发展北平工商业的策略，并着手落实相应的举措。

除了北平市政界人士的建言献策外，北平市总商会也极为关心北平工

① 《救济北平办法》，《益世报》1931年9月3日，第4版。
② 白敦庸：《北平市生存大计（续）》，《大公报》1930年11月5日，第4版。
③ 《繁荣北平社会局之二设施》，《益世报》1929年2月16日，第2版。
④ 王凤元：《北平市政刍言》，《大公报》1929年7月13日，第13版。

商区的发展。北平市总商会的高伦堂、冷家骥、杨以俭等人向行政院呈请利用庚款打造北平工商区，并向国民政府呈请："今拟将北平创造贵工业区域……如金类、手工、雕漆、景泰蓝、地毯、玩具、丝绣、织染、烧瓷、刻书、细木作等，皆有良好之成绩。只要妥筹相当之款，分类实施，应增加者增加，应扩充者扩充，应改良者改良……如能拨款充作贵工厂基金，以为贵工业区域，凡有贵工业材料之运到北平，及北平贵工业品之输出，一律免税，十年或二十年，基础固，实力充，此后补报于国家者，正无量也。"① 对北平工商区的发展，北平商界人士还是侧重于发展北平的传统手工艺，并希望能得到政府资金的扶持及税收的豁免。

对于发展北平为工商区一事，学界也有参与。东北大学吴贯因教授在北平学术演讲会上讲演《繁荣北平问题中之北平经济化之方策》，建议应辟北平为商埠："今之中国，无论何地，欲使其产业发达，莫速于辟为中外通商之区。今日全国发达最迅速之商埠，南则有上海，北则有哈尔滨。试问百年以前之上海，除本省人外，全国知有其名者，能有几人？四十年前之哈尔滨，除本地人外，全国知有其名者，又能得几人？而今之上海、哈尔滨，其势炎炎，一日千里，谁不知之，谁不羡之。此两地者，既非京城亦非省城。"② 虽然北平人士还有寄希望于北平再成为国都、省会，但北平若要真正得到发展，必须有发达的产业、雄厚的经济。白陈群进而指出：发展北平，非开放为商埠不可，"或疑北平非轮船所能达到，不宜于辟作商埠……北平至天津，只需三点钟之火车即有出海之路，开放为商埠，何不宜之有"；"或疑辟作商埠，将需巨额之经费，不知北平之开放，初无需此……故现在所急需者，只求中央政府下一纸开放命令而已"；"或疑辟作商埠，恐外人将要求领事裁判权，则于我国国权不无妨碍……而自庚子以至今日，未闻外人之要求领事裁判权"；"或谓欲开放北平，须减免出入税收，外省人及外国人，始乐于投资，以经营商工业"。③ 在吴贯因、白陈群的论述中，可看出要发展北平，应先把北平开辟为商埠，而且北平也具备发展为商埠的基本条件。

在将北平发展为工商区一事上，不但有政治界，还有商界以及学界的

① 《荒凉旧都何以繁荣》，《益世报》1930 年 11 月 27 日，第 2 版。
② 《北平应辟作商埠》，《益世报》1931 年 2 月 27 日，第 2 版。
③ 《北平应辟作商埠（续）》，《益世报》1931 年 2 月 28 日，第 4 版。

诸多讨论。其中围绕北平所具有的经济区位优势及产业发展类别，各自陈言，可谓计划详备。不过，北平变为特别市后，北平的诸多方面已大不如从前。如果想要这诸多发展提议得以实行，不但要有中央政府的大力扶持，拨付相应的发展经费，还应在税收方面有所豁免。回看当时的北平，一者经济凋敝，另外政治派系势力更替频繁，这便无法为北平工商区的发展提供有利条件。所以，对于发展北平为工商区的计划，其中更多是围绕北平传统手工艺而展开，而且也是讨论居多，实施较少。

二　关于建设北平游览区的计划

北平虽然有丰富的矿产资源及特色商业，但在很长的一段时间里，都是以政治中心的身份而存在，城市的发展多依靠政治、文化资源而展开。成为特别市后，要以建立工商区的方式使北平繁荣，不免困难重重。在围绕工商区的发展方面，虽然有很好的计划，但大都难于落实。而北平作为数百年的都城，名胜古迹遍布城内各处，可以凭借这些丰富的文化遗迹，招揽游客，发展为游览区。

北平成为特别市后，国民政府内政部就曾提议："造成北平为东方文化游览之中心，开放故宫、三海、颐和园、东西陵及各坛庙，联络水陆旅行，俾追踪瑞士及西湖等成例，以维持北平市面。"[1] 也有其他人士相继发表北平游览区建设计划，1930 年春节期间，吴铁城在北平广播电台演讲时提出可将北平发展为世界游览中心，并提出了具体发展策略："北平有四千多年的历史……假如我们能像日人经营别府一样，把古迹整理整理，把事事物物都翻成外国的文字，到处宣传，引起外国人来游的兴趣。"[2] 王韬也认为："修缮保存一切古建筑，改善城郊各道路，使本市造成东亚之游览中心。北平古迹遗留独富，吾人善为维护，必能招徕游侣。从前市府曾有具体计划，惜未进行，此后宜再精密筹定，分途实施办法，共底于成。"[3] 吴铁城、王韬的建议，都侧重于对北平文物古迹的整理，以吸引各地游人前来观赏。

---

[1] 《北平繁荣计划》，《中央日报》1928 年 10 月 19 日，第 1 张第 3 版。
[2] 《繁荣北平的我见》，《华北日报》1930 年 1 月 31 日，第 2 版。
[3] 《繁荣北平计划》，《益世报》1930 年 11 月 1 日，第 2 版。

也有人指出，"北平建筑雄伟古朴，最能代表中国。若能以文字图版广事宣传，设招待机关善为照料，则欧美日本人士之远道来游客，行将踵趾相接。吾人甚望北平市政府注意及此，将来对内对外，均可于经济利益之外，获得精神效果，而其所以维持北平者，又不失为简洁办法也。"① 因而可知，旅游业要发展，对旅游资源的宣传也不可或缺。其后，万国扶轮会更是呈请北平市政府，应利用北平丰富的旅游名胜资源把北平建设为东方旅游区："北平有此天然及人为之美，若周为布置，欧美人士来游者，定必增多，游费一项，收入亦属不赀，市面亦可借此稍有生气，坐视不图，未免可惜。"② 鉴于此，北平市政府也派相关人员筹议此事。

相较而言，利用北平丰富的文化旅游资源，把北平打造成游览区要比打造成工商区较为容易。在发展游览区时，国民政府内政部倡议把北平发展为东方文化游览中心，王韬建议把北平发展为东亚游览中心，万国扶轮会呈请市政府把北平发展为东方旅游区，吴铁城直言把北平发展为世界游览中心。诸多计划，旨在使北平凭旅游业而受到更大范围的关注。这些计划若要开展，便要立足于北平的旅游现状而有所改变。

（一）改善旅游交通

对于北平与周边城市的交通，就北平到天津的交通状况，曾任北平特别市工务局局长的华南圭谈道："平津相距只一百四十公里，北宁铁路号称快车者行三点钟之久，盖行程只须两点钟，则来往之人必多。"③ 可见缩短车时对出行人数的影响之大。对于改善平津交通，可以尽量缩短车时，另外也可以在其他方面提供便利，如白敦庸所言："平津间交通，有铁路，有国道。对于铁路，应请其兴立来回票制，而低其车价。对于国道，应随时修治，以保持路身之平坦，同时减轻路捐，以增加汽车之利用。如此，则在津之中西殷实商人暨其他有职业者，必多乐于前来北平，以度其星期六及日曜日，北平之热闹因之增加。"④ 有人还建议，北平铁路部门应利用北平便捷的铁路交通，在每年北平牡丹、芍药、荷花开花时节，提供优惠

---

① 《维持北平繁荣之捷径》，《大公报》1928 年 8 月 18 日，第 1 版。
② 《北平拟建文化游览区》，《新晨报》1928 年 11 月 7 日，第 6 版。
③ 华南圭：《繁荣北平之小注》，《北平交大天津同学会会刊》创刊号，1931 年，第 7～8 页。
④ 白敦庸：《北平市生存大计（续）》，《大公报》1930 年 11 月 5 日，第 4 版。

车票，吸引外地游客前来观赏。

此外，北平市内的交通，也呈现出新的变化。北平西郊自从修建了汽车道路后，旅居北平的西方人士，休息之日无不接踵出游，如去万寿、玉泉、香山以及八大处等各大寺院。另外，也有人提议开辟旅游专线，利用北平城墙，"将其辟为空中游道，城楼改为画报阅览室或小学及国民补习班。城墙四通八达，环城一带居民沾泽最多，一般市民之利益并可借以增进"。① 可见，北平丰富的旅游资源，如果有便捷的交通为辅助，对其旅游业发展将有不少益处。

（二）整合旅游资源

对于旅游资源，华南圭谈道："地方风景山与水并重，无山无水因不可，有山无水亦不可。"② 由此可知，在整合北平的旅游资源时，要注重对水资源的维护和利用。北平的水系中，玉泉山水尤为重要，华南圭就整理玉泉水系提议："对于圆明园一带之水设闸以截流之，对于灌溉水田之水，绘图编户，分作三年收回之。再截止于西便门，再截止于德胜门，再截止于地安桥，应浚者浚之，应堵者堵之，非但三海可成巨浸，画舫斋可复旧观，而死板板之旧都，忽变成活泼泼之新城矣。如此活泼之新城，再有古建筑维持于不敝，人有不乐趋者乎？"③

除对北平水系的维护外，也有人提出修缮北平名胜古迹的建议，"北平既以文化著名于世，则所有非市辖之伟大建筑物如长城、明陵、天坛、故宫、孔庙、国子监、大钟寺之类，皆须从旁督促主管机关留心保护，及时修理。或联合庚款管理机关拨款维持，使其旧有之大观得以保存，于以见北平振作之精神，借资号召中外人士来平游览"。④ 此外，北平也有很多公园，时人建议"若再将清太庙、景山、天坛、日坛、月坛均开放为公园，则北平公园之多且美，亦将为东亚之冠，北平市民，得此足以自豪

---

① 白敦庸：《北平市生存大计（续）》，《大公报》1930 年 11 月 5 日，第 4 版。白敦庸在其《市政述要》一书中的第四篇，便有对《改善北京城墙计划书》的详细意见。
② 华南圭：《繁荣北平之小注》，《益世报》1931 年 4 月 18 日，第 3 版。
③ 华南圭：《繁荣北平之小注（续）》，《益世报》1931 年 4 月 19 日，第 2 版。
④ 白敦庸：《北平市生存大计（续）》，《大公报》1930 年 11 月 5 日，第 4 版。

矣"。^① 这些旅游资源的整合，可为游客提供更好的游览体验。

（三）完善旅游服务

对于北平当时的旅游服务状况，时人谈道："北平有野鸡翻译二十余，皆在北京饭店、六国饭店等处。报名登记游历团到平，该野鸡翻译排班守候，俟招呼陪伴出外游历或购物，彼等从中索取回扣。"^② 由此可见，北平的旅游服务质量有待提升。对于旅游条件的改善，上海特别市市长张群建议："由平津京沪四市，联合商定招待外宾游历办法，以予外人种种便利，于繁荣北平不无裨益也。"^③ 联合招待外宾，不但可以提供游览便利，也能规范旅游服务。

有人注意到北平的特色小吃，"珍至于熊掌驼峰，小至于饽饽酸梅汤，凡擅有特长与历史足以脍炙人口者，皆在采录之列，以备平内外人士尝试，编为北平指南或北平风景小折，以事宣传"。^④ 这样，在游览北平风景之外，还可以顺带品尝北平的小吃，可谓别有一番享受。随着外国游历团的增多，还有人谈到旅游指南的重要性。对此，严智怡谈道："外宾观光至者，向有人为之导引，为之通译。窃以为宜由市政府招募中学毕业生徒，授以相当知识，传习数月，专供招待通译之用。其原业此者，皆需补受训练，考核及格，始准执行业务，以期知识正确，借广宣传之效。"^⑤ 不论是北平一地旅游服务质量的提升以及与国内其他城市的旅游业务合作，还是编制北平小吃食谱以及培训专业导游，对北平旅游服务条件的改善，都有重要的作用。

有机构注意到旅行社对旅游业的作用，北平中国旅行社曾呈文北平市政府："旅行事业，在中国方始萌芽，而在欧美日本，则凤已重视，认为有关地方之繁荣，悉心计划，竞致招徕，公私合作，不遗余力。敝社在平经营有年，向以服务社会为宗旨，便利旅行为职责，顾能力有限，目的尚远。窃以为欲谋斯业之发展，上以表扬故都文物，下以繁荣地方，尚有赖

---

① 曾彝进：《奠都南京后北平之繁荣策（六）》，《顺天时报》1928 年 8 月 17 日，第 7 版。
② 《繁荣北平又一策》，《益世报》1931 年 5 月 1 日，第 2 版。
③ 《繁荣北平》，《益世报》1931 年 6 月 4 日，第 2 版。
④ 白敦庸：《北平市生存大计（续）》，《大公报》1930 年 11 月 5 日，第 4 版。
⑤ 《救济北平办法》，《益世报》1931 年 9 月 3 日，第 4 版。

于钧府之提倡，敝社追随合作，自当益加努力。"① 可见在发展旅游业方面，政府的提倡极其重要。

综上，不论是改善北平的旅游交通，整合旅游资源，还是提升北平的旅游服务水平，都是北平各界要把北平打造成游览区的尝试与努力。但仅仅依靠这些游览资源，断难显示出北平深厚的历史文化底蕴。

三　发展北平为文化中心的讨论

北平各界在繁荣北平一事上，先后有把北平发展为工商区、游览区的提议。此外，也有把北平发展为文化中心的讨论。1929 年 6 月张荫梧接任北平特别市市长，在市长就职典礼上，张氏谈道："从前北京依政治势力而存在，近日已失掉其立足点。新文化建设尚未创出，而旧文化建设已破坏无余，实不能谓为正当。"之后，蒋介石训词强调：北平为文化政治中心，要想改进北平，要爱中国文化，要爱中华民族，均应先保护旧文化，中央对此亦甚注意。故整理旧的文化，实为建设之始，旧的如不能整理，则新的亦无由建设。北平为中国文化之中心，很希望张市长明了此点，不奢崇新的建都，应先整理旧文化，然后再徐谋新的建设。② 可见，北平将来的发展，要多方借助原有的传统文化资源。

一向关注北平的李石曾发表评论，"欲期文化之保存，同时不得不谋经济之发展。换言之，即用经济方法来维持发展，使成为文化中心也"，③提出了通过发展经济建设文化中心的建议。湖北省政府主席何成濬则建议政府保持北平为全国文化中心："北平为数百年之都城，文化事业凤冠全国。近代以来，益臻美备，教育方面则有国立北京大学、师范大学、北平大学，农业、艺术各学院及故宫博物馆、历史博物馆等处，足资学者之研究。艺术方面，则有壮丽之宫殿、坛庙与陵园馆阁，可供社会之观摩。而古迹名胜，尤甲天下，几若一草一木，皆足以代表吾国数千年之文化者。"④ 可见各界人士对北平的文化钦羡已久，也极力想把北平打造成文化

① 《欲繁荣北平须招致行旅》，《世界日报》1932 年 8 月 20 日，第 8 版。
② 《张荫梧就职志盛》，《华北日报》1929 年 6 月 28 日，第 6 版。
③ 《以最经济方法充分发展北平文化》，《中央日报》1930 年 12 月 26 日，第 3 张第 2 版。
④ 《何成濬对四中全会关于繁荣北平提案的全文》，《华北日报》1930 年 11 月 21 日，第 6 版。

中心。在把北平发展为文化中心的过程中，提出不仅要重视北平的教育事业，也应尽力开发多元的文化资源。

（一）发展教育事业

北平一地，风俗淳厚，环境静穆，高校林立，文化遗存丰富，不但适合学者讲学，也是青年学子就学、读书的好地方。就建设北平为文化中心一事，时人对北平的教育有不少讨论。严智怡谈及，"北平各校，历史之悠远如此，设备之完善如此，自今以往又可远于政潮，不惟教育部所辖不宜迁移，即有特殊关系，如陆军大学，航空军需、兽医、交通、警察、盐务、税务各校，亦宜永设北平。不随主管部署所在而变更，负笈学子每人消耗以岁二百元计之，北平学生总数假定四万人，益以学校及教职员所消费之款，余润所及，于市民生计所关非细"。① 就北平的大学而言，"举其建设完备，基金确实者，则有国立九校，清华大学、中法大学、人文研究所、燕京大学、朝阳大学等。此外官私立大学，尚不下十余所，全国都市，无此众多"。② 但北平变为特别市后，其教育资源优势已不如从前，"国立大学先后在南方各省增设，故南方各省的学生，已无须乎'不远千里而来'北平就学了"。③ 而教育为北平文化中心的依托之所在，学生人数减少对学校教育影响很大，尽量设法吸引更多的学生前来北平就学，成为有识之士的共识。

不但大学教育，北平的中小学教育也引起了有关人士的关注，北平特别市市长何其巩认为："中小学为教育之基础，而在国民政府之下，中小学教育尤为重要。因欲彻底实现三民主义，若由中小学教育入手，收效极易。北平自都城南移后，已化为文化区，一般人皆认为宜置重高等教育，其实应将大学教育与中小学教育平均发展。"④ 强调高等教育与基础教育双翼发展。王韬也表示："维持国立私立各大学，扩充各中小学，使本市蔚成华北之文化区域。本市各国立私立大学，为全国冠，每年学生北来，为数至夥。中央注重教育，必当充分发给费用，各大学自可日臻发达。其

① 《救济北平办法》，《益世报》1931 年 9 月 3 日，第 4 版。
② 曾彝进：《奠都南京后北平之繁荣策（五）》，《顺天时报》1928 年 8 月 16 日，第 7 版。
③ 文奇：《繁荣北平》，《华大》第 1 期，1931 年，第 4 页。
④ 《利用教育造成完美的北平文化区》，《京报》1929 年 2 月 15 日，第 6 版。

中，小学则衡度市财政助其发展。"① 可见教育发展对北平的重要作用。

虽然各界人士对北平的教育关注有加，但北平的教育优势大不如前，"今时阅一年，北平教育，有退无进。各校当局，左支右绌，日惟应付学潮是务。而所谓学潮也者，甲起乙继，此来彼往，题目无穷，有动无静，当局无一月半月之安宁，社会群众亦极感惶惑与厌恶"。② 北平具有的教育优势，是造就北平文化中心的条件之一，但也应看到北平变为特别市后，北平大学的发展受到影响。对此，李石曾提出北平大学教育发展所要面对的问题，如"固定学款、学制问题、学术问题之三者"。③ 在各界的努力下，北平文化中心的建设渐有成效，如中央研究院历史语言研究所迁到北平，北平研究院也进入了积极筹备阶段。另外，经各方努力，北平大学所属各学院先后开学，弦诵之声，遍及北平，而后也有了30年代北平教育的中兴。

（二）开发多样的文化资源

在发展北平教育事业之外，也有人讨论多开设文化机构并有所构想，"王宫府第之最著者，如后门外之恭王府，东城之怡王府、睿王府，西城之礼王府、朗贝勒府，现均急于求售，索价极廉，若由市民集资购买，改为研究所、学会、俱乐部等，亦可招致无数学者居住北平，俾无愧其为文化区之实"。④ 这诸多场所，若改为学会、研究所办公之地，则能发挥更大的价值。为了开发更多的文化资源，北京高师教授白眉初提议筹建民国地理博物院。⑤ 在1928年11月6日北平政治分会例会上，便讨论了白眉初的提议，后议决："所陈设置中国地理博物院，条举目张，保罗万有，洵为近世博物史上开一新纪元，固不仅增进国民视野上知识及繁荣北平市面也已。"⑥ 因此事关系众大，步骤繁多，北平政治分会计划向中央继续呈请。另外，也有人设想借助北平丰富的文化资源，发展与文化有关的各

---

① 《繁荣北平计划》，《益世报》1930年11月1日，第2版。
② 《衰落之北平》，《大公报》1929年7月4日，第2版。
③ 《以最经济方法充分发展北平文化（续）》，《中央日报》1930年12月27日，第3张第2版。
④ 曾彝进：《奠都南京后北平之繁荣策（六）》，《顺天时报》1928年8月17日，第7版。
⑤ 白眉初提议设立民国地理博物院意见书，《京报》1928年11月3~8日连载。
⑥ 《北平政分会刘镇华就职》，《大公报》1928年11月7日，第2版。

种产业，以拓展文化市场，"如书局、印刷业、文具笔墨、教育品制造所、化学用具、药品制造所、药器制造所、医院用品制造所、中西医药局之类"。①

对于北平丰富的文化资源，也有人提议举办纪念北平文化发展的各种博览会。对于博览会一事，曾彝进曾有详细的计划，并提出创办北平和平纪念文化工艺博览会议案，在其中论说了创办的宗旨，并分析了北平开办此类博览会可能取得成功的理由："各国开博览会，多请友邦政府参与，而友邦因碍于国交之故，不能不牺牲数十万元，勉事应酬。""就工艺论，我为后进国，诚无甚可观者，而我有故宫博物馆，如瓷器、雕刻、刺绣、珐琅、画绘等，不能不谓东方之特色。又故宫建筑，瑰丽奇诡，隐含神秘，足以引起欧美人士之好奇心。而我国人民，尤以不亲帝居为一生憾事，若利用此为博览会之旗帜，似亦有相当之价值。"② 另外对于开办和平纪念文化工艺博览会所用的设备、所需的预算、筹款办法、会期、收益结算，曾彝进都有详细筹划。对于博览会，何其巩市长也极为重视，计划举行一场大规模的博览会。曾彝进还建议在北平筹设大竞技场，"每二年或三年，召集全国学生竞技大会一次，每五年召集国际大竞技会一次，每次亦能招致数万人。若能联络万国鄂林比亚（Olympia）大会，尤为北平最名誉之事"。③ 这也是在中国较早提倡举办奥运会之议。

此外，时人也注意到应改良北平的戏曲，"刻拟组织一审核戏曲委员会，其人选当延请专门学者与戏剧家，担任一切改良办法，务求妥善，适于现代之用"。④ 还有对戏剧方面的建议，"北平戏剧，国内奉为正宗，到处受人欢迎，宜在交通便利之城市与当地商会合办戏院，建筑务求结构防火，内部管理则力事维新，当后由著名角色轮流前往演唱，角色时时变换，而后可以广招徕，营业可以获利益"。⑤ 具体言及国剧，即京剧的发展，"北平为国剧最发达之地，名伶荟萃之区，铁路又四通八达，苟能建

---

① 曾彝进：《奠都南京后北平之繁荣策（四）》，《顺天时报》1928 年 8 月 15 日，第 7 版。
② 曾彝进：《创办北平和平纪念文化工艺博览会案（一）》，《顺天时报》1928 年 8 月 22 日，第 7 版。
③ 曾彝进：《奠都南京后北平之繁荣策（六）》，《顺天时报》1928 年 8 月 19 日，第 7 版。
④ 《何其巩积极建设新北平，对往访之谈话》，《益世报》1928 年 8 月 19 日，第 2 版。
⑤ 白敦庸：《北平市生存大计（续）》，《大公报》1930 年 11 月 5 日，第 4 版。

一国家大剧场，由市府之力，集名伶于一堂。北平既有非常好戏为之号召，则游客必因之增多，而平市一切工商业，均当受其惠矣"。① 在开发更为多元的北平文化资源时，可谓人尽其才，纷纷围绕设置学会、研究所，筹建博物馆，筹办博览会，提议举办奥运会，以及推广北平的戏曲、戏剧而建言献策，这都是关心北平文化发展的各界人士的良苦建议，以力争把北平发展为中国的文化中心。

结　语

在各方的倡议下，繁荣北平的路径变得更为丰富，北平的经济也有了局部的改善，但受惠的群体仍然有限，"于一般无职业无工作之平民，殊不见有若何之利益。可知北平之需要，仍在设法振兴工商业，务使多数市民有职业、有工作，然后方能有繁荣之气象。故所谓学区、文化区、练兵区之种种传说，均非繁荣北平之基本问题"。② 对于北平的一般民众而言，维持良好的社会秩序和减少捐税可能是最为紧要的举措。如果放眼将来，仍然要从发展教育、开发旅游资源、发展贸易区等方面着手。

通过这一系列繁荣北平的策略可以看出，诸多人士把繁荣北平的希望寄托于一些政治人物身上，如张学良、李石曾、张继以及北平的市长。如果北平的政局稳定，繁荣北平的计划也许会因这些政治人物的争取而渐次实现，不然总是繁荣志向远大而能落实者少之又少。就繁荣北平的成绩而言，与各项计划的期待相差很远，这便招致时人的不少讥评："记得何其巩任北平特别市市长的时候，曾对新闻记者谈话、纪念周上报告、刊物上发表，都引繁荣北平为己任，结果却是怨声载道。当张荫梧任特别市市长时候，也说了些实事求是的繁荣北平的话，但结果呢？只认真了'房捐'，摊了些'编遣库券''军事特捐'，还运了些轧路的汽碾到太原，这便是张氏繁荣北平的成绩。……如今的要人说话，算数固多，不算数的却亦不少，我们只好静待着吧！"③ 回看那些繁荣北平的计划，确实让北平人民内心为之一动，但繁荣的局面，似乎并没有相应地出现。这也与北平局势的

① 大帝：《繁荣北平小建议》，《北洋画报》第14卷第651期，1931年，第2页。
② 《繁荣北平之基本问题》，《益世报》1931年9月17日，第2版。
③ 《繁荣北平的问题》，《政治月刊》第2卷第4期，1930年，第9～10页。

变化不无关系，纵然有各界人士的各方建议，但苦于无法具体施展，导致许多繁荣计划有始而无终。另外，各界人士的诸多繁荣北平的建议，对一般民众的生活涉及很少，而北平一地的发展，断不能不关注底层民众的生活。所以，北平要得到发展，则需要借助社会各界的力量，而不能把希望只寄托于几个政治人物身上；另外，也要多关注底层民众的生活，多设法振兴基础工商业，基础产业得到改善，方可大力发展旅游、教育。

作者：李建国，西安财经大学马克思主义学院

（编辑：任云兰）

天津市银钱业合组公库研究[*]

张百顺

内容提要 1932 年成立的天津银钱业合组公库是在日本侵华的背景下，平津金融市场因"现疲码俏"，造成同业汇划困难，由银钱业两公会援引沪埠成例共同组建而成的，是一种集体行动的制度建构。公库的设立符合票据清算制度演进的内在规律，它意味着津埠票据清算由钱业拨码汇划到整个银钱业的集中；也意味着津埠华商金融同业票据清算从无固定场所到有固定场所，清算轧差工具由外国银行票据、申汇等到公库支票的演进。因此，我们可以将其看作津埠票据清算制度从分散落后走向集中统一的标志。公库成立后，吸收同业现金存款，办理同业票据清算，努力消除现码界限，防止现洋出口，在一定程度上担当了现代中央银行集中票据清算、调节货币供应以及管理货币流通的职能。

关键词 银钱业 "现疲码俏" 公库 天津

天津市银钱业合组公库，全称"天津市银行业钱业同业公会合组公库"（以下简称"公库"），是由代表新式金融业的天津市银行业同业公会和代表传统金融业的天津市钱业同业公会共同发起成立的。公库成立后，逐步发展为津埠华商金融界专门的票据清算机构，是近代天津票据清算制

---

* 本文受国家社会科学基金重大项目"近代中国经济指数资料整理及数据库建设"（项目号：16ZDA 132）和山西省高等学校哲学社会科学重点研究基地项目"行业协会促进山西制造业转型升级的路径研究"（项目号：201801020）的资助。

度演进的一个重要标志。① 近年来，学界对近代中国票据清算制度的研究
集中于以上海为中心的探讨。例如，石涛以上海为中心，探讨了近代中国
票据清算制度的演进过程。② 万立明探讨了民国时期中央银行票据清算职
能的演变，建构了上海票据交换所发展的基本脉络，并厘清了二者之间的
关系。③ 郑成林对上海联准会制度进行了细致探讨。④ 杜恂诚从习惯法的角
度研究了上海钱庄的汇划制度。⑤ 对于近代天津票据清算制度的研究则比
较薄弱，且主要是对钱业拨码制度的探讨，⑥ 对于公库的研究则缺乏系统
性。其实，早在1932年成立之初，公库就引起了人们的关注。卞白眉对公
库成立的经过进行了梳理，并展望了其发展方向。⑦ 吴石城把组建公库作
为天津金融界团结互助的重要方式，介绍了其设立原因、主要业务、会员
情况及组织机构等。⑧ 他们的研究代表了时人对公库这一新生事物的洞察，
具有重要的史料价值。20世纪80年代末到90年代中期，在一些金融史著
作和文史资料选辑中对公库的成立经过、历史沿革等问题亦有所提及。⑨
但总体来看，囿于所处时代和史料，以往的研究对公库缘起、历史沿革、

① 赵兴国：《天津票据交换所之回顾》，《河北省银行经济半月刊》第1卷第11期，1946年，第25~26页。
② 石涛：《近代中国票据交换制度演变探析》，《哈尔滨商业大学学报》（社会科学版）2012年第1期，第69~77页。
③ 万立明：《南京国民政府时期中央银行票据清算职能的演变——兼论其与上海票据交换所的关系》，《近代史研究》2009年第5期，第90~101页；万立明：《上海票据交换所研究（1933~1951）》，上海人民出版社，2009。
④ 郑成林：《近代上海银行联合准备制度述略》，《华中师范大学学报》（人文社会科学版）2008年第5期，第70~77页。
⑤ 杜恂诚：《近代中国钱业习惯法》，上海财经大学出版社，2006。
⑥ 例如，刘嘉琛、谢鹤声《浅谈天津钱业的拨码》，中国人民政治协商会议天津市委员会文史资料委员会编《天津文史资料选辑》第40辑，天津人民出版社，1987，第194页；孙睿《市场力量与行业组织——对近代天津钱业清算习惯的研究》，《中国经济史研究》2016年第5期，第141~152页；等等。
⑦ 卞白眉：《天津市银行及钱业两公会合组公库之经过及其将来》，《银行周报》第16卷第43期，1932年，第11~15页。
⑧ 吴石城：《天津金融界之团结》，《银行周报》第19卷第32期，1935年，第17~22页。
⑨ 例如，人民银行总行金融研究所金融历史研究室编《近代中国的金融市场》，中国金融出版社，1989，第70~73页；桑润生《简明近代金融史》，立信会计出版社，1995，第238~239页；王绍华《天津市银钱业公库建立始末》，中国人民政治协商会议天津市委员会文史资料委员会编《天津文史资料选辑》第70辑，天津人民出版社，1996，第65~69页；等等。

主要业务及作用等方面的认识仍停留在表层。鉴于此，本文将在已有研究的基础上，通过梳理民国旧刊、原始档案等相关史料，对其做一总的考察，以求教于方家。

一　缘起及历史沿革

津埠组建公库的深层动机是金融同业票据清算的需求。所谓票据清算是金融机构之间将相互代收代付的票据进行交换并结算差额的行为。完善的票据清算制度具备两个基本特征：一是具有专门的票据清算机构，二是具有结算差额（轧差）的统一的金融工具。早期天津银号间的票据清算需要伙计携带账簿到对方银号，结算差额大都使用现银。到光绪初年，开始使用"拨码"作为同业间互相收解款项的信用工具。"拨码"是天津地区银号间代收代付以及结算差额的一种计数凭证，只能转账，不能取现。初时，能够结算拨码差额的信用工具也是多种多样。例如，"银行号的支票、汇票，销货单位的收款条，汇兑庄、邮局、教会的汇票，以及外地驻津单位承付的款项、天津商号去外地采购货物开出的付款条等等"。①

清末民初，津埠对外贸易必须使用现银或外国银行票据（俗称"番纸"）结算，番纸成为同业清算轧差重要的金融工具。但实际上，只有少数资本实力较强的银行号与外国银行有业务往来，而大多银行号需要使用番纸时，只能通过外国银行华账房办理，诸多不便。至民国初年，正金银行、麦加利银行买办魏信臣等推行了一种白纸华文竖写的华账房票据（俗称"竖番纸"），逐渐成为占据主导地位的拨码清算工具，而华账房则成为天津银钱业的实际清算机构。② 因此，早年津埠一些银行号乐于将现款寄存外商银行或其华账房，其好处除了外商银行或其华账房由于强大资本实力给客户带来安全感外，还在于其票据是同业清算轧差的通用工具。后来，随着华商银行资本实力逐渐增强，其票据亦能在金融同业清算中普遍使用，但终不及番纸的接受程度。"本国各大银行支

---

① 刘嘉琛、谢鹤声：《浅谈天津钱业的拨码》，《天津文史资料选辑》第40辑，第194页。
② 王绍华：《天津市银钱业公库建立始末》，《天津文史资料选辑》第70辑，第65~69页。

票虽亦通用，但至最终之处仍非番纸不可。"① 另外，由于天津与上海埠际贸易关系密切，加之上海作为全国金融中心的影响力，"申汇"亦成为津埠金融同业普遍接受的金融工具，在票据清算中占有重要地位。

因此，在公库成立之前，天津华商金融界不仅普遍通行的票据清算轧差的金融工具操于外商银行之手，亦无自己专门的票据清算机构。传统的钱业内部票据清算长期使用"拨码"办法，而由于缺乏自身的清算制度，银行业的票据清算有时也不得不通过钱业"拨码"进行。② 外商银行则形成了以汇丰银行为中心的票据清算制度。相较而言，银行业对于专门的票据清算机构有着更迫切的制度需求。与此同时，中国其他通商口岸亦存在类似情形。例如，在上海银行业联合准备委员会（简称"上海联准会"）兼营票据清算业务之前，上海形成了钱庄以汇划总会为中心与外商银行以汇丰银行为中心的两强并存的票据清算格局，华商银行的票据清算须通过此二者才能顺利进行。③ 因此，各城市银行公会章程里都明确把"举办票据交换所"作为应办事项之一。1921 年，第二届全国银行公会联合会在天津召开，经上海、北京两银行公会分别提案，并获大会通过后，由东道主天津银行公会向各埠发出设立票据交换所的倡议。④

但由于制度惯性的作用，直到 1927 年，津埠才将设立专门的票据清算机构提上议事日程。1927 年 5 月，北京汇丰银行拒付同业活期存款，为数达百万之巨。⑤ 随后，协和贸易公司倒闭导致天津德华、中法、远东三家外商银行华账房相继停业，津埠各银行号亦被欠至七八十万元之多。经此波折，人们开始认识到，存款于外国银行及华账房也并不安全。彼时武汉国民政府有集中现金之令，若上海当局再禁止现金流出，则津埠市场就有

---

① 卞白眉：《天津市银行及钱业两公会合组公库之经过及其将来》，《银行周报》第 16 卷第 43 期，1932 年，第 11 页。
② 孙睿：《市场力量与行业组织——对近代天津钱业清算习惯的研究》，《中国经济史研究》 2016 年第 5 期，第 141～152 页。
③ 参见石涛《近代中国票据交换制度演变探析》，《哈尔滨商业大学学报》（社会科学版） 2012 年第 1 期，第 69～77 页。
④ 万立明：《上海票据交换所研究（1933～1951）》，第 20～21 页。
⑤ 《北京汇丰银行拒付存款之纠葛》，《银行杂志》第 4 卷第 15 期，1927 年，第 60～63 页。

现金短缺之虞，而从国外运条银自行鼓铸亦有诸多困难。① 为谋现款存放安全以及市面金融稳固，1927 年 7 月，天津交通银行提议由银钱业组建天津公库，"专图现款藏匿之安全，及调拨之便利"，并经天津银行公会会员会议议决，推举审查委员七家研究相关事宜，拟定天津公库简章草案分送会内外各行及天津钱商公会。②

由此可见，此时设立公库主要是基于两个方面的考虑：一是维护同业存款安全；二是通过公库现银凭条拨账，以弥补现金短缺。后来由于"宁汉合流"，上海当局禁止现金流出令作罢，公库职能定位才又回到票据清算。"公库名称不甚相宜，办法亦尚待研究，不如改为票据交换所，俾市面多一转帐机关，以利划拨。"③ "嗣因钱业方面未予同意"，④ 而银行方面盐业、大陆等大行未允加入而搁浅。⑤ 钱业方面之所以对成立公库不似银行方面那么热心，主要原因在于"拨码"制度行之已久，并且银行通过银号进行拨码清算对钱业有着重大利益，它们可以不动用自有资金，相当于获得了一笔无息短期贷款。⑥ 至于银行界本身，"亦见仁见智，各有意见，力量又复薄弱，故不能下最后之决心"。⑦

九一八事变和一·二八事变后，受日本侵华的影响，华北工商凋敝，内地土产滞销，现洋悉以津埠为尾闾，充斥市面；另一方面，同业划拨清算的两种金融工具——申汇和番纸却非常紧缺。现洋兑番纸及申汇发生贴水，呈现"现疲码俏"。所谓"现"，即为现洋；"码"即番纸或申汇，是当时津埠接受度最高的两种同业划拨清算工具。"现疲码俏"发

---

① 《十六年七月十三日晚间临时会员会议议决录》（1927 年 7 月 13 日），天津市档案馆藏，档案号：J0216 - 001 - 1695。若非特别标明，本文所引档案皆出自天津市档案馆，下文不再一一注明。

② 《关于准交通银行提议组织天津公库并送本行制定公库简章给会内外各银行的函（附简章）》（1927 年 7 月 16 日），档案号：J0129 - 002 - 1599 - 002 ~ 004。

③ 《十六年十一月二十三日会员会议议决录》（1927 年 11 月 23 日），档案号：J0202 - 1 - 0401。

④ 《廿二年十二月九日天津银行同业公会会议纪录》（1933 年 12 月 9 日），档案号：J0212 - 001 - 000119。

⑤ 《有关票据交换的一组文件》（1927 年 12 月），档案号：J0129 - 003 - 5362 - 015。

⑥ 孙睿：《市场力量与行业组织——对近代天津钱业清算习惯的研究》，《中国经济史研究》2016 年第 5 期，第 141 ~ 152 页。

⑦ 卞白眉：《天津市银行及钱业两公会合组公库之经过及其将来》，《银行周报》第 16 卷第 43 期，1932 年，第 11 ~ 15 页。

生后，① 市面授受维艰，同业汇划清算困难，筹设公库之议复起。银钱两业屡经磋商，并经呈报天津市社会局备案后，于 1932 年 10 月 14 日正式成立。

公库之所以能够成立，其原因在于，津埠金融同业划拨清算全凭番纸，而番纸需要以申汇为后盾，"现疲码俏"之际，金融界希望组设一种公共机构，吸收市面浮游现洋，并在此基础上创造一种新的金融工具，这种金融工具既无须以申汇为后盾，也能像番纸那样在同业间畅通无阻，以此平抑现码差价，便利同业划拨清算。而此时恰好有上海联准会（联准会主要业务是通过收取会员银行的财产作为准备金，办理同业拆放和贴现，从而达到调剂资金的目的，并受上海市银行业同业公会委托办理票据清算业务）的成功经验可资借鉴。② 于是，公库就应运而生了。法国社会学家克罗齐耶与费埃德伯格认为，"组织并非是一种自然形成的现象，而是人为的一种建构"，人们所以要建构组织，"其目的在于解决集体行动的问题，而其中要解决的最为重要的是——合作的问题，以完成惟有靠集体行动才能实现的目标"。③ 公库正是这样一种集体行动的制度建构。卞白眉曾撰文指出，"金融界历经事变，渐知非团结不足以御外势之侵陵，无重心不足以谋内部之巩固，观夫沪津两埠银钱业先后设立公库者，可以窥其端倪矣"。④ 当时中国银行创办的刊物——《中行生活》亦有如下评论："查上海自一·二八事变发生以后，银行界鉴于对外国银行办理收解之困难，本年春间，因由公库之设立，开发公单，以利周转。津埠旋亦接踵举办，可见银行界同人，精神团结，临危济变，步趋渐归一致，实为金融界前途之良好现象也。"⑤

公库成立后，津埠华商金融界票据清算制度开始进入一个新的阶段：

① 卞白眉在 1931 年 12 月 9 日日记中写道："近日番纸较现洋高价，非市面之福，辅卿来谈应付之法。"据此推测，"现疲码俏"最早发生的时间应在 1931 年 12 月初。参见中国人民政治协商会议天津市委员会文史资料委员会、中国银行股份有限公司天津市分行合编《卞白眉日记》第 2 卷，天津古籍出版社，2008，第 163 页。
② 吴石城：《天津金融界之团结》，《银行周报》第 19 卷第 32 期，1935 年，第 17～22 页。
③ 〔法〕米歇尔·克罗齐耶、埃哈尔·费埃德伯格：《行动者与系统：集体行动的政治学》，张月等译，上海人民出版社，2007，第 2 页。
④ 卞白眉：《天津市银行及钱业两公会合组公库之经过及其将来》，《银行周报》第 16 卷第 43 期，1932 年，第 11～15 页。
⑤ 《行务纪要：天津筹备公库之经过》，《中行生活》第 1 卷第 6 期，1932 年，第 96 页。

有了自己的票据清算机构，并发行了统一的结算差额的金融工具——公库支票。公库的设立是符合票据清算制度演进的内在规律的，它意味着津埠华商金融同业票据清算由钱业拨码汇划到整个银钱业的集中；也意味着津埠华商金融同业票据清算从无固定场所到有固定场所，清算轧差工具由钱业拨码、外国银行票据、申汇等到公库支票的演进。因此，我们可以将其看作津埠票据清算制度从分散落后走向集中统一的标志。

公库成立初期，当务之急是消除现码差价，以调剂金融而稳定市面。1935 年南京国民政府推行法币改革后，现码差价问题早已不复存在，但其票据清算功能仍在，经征求会员意见，大都认为有必要维持公库存在，"俾同业得有集中划账机关"。① 1937 年华北沦陷后，伪中国联合准备银行仍保留公库作为票据清算机构，并要求公库每天向其报送统计报表。② 1941 年太平洋战争爆发后，日军实施金融管制，于平、津、青、济四大都市分别成立票据交换所。1942 年 6 月 1 日，天津票据交换所成立，履行公库集中票据清算的职能，公库随之解散。③

二　制度建构

制度是保障组织正常运行的基石。在公库成立之初即经银钱业同业多次磋商，制定了《天津银行钱业同业公会合组公库章程》（1932 年）。在此基础上，公库陆续制定了规范公库办事人员行为的《天津市银行业钱业同业公会合组公库办事细则》（1933 年）、规范公库财会运行的《天津市银行业钱业同业公会合组公库会计规程》（1933 年）。这些规章制度对公库的会员资格及其构成、组织机构、日常决策管理、财务运行等方面做出了详细的规定，形成了公库基本的制度建构。

（一）会员资格及其构成

公库是津埠金融业的公共机构，覆盖范围越广，其效能也就越大。鉴

---

① 无标题（1935 年），档案号：J0129 - 003 - 005351。
② 桑润生：《简明近代金融史》，第 238 ~ 239 页。
③ 赵兴国：《天津票据交换所之回顾》，《河北省银行经济半月刊》第 1 卷第 11 期，1946 年，第 25 ~ 26 页。

于此，公库章程明确规定，"本埠中外各银行号及外国银行华帐房，不论是否银钱两会之会员，均得加入本公库，称为会员银行或银号"。公库筹备之初，银钱业同业公会方面就为此做出过努力。卞白眉日记中曾这样记载："晚间并在公会约达诠暨钱业董事，商量现码问题。磋商结果，拟筹办公库……王晓岩[①]允先于外银行帐房接洽，并在钱商公会开会会商。"[②]但公库开幕时实际加入公库的皆为华商银行号，且主要为两公会会员。据统计，公库会员共计 69 家。其中，银行会员 21 家，内有银行公会会员 17 家；银号会员 48 家，内有钱业公会会员 40 家。两会会员约占公库会员总数的 82.6%。[③]

筹设之始，中央银行天津支行态度颇为积极，后因其地位关系未能直接加入，但允为合作，照收公库支票。[④] 外商银行及其华账房亦因公库成立会削弱番纸之势力而未允加入。[⑤] 如表 1 所示，1932～1936 年，公库会员数量呈增长趋势。其中，银行会员变化幅度较小，公库会员数量的波动主要来自银号会员的变动。另外，为了同业划拨方便起见，一些外商银行或其华账房亦在公库开立往来户。[⑥] 往来户数量的不断增加，意味着公库影响力的增强。

表 1　1932～1936 年部分时点公库会员及往来户变动情况

单位：家

时点	会员总数	银行会员	银号会员	外商银行或其华账房往来户
1932 年 10 月	57	20	37	0
1932 年 12 月	60	20	40	2（中法工商银行，华比账房）

---

① 按，王晓岩时任天津最大银号余大亨银号经理、钱业同业公会主席、天津市商会常委，在天津商界颇具号召力，公库成立后，长期担任常务理事兼库长。
② 《卞白眉日记》第 2 卷，第 188 页。
③ 中国银行总管理处经济研究室编《中华民国二十四年全国银行年鉴》，汉文正楷印书局，1935，第 172～185 页。
④ 卞白眉：《天津市银行及钱业两公会合组公库之经过及其将来》，《银行周报》第 16 卷第 43 期，1932 年，第 11～15 页。
⑤ 吴石城：《天津金融界之团结》，《银行周报》第 19 卷 32 期，1935 年，第 17～22 页。
⑥ 公库会员可以参与公库管理及一切公库业务，其存款按规定的额度计息，并按照一定份额承担公库经费。往来户则只是在公库设立存款账户，由公库开给支票，便利其划拨清算；其存款不计息，亦无须承担任何公库经费。

续表

时点	会员总数	银行会员	银号会员	外商银行或其华账房往来户
1933 年 12 月	63	21	42	3（中法工商银行、华比账房、大通账房）
1935 年	80	22	58	3（中法工商银行、华义银行、华比账房）
1936 年 12 月	66	23	43	5（中法工商银行，汇理、华义、正金、大通等账房）

　　资料来源：吴石城《天津金融界之团结》，《银行周报》第 19 卷第 32 期，1935 年，第 17 ~ 22 页；《付出利息明细表》（1933 年 12 月 21 日），档案号：J0129 - 002 - 001563 - 020；《公库会员银行号一览表留册》（1935 年），档案号：J0129 - 002 - 001563 - 018；《关于公库付出利息及开支经中国交通两行同意开始实施给银钱两业公会合组公库的函》（1936 年 12 月 18 日），档案号：J0129 - 002 - 001685 - 024；等等。

（二）组织机构与运行机制

　　公库实行理事制管理，理事会主持全库事务。理事会包括理事 11 人，候补理事 5 人；公库设常务理事 5 人，由理事互选；理事会从常务理事中公推 1 人兼任库长。常务理事常到公库视事，除兼任库长的常务理事外，其余 4 位常务理事按照预定轮流顺序，每星期由 1 人担任主席。库长下设副库长 2 人，副库长下设文书、会计和出纳三股。公库开支预算由理事会核定，每半年办理决算一次，并由理事会定期召集全体会员通常会议，报告账目及办理情形；若遇有重大事项，应由理事会召集全体会员临时会议。每星期六、星期日理事会开常会一次，遇有要事，由主席召集临时会议。凡属公库对外事务，非经理事会议决不生效。库长执行理事会议决事项，商同常务理事处理公库一切事宜；其日常事务由副库长率同各办事员办理。公库设监事会，选举监事 5 人，候补监事 2 人，监事出缺，由候补监事递补。监事可随时稽核公库一切账目，检查库款及每期审核决算，并对理事会议决的公库业务事项负有监察之责，遇必要时可向理事会提出意见，以协助其考核或做出纠正。①

　　成立之初，公库运行经费由银钱业共同分担，银行方面分担 95%，银号方面分担 5%。后因加入公库的银号逐渐增加，公库存款利息负担相应

---

　　① 《天津银钱业合组公库》，《银行周报》第 16 卷第 35 期，1932 年。

增加，钱业公会于 1933 年 12 月主动提出增加其经费担负份额。① 故自 1934 年 1 月起，银号方面担负份额增至 7.5%，银行方面则降至 92.5%。法币改革后，公库存款皆为法币，而法币系由中央、中国、交通三行发行，由此公库所办同业划拨亦相当于间接代替三行办理，② 而中央银行并未加入公库。因此，自 1936 年 7 月起，公库经费由中交两行平均承担。③ 1938 年，公库的银行号存款转存中国联合准备银行，按周息一厘计息，作为公库经费来源。④

三　主要业务

前面我们指出，公库是一种集体行动的制度建构，而它所面临的问题则需要通过业务开展来解决。成立之初，公库面临的迫切问题是"现疲码俏"，其拟开展的业务有四："一、收受现洋存款，视市面情形酌定给息办法；二、对于现洋存款发给支票，便利同业划拨；三、筹画申汇头寸，开做现洋申汇；四、收进现洋除必须留存及酌量寄存外，应市面之需要，仿照上海拆息办法开做（一日）短期拆款。"⑤ 但在实际运行中，公库主要办理两项业务：一是吸收同业现金存款，二是办理同业票据清算。⑥ 前者可以减少市面现洋数量，后者可以减少同业划拨清算时的番纸和拨兑洋的使用，二者皆有助于解决"现疲码俏"问题。当然，这两项业务的结合，所解决的更深层的则是津埠票据清算制度分散的问题。

（一）吸收同业现金存款

吸收现金存款的作用有二。一是调剂货币供应。"现疲码俏"之时，"可

---

① 无标题（1933 年 12 月 16 日），档案号：J0129 - 003 - 005361。
② 《天津钱业公会为改订公库办法致天津银行公会函》（1936 年 3 月 1 日），档案号：J0129 - 003 - 005351。
③ 《抄送中交两行修改公库暂行办法四条至公库》（1936 年 7 月 17 日），档案号：J0129 - 003 - 005351。
④ 王绍华：《天津市银钱业公库建立始末》，第 65 ~ 69 页。
⑤ 《天津银钱业合组公库》，《银行周报》第 16 卷第 35 期，1932 年，第 2 ~ 4 页。
⑥ 对于公库的业务，时人曾有如下评论："是公库之本身，不啻代各会员银行号保管现洋，及办理转帐之机关。"参见李兴礼《津地公库之组织》，《新语》第 3 卷第 17 期，1935 年，第 2 ~ 3 页。

使市面浮漂现洋有所归宿"，有助于平抑现码差价，同时可以"保持现洋相当存底，不使因过剩而逾量流出，以防将来现洋转俏发生反响"。① 二是在此基础上发行公库支票，作为同业清算轧差的金融工具。② 据此，银行号将现洋存于公库的好处亦有二：一是可以获取一定的利息，二是便于同业划拨清算。公库最初设定的计息存款额度为 400 万元，每年利息总额限 8 万元。所有公库会员，不拘其寄存现洋数目，规定对其中的 5 万元给予利息，其余概不给息。例如，存 100 万元，只其中 5 万元付利息，95 万元无利息。③ 1932年底，公库吸收现洋存款达到 4173631.04 元，计息存款额度已然充足。虽然此后再存款于公库并不能获取利息，但由于其作为同业冲账机关的吸引力较强，现洋存款仍不断增加。1933 年 7 月，公库库房现洋已满，不得不租用大陆银行库房一间，用来存放现洋。④ 1933 年底，公库现洋存款余额达 12254048.99元，是 1932 年底余额的近 3 倍。1934 年，在美国白银法案的影响下，公库现洋存款余额锐减。法币改革后，又迅速回升到 1933 年的水平（见表 2）。

表 2 1933~1938 年部分时点公库现金存款余额情况一览

单位：银元

时点	现金存款余额				
	总额	会员银行存款	会员银号存款	往来存款	兑户存款
1933 年 12 月 31 日	12254048.99	9940794.04	875672.26	635936.08	801646.61
1934 年 12 月 31 日	6401707.21	4969146.79	608302.74	496180.51	328077.17
1935 年 12 月 2 日	12798558.95	—	—	—	—
1936 年 12 月 1 日	11345223.19	—	—	—	—
1937 年 12 月 31 日	12875032.38	9952949.70	2646095.42	275987.26	—
1938 年 6 月 30 日	18338029.55	11527262.58	333727.55	6477039.42	—

注：1. 本表数据系根据公库相关财务报表整理，档案号为 J0129 - 002 - 001563、J0129 - 003 - 005361、J0129 - 002 - 001004 - 067、J0129 - 003 - 005537、J0129 - 002 - 001667 - 008 ~ 017。

2. 法币改革前，公库现金存款货币形式为银元，后为法币。

---

① 《天津银钱业合组公库》，《中央银行月报》第 1 卷第 3 期，1932 年，第 451 ~ 454 页。
② 天津浙江兴业银行曾致函公库，要求为其在公库存款开具自备支票，遭到公库拒绝。参见《函复贵行支取存款仍请照旧办理开具敝库支票以归一致》（1933 年 6 月 24 日），档案号：J0129 - 003 - 005452。
③ 《呈复合组公库性质》（1933 年 8 月 15 日），档案号：J0129 - 003 - 005351。
④ 《发中国银行兹函送上敝库租用之大陆银行库房计有内外门钥匙二把敝库留用各一把其余各一把加封送上代为保存由》（1933 年 7 月 25 日），档案号：J0129 - 003 - 005452。

（二）办理同业票据清算

办理票据清算是公库最重要的业务之一。公库成立之前，津埠金融同业冲账工具主要是申汇、外国银行及其华账房票据，没有冲账机关，同业冲账诸多不便。"现疲码俏"现象发生的直接原因在于同业间转账对于申汇和外国银行票据的强烈需求，若存在一划拨转账机关，使用统一的金融工具，可以减少同业往来对于番纸以及拨兑洋的需求，"不至于相互轧码轧现"，现码界限自然会消除。公库成立初期，由于一些银号与华账房关系密切，资金不足时向其拆借，华账房也占用银号的存款，而且拨码由来已久，一时难以取消，因此改用支票冲账后，拨码仍在钱业中流行，竖番纸仍旧通用，公库每月转账额不足 100 万元。

1933 年 5 月 21 日，银行公会开会讨论如何进一步开展公库业务，制定了会内各银行所收钞票和支票冲账办法四条。第一，同业兑取会内银行发行钞票，一律以公库支票或现洋付给。第二，与外国银行无业务往来的会内各银行，可将其所收外国银行支票送交公库，取现或托同业代收。第三，各银行往来户开出的各银行支票交由外国银行或其华账房来取者，应付给现洋或公库支票，亦可以付给与该外国银行有往来的本国银行支票。第四，各银行间每日互收支票，一律以公库支票冲账。[①]到 1933 年 6 月初，银钱同业皆集中于公库冲账，[②]公库成为银钱业票据清算的总机构，其每月平均转账总额也增加到 8000 万元以上。[③]"公库实际上已办票据交换所（即划账所）之工作，惟尚未拟具章程正式举办。"[④]

前面我们提到了公库两项业务之间的联系，即在现金存款的基础上发行的公库支票是同业票据清算轧差的金融工具。从现代金融体制的角度看，各金融机构都在中央银行存有一定的准备金，票据清算在其下设的票

---

① 王绍华：《天津市银钱业公库建立始末》，《天津文史资料选辑》第 70 辑，第 65~69 页。
② "主席报告，准钱业公会来函，以该会议决钱业冲帐集中银钱业合组公库办理……近来各银行冲帐亦在公库办理……"参见《廿二年六月三日会议》（1933 年 6 月 3 日），档案号：J0212 - 001 - 000119。
③ 王绍华：《天津市银钱业公库建立始末》，《天津文史资料选辑》第 70 辑，第 65~69 页。
④ 《廿二年六月十六日银钱业联席会》（1933 年 6 月 16 日），档案号：J0212 - 001 - 000119。

据交换所进行，差额结算则在各金融机构的准备金账户划拨。若我们将各会员银钱号在公库的现金存款亦看成"准备金"，利用公库支票轧差则与央行体制下准备金账户之间的划拨殊途同归。

四　主要作用

公库的作用随着津埠金融界面临的问题不同而发生变化，早期其面临的主要问题是"现疲码俏"带来的同业划拨清算困难，其主要作用是消除现码界限；而当受美国"白银法案"的影响，现洋转俏之时，又致力于防止现洋出口。这些作用的发挥，在很大程度上是通过业务开展实现的，但有时也并不尽然。

（一）　消除现码界限

从逻辑上讲，吸收同业现金存款"可使市面浮漂现洋有所归宿"，有助于减少现洋供应；办理同业票据清算使"同业拨兑易于集中，不至于相互轧码轧现"，也有利于减少同业划拨对番纸的依赖。二者相结合，"现疲码俏"现象自然会消除。但实际上，由于二者作用范围仅限于公库会员，非会员尤其是外商银行并不受限制，而外商银行在津埠汇划中又占据着重要地位，因此，市面现码相对需求矛盾不能立即消除。1932 年 11 月初，公库理事会提议各会员"嗣后收付一律现码不分，俾现码界限可以消除，市面汇划得臻便利"。① 同业收付不分现码，实质上是在公库业务范围内将现码同等对待，亦有助于消除现码界限。

但由于公库规则并不能推及外国银行，同业往来时对于现码问题仍不免发生争执。1933 年 5 月 6 日，天津银行公会议决："本公会会员银行彼此互收支票，其差额每日应开公库支票冲帐。本公会会员银行应解外国银行款项一律以现洋或公库支票交付。"② 随后，外国银行公会议决，对于顾客交来华商银行号支票、拨条、钞票等概照现洋看待，须按每千元贴水一

---

① 《廿一年十一月五日公库会员会议》（1932 年 11 月 5 日），档案号：J0212 - 001 - 000118。
② 《天津市银行业同业公会为现码问题致浙江兴业银行函》（1933 年 5 月 6 日），《天津浙江兴业银行档案》，档案号：J0204 - 001 - 000897。

元收取贴费。① 因事关津埠金融及国币法价，银行公会于 5 月 16 日邀集华
商各银行议决办法三条，由银行公会会同钱业公会呈请天津市商会与洋商
公会据理交涉，请其转嘱外国银行公会将此项贴费取消，在交涉成功之
前，对于此项贴费概不承认。同时，也提出了取现认付及垫付脚力办法，
使外国银行不至于因收受现洋受到损失。②

　　1933 年 6 月 1 日，天津市商会一面发布通令，一面函请洋商公会迅予
通知外国银行公会取消贴费办法，并"转饬各商对于外国银行所拟前项办
法务与银钱两业取一致主张，以重国法而维主权"。③ 迫于天津华商各界的
压力，6 月 9 日，外商银行公会将贴费取消。④ 至此，现码界限基本消除，
银钱业在公库冲账办理"甚为便利"。⑤

（二）防止现洋出口

　　公库设立前后，恰逢国际市场银价低落之时，而作为以银为主要币材
的国家，中国银价相对较高，由此导致国际收支恶化，白银流入增加。
1933 年 12 月到 1934 年 8 月，美国政府实施白银法案，国际市场银价一路
飞涨，中国白银大量外流，银根奇缺，金融机构、工商企业纷纷倒闭，经
济濒临崩溃。⑥ 此时，中国已实施"废两改元"，现洋私运出口成为白银外
流的重要形式。作为津埠吸收现金存款的机构，公库在防止现洋出口方面
亦起到一定作用。

　　1935 年 5 月 8 日，公库分别致函银钱业两公会请其转知各银行号，未
注明"照付现洋"字样的公库支票，只具备转账功能；注明"照付现洋"
的公库支票，须由出票家注明用途；由别家代取者，由取款家为支票背书
负责，并经公库查验无误后方能付给现洋，"以期于市面实际需要及防止

① 卞白眉 1933 年 5 月 13 日日记记载道："花旗仍不收我行支票，且谓外国银行商定，每现
　　洋一千元须贴水一元。"参见《卞白眉日记》第 2 卷，第 222 页。
② 《天津市银行业同业公会为外国银行对华商银行号支票等收费事致公库》（1933 年 5 月
　　19 日），档案号：J0129 - 003 - 005361。
③ 《照抄天津市商会第二五五号通令》（1933 年 6 月 1 日），《新华信托储蓄商业银行天津分
　　行档案》，档案号：J0203 - 001 - 000422。
④ 《照译天津洋商商会六月十二日致银行公会函》（1933 年 6 月 12 日），《中南银行天津分
　　行档案》，档案号：J0212 - 001 - 000119。
⑤ 《廿二年六月十六日银钱业联席会》（1933 年 6 月 16 日），档案号：J0212 - 001 - 000119。
⑥ 中国银行行史编辑委员会编著《中国银行行史》，中国金融出版社，1995，第 299~301 页。

私运二者俱能兼顾"。① 并于 5 月 13 日分别致函中央银行天津分行及外国银行华账房等往来户。7 月 24 日，公库再度致函两公会请其转知各银行号，凭公库支票取现时，如果数目较大，需要银行或钱业公会开具确系正当用途的证明函，② 并请中央、中国、交通三行与外商银行洽妥，外商银行向公库或华银行支取现洋时，需由其出具证明书交存公库或付款银行，各华商银行号与外商银行往来，如有现洋收付，应一律托由公库办理，并由公库签具证明书。③ 9 月 5 日，为增加公库收付，集中华商银行号力量起见，银钱业又议决办法，各银行号购买关金及结付进口货款，宜一律用公库支票；各银行号所收外商银行汇款条及小支票应一律送请公库代为收账；公库会员对于公库宜尽量多存款项并增加收付。④

由于资料所限，我们很难判定公库在防止现洋出口方面的作用有多大，但档案资料为此提供了一定的佐证。1936 年 3 月 7 日，津埠 45 家银号联名致函发行准备管理委员会天津分会，其中提到，"惟念津市今春当白银外溢正在吃紧之际，敝号等为保全国脉起见……迫于主席迭次之督促以及公库议案之严重，曾将所有现金一致存储公库，俾免奸人偷漏"，"所幸津市金融虽在白银外溢之时，而市面异常平稳。彼时情况即无法币之实行，固早收现金集中保管之效果，证之法币实行之日市面安靖如常，较诸他埠恒有足多者"。⑤

前面介绍业务时，将公库的现金存款类比为中央银行的准备金。实际上，公库不仅可以通过这一"准备金"调剂现洋供应，减少番纸需求，进而消除现码界限，亦可通过对其施加一定限制，防止现洋出口。在一定程度上，它起到了中央银行调剂货币供应和管理货币流通的作用。但同时我们必须看到，公库并不是孤立地起作用，其作用的发挥，离不开其他商人组织（例如银钱业两公会、商会等）的支持。

---

① 《关于取缔私运现洋文件》（1935 年 5 月 13 日），档案号：J0129 – 003 – 005341 – 001。
② 《关于取缔私运现洋文件》（1935 年 8 月 2 日），档案号：J0129 – 003 – 005341 – 001。
③ 无标题（1935 年 9 月 23 日），档案号：J0129 – 003 – 005571。
④ 《关于取缔私运现洋文件》（1935 年 9 月 5 日），档案号：J0129 – 003 – 005341 – 001。
⑤ 《关于同裕厚号等 45 家现金存公库冻结无法兑法币给发行准备管理委员会天津分会的函》（1936 年 3 月 7 日），档案号：J0129 – 002 – 001593 – 007。

五 结语

综上所述，公库是在日本侵华战争背景下，平津金融市场"现疲码俏"，造成市面授受及同业汇划困难，由银钱业两公会援引沪埠成例共同组建而成的。公库成立后，吸收同业现金存款，办理同业票据清算，不断提高票据清算效率，逐步成为津埠专门的票据清算机构，也是近代天津票据清算制度从分散落后走向集中统一的标志。努力消除现码界限，防止现洋出口，在一定程度上担当了现代中央银行调节货币供应、管理货币流通、办理同业票据清算的职能。

虽然津埠对于统一的票据清算制度有着内在需求，但公库的制度演进也受到客观社会环境的制约。1927年提出筹设公库之初，公库的职能定位主要是保证同业存款安全以及弥补可能的现洋短缺。随着"宁汉合流"，上海当局禁现外流令作罢，公库职能定位才又回到票据清算。而筹设公库之议的搁浅，在很大程度上是由于旧有清算制度削弱了对公库的制度需求。正是在日军侵华的背景下，平津金融市场"现疲码俏"，金融界对于建立相对完善的票据清算制度的需求才愈加强烈。于是，公库应运而生。

需要指出的是，吸收现金存款始终是公库的业务，但其作用在不同时期则有所侧重。公库成立初期，其作用除了凭此取得公库支票以利同业清算轧差外，还具有吸收市面浮游现洋、调节市场货币供应量的作用；现码界限消除后，其主要作用是便于同业清算轧差；而到了"白银外流"的特殊历史时期，则可以借公库防止现洋私运出口。但公库最终的归宿或职能定位是同业票据清算的专门机构。诚如卞白眉所言，"津沪两地不以成立公库为最终目的，日就月将，仍以能成立纯正票据交换所为趋向也"。[1] 公库不过是票据交换所的过渡形式。不同的是，上海是在联准会兼营票据清算业务的基础上，很快建立了专门的票据清算机构——上海票据交换所，而天津则是公库逐渐演化成专门的票据清算机构。就服务对象而言，联准会及票据交换所都是上海银行业的组织，其服务对象主要是沪埠华商银

---

[1] 卞白眉：《天津市银行及钱业两公会合组公库之经过及其将来》，《银行周报》第16卷第43期，1932年，第11～15页。

行；而公库从始至终是天津银钱业共同的组织，其服务对象不仅包括会员银行号，还包括华账房在内的往来户。①

津埠建成纯正票据交换所，即其金融同业票据清算制度的最终完善，固然存在银行号个体利益考量、公库信用、同业对新事物的接受过程等方面的困难，但这些都是在主观方面，客观方面的制约则来自当时复杂的社会环境。连年的军阀混战导致中央政府权威的缺失，因此，正如吴承禧在其《中国的银行》一书中所指出的那样，民国时期虽有中央银行之设，却并未真正承担起现代中央银行的职责。② 公库虽然在某种程度上承担了中央银行的某些职责，但远不能取代中央银行的存在。我们看到，在南京国民政府逐渐取得相对的权力垄断，并进一步推行法币改革后，公库存在的必要性就只在于"俾同业得有集中划账机关"。到此时，纯正的同业票据清算机构——票据交换所就呼之欲出了。但直到抗战胜利后，随着中央银行主持全国票据清算地位的最终确立，近代天津票据清算制度演进才暂时告一段落。

最后，公库的历史实践也为当前行业协会商会改革提供了重要启示。美国著名经济学家奥尔森在其《集体行动的逻辑——公共物品与集团理论》一书中，深刻地揭示了集体行动的困境：即使存在共同利益，由于理性个体"搭便车"倾向的存在，集体行动的机制也很难达成。但选择性激励机制的存在，有利于摆脱这一困境，从而使个体利益与集体利益趋向一致。③ 而公库正是通过其业务开展，向会员提供了持续的选择性激励，使自身的吸引力不断增强。当然，我们也不能对公库有过高的评价，公库活动的背后到处都是代表津埠银钱业共同利益的金融家们的影子，或者进一步讲，公库只是为金融家们提供了一种集体行动的组织形式或平台，甚至在某一具体问题上，它只是金融家们集体行动的一个环节。因此，更值得人们关注的，也许不是组织的形式，而是组织作为集体行动的制度建构的

---

① 石涛：《近代中国票据交换制度演变探析》，《哈尔滨商业大学学报》（社会科学版）2012年第1期，第69~77页；万立明：《上海票据交换所研究（1933~1951）》；郑成林：《近代上海银行联合准备制度述略》，《华中师范大学学报》（人文社会科学版）2008年第5期，第70~77页。
② 吴承禧：《中国的银行》，岳麓书社，2013，第129~131页。
③ 〔美〕曼瑟·奥尔森：《集体行动的逻辑——公共物品与集团理论》，陈郁、郭宇峰、李崇新译，格致出版社、上海人民出版社，2018，第1~5页。

生成逻辑。在充满风险和不确定性的现代市场经济中，理性的市场主体是其个体利益的最好维护者，但它们的共同利益却需要市场主体以集体行动的力量共同面对，而作为一种基于行业共同利益的企业联合体，行业协会商会既是政府进行经济管理的社会组织，也将在市场秩序维护、社会治理机制创新等方面发挥不可或缺的作用，政府可以通过顶层制度设计，支持和引导市场主体创造和实现更多更有效的集体行动机制。

作者：张百顺，山西师范大学经济与管理学院

（编辑：刘凤华）

城乡差别与官绅失和：
上海县的教育行政（1905~1923）*

祁　梁

内容提要　1905~1923 年上海县的教育行政可以分为绅商自治（1905~
1913）和军阀统治（1914~1923）两个时期。前一时期上海县的教育行政
在县级由上海县劝学所、上海县知事公署与上海县教育会共同负责，在市
乡级主要由南市自治机构学务科负责，教育经费的筹募与使用表现出从科
举制到学堂制的过渡性质，且城乡教育差别开始显现，这一差别主要体现
在城乡教育经费与入学率上。后一时期上海县的教育行政在县级由上海县
知事公署、上海县劝学所、上海县教育会与上海县教育款产经理处共同负
责，在市乡级主要由上海县各市乡学务委员与各市乡经董办事处负责，教
育经费的筹募与使用遭遇了官员克扣、绅士懈怠的困境，城乡教育差距进
一步扩大，官绅失和也加剧了教育失衡。

关键词　上海县　教育行政　城乡差别　官绅失和

一　引言

清末废科举、兴学堂，教育与选官制度发生重大改革，学人有目之为
"千年未有之变局"者。目前学界围绕该问题的探讨也蔚为大观，其中聚

---

*　本文是国家社科后期资助项目"上海老城厢地区市政治理变迁研究（1905-1923）"（项
目号：20FZSB085）的阶段性成果，同时也受到了"郑州大学人文社会科学优秀青年科研
团队培育计划"（项目号：2020-QNTD-02）的资助。

焦重点之一在于近代知识与制度的转型，尤其是科举停置对于当时广大地方学子，如山西举人刘大鹏等的冲击影响，被予以充分的讨论。① 各地士人对于新旧学制与中西学问的因应采择，也有一些研究。② 此外，教育行政制度的出现和建立过程，也是值得探讨的重要领域。

清末新政的一个重要标志，即是学部的成立。学部对于学制的规划、学堂的建立、教科书的编纂和审定、地方教育行政的指导等，付出了极大的努力。从中央层面对此过程予以充分研究的，有关晓红的《晚清学部研究》③，以及刘建的《中国近代教育行政体制研究》④。学部对于地方教育行政体制的大体规划是，成立劝学所，督导地方学堂建立和教育事务展开，同时，为弥补官方劝导之不足，鼓励地方士绅出面成立教育会，辅助劝学所开展教育业务。这种官绅并举的双轨体制，是清末新政改革时期的重要特色。学界对于清末民初省级和州县级教育行政体制的研究，也有一定的成果，包括安徽、甘肃、江苏、直隶、四川、湖北的省级和州县级教育行政体制。其中较为优秀的有高俊的《清末地方教育行政体制的确立》，该研究以江苏省宝山县1907年至1912年汇编的历年学事资料为基础，梳理了宝山县劝学所和教育会章程的出台、地方学务机构的架设、学务经费的筹募及使用、私塾改良与学堂规范、劝学所章程的改订及其在府一级的设置等，其结论为清末地方教育行政体制中劝学所与教育会分工明确、职能互补，对于维护地方教育行政的完整起到了较好的作用。⑤ 至少在江苏省宝山县是如此，至于在其他地方是否仍如此，则值得进一步的探讨。

上海县作为清末时期宝山县的邻县，扼冲要繁难之地，处中西交会之所，自1843年开埠以后，当风气之先，租界设立的教会学校及其教育制

① 参见罗志田《科举制的废除与四民社会的解体——一个内地乡绅眼中的近代社会变迁》，氏著《权势转移：近代中国的思想、社会与学术》，湖北人民出版社，1999；关晓红《科举停废与近代乡村士子——以刘大鹏、朱峙三日记为视角的比较考察》，《历史研究》2005年第5期；〔英〕沈艾娣（Henrietta Harrison）《梦醒子：一位华北乡居者的人生（1857～1942）》，赵妍杰译，北京大学出版社，2013。
② 参见曹南屏《阅读变迁与知识转型：晚清科举考试用书研究》，社会科学文献出版社，2018；徐佳贵《乡国之际：晚清温州府士人与地方知识转型》，复旦大学出版社，2018。
③ 关晓红：《晚清学部研究》，广东教育出版社，2000。
④ 刘建：《中国近代教育行政体制研究》，上海教育出版社，2014。
⑤ 高俊：《清末地方教育行政体制的确立》，《社会科学》2015年第7期。

度，为华界教育改革与知识转型起到了一定的示范作用。① 有关清末民初上海县的教育行政体制研究，目前学界较少涉及，主要有施扣柱对于上海县公立、私立学校管理模式与教育收费的研究，且聚焦于民国时期。② 而对于清末民初上海地方教育行政体制如何建立和运作，尤其是教育行政机构及其治理范围、教育经费的筹募与使用、教育行政的效果与问题等，缺乏深入分析或探讨。因此，笔者将根据《申报》和其他地方报刊，《江苏省上海市自治志》和其他地方志，《上海求学指南》和《上海县教育状况》等地方教育资料，试做探讨研究，以期以清末民初上海县为例，说明其教育行政体制的变迁。

二 县市分治与以绅辅官：绅商自治时期
上海县的教育行政（1905～1913）

（一）教育行政机构及其治理范围

上海县在清末民初时期作为县一级行政单位，其下还有"市"和"乡"级行政单位，而"市"和"乡"是同级单位，区别在于分别指称上海县内的城市地区与乡村地区。这一制度也被称为"市乡制"。1914年上海地方自治取消时，原自治机构人员之一杨逸将自治文件汇编为《江苏省上海市自治志》，这个"市"特指市政自治机构所在的南市，③ 而南市则从属并半独立于上海县的管辖。④ 县级行政单位下设市级行政单位，和如今中国的行政区划制度正相反，而和欧美国家及日本的行政区划相近。

① 施扣柱：《民国时期上海公立学校的管理研究——以市立学校为中心》，《史林》2011年第5期；施扣柱：《民国时期上海对私立学校的管理模式》，《社会科学》2007年第2期；施扣柱：《民国初期教育收费研究——以上海为例》，《史林》2003年第6期。
② 陈章国：《试论教会学校和上海教育近代化的关系》，《杭州师范学院学报》（社会科学版）2006年第3期；周振鹤：《晚清上海书院西学与儒学教育的进退》，《华东师范大学学报》（哲学社会科学版）1999年第5期。
③ 1843年上海开埠，英国人、美国人和法国人陆续迁入上海建立租界，上海的华界被切为南北两部分，其中南面包含上海县城以及城外的东、西、南三面，叫作"南市"，是法租界十六铺以南的统称，英租界以北的华界地区则被称为"闸北"。
④ 在《江苏省上海市自治志》中，自治绅士上书对象大多为上海道台，道台之职分守道和巡道，苏松太道台下辖苏州府、松江府和太仓州，因治所在上海，故简称上海道台，但其行政级别比县令和州官都要高，而低于总督、巡抚。

这一点对于本文将教育行政机构的转变关键节点定在 1913 年至关重要，原因在于 1905～1913 年上海县下属的南市和闸北市分别成立了自治机构，自治绅士对于本市的所有公共事务有了治理权与征税权（包括教育事务在内）。而 1914 年袁世凯在全国范围内取消了地方自治，并派郑汝成作为上海镇守使进驻上海，在南市（也称为"上海市"）和闸北市仿照天津制度成立了工巡捐局，主管路政和卫生；在上海的城市和乡村地区又广泛设立了市乡经董办事处，主管教育和慈善。因此，直至 1923 年取消工巡捐局，恢复市公所为止，上海县内的教育行政制度变迁可以被划分为绅商自治时期（1905～1913）和军阀统治时期（1914～1923）。

下面将分述上海县县级和市乡级教育行政机构的名称及其治理事务的范围。首先是县级教育行政机构。

（1）上海县劝学所与上海县知事公署。清末设立学部统管全国教育事务后，又在各省设立提学使或学务公所，遵从学部指令，管理省内教育事务，与督抚名义上平级。又在基层行政单位设立劝学所，置学务总董（一般由县视学兼任），与府厅州县长官名义上平级。劝学所内设立劝学员，主管基层教育行政事务。① 劝学所的一般职能包括讲习教育、推广学务、实行宣讲、详绘图表等，其中推广学务具体包括劝学、兴学、筹款、开风气等。对于劝学员要求明确权限，考核功过。②

（2）上海县教育会。学部在各省行政基层单位设立劝学所之后，又于 1906 年 7 月上奏成立各省教育会。教育会的宗旨，在于"补助教育行政，图教育之普及，应与学务公所及劝学所联络一气"。教育会的会务，包括设立教育研究会以增进学识，设立师范传习所，调查境内官立私立各种学堂事项（教授情况、教课图书器具、校内卫生、学生行为风气），统计境内教育情况并报告，向提学司及地方官条陈建议，开宣讲所，筹设图书馆等。③

以上为清末民初上海县县级教育行政机构的大体情况，而市乡级教育

---

① 《清末教育行政组织系统图（1906 年）》，朱有瓛等编《中国近代教育史资料汇编：教育行政机构及教育团体》，上海教育出版社，1993，第 99 页。
② 《学部奏定劝学所章程（1906 年 5 月）》，朱有瓛等编《中国近代教育史资料汇编：教育行政机构及教育团体》，第 60～63 页。
③ 《学部：奏定各省教育会章程折（1906 年 7 月 28 日）》，朱有瓛等编《中国近代教育史资料汇编：教育行政机构及教育团体》，第 247 页。

行政机构则有两个。

（1）上海县南市自治机构学务科。上海县南市地区在1905年掀起了绅商主导的自治行动。南市总工程局成立之初并未设立教育行政机构，1910年改称上海城自治公所以后，于1910年1月成立了学务科，首任学务专员为杨保恒。1912年民国建立后，南市自治机构改称上海市政厅，学务科学务专员先后有丁熙咸和贾丰芸。① 学务专员的职责主要是会同上海县劝学所，筹办所有应办学堂，列入当年学务预算。② 有资格成为学务专员者，包括毕业于师范学校者、曾任小学校校长或教员者。1912年12月，学务专员改称学务委员。

（2）上海县各市乡学务委员。1912年12月，江苏省民政司教育科命令将之前城镇乡已有的学务专员改名为学务委员，并颁布了《江苏市乡学务委员服务规程》，规定市乡学务委员由市乡总董或乡董委任办理本市乡教育事宜，包括规划教育事务，调查学龄儿童数，拟具应设小学校之数及其位置并酌拟分年推广之次序，拟具经常费内教育费应占之分数，调制教育费概算并汇编决算，核定学龄儿童之就学及出席状况，考核各学校编制学级及教员厘定学科课程事宜，考核各学校教授管理训育事宜，规划社会教育事宜，等等。③

以上即上海县在1905~1913年县级与市乡级教育行政机构的概况，由此可知上海县在县级行政单位一级落实清廷学部教育行政改革方面较为积极，较早成立了县劝学所与县教育会，并以县视学和县知事公署教育科为纽带，联络官绅，进行的教育合作，其中县劝学所的设立明显带有从科举时代过渡而来的痕迹，表现在其场所的设置和经费的筹募上。县教育会的治理范围与县劝学所有所重合；而市乡一级的教育行政则较为滞后，仅在老城厢南市地区较早开展，而上海县其他各市乡的教育行政建设则在这一时期几乎未进行。这表明教育行政的城乡差距开始显现。

---

① 《上海市自治各科办事主任表》，杨逸纂《江苏省上海市自治志》（一），台北：成文出版社，1974年影印本，第47页。

② 《上海城自治公所大事记》，杨逸纂《江苏省上海市自治志》（一），第159页。

③ 《县民政长吴奉文照会学务专员改称学务委员文》，杨逸纂《江苏省上海市自治志》（三），第816~817页。

（二）教育经费的筹募与使用

教育之难，首在经费。废科举而兴学堂，经费无着是各地办学面临的基本困境。1905 年上海县发起学务公所时，各绅董集议，议决以积谷息款为全邑兴办蒙小各学之用，以旧学地基房屋为学务公产，以宾兴、计偕为升送省城高等、京师大学贴费，以蕊珠款专办师范。那么这些经费的运用效率如何？以积谷息款的运用为例，1907 年 1 月上海县漕河泾明强学堂教员唐尊瑶在《申报》上发表致上海学务公所的公开信，声称明强学堂原为旧有之义塾改良而来，原来每年修缮房金 84000 文左右，后遵《奏定学堂章程》改设为初等小学堂，收学生 22 人，教员为唐尊瑶父子二人，且根据章程不收学费，不领商捐，只仰谷息而生存，但 1906 年并未收到谷息补贴。他质问学务公所，全县有 140 所学堂，是否其他学堂也有像明强学堂这样的情况。而且他听说梅家弄学堂学生只有 8 人，教员只有 1 人，却先领到谷息款，他质疑发放谷息款的标准到底是什么。[①] 从这个案例可以看出，清末上海县教育经费并不充足，且在使用过程中存在着不透明、不公正的弊端。针对教育经费不足的问题，1907 年上海人沈亮榮在《南洋官报》发表文章提出"普及教育节省经济"的建议，具体而言分为：教育权与教育经济权归并一处，通力合作不分畛域；人人知教育为国民之义务，各分担经费；一学堂可兼容数校；等等。[②] 基本上不外乎开源节流。

通过近代报刊与方志资料可以看出：第一，清末上海县教育经费的初次筹募是科举制过渡到学堂制的转轨产物，利用积谷息款、旧学地基、宾兴、计偕、蕊珠款等与原科举制挂钩的积储、地方公产和学务收入，来补贴新成立的学堂或师范，是废旧立新的无奈之举，也是当时通行的做法。第二，县教育经费的支出和使用情况存在着不透明、不公正的弊端，有徇私舞弊和因私废公的嫌疑。第三，无论是县教育抑或市乡教育的收支都非常不平衡，教育支出远大于教育收入，县财政和市乡财政对教育（主要是小学堂）进行了大量的补贴，这一方面表现出政府对教育的重视，另一方面也表现出教育经费的困难。第四，民国建立后前两年的县教育收入在数

---

① 《漕河泾明强学堂教员唐尊瑶致上海学务公所函》，《申报》1907 年 1 月 2 日，第 2 张第 9 版。

② 沈亮榮：《普及教育节省经济条议》，《南洋官报》第 93 期，1907 年，第 77～79 页。

额上小于南市教育收入，县教育支出在数额上小于南市教育支出，县教育支出占县总支出比远大于南市教育支出占南市总支出比。这说明县教育经费所补贴的学校范围包含了上海县全境而且偏向于补贴乡村地区学校，平均每校补贴数额较少，而南市凭借其所处之城市地区商户集中的优势可以多收多用教育经费，城乡教育差别越来越明显。

（三）教育行政的效果与问题

通过以上分析可以看出，上海县的教育行政在清末民初已算在全国领先之列，公立与私立学校的数量与质量均为可观。这一时期官绅之间基本实现了通力合作，共谋发展教育，虽然在实施过程中存在着一些瑕疵，不过其态度甚为积极，方法亦为妥当。这一时期教育行政的最大问题是城乡差距的显露。虽然在科举时代城乡教育差别已经有所表现，但州县学和书院能吸收乡村的才俊，致仕或不仕的绅衿也可以乡居开塾而回馈乡里。进入学堂时代后，乡村地区由于财政和社会方面的原因，建立学堂的数量和质量开始落后于城市，城乡教育差别愈来愈显著。

仅就上海县而言，曾在清末上海县劝学所与民初上海县知事公署学务课（后改名为教育科）长期任职的李宗邺对此深有体会，他1912年在《群学会杂俎》上连载了文章《上海小学教育谈》，试图分析解决此问题。

就如何解决上海小学教育问题，他提出应该统筹财政之来源，默察社会之现状，以定分年推广之次序。按照其他国家的通例，国家愈文明，国民负担愈重，他认为民国税则仅就忙漕而论，忙银每两附税三角，漕米每石附税一元，带征陋规革除净尽，人民负担比清代为轻，即使每年增加附税十分之一，每亩均计不过增加一角有零，贫民亦能负担。其中三成提归县费，其余全充教育经费，可增加 50000 余元，加上市乡原有教育经费，合计 140000 余元，只要征得县议会的同意，不难实行。①

李宗邺的分析，认识到了上海县城乡教育差别的严峻性。从教育行政的角度，他提出了财政上开源节流的办法，试图用大量建校的方法来逐渐

---

① 李宗邺：《上海小学教育谈》（续第 1 册），《群学会杂俎》第 1 卷第 2 期，1912 年，第 19～22 页。

缩小城乡差别。但在实际运行上，清末时期新政实施的财政开源已经导致诸多乡民暴动，抗捐抗税，政府新增的学务捐、警察捐、卫生捐、慈善捐等捐税就各部分看负担不重，合起来则使乡民无法承受，[①] 势必有所窒碍；随着 1913 年地方自治的取消，上下官员队伍的扩充，节流也面临着巨大的难题。

三 以官统绅与城乡差距：军阀统治时期 上海县的教育行政（1914～1923）

（一）教育行政体制及治理

1914 年，袁世凯在"二次革命"失败后占领上海，并在全国范围内停办地方自治。随后，袁世凯嫡系上海镇守使郑汝成设立了上海工巡捐局，借以替代原有的自治机构上海市政厅，褫夺其市政治理权，意味着上海市乡由绅商自治转为军阀统治。郑汝成委派外交委员杨南珊会同县知事洪锡范，将上海市政厅的财产、账簿、卷宗等先行接收保管，3 月，参仿天津办法，改市政厅为工巡捐局，管理工程、卫生，以及征收关于工程、卫生之捐税，学务则划归上海县公署办理。工巡捐局至 1923 年收回绅办，改为市公所，1923 年上海市公所成立至 1927 年国民党进驻上海，是一个短暂的过渡期。

停办地方自治对于上海县县级和市乡级教育行政机构均有一定的影响，主要在市乡级层面。军阀统治时期上海县县级教育行政机构主要有以下几个。

（1）上海县知事公署与上海县劝学所。民国初创，南京临时政府裁撤各县劝学所，要求于县公署设第三科，专管教育事宜。1913 年 7 月教育部又通令各省，由于各县情形不一，一律暂留劝学所。1915 年教育部拟定了劝学所及学务委员会规程，1916 年教育部公布《地方学事通则施行细则》和劝学所、学务委员会规程施行细则。1922 年全国学制会议决议改劝学所

---

① 参见黄东兰《清末地方自治制度的推行与地方社会的反应——川沙"自治风潮"的个案研究》，《开放时代》2002 年第 3 期。

为教育局。①

劝学所的主要职能是辅佐县知事办理教育行政事宜，并总核各市乡教育事务。由教育厅长委任所长一人，由县知事委任劝学员二人至四人，必要时可设置临时劝学员，此外可设书记一人至三人。劝学所的具体治理范围包括，义务教育之调查及劝导督促，查核各学区之位置及其联合，各区学务委员会之设置，查核各区学龄儿童之登记及其就学免缓，经管县属教育经费编制预算、决算并稽核各区教育经费处理纠纷，查核各学校之建筑及设备，核定区立各校之学级编制及科目增减，县立、市立、私立代用学校之考核，改良私塾，社会教育，学校卫生，统计报告，等等。② 1920 年以后，上海县劝学所花了很大精力推广义务教育（或称"强迫教育"），树立典型，落实教育厅要求。③

此外，1912 年根据教育部划分学区的要求，上海县划分了六个学区：第一学区包括上海市、闸北市、引翔乡；第二学区包括蒲淞市、法华乡；第三学区包括高行乡、陆行乡、洋泾市、塘桥乡；第四学区包括三林乡、陈行乡、杨思乡；第五学区包括漕河泾乡、塘湾乡、曹行乡；第六学区包括闵行乡、马桥乡、颛桥乡、北桥乡。④

（2）上海县教育会。民国建立以后，上海县教育会的组织并未有很大变化，每年县教育会开常会，选举产生新的会长和副会长。1914 年至 1923 年担任过上海县教育会会长职务的有李宗邺、吴馨、贾丰臻、李味青、贾丰芸，担任过上海县教育会副会长职务的有姚文枏、贾丰臻、丁熙咸、曹栜，这些人担任职务的时间为一届至三届不等。⑤ 上海县教育会更像是江苏省教育会的下属机构，民国时有人认为上海县的教育事务在 1927 年国民党进入上海前主要是被江苏省教育会把持。⑥

---

① 朱有瓛等编《中国近代教育史资料汇编：教育行政机构及教育团体》，第 141～162 页。
② 民国《上海县志》卷 7《教育行政》，1936，第 2 页 a 至第 3 页 b。
③ 《江苏教育厅指令第五百十二号（呈为据报指定试办义务教育区域及学龄儿童书目绘图列表据情陈祈鉴核）》，《江苏省公报》第 2215 期，1920 年，第 9 页。
④ 《县乡教育行政人员一览表（民国六年八月）》，上海县知事公署编《上海县教育状况·职员》，1917，第 22 页。
⑤ 民国《上海县志》卷 7《教育行政》，第 6 页 a 至第 7 页 a。
⑥ 章章：《上海教育界史料之一·上海教育界运动小史》，《上海周报》第 1 卷第 17 期，1932 年，第 326～327 页。

（3）上海县教育款产经理处。前已述及，1912～1918年江苏省各县裁撤了劝学所，由县知事公署直接掌管教育行政事宜。1914年全国停办地方自治，在此情况下，江苏各县的教育行政发生了各种混乱情形。据江苏省视学员在各县的调查，停办自治机关后，有的县、市、乡界限不分，有的附税所入从不支配于教育费，有的不照预算案支给，有的由学校自行管理公产，尤其是大多数县公署第二科掌管了教育行政后，有所需用随时支领教育费。于是各小学难于领款，引起恐慌情绪。教育部在自治停办后令县知事遴选公正士绅为学董，但没有详细规程，学董难免负虚名而无实效。各县无一教育行政责任机关，则教育费无法按数支拨，学校难领款，官署常应付，不免情势隔阂，官民相疑。于是江苏省公署制定了《江苏各县教育款产经理处暂行规程》和《修正筹划县市乡教育费规程》，规定各县教育款产包括：县有各种公款息金、县有各种公产租金、县有各种捐税、县有忙漕税、市乡有各种公款公产捐税、市乡有忙漕税等。① 在此背景下，上海县也成立了教育款产经理处，附设于公款公产经理处之下，② 总董为丁熙咸。然而官员贪墨，绅董灰心，不再竭力维持教育，1916年江苏省公署向上海县教育款产经理处总董丁熙咸转发教育部的咨文，并令其切实维持教育费的筹募和扩充。③ 江苏省公署又下令斥责各县市乡应得附税或未实发，地方固有学款或挪作他用或充私人用款，弊窦丛生，教育款产经理处空有虚名而无实效者亦不少，令各县清查亏欠及挪用教育费的情况，从速设法补回，以后再有私自挪用者按法惩罚。④

以上为这一时期上海县县级教育行政机构的大体情况，而市乡级教育行政体制则为：

（1）上海县各市乡学务委员。前文述及，1912年12月，江苏省民政司教育科命令将之前城镇乡已有的学务专员改名为学务委员，并颁布了《江苏市乡学务委员服务规程》，在上海县划分了六个学区。而上海县各市

① 《江苏巡按使公署饬第一千七百七十二号（订定各县教育款产经理处暂行规程）》，《江苏省公报》第294期，1914年，第2～8页。
② 民国《上海县志》卷3《财用》，第12页a。
③ 《案奉江苏省公署第一〇四一号训令内开案准》，《上海县教育状况·文牍》，第7页。
④ 《案奉江苏沪海道道尹公署第一四七号训令内开案奉、省公署训令第一二六〇号令内开案准》，《上海县教育状况·文牍》，第7～8页。

乡学务委员就任则迟至1914年方进行，其中原因主要和停办地方自治、袁氏北洋政府势力深入上海有关。根据县知事的任命，六个学区的学务委员分别是：上海闸北引翔市乡学务委员贾丰芸、蒲淞法华市乡学务委员何焕其、洋泾高行陆行塘桥市乡学务委员陆培荣、三林陈行杨思乡学务委员孔祥百、闵行马桥北桥颛桥乡学务委员陈昌凤、漕河泾曹行塘湾乡学务委员朱文杰。这些学务委员大多是上海县本籍，并有留日背景或为师范毕业曾任小学教员。①

（2）上海县各市乡经董办事处。1914年2月上海县奉令停办自治，县公署限令各市乡于3月15日以前造册送署，派员接收，并就固有之市乡分别委任经董、副经董，维持款产，接办公益事宜。市乡经董办事处按办事规程论，为县知事之助理员，辅佐县知事经理该市乡自治事业，② 但空有自治之名。其身份来源于县知事委任而非选举，任职期限亦或长或短无明确规定，实际上是县知事和各市乡学务委员的下属机构，主要负责办理各市乡教育、慈善捐税的征收和事务的摊派。

自停办地方自治以后，上海县的教育行政一度陷入混乱。县知事公署无力独自承办教育行政，教育经费陷入困顿，1914年奉令组织教育款产经理处筹募教育经费，1918年恢复劝学所重新办理教育行政；市乡级教育行政机构在废除了自治机构学务科后，改为委任各学区学务委员和各市乡经董的方式，办理教育行政。在此过程中，由于权责不统一、经费管理混乱，上下之间的官绅矛盾成为不可忽视的教育行政妨害因素。不过，上海县各市乡委任经董、副经董办理教育行政及其他事务，改变了原来唯南市地区才有教育行政机构的情况，客观上在一定程度上起到了缩小城乡教育差别的作用。

（二）教育经费的筹募与使用

如前所述，停办地方自治以后，由于官员、绅士失去监督，教育经费屡遭挪用克扣，教育事业一度陷入困顿。1914年江苏省公署命令各县成立教育款产经理处时，一再要求厉行节俭，声称"已经成立（之各县教育款

---

① 《县市乡教育行政人员一览表（民国六年八月）》，《上海县教育状况·职员》，第22页。
② 民国《上海县志》卷2《政治》（下），第15页b。

产经理处），各县所定总、副董公费及员额薪水，果能按照款产多寡、事务繁简，折中酌定者，尚居少数，甚有一县全年公款收入无多，而经理处支出几及岁入之半者，似此任意滥支，安望其处理之悉当？须知机关支出多一分，教育经费即少一分"，① 足见当时各县官员侵吞教育经费的现象屡见不鲜。与此相应的是，绅士、经董、校长们对于教育款产捐税的调查漫不经心，漏报瞒报亦属常见。根据县视学的报告，江苏各县"所有关于教育之公款公产及各种捐税，或归旧时士绅保管，或归学校校长经理，其收支账目及基本数额，向无真确之报告，加以自治停办后，教育原有之款产捐税，非隐匿不报，即停止征收，类多无从稽核。此次奉饬调查后，曾一再向经管之绅董及校长等接洽，均含糊答复，未据从实报到"。② 从这两个例子可以看出当时上下离心的情况。除此以外，还有三件事可以反映出上海当时教育经费筹募与使用的混乱情形。

一是 1920 年上海灾荒导致的教育经费减额。上海县劝学所和教育会联合向江苏督军李纯与省长齐耀琳发电报，称义务教育推行在即，上海米价腾贵，而枫泾扣留之私米，尚不速发平粜，势将霉烂，而大失官厅信用，请悉数发沪官卖，且定以极廉之价，收入全充推广义务教育费。③ 可见军阀统治下政府对于教育极为忽视，江苏各县官员克扣教育经费实属上行下效。与此相似的是，1924 年淞沪护军使何丰林提借上海县积谷款 106200 元而长久不还，④ 积谷款向来被用作贴补教育费用。

二是 1921 年旧松属教育慈善款产争夺案。明清时期江苏省松江府下辖七县，分别为华亭县、上海县、青浦县、奉贤县、娄县、金山县、南汇县，民国时废除松江府并将华亭县、娄县合并为松江县。科举制和松江府都废除后，原有的府学洒埽田与融斋书院应归何县，六县争执不下。最后经江苏省公署裁决，决定于融斋书院原址办理旧松属七县县立乙种农业学校一所，府学洒埽田与之一同处理，其他教育款产经松江县办理已久者，

① 《江苏巡按使公署饬第四千六百六十一号（饬各道尹转饬各县拟订节减教育款产详候核定再行动支）（不另行文）》，《江苏省公报》第 353 期，1914 年，第 5～7 页。
② 《饬第六千九百十三号（饬切实调查教育款产捐税填表送核由）》，《江苏教育行政月报》第 12 期，1915 年，第 32～33 页。
③ 《致李督军齐省长请将私米发沪官卖推广义务教育经费代电（联合上海县教育会上海县劝学所发）》，《江苏省教育会月报》1920 年 6 月，第 7～8 页。
④ 民国《上海县志》卷 2《政治》（下），第 37 页 a。

不许其他任何一县插足。[1] 旧松属教育慈善款产争夺案是旧有教育与行政制度的产物，同时也反映出清理教育款产的复杂性。

三是 1922 年推广义务教育的经费问题。江苏为推广义务教育成立了义务教育期成会，同时为了解决推广义务教育的巨额经费问题，决定成立江苏各县教育款产清理委员会，要求由县公署推选一人、劝学所推选一人、县教育会推选一人，再由县知事遴选熟悉教育之士绅四人，共同清理教育款产，推广义务教育。[2] 在此背景下，上海也以相同的规则成立了上海县教育经费审查会。[3] 付出巨大努力清理教育款产、推广义务教育的事实，从反面衬托出当时义务教育推广的艰难和相关教育经费筹募的困窘。

上海县教育经费包括教育公产的租金和与教育相关的捐税以及其他补贴。下面以 1914～1923 年上海县的财政收支为例，列表说明教育收入与支出情况（见表 1）。

表 1　1914～1923 年上海县教育收支与总收支比例

单位：元,%

	1914 年	1915 年	1916 年	1917 年	1918 年	1919 年	1920 年	1921 年	1922 年	1923 年
教育收入	7747	9596	11026	13200	13864	15000	16385	16670	20137	29703
总收入	144257	179450	256355	195651	194591	196919	268450	230176	236444	281935
占比	5.37	5.35	4.30	6.75	7.12	7.62	6.10	7.24	8.52	10.54
教育支出	38364	103314	109992	63250	67364	58208	61756	70727	94806	103505
总支出	144722	213798	237313	173595	191726	160365	159498	171683	205076	227113
占比	26.51	48.32	46.35	36.44	35.14	36.30	38.72	41.20	46.23	45.57

资料来源：民国《上海县志》卷 3《财用》，第 33 页 b 至第 39 页 a。

表 1 为 1914～1923 年上海县教育收支与总收支的比例情况，而上海县各市乡教育收入与支出情况，目前只有 1923 年的数据，其中市乡教育收入

---

[1]　《江苏省长公署训令第七千一百五十九号（令知解决旧松属教育慈善款产各县争执一案办法转饬遵照）》，《江苏省公报》第 2712 期，1921 年，第 2～3 页。

[2]　《省长训令第七二八八号（十月二日）》，《江苏教育公报》第 5 卷第 10 期，1922 年，第 17～22 页。

[3]　《训令第二二四七号》，《江苏教育公报》第 5 卷第 10 期，1922 年，第 42～45 页。

来源包括附税、捐税、公款息金、公产租金、学费、上年提存积聚金及其他，市乡教育支出去向包括支拨公立学校、补助私立学校、推广学校、积聚金、预备金及其他。上海县各市乡教育总的收支情况如表 2 所示。

表 2　1923 年上海县各市乡教育收支情况

单位：元

	上海市	闸北市	蒲淞市	洋泾市	引翔乡	法华乡	漕河泾乡	曹行乡	塘湾乡	闵行乡
教育收入	90012	20057	12703	5895	18781	7460	4751	4352	3220	8943
教育支出	90054	20057	12703	5895	18781	7460	4751	4116	3220	8973
	马桥乡	颛桥乡	北桥乡	高行乡	陆行乡	塘桥乡	三林乡	陈行乡	杨思乡	
教育收入	5256	1562	2249	5349	6465	2986	3381	2599	4175	
教育支出	5256	1562	2249	5583	6468	2986	3381	2599	10475	

资料来源：民国《上海县志》卷 3《财用》，第 44 页 a 至第 46 页 a。

通过以上资料可以看出：第一，地方自治的停办和军阀统治的深入，使得上海县教育经费陷入了官员克扣与绅士懈怠的困境，教育款产经理处与市乡经董办事处的设立正是这种官绅失和困境的表现，而且这种困境并未好转，教育经费的筹募与使用发生了各种混乱情形。第二，教育收支情况仍然极不平衡，教育支出远大于教育收入，与上述困境相吻合。第三，截至 1923 年，上海县的城乡教育差别没有缩小，而是进一步扩大了。南市教育支出稳步增长至每年 90000 余元的同时，上海县教育支出最少的颛桥乡只有 1562 元，前者几乎是后者的 58 倍，当然两者人口与面积悬殊，但人均教育支出差距仍然巨大。上海县年教育支出在万元规模以上的乡只有引翔乡和杨思乡，其余乡均为数千元不等，城乡教育悬殊。

（三）教育行政的效果与问题

通过上述分析可以看出，1914～1923 年军阀统治时期上海县的教育行政在继续推进的同时也遇到了新的问题。这十年间随着教育经费的投入和学校数量的增加，上海县的教育从表面上看是在扩张的，不过深入分析则可以看出教育行政存在着新旧两个问题：一是以往城乡教育差别的继续存在和持续扩大，二是此时官绅失和的内耗导致教育潜力未得到充分发挥。上文从经费角度探讨了城乡教育差距，下面则从学龄儿童入学率一窥其情形（见表3）。

表3　1917年上海县各市乡学龄儿童入学率

单位：人，%

	上海市	闸北市	洋泾市	蒲淞市	法华乡	三林乡	杨思乡	陈行乡	漕河泾乡	曹行乡
学龄儿童	36898	5817	7221	11061	3578	4464	2899	1995	3182	4339
入学儿童	13687	1516	667	862	399	1314	358	352	511	512
入学率	37	26	9	8	11	29	12	18	16	12

	塘湾乡	闵行乡	马桥乡	北桥乡	颛桥乡	高行乡	陆行乡	塘桥乡	引翔乡	总计
学龄儿童	3456	3606	1566	1067	1367	4860	5280	4311	2636	109603
入学儿童	558	643	511	277	240	396	425	354	855	24437
入学率	16	18	33	26	18	8	8	8	32	22

资料来源：《上海县市乡学龄儿童与就学儿童百分比较图》，《上海县教育状况·图画》。

表3反映了1917年上海县各市乡学龄儿童的入学情况。上海县全县学龄儿童的平均入学率为22%，城市地区上海市和闸北市的入学率分别为37%和26%，都高于平均水平，而乡村地区只有三林乡、马桥乡、北桥乡、引翔乡高于平均水平，其余11个乡全都低于平均水平，最低的3个乡入学率只有8%，足以反映这一时期城乡教育差距在持续扩大的事实。

与此同时，官绅失和导致教育潜力未得到充分发挥，最直接的表现就是教育经费紧张，所补贴的学校和学生平均金额较低。国民党元老、教育家于右任1922年曾发表《上海的小学教育》演讲，他提出上海小学的学费太贵，稍微贫苦一点的人家就没有能力送子女入学。上海小学的校舍和设备情况也十分不理想，由于上海地价高昂，租赁屋宇花费甚多，所租校舍狭窄简陋，学校也缺乏资金购置其他设备。他建议将房捐抽出几成补贴教育，并建议建筑房子时应规划出一片地方建蒙养院。① 这从侧面证明了上海县教育经费紧张的情况。官绅失和导致教育潜力未得到充分发挥，还表现在教育发展的区域失衡上。这种失衡有两个层面：一是城乡教育失衡。虽然这种失衡是城乡经济水平差距的反映，但官绅之间没有通力合作积极缩小这一差距，而是放任其恶化——于右任曾提出应在每个学区内合一区之力建几所规模较大的小学，并设专司小学教育的人员予以指导视察，这一建议并未实行。二是华洋教育失衡。1921年王寅清、柴芷湘编了一部《上海求学指南》，给在上海求学的广大学子提供各学校的信息，以供参考，他们在书中毫不讳言地表示，上海华界的学校在经费、管理、校舍、课程、升阶等各方面都落后于租界的教会学校。② 其中固然有双方财力、制度、文化等方面差别的原因，但华界官绅的懈怠是造成这一局面的重要原因。

四　结语

综上所述，1905～1923年上海县的教育行政可以分为绅商自治（1905～1913）和军阀统治（1914～1923）两个时期。前一时期上海县的教育行政在县级由上海县劝学所、上海县知事公署与上海县教育会共同负责，在市乡级主要由南市自治机构学务科负责，教育经费的筹募与使用表现出从科举制到学堂制的过渡性质，且城乡教育差别开始显现，这一差别在城乡教育经费与入学率上均有所体现。后一时期上海县的教育行政在县级由上海县知事公署、上海县劝学所、上海县教育会与上海县教育款产经理处共同负责，在市乡级主要由上海县各市乡学务委员与各市乡经董办事处负责，教育经费的筹募与使用遭遇了官员克扣、绅士懈怠的困境，城乡教育差距进一步扩大，官绅失和也使教育潜力未得到充分发挥，加剧了教育失衡。

城乡差别和官绅失和，先后成为清末民初上海县教育行政中存在的两

---

① 于右任：《上海的小学教育》，《寰球中国学生会周刊》第104期，1922年，第2～3页。
② 王寅清、柴芷湘编《上海求学指南》上编《通论》，天一书局，1921，第1～11页。

大问题。近代中国开始出现"地方的消失"的困境，这一困境的具体反映即是乡村和小城镇人才的出走，大城市的集聚效应充分显现，而小地方则日就困弱。① 从本文的研究可以看出，教育的城乡差别正是这一困境产生的催化剂，同时也是这一困境的后果。教育的城乡差别导致"地方的消失"，同时"地方的消失"也使得教育的城乡差别不断扩大。明清时期乡绅城居多出于娱乐和避难的目的，士绅们不仅在城市"品味奢华"和"优游坊厢"，② 也存在"小乱避城，大乱避乡"的行为。乡绅在乡村居住，则有着土地、书院、馆塾、宗族关系等多种因素的牵绊。自清末废科举、兴学堂以后，乡绅面临着子女如何获取优质教育资源的现实问题，而乡村与城市之间愈加明显的经济差距和教育差距，使得新一代的知识人不得不出走城市，接受城市文化和西式教育，从而为"五四"和"新文化"提供了人才队伍的支持。"地方的消失"的另一面，就是类似上海的繁华与摩登的意象。《子夜》当中的吴老太爷，自进入上海后看见各种光怪陆离的景象和不可思议的事物，试图用《太上感应篇》的咒文来抵御"魔都"的邪恶魅力，最终急病去世。这也许正是现代性和传统性对立的表现，也是城乡差别的极端反映。

官绅失和的问题也在民国时期持续出现。从表面上看，袁世凯死后群龙无首的乱象，导致了近代中国长期的军阀割据乱局，"军绅政权"中军人处于支配地位，而绅士处于从属地位，军绅、官绅失和自此而始。不过，从历史的复杂性来看，官绅失和的种子在清末已经种下。绅士的权力曾在清末地方自治运动中一度达到饱和状态，绅士成为地方政治的实际操控者，这一点在上海尤为明显，因此，当袁世凯终结地方自治、军阀垄断地方政府后，绅士对于军人多有阳奉阴违的心态和行为。军绅、官绅之间，既相互依赖，又有权力矛盾。以上海的情况而论，这对关系中矛盾的一面更为突出，主要原因在于上海先后经历了郑汝成、杨善德、李纯、何丰林、齐燮元、卢永祥等多个军人政权。军事强人大多将上海视作自身兵力、财力的补充源，而对良法善治熟视无睹，造成在地绅士的强烈不满，后者多次请求恢复自治，最终在 1923 年得以短暂实现。在教育行政层面，

① 参见徐佳贵《乡国之际：晚清温州府士人与地方知识转型》，章清"序"，第 1~16 页。
② 参见巫仁恕《品味奢华：晚明的消费社会与士大夫》，中华书局，2008；巫仁恕《优游坊厢：明清江南城市的休闲消费与空间变迁》，中华书局，2017。

官绅失和也会导致市乡绅董的懈怠与不合作，从而加剧城乡差别问题。1927 年国民党进入上海，教育行政上的城乡差别与官绅失和并未消失，反而延续到国民党的国家政权建设过程中。

作者：祁梁，郑州大学历史学院

（编辑：张弛）

近代天津善堂经费问题研究[*]

——以八个善堂为例

张秀丽　高玥玥

内容提要　晚清民初，天津民办善堂善社大量涌现，如出现了引善社、备济社、济生社、体仁广生社、南善堂等为代表的八个善堂善社。这些善堂善社教养兼施，救济民众。晚清时期，这些善堂善社的资金多来源于房租、田租、息金等传统固定资产。随着义演的兴起，民国时期南善堂主要通过举办义务戏等活动来筹集善款，这种方式虽较固定资产而言不太稳定，但所能筹集的数额却极其可观，为其救济事业提供了较为充足的资金。

关键词　近代天津　善堂善社　南善堂　义务戏　经费来源

天津古来"五方杂处"，尤其是第二次鸦片战争后很快成为北方重要的通商大埠，经济繁荣。每逢灾荒，天津成为附近灾民逃难的首选之地。各类民办慈善组织大量涌现，并在晚清时迎来了高峰。民国时期，天津成为直隶地区慈善组织数量最多的城市之一。除了广仁堂、育婴堂之外，备济社、济生社、引善社、体仁广生社、公善施材社、北善堂、南善堂和崇善东社等八个善堂善社（以下统称为"善堂"）也是其中成绩突出者。目前学界关于天津慈善组织的研究，多集中于广仁堂，主要是从妇孺救济事业、现代城市工商业发展中广仁堂业务的扩张、广仁堂的慈善教育、慈善

　＊　本文为国家社会科学基金一般项目"近代中国剧场税捐与社会治理研究"（项目号：21BZS 083）、国家社会科学基金重大项目"中国近代慈善义演珍稀文献整理与研究"（项目号：17ZDA 203）阶段性成果。

医疗等方面进行阐述。① 在关于天津慈善组织的相关研究中虽涉及上述八个善堂，但关注较多的是其救助活动，对其资金筹集关注较少。在慈善组织经费来源和管理的研究成果中，② 对此八个善堂的探讨亦留有较大的空间。八个善堂在近代天津社会救济方面，确实发挥了一定作用，在资金筹措上，亦有其特色。鉴于此，本文拟对八个善堂（1925 年此八个善堂组成了八善堂）的主要经费来源问题进行梳理，以求深化天津慈善组织研究。

一　八个善堂创设及创办人情况

八个善堂创设缘由不尽相同，应对灾害是其最主要的原因。备济社在 1879 年成立之初，创始人即主张"拟买谷存储，为邑中歉岁之需"。1886 年成立的济生社多次赈济受灾地区。1890 年天津市大水，灾情惨重，津绅顾文翰（字梦臣）等鉴于灾民流离失所，不忍坐视，遂商同首饰、茶食等各业商人创办了引善社。1911 年天津四乡及唐山、遵化等处大水为灾，顾文翰及洋行典行等商家创立体仁广生社，发起赈济灾民。③ 1902 年天津时疫流行，"丧亡枕藉，贫者无力以为殓"，绅商张月丹等人成立的公善施材社，以"救济市内贫民无力掩埋及各处倒卧尸体，因掩埋路途遥远，临时暂存津郊，每日派夫运往距离津市 15 里西郊之汪家庄大义地妥实掩埋，以免暴露而维人道"④ 为宗旨。1911 年成立的北善堂

---

① 如武民强《推广皇仁——清季天津广仁堂及其妇孺慈善事业研究》（博士学位论文，南开大学，2012），高华《民国时期天津慈善组织发展特征初探》（《城市史研究》2018 年第2 期），郝红暖《明末至民国前期天津慈善组织的演变与特点》（《安徽史学》2011 年第 6期），任云兰《民国灾荒与战乱期间天津城市的社会救助（1912—1936 年）》（《中国社会经济史研究》2005 年第 2 期）、《地方精英与慈善事业：近代天津的个案研究》（《中国社会历史评论》第 9 卷，天津古籍出版社，2008）、《民国时期天津慈善组织变迁论略》（《民国研究》2009 年第 1 期）、《清代天津的士绅慈善家述论》（《城市史研究》第 31辑，社会科学文献出版社，2014）等，有所涉及。
② 任云兰：《近代城市慈善组织运作机制探析——以天津市慈善组织为例》，《天津大学学报》（社会科学版）2009 年第 5 期。
③ 《天津政俗沿革记》卷 12 "善举"，天津市地方志编修委员会编著《天津通志·旧志点校卷》下册，南开大学出版社，2001，第 61 页。
④ 《西老公所公善普及施材总社贫民停尸处简章》，天津市档案馆等编《天津商会档案汇编（1937～1945）》，天津人民出版社，1997，第 1540 页；宋蕴璞：《天津志略》第 13 编"慈善事业"，1931，第 273 页。

专办恤嫠、施材。1919 年成立的崇善东社，也专办恤嫠及临时救济灾民等事项。

除水旱等自然灾害外，战事救助也是清末民初一些善堂的业务范围。如 1912 年成立的南善堂，针对受战事影响的嫠妇、贫民采取了相应的救济措施。八个善堂的具体创办情况详见表 1。

表 1　天津八个善堂创办及主要救助事项

名称	创设时间	创始人	主要救助事项
备济社	1879 年	李筱楼、严克宽、杨俊元、黄世熙、杨云章、李士铭等	恤嫠、冬赈、施药、种痘等
济生社	1886 年	顾文翰、李长清、何德润、金汝琪等	恤嫠、义塾、施药、冬赈等
引善社	1890 年	顾文翰等	恤嫠、义赈小学、惜字纸、冬赈等
体仁广生社	1911 年	顾文翰及洋行典行等商家	恤嫠、恤产、施药、赈济文贫、临时冬赈等
公善施材社	1902 年	张月丹、唐聘九、刘培云、王雨洲、萧少棠等	施材、恤嫠、种痘、施药、惜字纸、抬埋等
北善堂	1911 年	汪辅卿、李芳、张普、高玉堂等乡绅组建，初名乐善社。1927 年，孟子卿、杨哲生、王瑞庭、陈少卿、李少莲等发起重振更名北善堂	恤嫠、孤儿初级学校、施药、惜字纸、冬赈等
南善堂	1912 年	杜宝桢、杜宝贤	恤嫠、冬赈、赈济文贫等
崇善东社	1919 年	郭桐轩	恤嫠、施药、赈济文贫、临时冬赈等

资料来源：《天津政俗沿革记》卷 12 "善举"，《天津通志·旧志点校卷》下册，第 59～62 页；宋蕴璞《天津志略》第 13 编 "慈善事业"，第 269～274 页。

备济社发起人李筱楼、严克宽是天津知名盐商。李筱楼 1865 年考取进士，曾任吏部主事，与李鸿章、吴汝伦并称为晚清三大才子。后辞官继承父业，经营盐业和银钱业，成为天津大盐商。李筱楼热心慈善，"每届秋末冬初，遣人至各乡村，向贫苦之家探察情形，并计人口之多寡，酌施衣食。先给票据，至岁暮，凭票支付。又设存育所，每届冬季，收养乞丐，不使冻馁，诸如此类，不一而足。年斥资千万计，而不少吝惜，津人咸颂之曰'李善人'"。① 严克宽也极其热衷于慈善救助活动。1873 年，育婴堂因收养的婴孩日益增多，经费捉襟见肘，严克宽当即助钱 1600 吊。② 1875 年，晋豫大饥，波及京津地区，大批饥民来津乞讨。天津各级官员筹款设立数处粥厂，严克宽参与料理各种事务，事必躬亲。凡遇饥馑之年，严克宽每每自掏腰包捐助资金，并"广延戚友以集事，复厚集廪饩借以赡其身家"。③

济生社、引善社和体仁广生社的创始人之一顾文翰，以商业起家，志行善举。1888 年山东武定黄泛成灾，顾文翰亲往灾区查放，天津士绅出省办赈自此始。④ 顾文翰不仅先后参与多个善堂的创设，还在 1900 年募款备粮，救济遭受八国联军兵燹流离失所的难民；1912 年联合官绅，赈济运河决口灾区难民；1913 年发起成立善堂联合会，筹办城乡冬赈。

公善施材社是带有宗教色彩的善社，自 1902 年创立始，其社址一直在天津理教总部西老公所内，分社也往往设在理教的各公所内，形成依托理教各公所发展的局面。⑤

南善堂创始人杜宝桢（字筱琴）曾充《中华报》主笔，担任军警联合评议团评议员、天津商会会董等职。其弟杜宝贤（字笑山），清末选用州同，历任天津警察局书记长、课员，奉天乡镇东路区区长等职。⑥ 兄弟二人与官方联系较为密切。1912 年，二人共同创办南善堂，并担任常务董事。1927 年春，杜宝贤任天津屠宰场场长，后因账目不清以及营私舞弊等罪行，被直隶督办褚玉璞下令枪决。南善堂由临时主席王松樵，临时董事沈佑生、雷丹林等暂时管理。1928 年春，南善堂由津商学界樊荫慈、雷元桂、李大义、阎绣章、武燮枢、赵元礼、沈观保等接办改组为积善社，专办恤嫠与冬赈，恤嫠经费由恤金利息（1929 年朱庆澜将军捐洋 7000 余元

---

① 胡宅梵：《记弘一大师之童年》，《弘一大师全集》附录卷，福建人民出版社，1993，第 30 页。
② 《天津政俗沿革记》卷 12 "善举"，《天津通志·旧志点校卷》下册，第 59 页。
③ 民国《天津县新志》卷 21 之 4，"严克宽"，民国 27 年刻本，第 37 页。
④ 中国人民政治协商会议天津市委员会文史资料研究委员会编《天津史志丛刊·天津近代人物录》，天津市地方史志编修委员会总编辑室，1987，第 296 页。
⑤ 侯亚伟：《近代中国城市民间慈善团体之社会救济——以公善施材总社为例》，上海中山学社编《近代中国》第 26 辑，上海社会科学院出版社，2017，第 256 页。
⑥ 《天津史志丛刊·天津近代人物录》，第 136～137 页。

作为基金）支付，冬赈则临时捐募。①

八个善堂在管理模式上均实行董事制，设立董事。济生社、引善社和体仁广生社董事为 2~4 人，备济社为 5 人（后改为 7 人），公善施材社为 10 人，北善堂设有董事十余人，崇善东社则有董事百余人。② 八个善堂中，负责日常事务管理的主要是常务董事，数额一般为 2~3 人。崇善东社共设有常务董事 11 人。备济社有所不同，采取在 7 人董事中推选 1 人为主任董事，并与董事共同组成董事会来负责处理本社一切事务。此外，备济社还在董事会下设总务组、赈务组，"并得酌用雇员数人襄助之"。关于董事的各项规定，备济社在章程中明确表示董事"均以地方公正绅商及热心慈善事业人士中推选之，任期三年"，期满之后可以连选连任。董事会每月举行一次，每年于春秋两季开大会两次，均由主任召集，必要时可召集临时会。每半年将办理情形及赈款收支数目详细公布，并造册呈报主管官署查核备案。③ 不同于备济社的董事推选，济生社创始人李长清、顾文翰于 1914 年相继病故后，李长清之子李嘉麟、顾文翰之子顾锡麟继为董事。1929 年，顾锡麟病故，又以其子顾元礼继董事职，④ 呈现出慈善组织早年间主要以家族为单位经营、父子相继的特点。

八个善堂的董事人员有着较高的重合度。如顾文翰同时在济生社、引善社、体仁广生社任董事职务；济生社董事之一李长清参与了体仁广生社的发起与创设；赵元礼在积善社、备济社等任职；张月丹参与公善施材社的创设，亦是南善堂的董事之一。⑤ 出现此种情况其实不足为奇，作为慈善团体的创始人或董事，他们不仅需要拥有稳定的经济基础，还需要有庞大的社会关系网络，能够较大限度地扩充各自交往对象的数量和阶层。创始人或董事通过在多个不同的善堂中任职，可以承担起多个善堂的沟通桥梁，加强彼此之间的联系，凝聚力量，充分发挥自身社会调和剂的作用。当灾害发生、社会动荡时，他们亦可充当中间力量在各方斡旋、沟通，发

① 宋蕴璞：《天津志略》第 13 编"慈善事业"，第 271~272 页。
② 宋蕴璞：《天津志略》第 13 编"慈善事业"，第 269~274 页。
③ 《准咨转送天津市备济社立案文件请查核已备案复请查照——咨天津市政府》，南京《内政公报》第 9 卷第 12 期，1936 年 12 月，"民政"，第 138~140 页。
④ 宋蕴璞：《天津志略》第 13 编"慈善事业"，第 271 页。
⑤ 宋蕴璞：《天津志略》第 13 编"慈善事业"，第 269~274 页；《恤嫠会之参观》，天津《大公报》1918 年 5 月 17 日，第 3 张。

挥自身较大的社会价值，以救助民众。

二 固定资产及社会日常捐助

慈善救助，重在资金。晚清民初，房屋、田产等固定资产收入，董事捐款或息金等是多数慈善机构的主要经费来源，这八个善堂亦不例外。

田产、房产等固定资产是多数善堂的主要资产来源。善堂一般都拥有相当数量的田产，这些田产多是社会捐助或以购置的方式获得。如天津善士沈树屏将"自置杨家场稻地荒地共四十顷有奇"，捐助全市各善堂（天津公善社、北善堂、崇善东社、积善社、济生社等），"永作善产"。① 引善社董事为本社捐置了东乡仁慈庄荒田 14 顷，年收租金 500 元；丁字沽 36 亩，年收租金 240 元，租金收入用于慈善事业。引善社还拥有范店胡同草房 7 间，年收租金 240 元；社内北房租出 2 间，年收租金 200 元；自用房 16 间，每年共收租金洋 1180 元。济生社则在北乡大张庄有淀地 21 顷，分租七八十户，收取租金；南大道砖房 65 间，北营门外典房 1 所，均按月收租；社址属于租用，房主不收租金。体仁广生社除社址楼房 20 间外，亦有西门外娃娃庄土房 54 间，月收租金 106 元，年租金收入 1272 元，基本与引善社持平。崇善东社在创设时，募集 3 万元作为基金生息；除基金生息外，该社还有房产 97 间半，月租金收入 250 元，② 年租金收入远远高于引善社和体仁广生社。

备济社发起时，创始人李筱楼倡捐银 5000 两，严克宽、杨俊元、黄世熙、杨云章、李士铭等各捐银 1000 两，拟买谷存储，作为灾歉之需，嗣以天津若遇荒年，买粮较为容易，不如将银存储生息，"以期岁岁增益"，于是将集得银 28300 两，全部作为基金，分存于天津市当商生息，每年可得"利金四千余元"，③"生息不足时由董事开会设法筹补"。④ 息金作为重要的经费来源之一，各善堂通常都会明确规定不得随意动用。

---

① 《沈树屏君义举　拨田四十顷办慈善》，天津《益世报》1935 年 2 月 19 日，第 5 版。
② 宋蕴璞：《天津志略》第 13 编"慈善事业"，第 269~274 页。
③ 《天津政俗沿革记》卷 12"善举"，《天津通志·旧志点校卷》下册，第 60 页；宋蕴璞：《天津志略》第 13 编"慈善事业"，第 274 页。
④ 《咋调查备济社》，《新天津》1931 年 7 月 28 日，第 5 版。

与当时天津较大的善堂广仁堂雄厚的资产相比，这八个善堂的固定资产要少得多。广仁堂创办于 1878 年，至 1912 年时，已拥有田地 248 顷 49 亩，园地 2009 畦，义地 3 块，砖瓦盆窑 6 座，房屋 700 间半，地基 12 段共 20 亩 2 分 3 毫 5 丝。[①] 为明晰八个善堂的田产、房产、息金状况，特列表如下（见表 2）。

表 2　八个善堂固定资产一览

名称	房屋	田产	基金	备注
备济社	房产 30 余间	—	银 28300 两	—
济生社	南大道砖房 65 间，北营门外典房 1 所	北乡大张庄淀地 21 顷	—	—
引善社	范店胡同草房 7 间，社内房屋 18 间	东乡仁慈庄荒田 14 顷，丁字沽 36 亩	—	—
体仁广生社	社舍楼房 20 间，西门外娃娃庄土房 54 间	—	—	—
公善施材社	—	—	—	义地三处共 1 顷 3 亩：西营门里、山西义地迤西、黄家疙瘩
北善堂	—	—	—	—
南善堂	—	—	—	—
崇善东社	社舍 35 间，房产 97 间半	—	3 万元	—

资料来源：《引善社组织与使命》，天津《益世报》1932 年 6 月 28 日，第 6 版；宋蕴璞《天津志略》第 13 编"慈善事业"，第 269～274 页。

由表 2 可见，在八个善堂中，南善堂、北善堂既无田产、房产等固定资产，又无息金等固定资金，即其没有稳定的资金来源，"民国以后成立的慈善机构，基本上没有购买房地产的，其经营模式以存款取息为主"。[②]

除田产、房产、息金收入外，董事作为善堂重要成员，在经费的筹

---

① 武民强：《推广皇仁——清季天津广仁堂及其妇孺慈善事业研究》，博士学位论文，南开大学，2012，第 203～204 页。

② 任云兰：《近代城市慈善组织运作机制探析——以天津市慈善组织为例》，《天津大学学报》（社会科学版）2009 年第 5 期，第 479 页。

措上起着至关重要的作用。如北善堂的经费主要由董事捐助，每人月助洋1~3元；体仁广生社每年除房租外，尚有董事定期捐款1600元；济生社全年开支约4000元，房地租价不敷时，由董事自捐。^①当时有较多善堂下设学校，这些学校可以收取学费，如崇善东社附设的小学校，有学生200余名，分初、高两级，初级每年学费4元，高级每年6元，"月收八十余元"，^②这对于善堂来说也是一笔稳定的收入。

此外，善堂也可获得官方资助和社会资助，如崇善东社附设的小学校费用，由教育局月助百元。^③就官方资助而言，最具代表性的是备济社。备济社创立后，筹赈局曾筹议从贩运粮食的海船中抽捐，"本省、外省华商海船贩粮来津者，每清斛一石捐银五厘，如装他货，亦照装粮数目抽收"，积少成多，"并归世珍等捐银生息"，^④以解决备济社灾荒年份粮食经费问题。备济社之所以能够从海船中抽捐，与署天津道丁寿昌、天津县知县王炳燮的劝说有关。^⑤如南善堂设有青年恤善社，每届逢八等日施放糁米三次，天津警察厅长张韵樵鉴于恤糁极为切要，又值该堂筹款维艰之时，慨拨红粮25000余斤，以济孀孤。^⑥

社会方面的资助既有组织，也有个人。崇善东社长期恤糁费月需400余元，每月由立志堂（江苏故督李纯宅）捐认300多元，^⑦占所需费用的四分之三。个人层面的捐助则非常普遍，代表性的是南善堂，如"迁安县知事余虚谷汇寄糁捐恤洋五十六元五角"，嘱购米散放；^⑧邑绅叶星海为恤糁之需，捐助大洋100元；^⑨江苏全省警务处处长王清泉"遵奉某先君遗言"，为恤贫糁，每年捐助款南善堂大洋百元；^⑩等等。捐助者中除官员、士绅外，亦有商界公司、百姓等。1921年冬，南善堂因未演义务剧，经费支绌，有杨趾祥令祖母每月助洋10元，裕元纺纱公司每月助洋10元，福厚堂

① 宋蕴璞：《天津志略》第13编"慈善事业"，第270、271、274页。
② 宋蕴璞：《天津志略》第13编"慈善事业"，第269~270页。
③ 宋蕴璞：《天津志略》第13编"慈善事业"，第270页。
④ 《天津政俗沿革记》卷12"善举"，《天津通志·旧志点校卷》下册，第60页。
⑤ 金梅编《李叔同与天津》，天津社会科学院出版社，2017，第106页。
⑥ 《厅长惜糁》，天津《大公报》1919年3月16日，第2张。
⑦ 宋蕴璞：《天津志略》第13编"慈善事业"，第269页。
⑧ 《热心善举》，天津《大公报》1918年12月9日，第2张。
⑨ 《热心善举》，天津《大公报》1919年8月1日，第3张。
⑩ 《王处长慈孝可风》，天津《大公报》1923年5月11日，第2张第2页。

刘宅每月助洋 10 元，曹成林每月助洋 2 元，"程善堂老太太"常年助洋百元，魏聘卿助洋 2 元，李捷三代募棉衣 300 件，① 等等。1923 年，有沈琢如捐助南善堂大洋 600 元；刘永波捐助大洋 300 元，又捐助该堂附设小学大洋 200 元；门杰捐助大洋 300 元；杜小琴捐助大洋 50 元；② 等等。北善堂除由董事捐助外，还有"月牌子"，即固定捐款者，主要为当地商住户 40 余家，大多每月每户助洋 5 角至 1 元，每月助 2 元者仅 1 户，如不足时，再由善士助捐。③ 济生社自创办以来，"首以敬节会为重"，所需经费浩繁，有"张大善台"捐助款十数年之久，又蒙惠锡常年助款"津公砝平银五十两正"。④

　　地亩、房产等固定资产及息金、社会捐助等，是善堂能够正常运营的基本保证。也正是社会人士的热心捐助，集腋成裘，才使得这些善堂有相对充裕的资金施行救济。随着晚清义演筹款方式的兴起，一些善堂也通过此种方式，以募集更多资金。

三　义演募资

　　上文中提到，备济社、引善社等多依靠田产、房产、息金收入，作为稳定的资金来源用于救济事业；而南善堂、北善堂无固定资产，没有稳定的收入来源，主要依靠社会捐助。在社会捐助中，除日常劝捐劝募外，南善堂还通过举办义演活动筹集款项。义演活动自晚清兴起后，⑤ 即作为一种新式的筹款方式，被广泛用于赈灾、助学、助医⑥等的资金筹措中。南善堂则充分利用这一新兴的筹款方式，筹办义务戏，募集资金。

①　《捐助冬赈之踊跃》，天津《大公报》1921 年 12 月 8 日，第 2 张。
②　《南善堂鸣谢》，天津《大公报》1923 年 10 月 28 日，第 2 张第 2 页。
③　宋蕴璞：《天津志略》第 13 编"慈善事业"，第 270 页。
④　《济生社顿启》，天津《大公报》1904 年 6 月 25 日，第 3 张。
⑤　关于义演活动的相关研究，请参阅郭常英、岳鹏星《寓善于乐：清末都市中的慈善义演》，《史学月刊》2015 年第 12 期；郭常英、岳鹏星《中国近代慈善义演研究》，社会科学文献出版社，2021；等等。
⑥　如张秀丽《娱乐与助赈：民国天津赈灾义演研究（1912～1937）》，《湖北大学学报》（哲学社会科学版）2019 年第 4 期；张秀丽《义演与民国前期京津地区的助学募款》，《中国高校社会科学》2019 年第 4 期；桑慧荣《民国初年华北灾荒与京津艺界赈灾义演》，《城市史研究》第 41 辑，社会科学文献出版社，2019；韩星耀《医疗与慈善："上海时疫医院"及其义演活动研究（1920～1949）》，《南都学坛》2021 年第 2 期；等等。

南善堂作为天津著名的慈善组织，"以赈济寒嫠为唯一之职志"，① 因此，其义演活动较多为恤嫠筹款。如 1918 年 3 月，南善堂董事以其所救青年嫠妇每多上有翁姑，下有子女，一旦中止，各青年嫠妇及其老幼实堪悯恻，难以保全，然因款项维艰，势处万难，若不设法捐募，将有停办之势，于是，邀请雅韵国风社演唱义务戏两天，每天早晚各一场，"以资提倡，而济恤嫠"。② 1919 年 4 月，各董事又约集警界诸君，假大舞台筹办恤嫠义务戏，售票筹款；③ 11 月，为筹办恤嫠冬赈资金，假升平舞台演唱义务戏三晚。④ 1920 年，崇善东社、南善堂以筹款办理恤嫠事宜，约定艺员刘鸿昇等，假天津南市大舞台演剧三日，所得戏资，尽数补助善款，以恤穷黎。⑤

为了提高上座率，多集资金，南善堂多邀请名角唱名剧。南善堂董事多有商业背景，并且热心于慈善事业，往往可以邀请到名角艺员。如 1918 年 8 月，南善堂董事李星北、杜笑山、赵善卿诸君为筹办恤嫠善款，邀集花界名角，表演各种技艺；⑥ 12 月，伶界梅兰芳、王凤卿因南善堂嫠妇米款供给不足，遂即来津演唱，以资提倡，并约集"优等艺员"李吉瑞、苏廷奎等助兴，以襄善举。⑦ 1922 年冬，南善堂邀请梅兰芳、王凤卿、姚玉芙、姜妙香、王蕙芳、杨小楼、陈德霖、龚云甫等名角，在法租界天福舞台举办义务戏三天。⑧ 此次义务戏可谓是"集伶界之明星于一堂"。在这三天的演出中，各位名伶"各献所长，社会人士，异常欢迎，此邦之顾曲者，争先恐后，舞台之中，几无隙地"，⑨ "上座足十成，此外以不得座位，徒呼负负而去者，正不知其几许也"。⑩ 义务戏第二日，梅兰芳演《天女散花》，有"某西人谓其华友云，明日如仍演此剧，吾等必再临也"，可见名角名剧的吸引力。第三日，杨小楼、梅兰芳演《霸王别姬》，"上座之多，

① 《孤嫠待赈　南善堂急须施放》，天津《大公报》1926 年 12 月 26 日，第 3 版。
② 《募捐恤嫠》，天津《大公报》1918 年 3 月 5 日，第 3 张。
③ 《南善堂演剧筹款》，天津《大公报》1919 年 4 月 1 日，第 2 张。
④ 《南善堂筹办冬赈》，天津《大公报》1919 年 11 月 12 日，第 3 张。
⑤ 《善堂演剧筹款》，天津《大公报》1920 年 5 月 26 日，第 3 张。
⑥ 《董事提倡善款》，天津《大公报》1918 年 8 月 30 日，第 3 张。
⑦ 《名伶热心善举》，天津《大公报》1918 年 12 月 13 日，第 2 张。
⑧ 《请看南善堂义务好戏》，天津《大公报》1922 年 12 月 17 日，第 1 张第 2 页。
⑨ 《梦中醒语》，天津《大公报》1922 年 12 月 19 日，第 3 张第 3 页。
⑩ 然犀：《评义务戏之第一日》，天津《大公报》1922 年 12 月 18 日，第 3 张第 3 页。

殊可惊人"，"先声夺人一语，其此剧之谓欤"。① 因此，有人预测，这三日义务戏，所能筹之款项，当不下 2 万元。②

南善堂举办义演的目的是筹款，邀请名伶名角的目的亦是吸引更多的人前来观看，以筹集更多的款项。与当时的营业演出相比，南善堂的义演票价并不低。如 1922 年 4 月 2 日，法界西开马路天福舞台票价，早场头级厢 5 元 2 角；晚场头级厢 5 元 5 角，二级 4 元，池子 4 角，两廊 2 角，女座 3 角，三层楼 2 角。南市平安大街的丹桂茶园早晚票价头级厢洋 3 元，二级厢洋 3 元，三级厢洋 1 元，池子洋 3 角，廊座 1 角 5 分，女座 1 角 5 分。荣业大街升平舞台头级厢洋 1 元，二级厢铜子 80 枚，三级厢铜子 60 枚，池子铜子 8 枚，廊座铜子 4 枚，女座铜子 4 枚。1920 年，南善堂升平舞台义务戏，池票 6 角，一级厢 8 元，二级厢 5 元。③ 1922 年，南善堂在法界天福舞台举办义务戏，票价头级包厢 40 元，二级包厢 30 元，楼上女座 1 元 5 角，楼下特等座 4 元，楼下甲等座 3 元，楼下乙等座 1 元 5 角。④ 包厢价格几乎是营业戏的 8 倍，其他座价也多是营业戏的数倍，名角名剧的号召力可见一斑。

因此，南善堂义演活动的筹款能力自然不可小觑，票款收入和现场捐助是其款项的主要来源。如 1918 年 5 月，南善堂恤嫠义演，假茶园、坤书馆、电影院演唱义务戏，其中权乐茶园、华乐茶园、四海升平、上权仙茶园共收票款和捐款大洋 549.852 元，支出 233.659 元，共得 313.269 元；⑤ 平安电影院和第一台戏园除开支外，得大洋 2000.76 元。⑥ 9 月，南善堂假大罗天演放焰火花炮三日，票价所得按三成分配，南善堂得二成，大罗天得一成，南善堂除开支外，剩大洋 1472.24 元，另收王竹林、杨阶平二位士绅捐洋 30 元，共计得 1502.24 元。⑦ 1920 年恤嫠义务戏，在升平舞台演

---

① 《弦外余音》，天津《大公报》1922 年 12 月 20 日，第 3 张第 3 页。
② 《梦中醒语》，天津《大公报》1922 年 12 月 19 日，第 3 张第 3 页。
③ 《来件》，天津《大公报》1920 年 4 月 27 日，第 3 张。
④ 《请看南善堂义务好戏》，天津《大公报》1922 年 12 月 17 日，第 1 张第 2 页。
⑤ 《天津善堂联合会体仁南善社收捐清单》，天津《益世报》1918 年 5 月 12 日，第 7 版。按，最终剩余数疑误，应为大洋 316.193 元。
⑥ 《天津善堂联合会体仁南善社收捐清单（续）》，天津《益世报》1918 年 5 月 17 日，第 7 版。按，最终剩余数疑误，应为大洋 2000.693 元。
⑦ 《南善堂收款清单》，天津《益世报》1918 年 9 月 19 日，第 7 版。

剧三日，除开销外，总共得票款和捐款 3340.13 元。[1] 1922 年天福舞台义务戏，三日共收戏券大洋 16043.75 元，[2] 临时捐款共大洋 1789.13 元，两项合计，共收 17832.88 元。此次义演共支各项大洋 13187.29 元，除开支外，得 4645.59 元。[3] 这仅仅是一次义演活动所得。此外，各董事也会积极号召商家前来义演现场售物，亦有不少商家将售物所得捐助南善堂。如 1920 年 4 月恤嫠义务戏，广生行经理徐雁秋、南洋兄弟烟草公司、玉宾公司皆将国货携至义演现场售卖，所得货款均捐助善堂，以襄善举；[4] 同样，10 月的恤嫠义务戏，英美烟公司、南洋烟公司、永泰和烟行、兴华制面公司、玉山工厂将售货所得，全数助捐，广生行按售货提成助捐；[5] 等等。因此，其义演收入款项也较为可观。反观其他善堂善社，前文提到，引善社每年租金收入洋 1180 元，体仁广生社基本与其一致；崇善东社房产年租金收入洋 3000 元；备济社发起时所得款项全数作为基金，每年得息金 4000 余元。由此可见南善堂通过义演活动筹集资金的能力。

除举办义务戏，南善堂也会通过筹办其他类型的义演活动募集善款，如演放焰火、电影义映等。1918 年，南善堂特借大罗天筹办恤嫠，宁星普、沈琢如等人不惜重金特约"青县兴济镇匠师做成焰火花炮盒子"，于"旧历二十七日晚九钟开会"，演"三节明花穿天炸箭""烟花满缸、火箭千发、金弹万打""万发盒子、荷花满缸、鱼龙变化、判官捉狐、和尚变驴""轮花四面、蝉吐金钱、高梯花炮、云兽火龙鼠走线、天鹅下蛋、莲开现佛、箭弹齐发"等，并献王羲之墨迹神字及四部坤书、名角奏曲，加以大罗天新奇电影，闻当日"男女客座不下三千人"，观者"齐声喝彩，拍案惊奇"，"大有乐而忘返之意云"。[6] 而且，为售票筹款助嫠起见，南善堂假大罗天游园连续三日燃放"特别焰火"。大罗天主人热心善举，亦连日慷慨报效新奇电影、各种杂技等，中华、权乐、同庆、华乐四部坤书担任义务，在该园连日助演"挂彩串戏"，故"各界大善士到该园参观者络

---

① 《来件》，天津《大公报》1920 年 5 月 11 日，第 3 张。
② 《南善堂筹办恤嫠义务戏之公布》，天津《大公报》1922 年 12 月 23 日，第 3 张第 2 页。
③ 《南善堂筹办恤嫠义务戏之公布（续）》，天津《大公报》1922 年 12 月 24 日，第 3 张第 2 页。
④ 《南善堂演剧捐款踊跃》，天津《益世报》1920 年 4 月 16 日，第 10 版。
⑤ 《南善堂募捐踊跃》，天津《大公报》1920 年 10 月 8 日，第 3 张。
⑥ 《大罗天售票恤嫠》，天津《大公报》1918 年 9 月 4 日，第 3 张。

绎不绝，非常热闹"。① 有"英、美、日、义、比官商携眷游览"，"中外称奇，并闻某国领事询问园主该焰火究系何人置造，可否运往外洋演放，以扩眼界云"。② 此次焰火演放活动，南善堂、大罗天合共收大洋 2949.5 元，③ 加上个人捐助，共收 2979.5 元，支出 1477.26 元，除开销外，余剩 1502.24 元。④ 这虽与大型义务戏所得资金无法比拟，但也是一笔非常可观的收入。只是此款不足以恤嫠，又值南善堂放米之期，邑绅张品一等人"仍为筹画，以资补助"，除继续演放焰火花炮、放映电影外，还邀约"各部坤书、杂耍各艺"⑤ 献艺三日，"得资助款，以襄善举"。⑥

即便如此，南善堂仍因 1918 年冬季施放衣米甚巨，款项不足，董事张品一、沈琢如等人于 1919 年初"公同提议筹办南善堂恤嫠善款，集资置备青县兴济镇特色焰火盒"，定时演放，售票筹款，⑦ 并有"鲍陶生、朱侠影及学界诸君热心善举，连日排演天然剧、变戏法、文明双簧"等。⑧

南善堂利用娱乐演出活动筹集款项，或许与南善堂创始人较少购置田产、房产等固定资产有关，也与娱乐活动筹款虽然较固定资产而言不太稳定，但若成功举办，所能筹集的数额较为可观有着极大的联系。需要注意的是，娱乐演出的收入高，支出也多，收支相抵，也可能会所剩无几。如南善堂 1922 年 12 月举办为期三天的义务戏，统售戏券价洋和临时捐洋共 17832.88 元，但支出就高达 13187.29 元；支出中，仅仅与京角有关的费用就达 10700 多元，占总收入的 60% 还多。南善堂最终只得 4645.59 元，⑨ 仅占总收入的 26%。这样的结果若与同时期的其他善堂相比，经费收入已然非常可观，但就本次活动所筹集的资金总额而言，占比却不高。也正因

---

① 《大罗天售票恤嫠》，天津《大公报》1918 年 9 月 4 日，第 3 张。
② 《大罗天焰火续志》，天津《大公报》1918 年 9 月 6 日，第 3 张。
③ 《来件》，天津《大公报》1918 年 9 月 15 日，第 3 张。
④ 《来件》，天津《大公报》1918 年 9 月 16 日，第 3 张。
⑤ 《南善堂筹款恤嫠》，天津《大公报》1918 年 9 月 22 日，第 3 张。
⑥ 《筹办善举》，天津《大公报》1918 年 9 月 29 日，第 3 张。
⑦ 《筹款恤嫠之热心》，天津《大公报》1919 年 1 月 23 日，第 2 版。
⑧ 《南善堂演剧助赈》，天津《大公报》1919 年 2 月 14 日，第 2 版。
⑨ 《南善堂筹办恤嫠义务戏之公布（续）》，天津《大公报》1922 年 12 月 24 日，第 3 张第 2 页。

为此，南善堂通过义演的方式筹款，在当时引起了不少的非议。①

南善堂充足的经费，使其救济事业较之于其他几个善堂更为庞大。就恤嫠而言，据《天津志略》记载，引善社恤嫠260户，公善施材社为250户，体仁广生社为300户，崇善东社为400户，这些基本为定额。南善堂1921年恤嫠叶沈氏等400户；② 1923年资助长期嫠妇540户，临时恤嫠200户，③ 总计达740户；1924年资助嫠妇550户，临时恤嫠295户，总计共845户，与1923年相比，增加了105户。此外，若有非节妇之最苦者哀告，亦按名给以玉面，1924年初共资助56名。④ 南善堂恤嫠能力的增强，说明其资金的充裕，以至"本埠嫠妇贫苦不堪者，多向该堂请赈，由该堂每人发给赈票，按月到堂领取月米或银钱等物，嫠妇因以全活而得抚孤守志者甚众"。⑤

与南善堂主动通过义演活动筹款不同，其他几个善堂较少举办义演活动，这亦与这些善堂有稳定资金来源有关。备济社和济生社明确规定不以善堂名义向外募集，但如有自动捐助者，亦可收受，以资扩充。

四 结语

备济社、济生社、南善堂、北善堂等八个善堂作为近代天津的民间慈善组织，在管理模式上实行董事制，董事多由地方精英充任，他们或有商业背景，或有政治权力，加之热心于慈善事业，使得他们可以凭借善堂董事身份进一步参与到地方慈善事业当中。备济社、济生社等善堂依靠田产、房产、息金等固定资产收入，为天津慈善事业的发展提供了较大助力。学界多言，中国古代慈善事业多"重养轻教"，而近代慈善事业是"教养兼施"。从养到教，需要的是更多的财力支撑。与备济社、济生社等善堂主要通过固定资产来维系救济事业不同，民国初年成立的南善堂主要通过募捐和举办义演活动来筹集款项。南善堂董事通过自身较广的社会网

① 然犀：《代南善堂鸣不平》，天津《大公报》1922年12月21日，第3张第3页。
② 《来函照登》，天津《大公报》1922年2月3日，第2张。
③ 《南善堂查放恤嫠文贫冬赈》，天津《大公报》1923年2月6日，第3张第2页。
④ 《南善堂年关施赈情形》，天津《大公报》1924年1月31日，第2张第2页。
⑤ 《孤嫠待赈》，天津《大公报》1926年12月26日，第3版。

络邀约京津名角唱名剧，达到将义演收入作为善堂收入重要来源的目的。通过义演活动，南善堂每年都筹得相当可观的救济资金，体现出当时人们对新兴慈善义演的较高接受度以及其在当时爆发出的影响力。通过举办义演活动，走向近代的善堂展现出新的生命力，南善堂的社会救助能力、社会形象及社会认同感都得到较大提高。1925 年，在南善堂的主导下，其实现与其他七个善堂的联合，即为"八善堂"。在八善堂成立后，南善堂继续发挥其义演活动的影响力，举办冬赈、济贫、救济兵灾难民一系列义演活动，拓展了慈善组织在筹款方面的广度和深度。善堂的救助事业属于社会财富再分配，在近代社会整体贫困的情况下，善堂的筹资能力恐怕也是其近代转型的一个组成部分，毕竟救济需要资金，否则慈善救助即无从谈起。

作者：张秀丽，河南大学历史文化学院
高玥玥，河南大学历史文化学院

（编辑：任云兰）

天津解放初期城市社会治理的探索
与实践（1949~1956）

王　静

内容提要　解放初期，在党中央的领导下，天津市人民政府围绕基层组织建设、社会风气治理以及群众动员等方面展开了较大规模的社会治理工作。在广泛联系群众的基础上，天津市人民政府通过建立自治性质的居民委员会，使社会秩序迅速稳定；治理社会风气，重塑群众革命价值观，营造了风清气正的经济社会发展环境；而将群众动员组织起来则推动了社会治理的有序进行。天津城市社会治理取得了显著的成绩。

关键词　天津　解放初期　社会治理　基层自治

1949 年 3 月 5 日至 13 日，中国共产党七届二中全会在河北省平山县西柏坡举行。会议确定了党工作重心的战略转移，即工作重心由乡村转移到城市，同时也指出"党要立即开始着手建设事业，一步一步地学会管理城市，并将恢复和发展城市中的生产作为中心任务"。[①] 天津解放后，面对百废待兴的局面，按照党中央的部署，中国共产党领导下的人民政府以发展生产、繁荣经济为目标，对城市社会问题的治理进行了可贵的探索，改变了百端待理的社会状态，初步建立起一个稳定有序的新社会。

在讨论 1949 年至 1978 年中国社会治理方式时，有学者提出一种高度

---

① 中共中央党史研究室：《中国共产党历史》第 1 卷下册，中共党史出版社，2002，第 1027 页。

集中的、自上而下的计划型政府管理模式，实现了对社会问题的有效治理。① 我们回溯 1949～1956 年的历史，可以发现，针对城市人口集中、社会事务繁杂的特点，以集中高效和密切联系群众为出发点的工作方式，有效解决了诸多社会问题。比如在城市建立基层群众性自治组织——居民委员会，通过居民委员会的组织形式，人民群众依靠自身力量，直接行使居民的权利，参与社区公共事务和公益事业，协助解决基层社会问题。这种"自我管理、自我教育以及自我服务"的城市基层自治组织，能够广泛动员城市各种社会力量，参与到城市社会问题的治理中。

1949 年 1 月 15 日天津解放后，摆在人民政府面前的不仅有城市的恢复与重建，还有两大社会问题：一类是乞丐流民、烟毒、娼妓、"一贯道"以及脚行把头等旧社会遗留问题；另一类则是"匪特""反革命"等问题。面对复杂的形势，在党的领导下，新诞生的天津市人民政府依靠工人阶级和人民群众，主要围绕基层组织建设、社会风气治理以及广泛动员群众共同参与等方面展开城市治理工作，积累了城市社会治理工作经验，并为巩固新生政权、稳定社会秩序和开展社会主义建设提供了有力支撑，体现了人民民主政府的优越性。

一 自治性质居民委员会的建立

对于新生的人民政府而言，城市治理的主要任务是如何通过建立基层组织更加紧密地去联系各阶层人民，以维护社会秩序的稳定和国家的安全。

最初考虑到进城干部缺乏城市工作经验，天津市人民政府仿照农村解放区的县、区、村三级建制，设立市、区、街、闾四级过渡政权组织形式。到 1949 年 3 月底，天津市内 11 个区 380 个街 12556 个闾以及塘大区的 2 个镇和 5 个街的人民政权全部建立。② 其中区街一级政府的主要任务，就是组织发动群众完成紧急的和群众性的临时任务或过渡任务。从天津的经验来看，街道工作者实际上是区政府派出的临时性权力组织。通过政治动员，街区干部

---

① 卢春龙：《新中国 70 年社会治理之回顾与新时代展望》，《学习与探索》2019 年第 10 期。
② 中共天津市委党史研究室编《中国共产党天津历史大事记》，天津人民出版社，2014，第 24 页。

迅速以政权的形式发动和组织群众，仅用半个月就基本消除了战争痕迹，基本恢复了市容，初步与群众建立了联系，发现并培养了积极分子。

随着城市工作的日渐繁杂，为了适应"经济是集中的，人口是集中的，地区也是集中的"的城市工作性质，同时为了避免出现城市政权工作的分散和割裂，减弱市政府和广大市民的联系，脱离群众，助长工作中的官僚主义和文牍主义的作风等问题，[①] 1949 年 6 月 22 日，天津市撤销街公所，缩小区政府编制，改为区公所办理市府授权及"令""示"事项，以及市级机关尚且无法接收的工作，如优抚、救济、调解等工作。权力主要集中于市一级政府，这样避免了分而治之政权组织形式所造成的社会治理工作效率低下的问题。而在市一级政府下再设区公所，则是基于发挥区公所"作为市人民政府联系下层、联系群众机构"的作用，主要目的是通过区公所，分割区域，以加强与城市居民的联系，实现对城市社会的有效治理。

然而城市社会问题极为繁杂，像"七区有一天调解案件达十四件之多，而一般亦有两三起。这是一个极复杂的工作，依靠区公所几个干部进行调解，确有困难且无法处理别的事情"。[②] 再者，"从群众中来，到群众中去"的工作方式，既要求将每一项政令落实到群众之中，也要求将群众意见收集上来。缺乏对市民的组织，单纯依靠市级政府将各项工作落实到基层，落实到城市每一个角落是有难度的。为适应城市基层社会治理需要，1950 年 3 月，天津市政府按照居民的居住状况，在公安派出所的辖区内设立居委会。7 月 21 日，天津市人民政府公布试行《天津市各区居民委员会组织办法》，天津成为首创居民委员会的大城市。该办法赋予居民委员会"协助政府组织市民兴办改善卫生设施，举办小学及其他社会文化教育事业，兴办合作事业，以及协助介绍就业和其他社会福利，向市民传达区公所布置事项，向区公所反映市民的意见、要求等"多种功能。[③] 不过，此时的居民委员会干部是由区公所和派出所委派，比如居委会主任由派出

---

① 《把我们在城市中的组织形式和工作方式适应城市的特点》，《人民日报》1949 年 6 月 22 日，第 1 版。

② 《天津完成区街政府改组　工作效率显著提高　证明在人口经济集中的城市，把工作尽可能集中在市级机关的方针是正确的》，《人民日报》1949 年 7 月 30 日，第 2 版。

③ 刘素新编著《解放初期的天津》，中共党史出版社，2009，第 40 页。

所所长兼任，副主任由人民政府委派。① 这样的居民委员会实质上相当于一级行政组织，与群众自治性组织性质的居民委员会有所不同。

为了广泛联系、组织群众，天津市结合实际对居民委员会工作的推进进行了大胆的探索。1951 年，市政府抽调 319 名干部组成天津市民主建设工作队，在今河北、红桥两区试点进行居民委员会建设。1952 年 10 月，市人民政府制定了《天津市关于今冬明春进行区街建政工作计划》、《天津市建立街公所暂行办法》以及《天津市建立居民委员会试行办法》，成立天津市区街建政委员会，具体领导区街民主建政工作：一方面恢复街公所，只不过此时的街公所已不再是一级政权，而是区人民政府的一个派出机构，主要任务是联系帮助各居民委员会展开工作；另一方面，改造原来具有一定政权性质的居民委员会，使之成为具有完全自治性质的基层群众自治组织。

经过宣传调查、自由结组、民主选举以及召开居民代表大会等阶段，在群众积极性充分调动的基础上，组成居民小组，选出居民代表，然后由代表直接选举居民委员会 7～9 人，再由委员会选举主任 1 人、副主任 2 人。因为这些办事人员由居民产生，所以他们是群众熟悉和信赖的人。他们和居民朝夕相处，了解和熟悉群众的情况。他们与居民邻里相依，守望相助，和群众有深厚的感情联系，在群众中享有威信。② 居民委员会成立后，他们依靠群众，宣传、贯彻党和政府的政策，提高居民政治觉悟；他们向政府反映群众的意见与要求，为群众解决子女上学、劳动就业以及贫民救济等实际困难，在处理房屋纠纷、邻里纠纷以及家庭矛盾等问题时，往往更为切合实际、周到细致、入情入理，让群众心悦诚服。因此，居委会起到了协助政府管理本地区社会生活，加强政府与人民群众联系的桥梁和纽带作用。

城市居民委员会是由人民群众用民主的办法组织起来的，依靠自己的力量，管理好自己的事，举办为居民服务的各种福利事业，解决政府力所不及或照顾不到而又事关本地区居民切身利益的问题。因此，居民委员会是街公所的"腿"，而街公所则是区级政府的"腿"。所以

---

① 天津市地方志编修委员会编著《天津通志·民政志》，天津社会科学院出版社，2001，第104 页。

② 《健全基层群众自治组织　加强政权建设》，《人民日报》1980 年 1 月 16 日，第 1 版。

通过不断地"装腿"，上级政府的各项任务政策可以依靠这些"腿"传到基层群众当中，这反映的是中国共产党"深入群众"式的社会治理方式。①

二　重塑革命价值观的社会风气治理

解放后，天津主要从三个方面来抓社会风气的治理，以形成上下团结、拥护政府和全民争做"新中国建设者"的良好社会风气。②

第一，扫除"黄毒赌"，荡涤旧社会污泥浊水。以改造娼业为例，解放初天津市有一等至五等妓院450家，妓女1916人，依靠妓院为生的有2万多人。与北京一夜封闭所有妓院不同，天津市政府考虑到天津刚刚解放，经济尚未恢复，如果立即停止娼业会导致政府经济压力过大，进而影响到社会秩序的稳定，因此采取限制与逐步改造的方针，具体步骤为：（1）1950年以前，以"取缔领家制度，严禁增添妓女及虐待妓女"为原则，控制娼业发展。（2）1950年1月，在各界代表的强烈反映下，天津市政府参照北京经验，制定了"严加管理，解放妓女人身自由，消灭压榨，帮助转业，防止流为游妓暗娼，以达到预定期内全部消灭，妓院老板领家尽量帮助转业、回籍、结婚、适当安置有生活出路"的方针。到3月，全市妓女由解放前夕的近2万人锐减为800余人。③（3）1950年4月起，天津市军事管制委员会逮捕了一批罪大恶极的妓院老板，并对其判处极刑；各区开展控诉会，促使娼业人员提高认识，消除对窑主、领家的恐惧；同时天津市政府投入大量人力、物力和财力，帮助妓女转业，安排生活，到1952年5月，天津市公开的妓院已经绝迹。在治理娼业过程中，天津市政府发挥社会舆论、社会团体的宣传教育、监督作用，对娼业人员进行教育，有计划、分步骤地解决了天津市的娼业问题，赢得了人民的信任，稳定了社会秩序。

---

① 杨菁：《新中国成立初期城市政权的重构与现代化转型》，电子科技大学出版社，2016，第127页。
② 李长莉：《社会风气与社会治理：建国初百年回望》，《人民论坛》2019年第27期。
③ 魏宏运主编《国史纪事本末（1949～1999）》第1卷《国民经济恢复时期》，辽宁人民出版社，2003，第644页。

第二，打击贪污腐败，开展整党整风运动。由战争到和平，由乡村到城市，是一个翻天覆地的变化，随着这个变化而来的是有些干部在思想上也发生了一些变化。① 甚至天津有的不法资本家猖狂地说："干部不能没有所好，总能拉过来。"② 时任天津地委书记刘青山、专员张子善因贪污而被判处死刑，成为新中国反腐第一大案。为抵制不良习气，天津市十一区的人民群众在区政府领导下，采取"突破一点，控制全盘"的方法，向有"五毒"行为的奸商进行斗争。此方法不仅取得了显著的效果，而且还得到了毛泽东主席的批示，"这是天津第 11 区的同志们向奸商进攻获胜的一件好消息。这是天津同志的有益创造，请你们加以研究并予以仿行"。③ 在治理娼业的过程中，也严肃查处了被游妓暗娼引诱下水的公安、税务、铁路、工会及公营企业工作人员 50 余人。其中公安总队三团干部米×× 为某清音艺员花去公款 1000 余万元，以贪污罪被逮捕；④ 花园路派出所警士徐××、刘×× 因为嫖娼被开除公职，老干部辛× 也栽在舞女的石榴裙下。⑤经此一役，天津市人民政权树立了清正廉洁的良好形象。

第三，破除封建迷信和陋习，开展移风易俗运动。按照《婚姻法》规定，天津市废除了包办强迫、男尊女卑、漠视子女利益的封建婚姻制度，实行男女婚姻自由、一夫一妻、男女权利平等、保护妇女和子女合法利益的新民主主义婚姻制度，提高了妇女地位。妇女开始冲出封建束缚，走向社会，先后有 367 人到河东区清洁队参加义务劳动，其中有 30 多名青壮年妇女，主动帮助拉小粪车入户"播灰"。⑥ 开展识字运动。迅速发展的群众性识字运动，得到社会各界的大力支持，各小学校也都办起青少年文化补习班或大龄妇女进修班。在识字运动中，文化馆和小学教师热情为有姓无

---

① 杨秀峰：《沉重的责任，惨痛的教训》，《理论与实践》2003 年第 5 期。

② 《当代中国的天津》编辑委员会编《当代中国的天津》（上），当代中国出版社、香港祖国出版社，2009，第 42 页。

③ 天津社会科学院经济研究所编《天津经济建设大事记（1949～1987）》，1988，第 42 页。

④ 韩国强：《旧天津的娼业及取缔经过》，中共天津市委党史资料征集委员会、天津市公安局编《难忘的岁月——天津市解放初期社会治理纪实》，中共党史出版社，1994，第309 页。

⑤ 江沛、项宝生：《20 世纪中叶天津娼业构成及其改造问题述论》，江沛、王先明主编《近代华北区域社会史研究》，天津古籍出版社，2005，第 114 页。

⑥ 金裕钊：《粪业与搲灰》，政协天津市河东区委员会文史资料委员会编印《天津市河东区文史资料》第 11 辑，1999，第 141 页。

名的中老年妇女起名，将刘张氏、王孙氏等代名改成张玉珍、孙桂兰等。派出所也热情接待更名妇女，郑重地将新起的姓名写在新更换的户籍页上。①

社会风气治理中，天津市人民政府借助政治力量，通过广播、电影、戏曲、连环画、歌咏队等多种文化形式，向民众宣传，重塑了民众革命价值观。天津市委抽派40余名干部到工厂帮助职员们组建歌咏队，开展文艺活动及创作，文艺处各宣传队先后到各工厂巡演69场，观众达10余万人次；② 对旧剧，主要从典型培养与演出示范做起，天津人民广播电台多次录制、播放清苑县著名西河大鼓书艺人魏炳山唱段，如《董存瑞》、《刘胡兰》、《五虎征南》以及《少英烈》等，受到广大市民的热烈欢迎。③ 利用解放初期摄制的电影开展宣传教育活动。仅《白毛女》一部影片，天津第一轮公映观影人数就达到了351278人次。④ 一些剧场还推出《三打祝家庄》《九件衣》等评戏、京剧、秦腔在内的新戏，共演出了1089场，观众在80万人次以上。这些反映农村中觉醒了的劳动人民新风格、新气象的文艺曲目，在城市里也同样受到了广大市民的欢迎，并产生了巨大的影响。

三 以动员组织人民群众为核心内容的社会治理

人民群众是中国共产党的立党之本、力量之源。早在土地革命战争时期，毛泽东就指出："真正的铜墙铁壁是什么？是群众，是千百万真心实意地拥护革命的群众。这是真正的铜墙铁壁，什么力量也打不破的，完全打不破的。"⑤ 解放初期，社会治理的任务千头万绪，而且与人民群众的利益息息相关。广泛动员群众积极参与，成为天津市人民政府开展社会治理的基本思路。

---

① 刘锡增：《解放初期的街道文化活动》，政协天津市河东区委员会文史资料委员会编印《天津市河东区文史资料》第12辑，2000，第45页。
② 周雅男编著《天津解放》，中国档案出版社，2009，第341页。
③ 清苑县地方志编纂委员会编《清苑县志》，新华出版社，1991，第705页。
④ 《广大人民热爱电影〈白毛女〉》，《新电影》1951年第11期，第31页。
⑤ 《关心群众生活，注意工作方法》，《毛泽东选集》第1卷，人民出版社，1991，第139页。

首先，遵循自觉自愿原则，鼓励人民群众参与社会治理工作，"凡是需要群众参加的工作，如果没有群众的自觉和自愿，就会流于徒有形式而失败"。[①] 为了获得人民群众的理解和认同，政府利用广播、群众会、举行苦主控诉等形式进行宣传动员，鼓励群众积极参与社会治安的治理。

在镇压反革命运动中，"天津人民广播电台将会场实况即时向全市广播，组织了五十万人收听广播"。[②] 各区、街通过召开户政代表会、小型座谈会以及走家串户等形式进行宣传发动，"从3月份至7月份，召开各种群众会21400次，参加人数累计220万人"。[③] 在取缔妓女运动中，妓女的血泪史激发了广大人民群众的义愤，几天内就有1700多名群众写信，揭发恶霸窑主。[④] 采用歌咏的方式开展街道文艺演唱活动。河东区文化馆在群众中推广的第一首歌是《庆祝天津解放》，发动小学教师和街道文艺积极分子在学生和群众中教唱。此后，文化馆陆续推广《解放区的天》等群众歌曲，并经常举办歌咏比赛。群众性的歌咏活动，有力地促进了解放之初的社会整治、民主建政和土地改革（当时河东郊区有农业人口12000人），也活跃了街道群众文化生活。[⑤]

其次，发挥人民群众主观能动性。通过宣传，对反革命分子进行揭发举报和面对面斗争的事例大量涌现。1950年大直沽一号路十几名妇女自发组织读报小组，打击反动会道门歪理邪说，并在全市各区形成读报活动热潮。[⑥] 镇反宣传中，"3小时之内，收听广播的群众纷纷向广播电台表示拥护政府镇压反革命的各种意见，其中电话二千余次，信六百余封，长途电话二十余次，参加控诉的群众，有专门从北京赶去的"。[⑦] 河东区的工人、农民、失学失业青少年以及小学教师等积极参加街道文化活动，他们生活

---

① 《文化工作中的统一战线》（1944年10月30日），《毛泽东选集》第3卷，第1012页。
② 《镇压反革命必须大张旗鼓》，张同乐主编《20世纪中国经世文编》第6册《中华人民共和国》卷1，中国和平出版社、天津教育出版社，1998，第145页。
③ 罗瑞卿：《伟大的镇压反革命运动》，张篷舟、张仪郑编《1952人民手册》，上海大公报，1952，第41~43页。
④ 江沛、项宝生：《20世纪中叶天津娼业构成及其改造问题述论》，江沛、王先明主编《近代华北区域社会史研究》，第103页。
⑤ 刘锡增：《解放初期的街道文化活动》，《天津市河东区文史资料》第12辑，第45页。
⑥ 刘锡增：《解放初期的街道文化活动》，《天津市河东区文史资料》第12辑，第47~48页。
⑦ 《镇压反革命必须大张旗鼓》，张同乐主编《20世纪中国经世文编》第6册《中华人民共和国》卷1，第145页。

在群众中，热心为群众扫盲、读报、广播、讲解等，群众亲切地称他们为党的"十大员"。①

发动各界参加抗美援朝运动。1950年11月30日，天津市工商界4万人举行抗美援朝保家卫国大游行，12月2日，毛泽东主席复电赞扬，在全国工商业界起到了模范带头作用；医护界率先组织"抗美援朝救护委员会"，组建志愿医疗队赴东北为人民志愿军伤病员服务，市长黄敬称这是一次"伟大的创举"；青年工人、学生大规模报考军事干部学校以及参加华北军区的部队工作；全市市民举行了千元劳军运动；宗教界积极地参加抗美援朝运动，并开始进行爱国反帝的宗教革新运动。经过抗美援朝形成的爱国主义热潮的洗礼，天津市民众"新的爱国主义思想发展起来了，对帝国主义仇恨的情绪增强了，这就引起了一个反帝爱国主义的新高潮。这个高潮在经济上、文化上都将起到深刻的影响，将有很大的帮助和发展"，② 也将对天津社会秩序的稳定和社会风气的焕然一新起到促进作用。

最后，党要在人民群众参与社会治理的过程中发挥领导作用，不能放任自流。毛泽东曾经明确指出："凡属人民群众的正确的意见，党必须依据情况，领导群众，加以实现；而对于人民群众中发生的不正确的意见，则必须教育群众，加以改正。"③ 解放初期的社会治理过程中，天津市人民政府密切关注各项工作的进展情况，发现问题及时纠偏。

比如在"三反"运动中，经济工作人员对经管财物尤为谨慎，这当然是好的，但也有失之过苛的地方，④ 出现了"批发商业成交较前减少一半；银行不贷款，银根很紧；私人不买货，也无心卖货；工业生产开始下降；税收显著减少"等问题。⑤ 错误判断和生硬的工作方式，对社会经济秩序造成了一定的冲击，也引发了劳资关系及公私关系上的一些动荡。天津及时进行甄别审查的同时，也向上级做关于在"三反""五反"期间维持正

① 刘锡增：《解放初期的街道文化活动》，《天津市河东区文史资料》第12辑，第48页。
② 《黄敬市长开幕词》，《天津政报》1951年第21期，第24页。
③ 《在晋绥干部会议上的讲话》（1948年4月1日），《毛泽东选集》第4卷，第1310页。
④ 《天津市"三反""五反"运动胜利结束》，《人民日报》1952年6月16日，第2版。
⑤ 《中央关于五反中对各类资本家的处理意见的指示（一九五二年二月十五日）》，《建国以来毛泽东文稿》第3册，中央文献出版社，1996，第214页。

常经济生活的请示报告，获得了毛主席的肯定批示，认为天津市委关于"在不影响三反运动的条件下，必须兼顾经济工作"①的想法是正确的，要求"各城市市委市政府均应于开展三反和五反斗争的同时，注意维持经济生活的正常进行，如果在一个短时间内出现了不正常状态，亦应迅速恢复正常状态"。②

四　解放初期天津社会治理的成效与经验

解放初期，天津以建立基层自治居民委员会为工作出发点，安定社会秩序，净化社会风气，取得较大社会治理成效，也形成了与天津城市发展相契合的治理经验。

第一，建立城市基层自治组织，赋权居民委员会。就全国而言，解放初期各大城市的居民委员会自设立之初，其性质就非常明确，即不是一级政权机关，而是协助上级政府办理相关事务。与上海建立的"群众性自治组织"居民委员会不同，天津是从街公所向居委会的发展过程中不断完善居民委员会的职能，逐步实现了从基层组织向群众性自治组织的过渡。

天津市建立居民委员会以后，针对街道中组织多、会议多、积极分子兼职多的现象，撤销或者合并了一些不适当的组织，由过去的二十多种减少到三种，改变了街道中过去组织重叠，工作忙乱，街道积极分子负担过重的情况。街道工作秩序的改善，对解决居民生活福利也起到了很大的作用，比如在实行粮食和食油计划供应初期，由于居民委员会及时对群众进行了宣传教育工作，保证了供应工作有条不紊地进行，而且工作落在实处，树立了居民委员会在居民中的威信。③

第二，重视革命价值观的宣传力度，使之成为推动城市社会治理工

---

① 《中央关于五反中对各类资本家的处理意见的指示（一九五二年二月十五日）》，《建国以来毛泽东文稿》第 3 册，第 214 页。

② 《中央关于五反中对各类资本家的处理意见的指示（一九五二年二月十五日）》，《建国以来毛泽东文稿》第 3 册，第 212 页。

③ 《在城市建立居民委员会和街道办事处的情况和经验》，《人民日报》1954 年 12 月 6 日，第 3 版。

作的内驱力。解放初期，像天津、上海这样重要的工商业城市面临着十分复杂的政治社会情况，除了迅速恢复经济外，宣传工作亦很重要。在宣传形式上，各大城市通过报纸、广播、文艺、会议以及宣传网的形式向人民群众宣传党的政策。天津在广泛宣传的同时，利用各种资源在全市进行系统的思想政治教育，取得了良好成效。

第三，重视群众动员的社会治理工作，将人民群众组织起来，充分发挥组织的积极性和内在活力是保证社会治理工作有序进行的前提。解放初期，面对复杂的城市形势和迫切而繁重的任务，能否有效动员组织人民群众显得尤为重要。

一方面，天津市不断进行制度改进，从最初的"市级为城市工作之基本单位"与"警政合一"原则，到"街派合并"，再到街道办事处的设立以及居民委员会的成立，充分调动了城市居民自发积极性。1952年11月，河西区开始发动群众建立居民委员会，到1953年2月，该区共建立了115个居委会、46个家属委员会。[1] 而在市区人民政府的领导下，自1950年起，南开区先后填平了赤龙河和原来的蓄水池，并在蓄水池旁修建了南开公园，之后改造墙子河，从根本上解决了市容脏差乱臭的问题。[2]

另一方面，通过树立模范典型，社会成员的思想观念和精神面貌为之改变，实现了以道德建设带动经济发展的目标。在增产节约运动中，天津钢厂线材部在1952年2月创造了27项新纪录，产品一级品率达到百分之百，超过了当时国家钢铁工业局规定的标准。线材部工人刘长福领导的小组，因超额完成增产节约计划成绩突出，登上《人民画报》1952年第4期封面。

综上所述，解放初期，在党中央的指导下，天津市充分发挥基层社会组织的自治作用，调动人民群众的积极性和内在活力；进行社会风气治理，重塑革命价值观，形成争当国家建设者的良好氛围；在密切联系群众的基础上，有力且高效地解决了复杂的城市社会问题。解放初期天津市的社会治理工作，既降低了社会治理成本，提高了社会治理效果，又密切了

[1] 韩全永：《新中国成立初期城市居民组织的发展历程》，中共中央党史研究室、中央档案馆编《中共党史资料》，中共党史出版社，2007，第131页。

[2] 天津市南开区地方志编修委员会编著《南开区志》，天津社会科学院出版社，1998，第287页。

党与人民群众的联系。由此而论，解放初期天津城市社会治理，无论是从形式上还是内容上，无论是从政策的制定还是政策的实施方面，都反映出新中国国家治理在城市基层自治上的意义。

作者：王静，天津社会科学院历史研究所

（编辑：熊亚平）

南京国民政府前十年青岛
平民住房问题研究

李晓晨　张　萌

内容提要　南京国民政府前十年，中国城市发展较迅速，城市化水平进一步提高。在南京国民政府积极倡导下，青岛市政府积极实施平民住房建设。在住房建设、分配与改造过程中，政府与承包商、政府与平民以及平民内部之间，基于各自利益，不可避免地发生矛盾与冲突。这些矛盾经过政府协商、政府强力干预、请愿调解等方式基本都得以缓解，在城市平民享受住房建设福利的同时，青岛城市形象也得以提高，推动着城市变迁和发展。

关键词　青岛　平民住房　社会冲突论

19世纪末20世纪初，中国城市化进程加快，城市发展出现一些问题。伴随城市人口增加，平民住房问题成为城市发展的一大难题。从农村移民到城市的平民，大多是小商贩以及体力工作者，收入仅供维持生活。他们居住地环境恶劣，有的甚至没有固定住所。孙中山先生一生信奉"三民主义"，其中民生主义就包含解决居民住房问题，他在《建国方略》中也提到"居室为文明一因子，人类由是所得之快乐，较之衣食更多"。① 南京国民政府在"三民主义"思想指导下，为解决平民住房问题，在上海、广州、南京等大城市先后开展平民住房建设。青岛作为后起城市，同样面临住房紧缺问题，而城市平民经常出现的私搭乱建行为，不仅严重影响城市形象，还对城市安全造成隐患。为缓解城市居民住房紧张问题，提高城市形象，稳定社会秩序，青岛也开始进行平民住房建设。青岛解决城市平民

---

① 孙中山：《建国方略》，《孙中山全集》，中华书局，1985，第385页。

住房问题大致有四种方式：政府公建住房、平民自建住房、合作修建平民住房、社会人士捐建住房。公建住房由政府修建，在修建完成后，平民交一定钱款，就可以获得居住权；自建住房由平民自己修建，资金充足的平民自己出资负责修建，资金不足的平民可以由建房代表负责贷款筹集资金，修建住房，平民每月固定向建房代表交一定钱款；合作平民住房，按照住宅合作社办法建筑，性质与自建住房不同；捐建住房是由社会人士捐款修建的住房，由政府负责分配。在青岛平民住房建设、改造与分配过程中，政府、承包商与城市平民基于自身利益，不可避免地产生矛盾与冲突。德国社会学家达伦多夫认为，"社会变迁和社会冲突是普遍存在的，每个社会都时刻服从变迁、经历冲突，每个社会因素都对社会变迁发挥积极作用"。① 尽管青岛平民住房在建设、改造与分配过程中充斥着各种矛盾和冲突，但正是这些矛盾和冲突推动着青岛城市的变迁与发展。

对平民住房研究，学术界从 20 世纪 80 年代逐渐开展，有了一定成果。但是已有研究成果主要从两方面展开：一方面侧重对上海、南京等大城市住房研究，另一方面从平民住房建设、社会融资以及社会融入等角度分析，② 对平民住房建设、改造与分配过程中，各方关系与矛盾研究甚少，对于民国青岛平民住房问题研究更少。因此，本文以社会冲突的理论为视角，对南京国民政府前十年青岛平民住房建设与改造过程中所涉及的各方矛盾与冲突进行系统研究。

一　建房与收房：承包商与政府的博弈

南京国民政府建立后，为巩固自身统治，稳定社会秩序，开始建造平

---

① Ralf Dahrendorf, *Class and Class Conflict in Industrial Society*, Stanford University Press, 1959, p. 161.
② 平民住房研究成果有：刘荣臻《近代上海平民住房救助与社区治理（1927~1937）》，《复旦学报》（社会科学版）2016 年第 6 期；刘荣臻《近代上海保障性住房融资实践评析——基于 1927~1937 年的研究》，《山西大学学报》（哲学社会科学版）2016 年第 5 期；邢向前《1927 年~1937 年南京住宅建设问题研究》，硕士学位论文，南京师范大学，2012；吴珂《中国城市住房保障事业的最初纪元（1919~1949）》，《城市发展研究》2010 年第 7 期。对青岛平民住房建设的研究有柳敏《近代青岛平民住房建设与移民的社会融入》，《城市史研究》第 28 辑，天津社会科学院出版社，2012，但也只是从社会融入方面进行分析，没有阐释在融入过程中，因住房问题产生的各方矛盾与冲突。

民住房,解决城市平民住房问题。20 世纪 20 年代初期,青岛城市"贫民麇聚,板房席棚,低矮污秽,故有贫民窟之称"。[①] 南京国民政府接手青岛之后开始筹建平民住所。1929 年 8 月 29 日,青岛特别市第六次市政会议决议,由市府参事会同卫生、公安、社会、财政、工务、土地、公用七局组织筹建平民住所委员会,同年 9 月 16 日,青岛特别市政府正式发出训令,令财政局拨款筹建平民住所。[②] 1932 年,青岛市开展平民住房招标工作,随着招标工作完成,政府与承包商联系越来越多,双方为实现各自利益,在修建平民住房问题上产生矛盾,展开博弈。

承包商作为商人,最根本的目的是获得利润;政府作为社会管理者,最主要的目的是稳定社会。在一定价格内,承包商要获得最大利润,政府要修建最多房屋,最大利润和最多房屋是二元对立的。达伦多夫认为,对立是引发社会变迁的基本动力。[③] 政府与承包商对立,推动着青岛平民住房建设。1932 年,四川路平民住房第一次招标以"现存款项四万八千元为投标,准在此标价内以认作房屋间数最多者,即为得标"。[④] 辉记营造厂以220 间得标,根据这个价格,辉记营造厂利润极微。商人盈利目的没有达到,称自己患有目疾在医院治疗不能承建,政府在劝说无果的情况下,没收辉记营造厂的保证金。此次投标,政府虽争取到最多房屋间数,但商人没有争得最大利润,宁可浪费保证金也不承建。在第二次招标时,政府减少房屋间数,以 192 间为标准,招标结果如表 1 所示。

表 1 1932 年青岛财政局建筑四川路平民住宅第二次招标情况一览

单位:元

招标建筑商	建筑商要求政府投标金额	招标建筑商	建筑商要求政府投标金额
泰德涌	64052.00	永利工号	72366.00
福源栈	58540.00	慎记	69170.00

---

① 青岛市政府秘书处:《青岛市政府三年来行政摘要:自二一年至二三年》,青岛市政府秘书处,第 50 页。
② 金山:《青岛近代城市建筑》,同济大学出版社,2016,第 49 页。
③ 〔美〕乔纳森·H. 特纳:《现代西方社会学理论》,范伟达译,天津人民出版社,1988,第 210 页。
④ 《关于移送财政局标办建筑四川路平民住宅案原卷》(1933 年),青岛市档案馆藏,档案号:B0031 - 001 - 00763 - 0045。

续表

招标建筑商	建筑商要求政府投标金额	招标建筑商	建筑商要求政府投标金额
福合兴	66132.30	永泰成	59392.00
美化营造厂	74378.00	祥盛泰	57768.00
东顺兴	85000.00	滨记营造厂	54000.00
德兴合	80060.00	源泰祥	74819.00
洪志号	61043.00	协顺兴	61230.00
复兴营造厂	61029.43	天德泰	63500.00
以上各商投标保证金均已照章收讫			

资料来源：《关于四川路平民住宅重行招标情况一览表》（1932年），青岛市档案馆藏，档案号：B0031-001-00804-0029。

  四川路平民住房第一次招标时，政府以48000.00元投标，辉记营造厂虽得标但又放弃，政府不得不进行第二次招标。表1显示的是第二次招标金额，所有建筑商报出的造价金额都高出第一次投标价格，其中滨记营造厂价格最低（54000.00元）。在此期间，政府经调查发现，没有参与投标的恒利营造厂附近有乱石可开采，可以节省一部材料费。政府希望由恒利营造厂承建四川路平民住所，"意在便利平民，建筑间数自以多多益善"，故没有与滨记营造厂签订合同。经过协商，恒利营造厂最后以"增筑八间"，即以48000.00元建筑200间，① 承接该项目。青岛市政府招标四川路平民住所，波折不断，建筑商为获得最大利润，与政府讨价还价；政府为获得最多房屋，也与建筑商进行协商。

  招标工作一波三折，在恒利营造厂施工过程中，承包商与政府之间矛盾更难以协调。恒利营造厂多次违背约定，要求支钱。恒利营造厂提出"所作门窗工程款不敷应用，恳求财政局暂借三千元，以便工程敷用"，② 后又借口"值兹时局不靖，银根奇紧""用工人亦必一律现金给付工资"，③ 要求多发三成工程款，维持工程继续进行。政府修建住房资金是一

---

① 《关于移送财政局标办建筑四川路平民住宅案原卷》（1933年），青岛市档案馆藏，档案号：B0031-001-00763-0045。

② 《为包建第二平民住所工程请暂借洋三千元由》（1933年3月28日），青岛市档案馆藏，档案号：B0029-001-03766。

③ 《关于请准予承领第三期工料款的呈》（1933年4月20日），青岛市档案馆藏，档案号：B0029-001-03766-0060。

定的，不能满足恒利营造厂要求，招致恒利营造厂不满。恒利营造厂在施工时，擅自变更合同图样，导致"赔洋约两千一百六十二元"。[①] 在工程完成后，政府仅发放 320 元，恒利营造厂要求剩下的 1840 余元也应由政府承担。政府认为这是由恒利营造厂经营不善导致，[②] 这部分损失应由恒利营造厂自己承担，出于同情心，政府决定再补发 600 元以示体恤。[③] 恒利营造厂的目的是获得最大利润，变更施工图导致赔钱，在政府补偿极其微小的情况下，必定会对政府不满，产生矛盾。

恒利营造厂在采石过程中，受到当地妇女阻拦，耽误开采，要求延期27 天。[④] 政府派员前去勘察，发现确有此事，同意恒利营造厂延期请求。按照合同规定，四川路平民住所应在 1933 年 5 月 31 日完工，因采石地点变更延期 27 天，应在 6 月 27 日完工，但恒利营造厂 7 月 15 日才完工。[⑤] 这严重影响了政府后续工作，引发政府不满。收房时，房屋出现"门窗疤节过大，粉刷不良，路面未按合同修理"[⑥] 问题，恒利营造厂又按照规定加以维修，导致平民迁移时间推迟。政府作为社会管理者和监督者，在修建平民住房时，对恒利营造厂的合理请求都给予批准，对恒利营造厂自身造成的损失也给予适当补偿，避免与恒利营造厂发生直接冲突致工程停止。政府和承包商在产生矛盾时，通过多次协商博弈，解决修建住房时产生的矛盾，但双方新问题不断产生，这些新问题二元对立，难以解决，导致矛盾不断。

政府和承包商，因各自目的不同，产生矛盾。在一定价格内，政府想要建最多房屋，承包商想要最大利润，二者不可避免地产生矛盾。由于政

---

① 《关于准恒利营造厂承包四川路平民住所变更工程开展期竣工的公出》（1933 年），青岛市档案馆藏，档案号：B0031 - 001 - 00763 - 0034。

② 《关于王克新调查恒利营造厂资质经营情况的呈文》（1933 年），青岛市档案馆藏，档案号：B0031 - 001 - 00804 - 0020。

③ 《关于恒利营造厂承办四川路平民住所工程所请增加工程费及变更采石地点待查勘后再给价款等情的公函》（1933 年 12 月 2 日），青岛市档案馆藏，档案号：B0029 - 001 - 03766 - 0125。

④ 《关于验收四川路第二平民住所工程情况的呈文》（1933 年 8 月 5 日），青岛市档案馆藏，档案号：B0031 - 001 - 00763 - 0057。

⑤ 《关于请派员验收恒利营造厂建筑四川路平民住所工程的公函》（1933 年 7 月 20 日），青岛市档案馆藏，档案号：B0029 - 001 - 03766 - 0084。

⑥ 《青岛市工务局公函第 653 号》（1933 年 8 月 7 日），青岛市档案馆藏，档案号：B0029 - 001 - 03766。

府和承包商对立，承包商为及时拿到资金，政府为尽早修建好住房，推动着平民住房完成。在这个过程中，资金不足导致双方产生新矛盾，承包商与政府进行多次交涉。在这对矛盾中，资金缺乏只是一个客观条件，实现各自利益才是矛盾发生的主要原因。

二 请愿与驱逐：平民与建房代表及政府矛盾的升级

当城市平民遇到住房问题难以解决时，请愿是解决手段之一。请愿在美国德裔社会学家科塞的社会冲突理论分类中属于"现实性冲突"，对现实性冲突来说，冲突本身不是目的，是实现目的的一种手段。在青岛城市平民住房建设中，除存在公建住房外，还存在自建住房。在自建住房由建房代表筹集资金修建完成后，城市平民开始迁移，但因住房分配、平民交款数额等问题，平民与建房代表产生矛盾，发生平民请愿事件。请愿不是城市平民的目的，只是平民获得自己利益的手段。例如1934年菠菜地平民在迁移过程中，出现房屋不足的情况，改为两家合住一间。这导致平民不满，发生平民请愿事件，迁移受阻。菠菜地平民到市政府请愿，平民代表王启明提出：第一，建房代表林兆夏，每月征收平民一角，用于买地以及建筑住房，现在房子盖好，平民却没有居住地；第二，林兆夏承诺每家都有住房，但却要求两家合住一间。这与当时约定相违背，平民不愿迁移，林兆夏又强制平民迁移，[①] 导致平民不满。建房代表林兆夏表示，此处房屋是贷款修建，修建完成后利息太多，而平民交的数额太少，价格相差太多，所以未把住房交给平民。为回笼资金，他私自将修建好的房屋出租，但是新租户要求添加吊铺，导致费用不断增加，林兆夏要求添加的吊铺费也应由平民承担。这进一步引发平民不满，导致双方矛盾升级，发生平民请愿事件。

经调查发现，菠菜地确实房屋不足，出现两家合住一间现象，平民遂产生不满情绪。但平民代表王启明等人也存在"骗财诈欺，多方煽惑阻扰，未能拆迁"[②] 问题，同时他还集会煽惑，投石袭击办案人员，与政府

① 《青岛市西镇区建设办事处十二月份督促菠菜地棚户拆迁等工作报告》（1935年），青岛市档案馆藏，档案号：B0032 - 001 - 00767 - 0089。

② 《为呈报青岛市西镇区菠菜地棚户拆迁情况一览表的呈》（1934年），青岛市档案馆藏，档案号：B0021 - 003 - 00171 - 0001。

发生冲突。而建房代表林兆夏，在未征得政府同意的情况下，私自将住房出租，这与政府政策相违背。为体恤平民，政府将平民自建房土地税全免，在平民未交齐房款时，这些房屋应由政府暂时收回，建筑费由政府拨款。收回的住房应由政府定价出租或是拍卖，建房代表无权出租房子。[①]

政府为解决菠菜地平民住房问题，拿出部分公建住房，加之原有自建住房、合作住房，供该地平民分配。该地除已交款住户，其余大多故意因循延宕，政府派员每日下午到该地指导迁移，对于交款每间不足 25 元的住户也尽量通融。[②] 1935 年王启明被法院羁押时，该地迁移工作正常进行，王启明羁押期满，又阻扰该地平民迁移，政府最后将王启明押送回籍，[③]才将王启明事件平息。对于该地平民，累计迁移到第 7 平民住所者 1 户，迁合作住所者 121 户，迁公建住所者 28 户，自动迁移者 17 户，自愿回籍者 21 户，死亡 1 户。该地共有棚户 645 户，在第 8 住所落成时，第一次拆迁 194 户，第二次 262 户，连同此次 189 户，全部完成迁移。[④] 菠菜地平民请愿事件，王启明本应代表广大平民利益，与建房代表以及政府争取平民居住权益，但王启明在请愿过程中，却为自己牟取非法利益。经过政府处理，王启明受到应有惩罚，该地平民最终获得城市居住地。

平民生活困难，为维持生存，他们会采取各种方式。除日常出卖劳动力等合法方式，他们还采取转租等手段牟取非法利益。平民住所管理规定明确指出，平民对自己分配的房屋"不得任意转让"。[⑤] 1935 年 12 月，贵州路平民在住房迁移过程中，发生妇女请愿事件。妇女们要求重新分配房屋，不能两家合住一间。经过调查发现，此处居住人数已经远超过登记在册人数。[⑥] 这些妇女请愿是为多获得房屋用于转租，从中赚取利润，违背

① 国立上海大学编印《青岛市市政府行政纪要》，1933，第 157 页。
② 《青岛市西镇区建设办事处十二月份督促菠菜地棚户拆迁等工作报告》（1935 年），青岛市档案馆藏，档案号：B0032 - 001 - 00767 - 0089。
③ 《青岛市西镇区建设办事处十二月份督促菠菜地棚户拆迁等工作报告》（1935 年），青岛市档案馆藏，档案号：B0032 - 001 - 00767 - 0089。
④ 《为呈报青岛市西镇区菠菜地棚户拆迁情况一览表的呈》（1934 年），青岛市档案馆藏，档案号：B0021 - 003 - 00171 - 0001。
⑤ 《青岛市平民住所管理规则草案》，青岛市档案馆藏，档案号：B0032 - 001 - 01048 - 0166。
⑥ 《青岛市西镇区建设办事处十二月份督促菠菜地棚户迁拆等工作报告》（1935 年），青岛市档案馆藏，档案号：B0032 - 001 - 00767 - 0089。

平民住所管理规定。此次妇女请愿事件也暴露出"利益就是人的行动的唯一动力"。^① 在利益驱使之下，城市平民忽略行动合理性，在政府明令禁止转租后，还有平民不断转租，甚至不惜扰乱社会秩序，受到惩罚。

请愿是一种现实性冲突，现实性冲突未必意味着所采取的手段在实际上对于所要达到的目的是恰当的。^② 王启明作为平民代表请愿，本应为平民争取住房，但王启明在请愿过程中，阻扰城市平民迁移，不断为自己谋私利，甚至与政府办案人员发生冲突，导致与政府矛盾升级，最终被驱逐。对于城市平民与建房代表的矛盾，通过平民到政府请愿，政府采取强制措施解决。城市平民生活困难，住房问题又是他们最大的困难，当平民仅有居住地受到侵犯时，他们也会联合起来，向政府请愿保护自己的居住地。此时政府在平民住房建设上，不仅要解决平民居住问题，还要解决因住房引发的各方矛盾。

三　改造与管理：平民与政府的博弈

近代青岛相比于周围城市，发展进程较快，人口增多，社会问题逐渐暴露。一方面，城市平民居住区环境卫生差，"各院内污水溢入马路，臭气四散，妨害公共卫生"，^③ 直接影响城市形象；另一方面，青岛平民"因人数众多，生活困苦"，^④ 难免出现任意搭建临时建筑等行为。这些行为不仅会对社会安全造成隐患，还会破坏城市形象，与政府政策相违背，产生矛盾甚至是冲突。"社会冲突并不都是消极的，相反，却能促进社会有机体团结统一、保证社会整体或某些子系统的完整"。^⑤ 青岛市政府在改造城市平民住房过程中，一方面采取措施，对城市平民的私搭乱建进行取缔，另一方面，改善城市环境卫生，提升城市形象，促进城市发展。

政府为提升青岛城市形象，必须对居民区原有建筑以及环境进行改

---

① 〔法〕霍尔巴赫：《自然的体系》，管士滨译，商务印书馆，1999，第 260 页。
② 〔美〕L. 科塞：《社会冲突的功能》，孙立平等译，华夏出版社，1989，第 40 页。
③ 《青岛市市区第一联合办事处调查平民住所纠纷等工作报告》（1935 年），青岛市档案馆藏，档案号：B0032 - 001 - 00767 - 0006。
④ 邹志奋：《青岛市政府实习总报告》第 2 编，1931，第 157 页。
⑤ 侯钧生主编《西方社会学理论教程》（第 3 版），南开大学出版社，2010，第 195 页。

造。而居民因生存问题，在改造过程中不可避免地与政府产生矛盾。面对国家强制力，多数平民在不影响基本生活的情况下，能够接受改造，认识到自身安全、环境卫生以及城市形象的重要性。仲家洼有贫民棚户 90 多家，在建房时没有受到限制，导致任意搭盖，街道狭窄，坎坷不平。此处居民房屋不成行列，污水垃圾到处可见，只有一个不及肩高的厕所，粪便狼藉，臭味四溢，卫生状况极差，① 在此处，不仅城市平民安全以及身体健康得不到保障，还严重影响城市形象。1934 年，在仲家洼棚户改造过程中，政府派专人负责监督，有特勤工人前去修理街道，并要求该地区自行筹款，选择合适地点建筑公共厕所。除此之外，政府还对仲家洼地区平民进行卫生常识宣传。在政府指导下，仲家洼地区环境卫生状况得到改善，基础设施也得以完善。在改造平民住房过程中，虽城市平民会产生不满情绪，但改造并不会严重影响平民基本生活，经过宣传教育，城市平民可以接受改造。但也出现一些不听劝告的顽固分子，导致与政府矛盾升级。1935 年，东镇区昌平路 69 号院内，住户网易标在走廊私搭板壁，严重妨碍公共交通，政府多次派人劝告，要求拆除，网易标"刁顽成性，屡劝不听，当送交公安第四分局罚办，以示惩儆，并勒令将板壁拆除，恢复原状"。② 网易标与政府矛盾升级，是其不听劝告激化矛盾的结果，此事件最终由公安部门解决，网易标本人也受到惩罚。政府在改造平民住房时，与平民产生矛盾不可避免，在可以维持基本生活的情况下，多数平民接受改造，像网易标这样激化与政府矛盾的平民毕竟还是少数。

南村路住户，大多都是鲜菜营业摊贩，在门外摆摊，并且沿街搭盖木板顶棚以蔽风雨。③ 这与政府政策相违背，政府派人前去取缔，在国家强制力下，城市平民不得不进行改造，最后该处住户只能将菜摊移入门内。此处居民生活地本就狭小，还要通过摆摊维持生存，对他们进行改造，会导致他们的生活地更加狭小，对政府产生不满。经调查发现，"青岛各工

① 《青岛市第三区联合办事处整理仲家洼棚户清洁等工作报表》（1934 年），青岛市档案馆藏，档案号：B0032－001－00768－0191。
② 《东镇区建设办事处十月份下半月取缔昌平路杂院私搭板壁等工作报告表》（1935 年），青岛市档案馆藏，档案号：B0032－001－01161－0147。
③ 《西镇区建设办事处十月份订定棚户迁移办法等工作报告》（1935 年），青岛市档案馆藏，档案号：B0032－001－00767－0073。

厂工人，居住之环境卫生标准，固不能谓为合乎卫生，但视之青岛之襟院下等者固不论，即中产者所住之襟院亦有过之无不及"。① 相对有稳定收入的工人，居住环境都如此恶劣，那城市中没有固定收入的小商贩的居住条件更是难以想象。他们居无定所，在夜晚，有的只能流落街头，有的在私搭乱建的建筑中生存。在住房改造过程中，面对国家强制力，城市平民没有选择余地，多数选择服从，但也有少数城市平民会奋起反抗，导致矛盾升级，与政府产生冲突。这需要政府修建平民住所解决他们的居住问题，缓解矛盾。

城市平民私搭乱建，并非想与国家和政府对立。他们面对生存压力，不得已采取此种方式。城市平民在生存压力下，对政府改造产生不满，引发矛盾甚至是冲突。在改造过程中，即使是顽固平民，面对国家强制力，也不得不屈服。在城市平民住房改造过程中，政府对平民改造有一个逐渐升级的过程，针对平民的私搭乱建和生活陋习，政府先是对平民进行宣传教育，最后才是采取强制手段。青岛市平民住房改造，不仅提高了平民卫生安全意识，改善了平民住房环境，还促使政府修建平民住房，提升城市形象，推动青岛城市向现代化方向发展。

四　住房与租房：平民群体内的矛盾与冲突

前述政府公建住房、平民自建住房、合作修建住房等并不能满足所有平民的住房要求，加之住房建设是一个长期工程，导致不能在短时间内为需要房屋的平民提供住所。为解决住房问题，部分城市平民会选择租房。在租房过程中，租户交纳房租，房东收取房租，这是一种社会规则。租户不交纳房租，这种社会规则就被打破，租户与房东之间不可避免地发生矛盾，甚至是冲突。德国社会学家达伦多夫认为，有效调解社会冲突需要冲突双方同意遵守一些正式的冲突规则。面对生活困难的租户，房东会产生同情心予以帮助；遇到蛮横无理的租户，房东也会采取措施将租户清退。受外部和内部因素制约，在青岛平民群体内部，拖欠房租不断引发租房纠纷。

---

① 邹志奋：《青岛市政府实习总报告》第 2 编，第 190 页。

青岛市的租住房屋大致可以分为四等，第一等在湛山路、荣成路、莱阳路、文登路、鱼山路、金口路、龙山路、江苏路、苏州路、齐东路、观象一路、观象二路、观海一路、观海二路、武定路等处，此处房屋每月每方丈的租金约需5元。第二等为湖南路、湖北路、广西路、新泰路、肥城路、平原路、济宁路、禹城路、林清路、冠县路、甘肃路、胶州路、即墨路、李村路、朝城路等处，每月每方丈的租金约为3元。① 第三等为平民住所，"平民住所均系平房，每间十二平方公尺，一门一窗，惟四川路第二平民住所第二院，每间附厨房一间，公建者每月每间租金一元，带厨房者每月租金一元五角"。② 第四等为里院住房，其价格如表2所示。

表2　1932年青岛部分里院房租价格

单位：元

院名	地址	每间每月租价	院名	地址	每间每月租价
九如里	东平路	3～4	仁义里	平阴路	3
九安里	李村路	4	仁寿里	馆陶路	5
九如里	博山路	4～6	仁凤里	邹平路	2～4
人和里	冠县路	5	久德里	滕县路	2～4
三兴里	博山路	3	文明里	黄岛路	2～6
三多里	潍县路	4	永泰里	胶州路	4元上下
大港里	高苑路	4～5	北三星里	郯城路	3～9

资料来源：魏镜《青岛指南》，第393～395页。

表2显示，多数里院房租价格在2～6元不等，最便宜的每间每月2元，最贵的每间每月9元。在青岛四类住宅中，只有平民住所因政府补贴等缘故价格较低，其余三类房租价格都比较高，高额房租会加重城市平民负担。

表3显示，在各行业中，女洋服工资最高，制作女洋服每月最高可得60元，最低18元；糊纸盒工作工资最低，每月最高13元，最低10元；盆桶、车辆每月最高16元，刷子、豆腐每月最高15元。表中所列11个行业中，最高工资平均约22元，最低工资平均约10元。由此可见，租房占

① 魏镜：《青岛指南》，平原书店，1933，第390页。
② 《青岛市平民住所一览表》（1934年），青岛市档案馆藏，档案号：B0032-001-00797-0113。

据城市平民工资收入的很大部分，租不到平民住所的城市平民，只能租住价格较为昂贵的私人住所，导致他们生活更加困难。

表3 1932年青岛市部分行业工资概况调查

单位：元

业别	每月工资		工作时间
	最高	最低	
盆桶	16.00	10.00	8~12时
车辆	16.00	12.00	8~12时
铁器	20.00	8.00	8~12时
砖瓦	30.00	10.00	10~12时
女洋服	60.00	18.00	10~12时
刷子	15.00	10.00	10~12时
糊纸盒	13.00	10.00	11~12时
酿酒	23.00	8.00	7~12时
做豆腐	15.00	8.00	10时
钟表	25.00	10.00	10时
洗衣	14.00	8.00	8~12时

资料来源：魏镜《青岛指南》，第14~19页。

平民是城市中的体力劳动者，靠出卖劳动力获得生存资本。他们是城市中最脆弱的群体，在城市中从事体力劳动的平民或者是城市中的小商贩，经济来源不稳定。他们失去经济来源，也就意味着失去房租来源，导致拖欠房租，引发与房东的矛盾。1935年，东镇区张天三与杜增起房租纠纷案，就是失业引起的。张天三管理利津路28号平房两间，月租3元6角，杜父子失业在家，只能靠女儿工作获得收入维持家庭生活，家庭状况艰难，导致亏欠房租42元2角。经过调解，考虑到杜增起因为失业，家庭生活困难，导致亏欠房租，张天三应予以让免，杜增起于十天内搬家。① 1936年东镇区徐滋中与荣维水房租纠纷案中，荣维水生意惨淡导致生活困难，难以支付住房租金，拖欠房租30元9角。考虑到荣维水生

---

① 《东镇区建设办事处十月份下半月取缔昌平路杂院私搭板壁等工作报告表》（1935年），青岛市档案馆藏，档案号：B0032-001-01161-0147。

活困难，徐滋中暂时停止讨要欠款，荣维水在一星期内搬家，所欠房租日后酌情偿还。[1]

在城市中，像杜增起和荣维水这样迫不得已拖欠房租的租客有很多。城市平民从事体力劳动，身体健康尤为重要，他们需要足够的营养与休息。但这些城市平民连填饱肚子都异常困难，足够的营养与休息对他们来说更是一种奢求。面对自己或家人生病的情况，治病钱对他们来说是一笔巨款，为治病他们只能先拖欠房租，导致其他租户效仿，加剧与房东的矛盾。1934年仲家洼棚户尉麟阁与万德房租纠纷案，是由万德之兄万臣死亡引起的，万臣病故，留下两个幼小孩子，生活困难，亏欠房租14元。尉麟阁虽了解万德情况，但迫于同院住户纷纷效仿，与万德矛盾升级，经过调解，万德于一星期内搬家，亏欠房租在日后酌情偿还。[2]在政府协调下，房东并没有提出过多要求，对于租户亏欠的房租，也允许日后酌情偿还。租客面临寻找新居住地的压力，促使政府尽快修建平民住房，解决平民困难。无论是杜增起、荣维水还是万德，都是外部因素导致难以按时交纳房租，引发与房东的纠纷。经政府派人调解，房东理解、体谅租客在城市生活不易，酌情减免房租或是延长交租时间，给租客留出时间寻找新居住地。但是，房东不是慈善家，他们也是城市平民的一部分，租金同样是维持他们生活的重要来源。租客不能按时交纳房租，房东又需要租金以维持生活，双方因各自生活压力不可避免地发生矛盾，但在政府调解下，房东与租客的矛盾得以缓解。

在租房纠纷案中，部分租户拖欠房租确实受外部因素制约，但也有部分租户受个人利益驱使，本可以按时交纳房租，却故意拖欠，导致与房东的矛盾激化。1936年东镇区江一山与王江房租纠纷案，就是因为王江故意拖欠房租。王江租江一山顺兴路28号平房3间，月租9元，仅住1年，就亏欠房租45元。王江开设杂货铺，经济并不困难，最后经过调解，王江所

---

① 《东镇区建设办事处督促昌乐路棚户迁移等工作报告》（1936年），青岛市档案馆藏，档案号：B0032－001－00769－0039。

② 《青岛市区第三区联合办事处整理仲家洼棚户清洁等工作报告表》（1934年），青岛市档案馆藏，档案号：B0032－001－00768－0191。

欠房租按月偿还，并且需要找一担保人，保证以后再不拖欠房租。^① 租房纠纷中还存在另一种租户谋取个人利益的情况，即租户未经房东同意，私自将房子转租他人，从中获利，引发与房东的矛盾。西镇区第7平民住所"情况异常复杂，经过调查发现最大的原因就是私相移转，其中第一第二第八各公建住所，本是为救济贫民，却被不良分子擅自转移或包租从中获利"。^② 东镇区张蜀庆就是其中一例。1935年，张蜀庆未征得房东同意，私自将住房转租，导致欠租，最后被房东清除出去。^③ 无论是故意拖欠还是转租获利，都是租户个人利益驱使的结果，致使其与房东之间的矛盾激化。

城市平民内部房东与租户的矛盾，大都可归因于以上外部和内部两种因素。房子属于私人物品，房东拥有房屋所有权，平民只要交纳房租就可以获得房屋的暂时使用权，不交纳房租房屋就是房东私人物品，租客没有使用权。在租客正常交纳房租的情况下，房屋所有权与使用权并不会产生矛盾，但租客若不按时交纳房租，就会打破双方共同遵守的规则，租客房屋暂时使用权与房东房屋所有权的矛盾就会凸显，房东与租客发生矛盾与冲突不可避免。当房东与租客发生矛盾时，房东会向政府寻求帮助。政府作为社会管理者，有义务解决双方矛盾，面对国家强制力，房东与租客都会听从政府的解决办法。

五　结语

社会生活中矛盾与冲突无时无刻不在发生，正如科塞在《社会冲突的功能》中所提到的，"每一个社会系统都包含着现实性冲突的原因，因为人民会对稀有地位、权力和资源提出有冲突的要求"，^④ 这种对地位、权力和资源的要求也是人们追求自己利益的表现。在青岛平民住房建设、分配

---

① 《东镇区建设办事处督促昌乐路棚户迁移等工作报告》（1936年），青岛市档案馆藏，档案号：B0032 - 001 - 00769 - 0039。

② 《青岛市西镇区建设办事处十二月份督促菠菜地棚户拆迁等工作报告》（1935年），青岛市档案馆藏，档案号：B0032 - 001 - 00767 - 0089。

③ 《东镇区建设办事处七月份下半月建筑沈阳路贫民棚户简单浴池等工作报告表》（1935年），青岛市档案馆藏，档案号：B0032 - 001 - 01161 - 0105。

④ 〔美〕L. 科塞：《社会冲突的功能》，第41页。

与改造过程中，住房作为稀有资源引发各方竞争与追逐，产生各种矛盾和冲突。平民住房中表现出的各种矛盾与冲突，缘于各方都要维护自身利益。无论是政府与承包商、政府与平民还是租客与房东，都是为实现自身利益。承包商为获得最大利润，政府为获得最多房屋；政府为稳定社会秩序，巩固自己的统治，平民为维持自身基本生活；房东为获得房租维持日常生活，租客则是为了用最少支出获得居住地。他们都基于自身利益，在实现自身诉求时，采取不同措施，不可避免地损害到其他人的利益，于是发生矛盾和冲突。青岛平民住房矛盾，既有平民内部的内群体冲突，也有平民与政府、平民与建房代表以及政府与承包商之间的外群体冲突。不管是内群体冲突还是外群体冲突，都由平民住房引起，在解决矛盾和冲突时，政府都有参与。政府为维护社会秩序，提升城市形象，开展平民住房招标工作，与承包商产生矛盾；在自建住房分配时，平民与平民代表产生矛盾；在平民住房改造过程中，政府与平民产生矛盾；在租房过程中，房东与租客发生矛盾；这些矛盾政府既有协商解决的，也有强制力解决的。南京国民政府作为一种国家强制力，在这几种矛盾解决中都占有重要地位。无论是通过博弈还是采取强制措施，矛盾都得以缓解或解决。青岛城市平民住房问题得到解决，城市环境卫生和基础设施得以改善，城市形象提升，巩固了南京国民政府统治，也推动了青岛城市变迁和发展。

作者：李晓晨，青岛科技大学马克思主义学院
张　萌，青岛科技大学马克思主义学院

（编辑：任吉东）

晚清英文史料中的"苏州形象"[*]

——以《教务杂志》为中心

卞浩宇

内容提要 《教务杂志》是晚清时期来华传教士创办的历时最长、影响最为深远的一份英文刊物。1882～1888 年，来华传教士潘慎文、杜步西先后在《教务杂志》上发表了 9 篇有关苏州的系列文章。这些文章向读者详细介绍了苏州的历史文化、山水风光、民生百态等内容，较为真实地记录了 19 世纪末古城苏州的形象，为当时西方人了解苏州历史风貌、体验苏州文化风情提供了一条"便捷之道"，同时也为进一步挖掘苏州历史、保护历史古城风貌、对外传播苏州文化以及打造苏州城市国际形象等提供了相关的借鉴和参照。

关键词 晚清 英文史料 《教务杂志》 苏州形象

作为千年古城和著名旅游胜地，苏州历史源远流长。在现有研究成果中，有关"苏州形象"的研究和著作可谓不胜枚举。然而，这些成果几乎都是从中国人的视角对苏州展开研究和介绍；尽管早在 13 世纪，来华意大利著名旅行家马可·波罗就在《马可·波罗游记》中对苏州有所介绍，但书中所涉内容极为简单，篇幅不足 1 页。综观现有成果，有关苏州的外文史料，由于受语言等种种因素所限，很少得到利用，从而造成有关苏州的研究无论是在外文材料使用上还是在研究视角上，均存在

---

* 本文为 2019 年江苏省高校哲学社会科学研究项目"吴文化海外研究与传播"（项目号：2019SJA1330）、苏州市职业大学 2021 年"青蓝工程"优秀中青年学科带头人阶段性成果。

一定的缺憾与不足。

《教务杂志》（*The Chinese Recorder and Missionary Journal*，1867－1941）是晚清时期来华传教士创办的历时最长、影响最为深远的一份英文刊物，共 72 卷。虽然创办《教务杂志》的最初目的是便于沟通在华各差会之间的信息、动态，但正如有学者指出的，"其论著虽以教会工作及宗教问题为主题，但对中国国民之社会生活及其思想亦甚注意"，不仅如此，"其关于中国及其近邻的科学、文学、文明、历史和宗教等方面的知识，代表了主流的教会和传教士的思想与见识，客观上起到了对西方世界介绍宣传东方的知识和舆论导向作用"，是研究晚清乃至民国时期西方汉学的代表性刊物。[①] 据笔者初步统计和梳理，《教务杂志》除了刊登大量有关苏州传教方面的报道和信息之外，还在 1882～1888 年先后刊登了由来华传教士潘慎文（A. P. Parker）、杜步西（H. C. Dubose）撰写的 9 篇文章，重点介绍了苏州的城市风貌、山水风光、风土人情、历史文化等内容，具体如表 1 所示。

表 1　潘慎文、杜步西所撰有关苏州系列文章一览

序号	作者	标题	卷数/年份	页码
1	A. P. Parker（潘慎文）	Notes on the History of Suchow（《苏州历史见闻》）	Vol. 13（1882）	277－280
2	A. P. Parker（潘慎文）	Notes on the History of Suchow（《苏州历史见闻》）	Vol. 13（1882）	384－390
3	A. P. Parker（潘慎文）	Notes on the History of Suchow（《苏州历史见闻》）	Vol. 13（1882）	432－440
4	A. P. Parker（潘慎文）	Notes on the History of Suchow（《苏州历史见闻》）	Vol. 14（1883）	39－47
5	A. P. Parker（潘慎文）	Notes on the History of Suchow（《苏州历史见闻》）	Vol. 14（1883）	129－132
6	A. P. Parker（潘慎文）	Notes on the History of Suchow（《苏州历史见闻》）	Vol. 14（1883）	235－239

① 薛维华：《边缘风景：〈教务杂志〉与传教士汉学知识传播》，博士学位论文，北京外国语大学，2016，第 10 页。

续表

序号	作者	标题	卷数/年份	页码
7	H. C. Dubose（杜步西）	Soochow: The Capital of Kiangsu（《苏州：江苏省会》）	Vol. 19（1888）	197 – 207
8	H. C. Dubose（杜步西）	Soochow: The Capital of Kiangsu（《苏州：江苏省会》）	Vol. 19（1888）	269 – 278
9	H. C. Dubose（杜步西）	Soochow: The Capital of Kiangsu（《苏州：江苏省会》）	Vol. 19（1888）	310 – 315

这些文章较为真实地记录了 19 世纪末古城苏州的形象，为当时西方人了解苏州历史风貌、体验苏州文化风情提供了一条"便捷之道"。

一　古城风貌

潘慎文和杜步西均在苏州工作、生活多年，苏州古城风貌自然给他们留下了深刻印象。潘慎文首先对苏州古城整体风貌做了一个简单介绍，他在文中写道，"苏州城至今已有 2300 多年历史，最早是由吴国大臣伍子胥所造"，"当时吴国国王阖闾曾多次与大臣伍子胥商讨，如何才能确保国土安全、民众安居乐业。在伍子胥的众多提议中，最为重要的一条就是建造一座新城。阖闾同意这一建议并令伍子胥择地造城"。[1] 据潘慎文描述，在建造过程中，伍子胥在堪舆和风水大师的帮助下，"相土尝水，象天法地"，终于建成"阖闾城"，即苏州城；[2] "全城南北呈长方形，长 4 英里，宽 2 英里，城墙高达 30 英尺，内外均有护城河"，"全城周长 47 里又 1262 英尺（相当于 15.15 英里）；共有八个陆地城门，以象天八风；另有八个水上城门，以象地八卦"。而在苏州城中，又有两个小城，"一个被称为'吴城'，周长 10 里（3 英里多），到明朝初年，该城仅有南门及一座瞭望台保留下来，不过到了 1522 年（明嘉靖元年），该处亦被拆毁；而另一个则叫作'伍子胥城'，周长 9 里又 1620 英尺（约 3.15 英里）。此外，主城

---

[1] A. P. Parker, "Notes on the History of Suchow," *The Chinese Recorder and Missionary Journal*, Vol. 13, 1882, pp. 278 – 279.

[2] 据《吴越春秋》记载："子胥乃使相土尝水，象天法地，造筑大城，周回四十七里。"参见赵晔《吴越春秋》，江苏古籍出版社，1986，第 25 页。

外城墙环绕，约长69里（23英里）。不过截至目前，无论是城内还是城外的城墙，均已难觅其踪影"。①

随后，潘慎文对苏州城中的各城门做了一番介绍。他提到，在最初的八个城门中，"如今有六个仍旧开放，另外两个则用砖块封死"。"阊门"代表了传说中的"天门"（Gate of Heaven），即"阊阖门"；"胥门"用以纪念伍子胥；"盘门"因"周边运河弯曲，犹如龙盘水上"而得名；"齐门"又称"望齐门"，据说其名源自一则传说；②"娄门"因其门前有"娄江"（Liu River）流过而得名；"封门"因城外有"封山"而得名，"封"字后逐渐演变成"葑"。③

作为一座千年古城，苏州城历经战火，城墙多次遭到毁坏，亦多次修复。对此，潘慎文在文中亦有提及，他写道："关于城墙，史书上有其多次被毁坏及重修的记录。公元1205年，即宋开禧元年，城墙几乎全部被毁，护城河内填满了碎砖破瓦，以至于后来护城河变成了养菱角和种水稻的场所。在元末1350年，苏州城墙曾得到一次彻底整修，不过在随后的一系列战争中再次被毁。1662年康熙元年，时任苏州巡抚的韩世琦对苏州城内部分城墙进行了重建，并对其他城墙进行了一次较为全面的修复。"此外，潘慎文还提到，据相关史料记载，"1824年，城墙全长15英里（即城墙的周长），24英尺高，15英尺厚"。值得一提的是，潘慎文认为，虽然苏州城墙历经千年变化，但其位置几乎未变，正如他在文中所言："据我所知，我相信目前城墙所处之位置与2395年前伍子胥建城时的位置几乎一致。"④

苏州城内的人口数量，也是潘慎文关注的内容之一。据他所言，"目前苏州人口为22.5万人左右，这一数字是依据保甲局今年所做的一次人口

---

① A. P. Parker, "Notes on the History of Suchow," *The Chinese Recorder and Missionary Journal*, Vol. 13, 1882, pp. 384 – 385.

② 据该传说云，阖闾征服齐国后，让齐国国君的女儿嫁给自己的儿子。这位齐国公主因思乡心切整夜哭泣，很快便病倒了。为了安慰齐国公主，阖闾在城北开了一道城门，并在城门上建了一座塔，这样齐国公主便可登上城楼遥望故乡，因此该城门便被称为"望齐门"（The Gate for Looking toward Ts'i）。参见 A. P. Parker, "Notes on the History of Suchow," *The Chinese Recorder and Missionary Journal*, Vol. 13, 1882, p. 385。

③ A. P. Parker, "Notes on the History of Suchow," *The Chinese Recorder and Missionary Journal*, Vol. 13, 1882, p. 385.

④ A. P. Parker, "Notes on the History of Suchow," *The Chinese Recorder and Missionary Journal*, Vol. 13, 1882, pp. 385 – 386.

普查得来的"。不过，潘慎文对此却并不认同，在他看来，"这次人口普查虽然表面上关注了很多细节，但实际上非常马虎，因此不能以此为准。这是因为这些普查人员根本没有尽责获取准确信息——要么根据自己以往的经验估算一个家庭人数，要么询问所查家庭的邻居或熟人来测算人数"。因此，据潘慎文自己估算，"包括郊区在内，苏州人口应该在 30 万人左右，而我们之前估算的 50 万～70 万人则有些过头"。①

由于杜步西在苏州生活、传教长达 30 多年，因此他对苏州古城的描述相比潘慎文显得更加细腻且充满生活气息。在介绍苏州街道时，杜步西这样写道："伍子胥当年将街道定为 8 英尺宽，但如今商贩们却将柜台和围栏设在街道上，这样一来使得主街道的宽度缩减为 5～6 英尺。每天清晨，街道两边布满了商铺，特别是在靠近桥的地方，堆满了鱼盆和菜篮，让道路变得拥挤不堪。即便在这样拥堵的小路上，骑马者、坐着轿子的官员及其随从、1/4 英里长的送葬队伍、扛着木头的木工、轿夫、搬运工、背着包裹的男人、提着篮子的妇女、拾破烂的老人、拄着棍子摸索前行的盲人、快步疾行的挑水工以及踱着方步的文人络绎不绝——你都不知道如何才能穿过这么拥挤的人群。"杜步西发现，"苏州大部分街道都是用碎石头铺成的，中间部分凸起，因此在雨天道路会变得非常湿滑；也有部分街道是用石板铺成的，例如养育巷，据传是一位寡妇为纪念其丈夫与孩子而出资修建的"。在文中杜步西还特别提到，在许多人眼里，"苏州是一个非常干净的城市"，同时还是一个安全的地方，因为"街上看不到一个警察，而在仅比苏州大一点的芝加哥，每年花在治安上的费用就高达150 万美元"。②

苏州自古也是一座著名的水城，13 世纪来华的意大利旅行家马可·波罗就曾将苏州称为"东方威尼斯"（The Venice of the Orient）。对此，杜步西深表认同。据杜步西描述，"总的来说，苏州从南到北、从东到西各有 6条河道，纵横交错"；"城中共有桥 150～200 座，每座桥之间相距 200～300 码，这些桥有的是拱桥，有的是石板平桥，大多数桥长 20 英尺"；此

---

① A. P. Parker, "Notes on the History of Suchow," *The Chinese Recorder and Missionary Journal*, Vol. 13, 1882, pp. 386-387.

② H. C. Dubose, "Soochow: The Capital of Kiangsu," *The Chinese Recorder and Missionary Journal*, Vol. 19, 1888, p. 206.

外，"河道内停泊着上百艘游船，这些船色彩艳丽，配有明净的玻璃窗和美丽的雕饰，供游客乘坐前往周边山湖游玩。河道里还有上千艘无篷船，专门负责将大米、货物、油料、建筑材料、家具、水等物品从城市一头运往另一头。货物可以从数百英里外的地方直接运到买主家门口。此外，河水还为老百姓洗衣做饭等日常生活提供了极大便利"。不过，杜步西也指出，"当水位下沉，河水变绿继而变黑之后，河道里的船只就会拥堵起来，而船舱里可怜的乘客们不得不忍受河里散发的难闻的气味，此时他们希望能够远离'东方威尼斯'"。①

对于苏州城内的人口数量，杜步西有自己的看法。他指出，据苏州保甲局 1887 年的人口普查统计，苏州共有 88131 户人家。但这一数据并没有将 2348 户官宦家庭算在内，按照杜步西的估算，"平均每家 15 人，共计约 4 万人"。此外，"大量的船民和流动人口也未算入人口普查中，而这部分人口有 20000 余人"。因此，杜步西认为，若以每家 5 人计算，再加上上述未被统计在内的人口，苏州人口共计约 50 万人。②

值得一提的是，杜步西还绘制了一幅苏州城图（A Bird's Eye View）附在文中。在这幅图中，杜步西将整个苏州城分成了 23 处，每处均以一个具有标志性的建筑物或街道命名，通过此图可以看到苏州城内的主要街道、城门以及著名景点。杜步西还结合该图为读者设计了一条游玩苏州的路线，例如，游客可以先去钟楼，然后到双塔，再到附近的宫殿参观。因此，在某种程度上，该图既是一幅苏州全景图，便于读者了解全城概况，也是一幅"苏州游览图"，方便游客按图索骥，游览苏州。③

二　庙堂塔影

苏州城内庙、塔众多，各具特色，为这座千年古城增添了不少亮色。

---

① H. C. Dubose, "Soochow: The Capital of Kiangsu," *The Chinese Recorder and Missionary Journal*, Vol. 19, 1888, p. 207.

② H. C. Dubose, "Soochow: The Capital of Kiangsu," *The Chinese Recorder and Missionary Journal*, Vol. 19, 1888, pp. 277 – 278.

③ H. C. Dubose, "Soochow: The Capital of Kiangsu," *The Chinese Recorder and Missionary Journal*, Vol. 19, 1888, pp. 310 – 311.

潘慎文在文中更是不吝笔墨，对苏州的庙、塔详加介绍。在潘慎文眼中，玄妙观应当是城内最受欢迎、最为出名的寺庙了。据他介绍，该庙位于城中，"内有两殿，占地近两亩，呈长方形"，位于前方的殿被称为"三清殿"，位于后方的殿叫作"弥罗宝阁"；"三清殿"始建于西晋咸宁二年（276），而"弥罗宝阁"建于1177年。潘慎文提到，两殿自建成后历经战火、天灾，数次被毁又数次修复；乾隆皇帝南巡期间曾数次前往该庙，并在庙内题词。事实上，让潘慎文印象最深的乃是玄妙观前的热闹景象。据他描述，观前有一大块空地，"这里是各种各样的商贩的汇集之所。地面上随处可见搭建的凉棚，供人们在此喝茶、听书或看病。在这里，木偶戏、杂技、耍猴等娱乐活动随处可见"。潘慎文认为，"这里是一个供人消遣的好地方，高傲的士大夫、休假的职员、度假的艺术家、带着孩子上香的妇女、游手好闲之人，甚至地痞流氓、无赖，都会时不时到此喝茶、聊天、烧香、算命、购物、听书、看戏。当人不多时，这里还是一个卖书的好场所，特别是入口处"。不过潘慎文也指出，"对外国人而言，在此处停留太长时间通常会感到不愉快甚至危险，特别是在天气晴朗的下午抑或中国的节日"，这是因为，中国人一看到外国人"便会立刻围观他们，并对他们指指点点、推推搡搡，甚至向他们投掷碎砖碎瓦"。[1]

对于苏州的塔，潘慎文可谓非常了解，知之甚详。根据他的理解，中国塔的功能一般分为四种：第一种是"为纪念某位得道高僧而建"，称为"佛塔"，这类塔既是高僧陵墓，又可用来储存遗物，例如北寺塔；第二种是"为尽孝道而建"，例如瑞光塔，该塔由吴国君主孙权为报母养育之恩所建，据说这类塔可以"帮助人的灵魂远离地狱之苦"；第三种是"为正风水而建"，例如方塔，可以为周边地区带来好运；第四种是"为美化城市风景而建"，正如西方基督教世界中的尖顶教堂，使城市风景更加美丽。[2]

随后，潘慎文对苏州城内几座著名的塔及其相关民间传说做了较为详细的介绍。据他介绍，苏州城内最大、最有名气的塔当数北寺塔，"该塔塔尖高过城中任何一间房屋，也超过城墙以及周边所有的塔。无论从哪个

---

① A. P. Parker, "Notes on the History of Suchow," *The Chinese Recorder and Missionary Journal*, Vol. 13, 1882, pp. 388 - 389.

② A. P. Parker, "Notes on the History of Suchow," *The Chinese Recorder and Missionary Journal*, Vol. 13, 1882, pp. 432 - 433.

方向进苏州城，第一眼看到的便是该塔。据说该塔是中国最高之塔。该塔呈八角形，共有 9 层，周长 300 英尺，高 250 英尺。整座塔由砖块建成，每层都有一个带栏杆的环形走廊。塔有外墙和内墙，中间为走道可通塔顶"。潘慎文还提到，北寺塔最初共有 11 层，中间曾遭遇数次大火受损并重修，目前所看到的塔实际上乃是南宋时期 1160 年所建。在潘慎文眼中，"北寺塔和苏州城内很多古老建筑一样，虽历经千年，但尤为郡中塔寺之冠"。① 而苏州城内历史最为悠久的塔，则是位于南门附近的瑞光塔，"该塔目前共有 7 层，高约 180 英尺，最早由吴国君主孙权于公元 248 年为报答母亲养育之恩所建，有 13 层，也作为存放高僧舍利之所"。潘慎文还特别提到，据说在唐朝和宋朝年间，该塔曾放出五色祥光，这大概也是瑞光塔得名之原因。② 位于虎丘的虎丘塔则以其塔身"倾斜"而闻名，用潘慎文的话来说，看到虎丘塔"就会让人情不自禁地联想起意大利的比萨斜塔"。据潘慎文描述，"该塔偏离垂直线几英尺，至于是其最初设计成这样，还是地基偏移至另一边所致，不得而知。不过，该塔在很久以前就已呈如今倾斜之态势，并很有可能一直保持下去。和前面所提到的两座塔一样，虎丘塔也是由厚砖搭建而成，有外墙和内墙，两者之间为楼梯走道可至塔顶，塔外每层均有环形回廊"。双塔位于苏州城东，是隋朝年间由王氏兄弟出资修建，"这两座塔塔身均为 7 层，和之前所提到的几座塔相比，双塔显得小了许多，而且在过去的近千年时光里，历经多次修复，最近一次修复是在 1882 年。两座塔并排矗立，之间相隔仅数英尺"。而离双塔不远处还有一座方塔，又称"钟塔"，建于 1589 年，据说乃是为了更改周边风水而造，因为风水先生发现，由于县学就在双塔附近，而双塔地势较高，这会给学生考运带来不利影响，因此需要在双塔左方位造一座高塔"以补形胜之不足，并壮学宫之声势"。③

杜步西对玄妙观以及观前热闹景象的记载与潘慎文所述大致相同，

---

① A. P. Parker, "Notes on the History of Suchow," *The Chinese Recorder and Missionary Journal*, Vol. 13, 1882, pp. 433 – 435.

② A. P. Parker, "Notes on the History of Suchow," *The Chinese Recorder and Missionary Journal*, Vol. 13, 1882, pp. 435 – 436.

③ A. P. Parker, "Notes on the History of Suchow," *The Chinese Recorder and Missionary Journal*, Vol. 13, 1882, pp. 439 – 440.

但杜步西更加注重相关细节的描述。例如在描写观内情景时，杜步西这样写道，"观内共有两座主殿，另有十三座配殿分布在主殿左右两侧以及后面——这里真可以称作'神像之城'，一共供奉了五六百座神像，其中较大的有六十花甲星宿、七十二圣贤、二十八星宿、三十六天将等，来自全国各地的信徒到此祈福、感恩"；三清殿里"供奉着三位道教天尊神像，每尊高达15英尺"；三清殿后面还有一殿，"高三层，屋顶绿瓦覆盖，配以龙形翘角"，据说"乃是中国中部地区最好的庙宇"。此外，杜步西还对苏州城内的城隍庙、无梁殿、孔庙做了简单介绍。据他介绍，城隍庙靠近苏州西北门，因附近商铺主要出售猫眼、玉石装饰等物，故又称作玉石庙，而据游人反映，该处鱼龙混杂，较为混乱；无梁殿则因其殿呈拱形，未使用木质横梁而得名，其外形与中国传统房屋大相径庭，酷似西方建筑；孔庙庄严肃穆，内有大量石碑石刻，用一位外国游客的话来形容，"孔庙是我在中国见过的最神圣庄严的地方"。在文中，杜步西还提到，"苏州城内共有寺庙200～300座，尼姑庵50～100座，道士约1000人，而僧人则近2000人"。[①]

在谈到苏州城内的塔时，杜步西一方面指出，这些塔历史悠久，瑞光塔已有1640年历史，虎丘塔有1300年历史，双子塔有900年历史，1160年重建的北寺塔有700年历史，历史最短的方塔也有300年历史；另一方面，杜步西也对北寺塔、虎丘塔、双子塔、方塔的风貌以及民间传说做了简要介绍，内容与潘慎文所述亦大致相同。有意思的是，杜步西在文中还将自己参观北寺塔的感受一并写了出来，他写道："站在塔的附近，仔细端详着这世间难得一见的奇观。但你细数塔身时，你会发现塔上的回廊上有许多门，就像鸽子窝一样，而从塔顶往下看，地面上的人就显得特别矮小。想想当年需要开采多少石块方能建成高达250英尺的塔啊！"而登上塔顶之后，杜步西不禁感慨，"仿佛整个城市都在你脚下一般"，西可见太湖，南可见吴江，东可见昆山，北可见常熟。[②]

[①] H. C. Dubose, "Soochow: The Capital of Kiangsu," *The Chinese Recorder and Missionary Journal*, Vol. 19, 1888, pp. 271-272.

[②] H. C. Dubose, "Soochow: The Capital of Kiangsu," *The Chinese Recorder and Missionary Journal*, Vol. 19, 1888, pp. 269-270.

三 山色风光

苏州境内的山，同样也是潘慎文关注的对象之一。潘慎文指出，苏州的山脉主要集中在古城以西、太湖之滨，这里山峦起伏，风光秀丽。据他用自制的仪器测量，这些山高度"从 200 英尺到 1000 英尺不等"，而据他观察，"大多数山的山体由花岗岩组成，并且岩石上覆盖着一层黏土，有利于植物生长；另一部分山的山体则由石灰岩组成。部分山上可见小松树林，但很少看到成片的高树林。当然，如果这些树不被砍伐充当燃料的话，假以时日，许多山上定可见大片森林。而如今，因为同样的原因，甚至连山上的野草都被拔光，所以很多山都光秃秃的"。①

苏州山的名称，据潘慎文称，很多是以"动物"来命名的。例如，虎丘以"虎"为名，此外还有"羊山"（Sheep Mountain）、"狮山"（Lion Mountain）、"龙山"（Dragon Mountain）、"象山"（Elephant Mountain）等，因为这些名称，"禁止在这些山上采石"。这是因为，"通常老百姓和官员都认为，开山采石就如同慢慢吞噬动物的身体，这从风水的角度而言，会给当地带来灾难"。但潘慎文指出，"不过，我听说官员们对于破坏风水的惧怕抵不过采石者们的贿赂。事实上，每年有很多花岗岩和石灰岩都是从那些山上开采下来的"。②

随后，潘慎文对苏州境内的几座名山一一做了介绍。在潘慎文眼中，苏州最为著名的山非灵岩山莫属。据他介绍，该山位于苏州城外西南十里处的木渎镇上，因山上盛产一种可以用来制作砚台的石头，因此灵岩山又有"砚石山"之名。山上保留了许多古迹，由于此处曾是吴王夫差和西施的行宫，因此不少古迹与西施有关，例如琴台、玩花池、玩月池、吴王井、响屧廊、西施洞、采香泾等。而在苏州城外西南七里处，亦有一处山，"绵延 3～4 英里之长，其最高峰叫作尧峰，当地人称之为'七子

---

① A. P. Parker, "Notes on the History of Suchow," *The Chinese Recorder and Missionary Journal*, Vol. 14, 1883, p. 39.

② A. P. Parker, "Notes on the History of Suchow," *The Chinese Recorder and Missionary Journal*, Vol. 14, 1883, p. 39.

山'"。据潘慎文讲，"相传在帝尧时期，洪水泛滥，吴国民众均逃至该山山顶以避洪水，故又称为'避水山'"。而在七子山东南方向亦有一座名山叫横山，"在隋朝年间，因古城被叛军占领，隋将杨素曾将苏州全城居民迁至横山东侧"。而在苏州城东最高的山为上方山，又叫"楞伽山"，山上有庙供奉"五通神"。不过据潘慎文介绍，祭拜五通神最早源自明初，但据民间传说，五通神乃邪神，尤其喜欢漂亮的女子，被其看中的女子会很快得病死去。到了清康熙二十四年（1685），时任江苏巡抚的汤斌决心废除祭拜五通神的恶俗，"他命人将神像推倒，将木质神像烧毁，而将泥塑和石雕等物投入上方山脚下的石湖"，不过汤斌离任后，祭拜五通神的习俗再次风行。潘慎文不无遗憾地在文中写道："似乎很难从根本上将此陋习去除，因为目前上方山上的庙中仍旧供奉着五通神。"而在城西南方向十五里处的狮山，据说"本在太湖之中，后大禹治水之时，将其从太湖东移拖至现在这个地方。在狮山的南、西两侧有两座小山，山上有石形如卷笮，相传大禹就是用此来移山的"，而且"很多年前，山上有两块巨石犹如狮子的两耳，但后来也被开采殆尽"。①

潘慎文在文中还提到，"史书上记载的除了上述几座山之外，还有80~90座山"，而这些山的名称"要么与自然景色相关联，要么来自山上所建之寺庙，抑或是源自民间传说"。例如，观音山是因为山上建有一座观音庙；天平山上因为有北宋名臣范仲淹的祠堂，因此又叫"范坟山"；胥山是因当地人民纪念伍子胥而得名。潘慎文对无法一一细述苏州境内的山甚为遗憾，"因为时间关系，我无法一一细述周边群山，无法细述那些自然风光、人造奇景、历史古迹、民间传说"，同时也感慨万千，"这些山静静地矗立世间，目睹着人世间的沧桑变化。三千多年来，那些建在山上的壮观的宫殿、雄伟的塔楼、神圣的寺庙、坚固的堡垒，只剩下残垣断壁。如今在旧址上的那些建筑大多是后人建造的"。在潘慎文看来，"无论多少沧海桑田人世变幻，不变的唯有那些山——上帝留下的杰作"。②

---

① A. P. Parker, "Notes on the History of Suchow," *The Chinese Recorder and Missionary Journal*, Vol. 14, 1883, pp. 39-45.

② A. P. Parker, "Notes on the History of Suchow," *The Chinese Recorder and Missionary Journal*, Vol. 14, 1883, pp. 45-47.

与潘慎文视角不同，杜步西则是从游客的角度向读者介绍苏州的山。据他介绍，"从北边遥望狮山，该山犹如一只盘踞在地上的雄狮"。在介绍天平山时，他写道，"苏州最著名的政治家范仲淹的墓就在此处，该处是一个远离市区、适合举办野餐的好地方"，游客可以"先坐快船至运河末端，然后步行或坐轿上山，穿过一条通道往下便是一片小树林，随后攀过陡峭的山坡，一座寺庙坐落于此，再穿过巨石间的狭长通道，站在岩石上极目远眺，太湖美景尽收眼底，然后便可至山顶"。在杜步西看来，上方山"也是一个游览的好去处，阳光照射下鱼塘水面波光粼粼，两边绿柳成荫"。而对于上方山上五通神的传说，杜步西亦有提及，并认为他们乃"邪恶之神"。在谈及七子山时，杜步西指出，由于历代很多皇帝曾登顶尧峰，因此山上一草一木、一石一洞均有历史价值。最后，杜步西还提到了穹窿山，据他介绍，该山为道教圣地，"无论是城内的富人还是乡村的穷人，每半年都要上山进香"；此外，山上还建有御道，这是"一百年前乾隆皇帝来苏州时派人事先建好供他登山所用"。①

此外，杜步西在文中还对苏州园林做了一番介绍。众所周知，苏州因风光秀丽而被誉为"人间天堂"，尤其是苏州园林更是天下闻名，自古便有"江南园林甲天下，苏州园林甲江南"之美誉。杜步西指出，苏州有四大名园，这些园林的价格据说高达20万美元。有趣的是，杜步西还提到游人入园需购票，票价在3~7美分不等。在杜步西看来，苏州园林的美在于其造园手法，"中国人最擅长在有限的空间内展现出各式各样的巧妙设计。如果给一个欧洲人几亩地，他会铺上草坪，栽上树木，种上花卉，此外再配上一个凉亭和玻璃暖房。但如果同样的空间让一位元朝的园艺师来设计，他会将其装饰成一个东方天堂"。据杜步西描述，"园林中有湖，湖上曲桥盘绕，湖中莲花绽放，荷叶下金鱼往来嬉戏"，"假山内宛若迷宫，台阶盘旋曲折"，"园中亭台楼阁也是游客们歇脚的好场所"，"园内曲径通幽，回廊墙上的装饰形态各异"，真可谓一步一景，美不胜收。②

---

① H. C. Dubose, "Soochow: The Capital of Kiangsu," *The Chinese Recorder and Missionary Journal*, Vol. 19, 1888, pp. 274 - 275.

② H. C. Dubose, "Soochow: The Capital of Kiangsu," *The Chinese Recorder and Missionary Journal*, Vol. 19, 1888, pp. 273 - 274.

四 历史人文

"吴地有文字记载的历史可以追溯到商朝末年的泰伯（《史记》《吴越春秋》《越绝书》等均作太伯）奔吴事"，[①] 而潘慎文对苏州历史认识与介绍也正是从"泰伯奔吴"开始。在这份长达数十页的介绍中，潘慎文讲述了吴国从商朝末年直至三国时期的历史演变。

据他介绍，周太王古公亶父共有三子，长子泰伯，次子仲雍，三子季历。季历被认为是王位的最佳继承人，因此泰伯和仲雍为避免争端决定让贤，泰伯兄弟二人一路向南，来到荆蛮之地，并在此建立了句吴，即吴国。此后泰伯又先后两次拒绝继承王位，因此便有了"泰伯以天下三让"之美誉。泰伯死后，仲雍继位；仲雍死后，其子继位，如此代代相传。当王位传到寿梦时，他有意将王位传给第四子季札，但季札屡次拒绝并远走他乡，正因为此，季札也被后人尊为名贤。此后，吴王僚继位，而原本应该继位的公子光决心将王位夺回。后来，公子光听从了伍子胥的建议，派刺客专诸刺杀了吴王僚。据说，专诸是借上菜之机，从鱼肚中抽出一柄短剑刺杀了吴王僚。公子光如愿夺回了王位，成了吴王阖闾。[②]

阖闾继位之后，不满意吴国旧都城，因而令伍子胥重建新城，即苏州城。阖闾在伍子胥的辅佐之下，采取了兴修水利、排涝良田、提高军队作战能力等措施，使得吴国实力大增。不过阖闾一直害怕吴王僚的儿子庆忌报仇，伍子胥又派刺客要离刺杀了庆忌。吴国在阖闾统治期间，国土不断扩张，人民生活水平也得到很大提高，吴国也成为当时最强大的国家。阖闾死后，其子夫差继位，和他的父亲不同，夫差追求奢靡生活，大兴土木，置国家与百姓于不顾，不但不听伍子胥忠言劝告，还赐死伍子胥，并将伍子胥的尸体扔到运河之中。另一方面，被吴国打败的越国君主勾践，卧薪尝胆以望复仇，他在范蠡、文种等人的帮助下，假意臣服夫差，并将越国的绝世美女西施送与夫差。数年之后，勾践终于复仇成功，占领吴国全境，夫差最终自杀而亡，吴国近八百年的历史就此结束。此后，吴国被

---

① 王国平主编《苏州史纲》，古吴轩出版社，2009，第 19 页。

② A. P. Parker, "Notes on the History of Suchow," *The Chinese Recorder and Missionary Journal*, Vol. 14, 1883, pp. 129 – 132.

越国统治多年，后并入楚国。秦始皇统一中国之后，原来的吴国被划入会稽郡。到了三国时期，孙权建立东吴，将旧吴国地区并入新吴国。值得一提的是，根据《教务杂志》所印，潘慎文在最后一篇介绍苏州的文章末尾标注了"待续"（to be continued）字样，按照常理，他应该继续向读者介绍苏州后来的历史发展；但遗憾的是，《教务杂志》之后再也没有刊登所谓的"后续"内容，其原因亦不得而知。[①]

与潘慎文不同，杜步西更侧重对苏州历代名人的介绍。杜步西指出，"尽管孔夫子从未踏足苏州，亦未见过苏州山光水色，但他认定苏州乃文化首府"，因此，"苏州两千多年来一直是中国人民心目中的文化圣地"，也正因为如此，苏州历代名人辈出。杜步西认为，苏州历代最为知名的人物是范仲淹，"他是苏州香山人士，三岁父母双亡，尽管一贫如洗，但他仍旧努力学习。一千年前，他编纂了一套有关苏州历史的丛书，共计150余册，8000多页。他还在苏州建孔庙，并成立义庄资助穷人。他最后在赈灾途中去世，其高尚品德为后人所敬仰"。除范仲淹之外，杜步西还列举了从唐代到清代的数十位苏州名人。例如，他写道，"在唐朝，有两位著名的诗人曾在苏州，一位是白香山，其祠堂在平桥附近；另一位则是陆龟蒙，其出访海外，后隐居苏州从事文学创作"；又如，他提到"唐伯虎住在苏州桃花庵，是著名的艺术家，其好友祝枝山亦是当时著名的文人。唐伯虎的画、祝枝山的字如今可谓价值连城"；再如，"清朝的金圣叹住在双塔附近，其文学评论在当时具有相当影响"。[②]

五　民生百态

事实上，潘慎文对苏州的介绍，正如其文章名称 Notes on the History of Suchow（《苏州历史见闻》）一样，主要偏重历史方面，而对苏州的民生等内容未做深入探讨。而作为一个在苏州生活、传教三十多年的外国人，杜步西对当地民生了解可谓深刻，因此，他在文中向读者较为全面地展示了

---

① A. P. Parker, "Notes on the History of Suchow," *The Chinese Recorder and Missionary Journal*, Vol. 14, 1883, pp. 235 – 239.

② H. C. Dubose, "Soochow: The Capital of Kiangsu," *The Chinese Recorder and Missionary Journal*, Vol. 19, 1888, pp. 201 – 202.

一幅姑苏民生图。

杜步西首先提到，"苏州人并不以身高体壮见长，这是因为他们所吃的大米对肌肉的形成作用不大，而且苏州的年轻男性普遍女性化，因此要想寻找像希腊运动员一样体格的人，苏州并不是个好地方"。在谈到苏州女性时，杜步西发现，"相比其他地方，苏州女性的自由度更大一些。那些中产阶层的女眷经常上街、购物，有时还去逛园林。大约百分之五的女性能够识文断字。此外，苏州自古以出美女而闻名"。对于苏州人嘴上的"骂人功夫"，杜步西深有体会。值得一提的是，杜步西还特别提到，"'洋鬼子'在中国其他地方是对外国人的称呼，而在苏州，这算是恭维的话了，苏州人一共有七种更为难听的叫法来称呼我们"。而谈到语言，杜步西则指出，官话是中国通用的语言，但苏州的方言则与官话大相径庭，"苏州人讲话时的声音柔和，语调富有乐感，尤其是女性讲起苏州话更能体现出吴侬软语的味道。和官话的沉稳不同，苏州话讲起来要求节奏明快，要体现出很强的韵律感，并不强调咬字清晰"。[①]

苏州自古便有"鱼米之乡"之称，经济繁荣，《红楼梦》开篇即称苏州为"最是红尘中一二等富贵风流之地"。的确，据杜步西描述，苏州街上到处可见大型商铺、当铺、钱庄以及各类作坊。而苏州最为出名的商品便是丝绸，绸缎庄里摆放近百种绸缎、两百多类丝绸纱罗供人选购。丝绸业的发达又促进了刺绣织造行业的兴起，据杜步西统计，"当时苏州从事丝绸织造的妇女共有十万余人，官员的官服、妇女的衣服、演员的戏服等均由她们织造"。杜步西以一种羡慕的口吻写道："一件丝袍对罗马皇帝而言绝对算是奢侈品，而苏州士人身上穿的都是这种材质的衣服。"[②] 除丝绸产业之外，苏州的家具、玉雕、金银饰品、制陶、饮食等行业也相当发达。杜步西还特别提到，随着西方文明的进入，苏州人对国外进口商品的需求也与日俱增。例如，"加利福尼亚面粉很受欢迎，罐装牛奶随处可买，钟表修理店也出乎意料的多。很多国外'精品店'会举办商品展示会，这对当地购买者而言，无疑最有吸引力"。不过，杜步西对此亦表示担忧，随着每年对

---

① H. C. Dubose, "Soochow: The Capital of Kiangsu," *The Chinese Recorder and Missionary Journal*, Vol. 19, 1888, pp. 204 – 205.

② H. C. Dubose, "Soochow: The Capital of Kiangsu," *The Chinese Recorder and Missionary Journal*, Vol. 19, 1888, pp. 275 – 276.

外进口量的不断增加，"中国本土的商品会被挤出市场，而中国的整体经济将损失惨重"。①

此外，杜步西还对苏州鸦片吸食情况、太平天国占领苏州以及基督教在苏州的发展做了简略介绍。他指出，"60 年前，苏州仅有 4 ~ 5 人吸食鸦片，而如今大约有 60000 名鸦片吸食者"。而曾代理江苏巡抚的谭钧培采取了一系列禁烟措施，"在其任上的 4 ~ 5 年，他关闭了江苏南部的所有烟馆"，"他还亲自到鸦片吸食者家中劝戒"，正是受其影响，"许多人最终戒掉了这一恶习"。对此，杜步西大为赞赏，将谭钧培看作"中华帝国的伟大英雄"。太平天国曾在 1860 年至 1863 年占领苏州，对于这段历史，杜步西在文中亦有所提及。在他看来，战争对苏州古城的毁坏相当严重，同时也造成了人员的巨大伤亡，据他记载，有 60 万 ~ 80 万人死于战乱。作为来华传教士，杜步西自然不忘在文中介绍苏州基督教发展的基本情况。据他介绍，1867 年美国南监理会（Southern Methodist Mission）传教士蓝柏（C. K. Lambuth）牧师在方塔附近租了一间房，由此开始在苏州城内传教，后在曹子实的协助下，蓝柏在苏州创建了传教基地，建有一间大教堂、两间医院及男子书院、女子中学各一所。随后，美国北长老会在苏州南园地区开展活动。此外，美国南长老会、美国南浸会也先后来苏开创传教基地。据杜步西统计，当时苏州共有 7 个传教士家庭，3 位单身女传教士，建有教堂 13 座，设立学校 18 所，共有学生约 350 人，医院平均每年收治病人 12000 人，女子医院也已竣工，先后分发布道文和传教小册共计 50 余万份。杜步西感觉，总体而言，苏州人对待美国传教士的态度还是非常温和的，毕竟这些外国人在这里生活很多年了。②

六 结语

值得一提的是，1899 年，一本名为《姑苏景志》（"*Beautiful Soo*", *the Capital of Kiangsu*）的英文小册子由上海别发印书馆（Kelly & Walsh

---

① H. C. Dubose, "Soochow: The Capital of Kiangsu," *The Chinese Recorder and Missionary Journal*, Vol. 19, 1888, pp. 276 – 277.

② H. C. Dubose, "Soochow: The Capital of Kiangsu," *The Chinese Recorder and Missionary Journal*, Vol. 19, 1888, pp. 311 – 315.

Limited）出版发行，作者为杜步西。事实上，该书是杜步西在《教务杂志》刊登的那三篇文章基础之上编写而成。1910 年，杜步西逝世之后，别发印书馆于 1911 年出版了该书的第二版，其内容与第一版无异，但将书名改为 "*Beautiful Soo，A Handbook to Soochow*"，同时配上数十张照片，这大概也是为了更好地向读者展示苏州的 "美丽形象"。

作为一座千年古城，苏州历史源远流长。在现有研究成果中，有关 "苏州形象" 的研究和著作可谓不胜枚举。然而，这些成果几乎都是从中国人的视角对苏州展开研究和介绍。由于受语言等种种因素所限，苏州历史文化的研究中最缺乏的正是这些有关苏州的外文史料，也缺乏以西方人的 "他者" 眼光来解读苏州。

"文化传播的一个策略就是'利用他者来讲述自己'。"[1] 潘慎文和杜步西所讲的正是西方人眼中的苏州形象和苏州故事。尽管这些文章篇幅不是很长，缺乏一定的系统性，且文中叙述有不少地方与史实有所出入，但潘、杜二人以 "他者" 的视角，通过较为客观的描述，真实再现了当年苏州的历史风貌，使之成为西方人了解苏州风貌、体验苏州风情的一条 "便捷之道"。事实上，他们文中所记内容，一方面可以为苏州相关地方历史、文化等研究提供珍贵的外文史料，弥补外文史料缺失之不足，另一方面为进一步挖掘苏州历史、保护历史古城风貌、对外传播苏州文化以及打造苏州城市国际形象等提供相关的借鉴和参照。

作者：卞浩宇，苏州市职业大学外国语学院

（编辑：杨楠）

---

[1] 胡晓明：《如何讲述中国故事？——"中国文化走出去"的若干理论与实践问题》，《华东师范大学学报》（哲学社会科学版）2013 年第 5 期。

民国时期北京高校学生话剧活动研究
（1912～1937）

李子淇　王宜文

内容提要　民国时期，北京学生戏剧经历了教学新剧、爱美剧和成熟话剧三个发展阶段。其中，现代大学的培育、新文化运动的推动、归国学者的引领和报刊媒介的传播是推动学生演剧的主要因素。当时活跃在北京的演剧组织有班级及院（系）组队和话剧社团，它们以校内演出为主，校外演出为校内演出的延伸，演出剧目包括国外经典剧目、国内名家剧目和学生原创剧目，按题材分为社会问题剧、历史剧和革命剧。北京高校学生演剧探索了中国话剧艺术的发展方向，培养了人才，促进了北京戏剧文化生态的变迁。

关键词　北京　民国　学生　话剧

在中国话剧发展史上，学生演剧有着特殊的贡献和地位，20 世纪初的春柳社、20 年代的爱美剧以及抗战时期"北平学生移动剧团"均为突出的例子。本文主要探讨民国时期北京①高校学生话剧活动，时间大致从 1912 年清华学生开始演剧起，至 1937 年北京大学、清华大学、北京师范大学等高校迁往内地办学为止。从现代戏剧发展的历史与结论看，其范畴不局限于在校生校园内的演出、剧本创作等活动，也包括教师和毕业生在社会舞台上的话剧艺术活动。北京作为西方戏剧早期在中国传播的中心之一，学生演剧是其戏剧主要存在方式，甚至一度成为话剧艺术的主流，在中国戏剧史上占有重要地位。目前，关于北京学生演剧的问题，学界往往将其置

---

① 1928 年南京国民政府设立北平特别市。为行文方便，除专有名称外，本文统一以北京称呼。

于中国话剧史中顺便提及，详细论述其自身发展脉络的研究并不多见。①
本文通过梳理民国时期发行于北京地区的报刊、戏剧家留下的回忆录等资
料，以清华大学、北京大学、北平师范大学②、燕京大学为例，就学生话剧
的发展历程、演剧组织及演出活动、剧目来源及题材类型、历史地位等
方面进行系统论述，以期弥补相关研究之不足，丰富中国戏剧史、北京文
化演艺史的内涵。

一　学生演剧的发展历程及动因

民国时期的北京高校不仅是学生话剧运动的中心，也是五四新文化运
动、"一二·九"运动等重大历史事件的发源地，因而学生演剧经历了曲
折的发展过程，具有复杂的动因及独特的内涵。

（一）学生演剧的发展历程

民国时期，北京高校学生演剧经历了三个阶段。

1912 年至五四新文学运动前的 1916 年，为教学新剧的萌芽期。北京
学生演剧始于清华的教学新剧。1911 年清华学堂③开始招生，便把戏剧教
育纳入其课程体系。1911 年"清华学堂章程"开设的课程分为十类，其中
"世界文学"类分值最高，占 26 个学分，中、高等两科须修满七年，内容
涉及大量西方戏剧知识。④ 1911 年底，学生便组成"小小新剧社"开展新
剧表演，开启了北京地区学生演剧的序幕。1913 年除夕，清华学生举行以
年级为单位的比赛，乙卯级演出《活动影戏》，丁巳级演出《沧桑梦》，庚

---

① 参见胡一峰《话剧在清华：以〈清华周刊〉（1916～1937）为中心》，《戏剧艺术（上海
戏剧学院学报）》2018 年第 1 期；张玲霞《1911～1949 清华戏剧寻踪》，《戏剧（中央戏
剧学院学报）》2001 年第 3 期；龚元《中国现代话剧史上的"清华传统"》，《戏剧艺术
（上海戏剧学院学报）》2012 年第 3 期；〔日〕铃木直子《"五四"时期的学生戏剧——
以天津南开新剧团、北京大学新剧团、清华学校为例》，《戏剧艺术》2010 年第 3 期。

② 1912～1923 年学校名为北京高等师范学校（高师），1931 年北平女子师范大学（女高师）
并入北平师范大学。

③ 清华学堂为清华大学的前身，1925 年始设大学部，1928 年更名为国立清华大学。基于学
校传承与戏剧史传统，本文将清华学堂的演剧活动纳入考察范围。

④ 清华大学校史研究室编《清华大学史料选编》第 1 卷，清华大学出版社，1991，第 146～
147 页。

申级演出《徐锡麟》，辛酉级演出《武昌起义》，己未级演出《侏儒》。①
此后，清华学生便形成了演剧传统。新剧演出主要在周末举办，学期末举
行两次学年之间的演剧比赛，除夕、新年也举办戏剧演出。1916 年 9 月，
清华游艺社成立，分演剧、音乐两部，由演剧部负责剧本创作和演出的一
切事务，林志惶任社长，闻一多任副社长兼演剧部总经理，从而停止了按
学年比赛的演出方式，戏剧活动成为全校的共同事业。②

　　1917 年五四新文学运动至"话剧"定名前的 1927 年，为爱美剧的兴
盛期。1917 年胡适、陈独秀分别在《新青年》上发表《文学改良刍议》
《文学革命论》，举起文学革命大旗。在此背景下，北京高校涌现出了大量
剧社，校园演剧蔚然成风。北京学生常规的演剧结社始于 1916 年 9 月成立
的清华游艺社演剧部，即清华新剧社的前身。最早的独立剧社是 1918 年
12 月成立的北京高师新剧社，为校友会德育部游艺股所组织。③ 1922 年，
北大实验剧社从画法研究会独立出来。随后，燕京、辅仁等大学相继成立
剧社。学生们编剧、演剧热情高涨。"新、旧历年中几乎天天都有新剧。
男女高师、清华、北大、中大等学校相继开演。"④ 1922 年 2 月 24 日，女
高师学生在教育部大礼堂演出新剧《叶启瑞》，故事取材于 2 月 5 日《晨
报》时事《学生谋害发妻惨闻》，创作和排练时间不足 20 天。同时，学生
观剧热情也颇为高涨，1922 年高师学生在风雨操场举办新年游艺会，演出
《工厂主》《好儿子》两个剧目，观众反应热烈，"演员多有精彩，很得台
下人的欢迎……那一天天气很冷，竟有数百人牺牲了别种娱乐，冒着雪来
领教这方具雏形的戏剧"。⑤ 正是在学生戏剧活动如火如荼展开的基础上，
1921 年陈大悲提出"爱美的"（Amateur）戏剧口号，成立了相应的组织，
将自发的学生演剧纳入其体系，成为这一运动的重要组成部分，逐渐形成
了以北京为中心的爱美剧运动。

　　1928 年"话剧"定名至 1937 年卢沟桥事变后，北大、清华、北师大
等高校内迁，为话剧成熟与大众化发展期。1928 年，西方传入的戏剧有了

---

①　光：《近年演剧略表》，《清华周刊》（临时增刊）第 4 期，1918 年。
②　张玲霞：《清华校园文学论稿（1911～1949）》，清华大学出版社，2002，第 23 页。
③　钧：《高师俱乐会补志》，《晨报》1920 年 1 月 8 日，第 3 版。
④　陈大悲：《爱美的戏剧之在北京》，《晨报副刊》1922 年 6 月 22 日，第 3 版。
⑤　孙景章：《评高师新年游艺会的新剧》，《晨报副刊》1922 年 1 月 7 日，第 2 版。

"话剧"的学术定名，在学生演剧过程中，早期戏剧家们开拓了中国现代戏剧之路，使话剧成为新文学意义上的主流样式。洪深的《五奎桥》，曹禺的《雷雨》《日出》，李健吾的《这不过是春天》等作品的问世，标志着现代话剧的历史性飞跃与突破。1931年九一八事变爆发，在国难当头的危急时刻，"因爱国运动的热烈……，各处组织新剧团"。[①] 学生结社演剧之风日盛，并且赋予了新使命：一是话剧的民族化、大众化成为时代发展要求。1932年1月，部分师生跟随熊佛西奔赴河北定县平民教育实验区开展戏剧大众化实验，在农村开办戏剧学习班，建立农村剧团，培训农民演员，开启了戏剧大众化之路。二是学生演剧肩负起救亡宣传任务。1931年1月，中共领导的左翼戏剧家联盟北平分盟建立了"呵莽""苞莉芭"两个剧社，联络了一批社会团体和学校剧团，如新球剧社、辅仁大学剧社、北平美专剧社等。适应抗战动员需要，学生演剧出现了广场剧、街头剧等新形式。如"一二·九"运动中，北师大师生在大钟寺前演出街头短剧《放下你的鞭子》。[②] 为配合抗日宣传动员工作，1937年5月，中华民族解放先锋队组织荣高棠、陈荒煤、张瑞芳、程光烈等组成农村服务宣传团，利用暑假到保定一带进行抗日宣传动员。卢沟桥事变后，他们冲出严密封锁，组成学生移动剧团，辗转山东、江苏、河南、湖北、安徽等地，行程1万多公里，通过演出话剧、教唱歌曲、演讲座谈，开展抗日救亡宣传活动。[③]

（二）学生演剧的动因

第一，现代大学的培育。民国时期，北京作为全国的文化中心，一批现代大学相继建立，高等教育获得长足发展。1922年，北京的40多所高等学校拥有15440名在校生，在全国同类学生中占比41%。[④] 现代大学掌门人秉承"教授治校"的民主管理理念和"学术至上"的大学精神，礼聘优秀师资。胡适、钱玄同、鲁迅等新派学者齐聚北京，王文显、张彭春、

---

① 顾仲彝：《中国新剧运动的命运》，《新月》第4卷第1期，1932年。
② 马新国、刘锡庆主编《北京师范大学百年图志》，北京师范大学出版社，2002，第120页。
③ 胡述文：《我在"北平学生移动剧团"的经历》，《纵横》2006年第3期。
④ Y. G. Wang, *Chinese Intellectuals and the West*, *1872 - 1949*, Chapel Hill: University of North Carolina Press, 1966, pp. 365 - 367.

宋春舫等早期戏剧教育家留学归来，洪深、李健吾、曹禺、焦菊隐等热爱新剧的优秀学子负笈北上，他们构成了学生戏剧运动的启蒙者、倡导者与组织者。

第二，五四新文化运动的推动。新文化运动始于文学革命，戏剧是思想启蒙的战略重心之一。胡适、钱玄同、鲁迅等启蒙运动的先驱"把戏剧做传播思想，组织社会，改善人生的工具"。[①] 1917 年至 1919 年，《新青年》几乎每期都刊载讨论戏剧问题的文章，探讨中国现代戏剧的发展方向，批判旧戏曲的弊病，主张改良中国戏曲。[②] 在新文化思想的感召下，"一般青年都已到了跃跃欲试的境地"。[③] 北大学生傅斯年发表了《戏剧改良各面观》《再论戏剧改良》等文章，罗家伦则发表了与胡适合译的《国民公敌》《娜拉》《小爱友夫》节译。他们参与《新青年》编译和撰写专栏等工作，把学生主张的新文化思想和现代戏剧理念传递到各地，"鉴于五四的爱国运动是由学生领导起来的，新兴戏剧因而跑到知识分子的手里，产生了所谓学生戏剧运动"。[④]

第三，欧美归国学者的引领。作为中国第一代戏剧教育家和实践家，他们大学期间便是学校戏剧活动的积极分子，早期即赴欧美留学，以西方戏剧、编剧作为主攻专业，学成归国后，在北京的学校任教，传授欧美先进的戏剧理论，使戏剧体制、形式等方面专业化。从瑞士留学归国的宋春舫最早在高校开设戏剧课程。1916 年，他在北大开设了"欧洲戏剧"。担任清华外文系主任的王文显将"近代戏剧""戏剧概论"等多门戏剧类课程列入他拟定的学程大纲中。余上沅、熊佛西等在北大、清华、北师大讲授戏剧课程，向学生介绍西方戏剧运动和戏剧思潮。此外，他们还积极参与引导学生的演剧实践。1926 年 1 月 6 日、7 日，燕大周刊社演出洪深改译的《第二梦》，余上沅担任导演，赵太侔、闻一多分别负责布景和化装。[⑤] 熊佛西担任北师大话剧研究社的指导教师，精心执

---

① 洪深编选《中国新文学大系·戏剧集》（影印本），上海文艺出版社，1981，第 20 页。

② 胡适：《建设的文学革命论》，《新青年》第 4 卷第 4 期，1918 年。

③ 陈大悲：《爱美的戏剧之在北京》，《晨报副刊》1922 年 6 月 22 日，第 3 版。

④ 《熊佛西戏剧文集》编委会编《熊佛西戏剧文集》（下），上海文艺出版社，2000，第 690 页。

⑤ 菊隐：《加浓戏剧空气》，《京报副刊》1925 年 12 月 18 日，第 7～8 版。

导剧社的首次公演，演出话剧《伪君子》《月亮上升》《一片爱国心》《苏州夜话》等，"一出台后，居然能使观众在酷暑之下，毫无倦色"。①

第四，报刊媒介的传播。民国时期北京地区发行报刊1190多种，刊载学生演剧的有《清华周刊》《北京女子高等师范文艺会刊》等校内刊物，《戏剧与文艺》《戏剧》等戏剧专业刊物，《晨报》《晨报副刊》《世界日报》等报纸及副刊。报刊刊载学生戏剧的内容包括三类：一是消息或专版。如《晨报副刊》的"爱美的消息"专门刊载学生演剧消息。对于重大演出活动，则辟专版报道，如1935年8月16日的《世界日报》专版报道北师大话剧研究社的首次公演。二是剧谈或剧评。"在北京每次有学校团体或爱美的戏剧团体演过新剧之后，总可以在报纸上看到一些剧评或类似的剧评，有时要引起讨论或争执。"② 如1922年2月新春游艺会，高师新剧团连续演出三天新剧，《晨报副刊》收到很多剧评，编辑部"除将文句不通以及毫无意义的数篇运入字篓外，其余概予发表，以鼓动尝试剧评者底勇气"。③ 高师的演剧活动经过剧评栏目的间接推介，在全国高校得到响应，其后介绍其他高校演剧的稿件频出。三是剧本。报刊设专栏，刊载著译剧本。1922年、1923年两年《晨报副刊》便刊载剧本35部（创作22部，译作13部），包括戏剧家陈大悲的《英雄与美人》《良心》《双解放》等剧作，熊佛西的《新闻记者》（独幕）、陆家继的《车夫的婚姻》（五幕）、石评梅的《这是谁的罪》（五幕）、王汝玙的《煤姐儿》（四幕）等学生作品。报刊媒介扩大了话剧的传播范围，推动了学生演剧的发展。

二　演剧组织及话剧演出

民国时期活跃在北京高校的各类演剧组织如雨后春笋，层出迭现，这些演剧组织既有班级、院（系）临时组队，也有长期存在的专业剧团，它们开展了丰富多样的校园内外话剧演出活动。

---

① 知：《师大话剧社的回顾与前瞻》，《世界日报》1935年8月4日，第10版。
② 仁佗：《看了女高师两天演剧以后的杂谈》，《晨报副刊》1923年5月11日，第4版。
③ 陈大悲：《从高师演剧批评得来的教训和我底希望》，《晨报副刊》1922年2月21日，第2版。

（一）演剧组织

1. 班级、院（系）临时组队

五四运动前，社团组织还不活跃，话剧演出以班级、院（系）等行政组织为单位，临时组队。清华早期的新剧比赛均以年级为单位，闻一多代表辛酉级参加戏剧比赛，演出《武昌起义》《打城隍》《异血同心》等剧目；《罗宾汉》则是洪深为丙辰级参加比赛编演的英国名剧，因独特的舞台设计，获《清华周刊》连续发文赞赏；1915 年冬季戏剧比赛，丙辰级获得一等奖，参赛剧目为洪深创作的《卖梨人》。五四时期，各类社团勃兴，剧社成为学生演剧的主要组织，志趣相投的学生创办剧社，创作、演出话剧，但以行政组织为单位的演剧活动依然普遍存在。1925 年 3 月 19 日，女师大史学系学生在新明剧场演出《少奶奶的扇子》，3 月 23 日、24 日文学系学生在青年会演出《酒后》《一只马蜂》《娜拉》，3 月 25 日、26 日哲学系学生在新明剧场演出《仇与爱情》《蔓萝姑娘》。①

2. 话剧社团

五四运动时期，学生社团快速成长，话剧团体大量涌现。众多剧社存在时间长短不一，1911 年底成立的清华"小小新剧社"只是一个临时组织，一次演出便宣布解散；而清华新剧社从 1919 年 2 月成立一直存在到 1937 年内迁。除全校范围的剧社外，还有各具特色的专业剧社，如高师英剧社是外文系学生成立的剧团，致力于英文演剧。此外，还有由不同学校学生组成的跨校剧社。1921 年，陈大悲、封至模、李健吾等组建的北京实验剧社是"注重实验功夫的戏剧研究社"，吸收许多学校的积极分子参加，成为推动学生演剧的中坚力量；② 1928 年，交通大学、北平大学、中国大学、女师大等校学生和少数职业剧团组建了葳娜剧社；1936 年，熊佛西以国立北平大学艺术学院戏剧系和北平师范大学外国文学系的学生为主，创办了北平剧团。剧社影响大，受众范围广，精神渗透深。剧社的成立，汇聚了人才，标志着学生对话剧艺术的初步探索（见表 1）。

① 佛倩：《谈谈女师大的"少奶奶的扇子"》，《晨报副刊》1925 年 3 月 26 日，第 3～4 版。
② 陈大悲：《介绍一个长命的爱美的剧社》，《晨报副刊》1921 年 11 月 26 日，第 3 版。

表1　1910～1930年代北京主要学生话剧社团及其代表剧目

学校	演出团体	成立时间	代表剧目
清华大学	新剧社	1919年	《我先死》《是可忍》《巾帼剑》《希望》《兵变》《新村正》《亲爱的丈夫》《终身大事》《少奶奶的扇子》《良心》《自然》《最先与最后》《娜拉》
北平师范大学	高师新剧社	1918年	《自决女》《良心》《双解放》《幽兰女士》《好儿子》《工厂主》《可怜闺里月》《终身大事》《乡里善人》《面包》
	女高师文艺研究会	1919年	《罪恶家庭》《三愿望》《叶启瑞》《归去》《孔雀东南飞》《金钱与爱情》《这是谁的罪》
	师大话剧研究社	1934年	《千方百计》《伪君子》《月亮上升》《一片爱国心》《苏州夜话》
北京大学	戏剧实验社	1922年	《爱国贼》《黑暗之势力》《一只马蜂》《三个条件》《新闻记者》《青春的悲哀》
	话剧研究社	1934年	《干吗》《一片爱国心》
燕京大学	戏剧学社	1927年	《十万金榜》《家》《虎去狼来》《蟋蟀》《新闻记者》《青春的悲哀》《爱国贼》
	话剧研究社	1935年	《最后一计》《婴儿杀害》《打是喜欢骂是爱》
	狂飙剧社	1936年	《回春之曲》《白茶》

资料来源：根据《晨报》《晨报副刊》《世界日报》《大公报》《清华周刊》等资料整理。

剧社的任务之一是剧本创作及戏剧理论研究。1919～1920年，闻一多任清华新剧社社长，他制定了编辑会制度，并通过编辑会讨论剧本创作和修改。戏剧理论研究则被写入多数剧社的章程。北大戏剧研究会"以谋中国戏剧之改良及发达为宗旨"，分为庶务股、研究股、出版股、排演股。其中，排演股基本上没有什么活动，以"调查戏剧问题、引介国内外的戏剧现况"的研究股和为研究服务的出版股为中心。[1] 1925年，社长何鸿烈组织发布的《清华戏剧社章程》把研究介绍现代的、戏剧的文学作为剧社的重要宗旨之一，提出"请校内外戏剧专家演讲关于戏剧的各种理论"。[2]

---

[1]　《戏剧研究会消息》，《北京大学日刊》第519期，1920年。
[2]　《清华戏剧社章程》，《清华周刊》第347期，1925年。

剧社邀请欧阳予倩和洪深做报告，洪深报告的内容为戏剧表演方法，欧阳予倩则探讨了写实派与非写实派的区别、戏剧发展史等方面的问题。

剧社的另一项重要任务是组织演出及与其他剧社的交流活动。话剧演出是各剧社的主要任务之一，一般以单独演出为主。为达到理想的效果，也整合各种资源。1922年高师新剧社春节游艺会演出中，《自决女》中的婢女、《良心》中的刘夫人、《好儿子》中的王氏、《幽兰女士》中的珍儿都由附中读书的李健吾这位"有经验之手"扮演，为全剧增色不少。[1] 与其他剧社的交流也是剧社的重要活动。李健吾任清华新剧社社长期间，邀请北平大学戏剧系的第一届毕业生组成的旅行公演团到清华演剧。曹禺任社长期间介绍了上海的曦社来清华，连续公演了《湖上春梦》《忐忑》《强盗》《早已过去》等四部独幕剧。

（二）话剧演出

1. 校内演出

校内演出是学生话剧活动的基础，由学校要求或学生自发组织，演出在校园内某个特定场地，如高师风雨操场、清华大礼堂、女高师礼堂、协和医学礼堂、北大第三院大礼堂等。校内演剧在学生话剧活动中占据极重要的地位，一般有三种情况。

一是教学实践环节。民国时期，演剧活动贯穿北京多数高校课堂内外。在《清华一览》（1925～1926）"课外作业"条目的"音乐与戏剧"一节记载，"有戏剧社化装排演新剧……练习口才与姿态"。[2] 燕大英文系面向全校学生开设的通识教育课程"莎士比亚"明确提出"选修本课学生一般需公开演出"。[3] 李大钊在女师大国文部讲授"伦理学"课程，倡议学生演反封建婚姻的话剧。由冯沅君执笔，以汉乐府诗为底本，国文部四年级学生集体创作了五幕话剧《孔雀东南飞》。该剧由李大钊、陈大悲分别为导演和副导演，冯沅君、程俊英、陈定秀等为主要演员，在学

---

① 舒爱青：《看了北高师新剧团旧新年底"文艺会"以后》，《晨报副刊》1922年2月8日，第2～3版。

② 《清华大学史料选编》第1卷，第206页。

③ 《燕京大学布告第二十一：课程一览（1925～1926）》，北京大学档案馆藏，档案号：YJ1924006。

校大礼堂预演和教育部礼堂公演，均为课堂教学的延伸，是伦理学课程的实践环节。

　　二是参加学校的重大庆典活动。在校庆、迎接新生、欢送毕业生、节假日联欢、同乡联谊等院校重大庆典活动中，话剧演出是必有的项目。为了供师生娱乐消遣，1917 年除夕，清华游艺社演剧部演出新剧《可以风》；1918 年除夕，在体育馆演出了《黑狗洞》《鸳鸯仇》两个剧目，以新剧演出替代传统节庆习俗。1919 年 12 月 25 日是护国运动四周年纪念日，又是高师新剧团成立一周年纪念日，"是晚，该校特在风雨操场开俱乐大会。到者，各校学生千余人开会。有演说及丑剧、双簧、昆曲、笑林滑稽剧、口技诸游戏"。① 1924 年 5 月 8 日，泰戈尔首次访华，为庆祝其 64 岁生日，新月社在协和学校礼堂演出他的英语名剧《齐特拉》。

　　三是为社团、平民学校和夜校募集经费。作为自发组织成立的学生团体，为保证自身的正常运转，通过校内演出公开售票，成为各话剧社团筹集经费的主要手段。如 1924 年 3 月燕京新剧团在协和医学礼堂表演莎士比亚英文名剧《仇里西撒》（《裘力斯·凯撒》），票款收入用以组织新剧团，并资助燕大周刊。② 在五四时期"教育机会均等"的呼声中，高师、北大、女高师、清华等学生团体均创办了平民学校和夜校，为"贫窭之家"和本校校工提供免费教育。因此，排演新剧成为大学生为没有一定经费来源的平民学校筹措经费的渠道之一。③ 1920 年 12 月，北大学生会特约画法研究会新剧团、技击会、幻术会、音乐研究会在北大第三院开游艺会，"所收票资，悉充平民夜校经费"。④

　　2. 校外演出

　　校外演出为校内演出的延伸。在学生的校外演出活动中，主要演出场所包括湖广会馆、第一舞台、青年会礼堂、教育部礼堂、新明剧场、中央公园等，参与演出的原因有以下几方面。

　　一是受邀到其他学校或剧场演出。应世界农业研究会燕京大学分会

① 钧：《高师俱乐会补志》，《晨报》1920 年 1 月 8 日，第 3 版。
② 《莎士比亚名剧重演》，《晨报》1924 年 3 月 12 日，第 6 版。
③ 宗绪盛：《鲜为人知的国立北平师范大学平民学校》，《中华读书报》2016 年 11 月 9 日，第 5 版。
④ 《北大平民夜校演剧筹款》，《晨报》1920 年 12 月 6 日，第 3 版。

之邀，1924 年 1 月 7 日、8 日，北大新剧团在青年会募捐游艺大会上演出英文、俄文、中文戏剧。① 卢沟桥事变前夕，为防止日本特务、汉奸的捣乱和破坏，北平学生剧团通过教会学校辅仁大学学生会的关系，取得校长及神父的支持和邀请，在该校举行的文艺晚会上演出抗日独幕话剧《烙痕》。②

二是参加社会公益募捐和赈灾募捐集会。为了募集中国运动员赴日本参加远东运动会的旅费，受运动会中国董事的邀请，1917 年 4 月 13 日、14 日，清华游艺社在北京青年会演出话剧《都在我》，两天到场观众 1400 余人次，筹款 4000 元。1920 年 1 月，北京学生联合会为提倡国货及筹办平民学校募集款项，由北大、高师等校新剧团在新明剧院连续三天演出《斯人独憔悴》《国镜》《爱国男儿》《恶少年》《安重根》《鹊巢鸠居》等六部话剧。③ 近代中国灾荒频仍，赈灾义演成为学生演剧的重要内容。1920 年 10 月 16～18 日，直隶同乡会为筹款赈济全省乡村灾荒，在中央公园开游艺赈灾会，高师新剧团作为唯一的新剧表演团队，参加了筹赈会。④ 1921 年 12 月 3 日，北京实验剧社参加了熊希龄、李大钊、蔡元培等发起组织的俄国灾荒赈济会在第一舞台开办的筹赈晚会，演出陈大悲创作的五幕剧《英雄与美人》。⑤

三是进行反帝反封建活动。五四以来，以话剧为武器进行反封建宣教是学生演剧的重要内容。女高师国文部学生根据同学李超之死的实事编写了话剧《罪恶家庭》，并到天桥演出，将收入所得举办妇女职业学校、妇女识字班等，因此要求男女平等、教育平等的呼声越来越高。⑥ 1922 年 2 月 25 日，女高师国文部在教育部大礼堂演出话剧《孔雀东南飞》，因契合妇女解放、婚姻自主等反封建主题，引起了极大的社会反响。学生的反帝爱国演出剧目更是贯穿中国戏剧史。1919 年 6 月 18 日、19 日，北大、高

---

① 《世界农业研究会募捐游艺大会》，《晨报》1924 年 1 月 6 日，第 6 版。
② 党庆松：《忆北平学生剧团》，中国人民政治协商会议北京市委员会文史资料研究委员会编《文史资料选编》第 36 辑，北京出版社，1989，第 82～83 页。
③ 《学生新剧团开演之第一夜》，《晨报》1920 年 1 月 10 日，第 3 版。
④ 《中央公园盛会已过一日》，《晨报》1920 年 10 月 17 日，第 6 版。
⑤ 衍：《北京又有好戏看了》，《晨报》1921 年 11 月 25 日，第 7 版。
⑥ 周鸿、朱汉国主编《中国二十世纪纪事本末（1900～1926）》第 1 卷，山东人民出版社，2000，第 484 页。

师、清华三校新剧团在法科大学大礼堂排演亡国惨剧，以唤起人民之爱国心。[①] 为了给席卷全国的赎回胶济铁路运动募集资金，1922 年 3 月 17 ~ 19 日，男女两高师在第一舞台联合开办游艺会，相继演出了《平等吗》《可怜闺里月》《爱国贼》《幽兰女士》《赤嵌恨》《一点虚荣》六部话剧。观众为学生的爱国热情所感动，无不动容，三天的包厢券全部被各部院及熊希龄、冯耿光、孙宝琦等社会名流购去。[②]

总之，持续开展的校内演剧，引导学生话剧爱好者加入剧社，并吸引校外观众前来观赏，提高了剧社的知名度；校外演出则为学生争取到更多实现话剧理想、展现话剧理念的机会，同时北京社会各阶层接触到了话剧，这为外来话剧艺术获得民众认同和学生剧社被认可提供了条件。

三　剧目来源及题材类型

民国时期北京高校学生演出了上百部话剧，为中国话剧艺术的发展奠定了基础。与以营利为目的的商业演剧不同，学生演剧要符合学校教育宗旨，剧目有其独特的来源，题材也必须符合一定的规范。

（一）剧目来源

一是国外经典剧目。早期演出的剧目以改译欧美名剧经典或改编名著为首选。例如，1914 年清华乙卯级学生编演了莎士比亚的《威尼斯商人》，丙辰级学生编演了 D. K. 斯旺的《罗宾汉》。早期话剧多为幕表制，剧本只是编写故事梗概，对话、动作都是靠演员临场发挥，学生演剧必然是一个二次创作的过程，所以新剧演出报道中常有"编演"这样的词。

五四运动时期，大量的外国名剧经典被译介到中国，其中影响最大的是罗家伦、胡适合译易卜生的《娜拉》，最早载于《新青年》第 4 卷第 6 期易卜生专号，它惊醒了积极探索中国出路的知识分子，并成为他们进行思想启蒙的重要符号。1920 年 1 月，北大新剧团首演该剧。1923 年 5 月 5 日，女高师理化系学生公演《娜拉》，清华新剧社社长何鸿烈观看后，认

---

① 洪九：《学生新剧团开幕预志》，《晨报》1919 年 6 月 14 日，第 6 版。
② 《男女两高师联合开办筹款赎路游艺会》，《晨报》1922 年 3 月 13 日，第 2 版。

为该剧"创造高超的意境与生命强烈的冲动"，并在《晨报副刊》上发表长篇剧评。[①] 1923 年 12 月 26 日，鲁迅在女高师文艺会上做了《娜拉走后怎样》的演讲，指出娜拉的出走不是妇女解放的根本出路，要实现妇女解放，首先必须以"剧烈的战斗"取得平等的经济权，以"深沉的韧性的战斗"改革旧有的经济制度。[②] 讲演结束后，学生们连续公演《娜拉》三天，场场爆满。

五四运动后，学生不再编译名著，而是直接翻译名剧经典。洪深、熊佛西、冰心、李健吾、焦菊隐、曹禺等都曾翻译过多部名剧。洪深根据英国作家王尔德的话剧改编的《少奶奶的扇子》首先由复旦剧社演出，轰动上海，女师大、燕京大学同学会、清华新剧社等先后公演过该剧。排演国外名剧方面，以英语教育著名的清华、燕京最突出。清华新剧社于 20 世纪 20 年代演出过托尔斯泰的《战争与和平》，30 年代演出过易卜生的《娜拉》、高尔斯华绥的《最先与最后》等剧目。燕京大学以演出莎士比亚经典名剧著称，包括《威尼斯商人》《第十二夜》《无风兴浪》《陶冶奇方》《仇里西撒》《奥赛罗》等作品。国外经典剧目的演出，彰显了学生们对现实主义演剧形态的把握及对剧场艺术规律的熟谙。

二是国内名家剧目。随着话剧的发展和舞台表演需要，国内剧本文学快速发展，涌现出大批水平一流的剧目。学生演出这些名家剧目，体现了与时代精神的高度契合。

1919 年 3 月，胡适创作的第一部独幕剧《终身大事》在《新青年》第 6 卷第 3 期刊载，开启了五四戏剧运动序幕。胡适作为青年学生的精神导师，其作品广为人知，北大、高师、协和医学校新剧团先后演出该剧，以此回应新文化的感召。

陈大悲是早期"文明戏"的代表人物之一，他的剧本被众多剧社竞相演出。1921 年 5 月 1 日清华十周年纪念会，清华新剧社演出了陈大悲的《良心》。1922 年春节游艺会，高师新剧社连续三天演出六个剧目，包括陈大悲的《双解放》、《幽兰女士》（两场）、《良心》（两场）等；4 月，旅京陕西学生联合会在高师风雨操场表演了《爱国贼》等剧。1923 年 3 月

---

① 何一公：《女高师演的"娜拉"》，《晨报副刊》1923 年 5 月 17 日，第 3～4 版；1923 年 5 月 18 日，第 2～3 版。

② 鲁迅：《娜拉走后怎样》，《北京女子高等师范文艺会刊》第 6 期，1924 年。

30 日和 4 月 1 日，女高师博物系学生先后两次演出陈大悲的《不如归》。1925 年 5 月，燕大新剧团为年刊筹款演出《虎去狼来》。1926 年，著名戏剧教育家熊佛西回国，他先后任北京艺术专科学校戏剧系主任、燕京大学教授、北平大学艺术学院戏剧系主任、北师大话剧社的指导，其作品《一片爱国心》《醉了》《艺术家》《蟋蟀》等成为各校学生剧社频繁演出的剧目。

九一八事变后，中国开始了局部抗战。适应抗战全民动员的需要，北京学生演出的剧目以左翼戏剧家联盟的作品为主，如宋之的独幕剧《烙痕》、欧阳予倩的《买卖》、田汉的《回春之曲》等。特别是田汉的独幕剧《放下你的鞭子》，经陈鲤庭改编为街头剧，学生们在街头或广场上演出时，演员与观众打成一片，台上台下共鸣，凝聚起伟大的抗战精神，成为抗战戏剧的经典。

三是学生原创剧目。在二十多年的演剧实践中，各院校均有自己的原创剧目，其中女高师国文部和清华新剧社是两个优秀群体。

受李大钊、胡适、鲁迅的影响，以石评梅、庐隐、冯沅君、苏雪林、程俊英等为代表的女高师国文部的学生对话剧产生了浓厚的兴趣，创作了多部有影响力的话剧。在李大钊、陈大悲的指导下，1922 年 2 月 24～26日，国文部学生在教育部大礼堂首次公演了三部原创话剧——根据汉乐府改编的《孔雀东南飞》，根据新闻编写的《叶启瑞》，揭露教育腐败的时事剧《归去》，观众达 2000 余人次，场场爆满，在社会上引起轰动。① 此外，女高师的原创剧目还有《罪恶家庭》《这是谁的罪》等。

清华早期活跃的新剧人物是 1912 年考入"实科"的洪深。在清华的四年，校中所演之戏，十有八九出于他手。他改译了英国名剧《罗宾汉》，第一部话剧作品是《卖梨人》，他创作的五幕话剧《贫民惨剧》是中国第一部较完整的话剧剧本。新剧社的历任社长闻一多、何鸿烈、苏宗固、李健吾、曹禺均有剧作发表，其中曹禺的第一部作品《雷雨》是中国现代话剧成熟的标志，被翻译成多国语言。

（二）题材类型

一是社会问题剧。重视教化、关注现实是中国戏剧的一贯传统，这一

---

① 周莹：《女高师游艺会新剧说明》，《晨报副刊》1922 年 2 月 23 日，第 3 版。

传统因与近代启蒙救亡思潮汇合而得以强化。

五四时期"演剧受易卜生一派的影响……特别注重社会问题为主旨"，[1] 多以妇女解放、社会改良等为创作动机。胡适模仿易卜生的《娜拉》创作的《终身大事》开社会问题剧之先河。《幽兰女士》是五四时期学生演出最多的剧目，陈大悲从家庭问题着眼揭示封建婚姻对女性的压迫，主人公幽兰是中国的"娜拉"，她宁死也不肯屈从封建包办婚姻，体现了新女性的奋斗意识和自我意识。妇女解放是近代中国的重要问题，女高师国文部学生李超家产殷富，父母早亡，由于女性无财产继承权，过继的堂兄为独占家产，阻挠李超求学，逼其出嫁，贫病交加的李超病逝于医院。国文部学生据此编演的话剧《罪恶家庭》引起社会关注，成为中国女权进步和社会意识形态转变的契机。对古代文学经典《孔雀东南飞》的戏剧改编吸引了新文学家们的目光，出现了十多个版本。徐慕云1938年撰写的《中国戏剧史》将女高师版《孔雀东南飞》作为"尤为出名"的爱美剧代表，足见其影响之深。[2] 30年代，青年人的婚恋观更趋成熟。清华新剧社上演过并刊登在《清华周刊》上顾毓琇的《张约翰》，在探讨婚姻自由问题基础上，更有了对婚姻问题的反思，即所谓"旧式"的婚姻是不是都该死亡？

"改造社会者不可忘了戏剧，改造戏剧者不可忘了社会。"[3]《新村正》是五四时期风靡京津的社会问题剧，它深入探讨了村治腐败的原因，尤其对贫富对立的社会矛盾有深刻的揭露。管效先的独幕剧《恶孽》剧本刊于《清华周刊》，道尽了贫苦人走投无路的困境，在学生中引起了很大反响。它描写了一位拉黄包车的父亲被恶棍踢断腿，女儿不愿受工头的侮辱被工厂开除，七岁的儿子迫不得已在街头卖油条养家的悲惨生活。陈大悲的《说不出》以象征的笔法反映底层民众饱受欺压却无力反抗，甚至难以表达的困境，这与鲁迅《故乡》中闰土的"说不出"在精神状态上有诸多相似之处。总之，学生演出的话剧题材反映了生活中的敏感问题，已触及社会的深层矛盾。

二是革命题材剧。民国时期，社会局势多变，在政治、军事领域是内

---

① 佟晶心：《新旧戏曲之研究》，中国戏剧出版社，2015，第85页。
② 徐慕云：《中国戏剧史》，湖南大学出版社，2014，第155页。
③ 陈大悲：《打破镜子与遮掩镜子》，《晨报副刊》1922年8月20日，第3版。

战和外国入侵，民主革命是时代任务，因而反帝反军阀是学生演剧表达的主题之一。1925年，熊佛西创作了《甲子第一天》，这是一部描写1923年京汉铁路工人大罢工中共产党员施洋被军阀杀害的三幕悲剧。同年，熊佛西创作的三幕剧《一片爱国心》围绕卖国条约的签订展开的尖锐斗争，鲜明地谴责出卖民族利益的行为，表现了强烈的反帝意识，直到抗战初期，该剧还是舞台上广泛演出的剧目之一。熊佛西的《蟋蟀》抨击了争权夺利的军阀混战，1928年焦菊隐组织燕京大学学生演出该剧，触怒了奉系军阀张作霖，焦菊隐和熊佛西均以"宣传赤化"的罪名遭到通缉。

九一八事变后，学生创作、演出的话剧以抗日题材为主。《清华周刊》刊载的抗战题材的剧本很多，如叶郁生的《纪念日》、蓬洲的《活埋》等。《纪念日》向青年宣扬非抗战不可的思想；《活埋》描写九一八事变后的沈阳，日本人逼迫两个中国人给自己挖坑，自我活埋，由此发出积极抗日，不做亡国奴的民族呼声。曹禺被推选为清华救国会委员兼抗日宣传队队长，他带领清华新剧社演出的《马百计》《月亮上升》等革命剧目，紧密配合了抗日救亡宣传活动。

三是历史题材剧。历史题材剧目虽然数量不多，但具有深刻的现实意义。1913年除夕清华学生的戏剧比赛中，就有庚申级演出的《徐锡麟》、辛酉级演出的《武昌起义》两部历史剧。熊佛西的三幕话剧《孙中山》在国立艺专两次公演。夏衍的历史剧《赛金花》是北平学生剧团演出的剧目，女主角是张瑞芳。此外，还有以历史人物为原型的剧目，如熊佛西的《救星》，写医生王治康之死，从侧面歌颂孙中山先生的功绩。

四　学生演剧的历史地位

北京高校学生话剧活动，在中国话剧发展史和北京文化演艺史上，有着突出的历史地位。

首先，学生演剧对话剧艺术进行了深入探索。话剧于20世纪初传入中国，形成上海和北京两个中心。由于上海的"文明戏"过早职业化，为达到营利目的，盲目迎合观众的低级趣味，在经历短暂的繁荣后，迅速走向颓败。在五四新文化运动推动下，北京学生的"爱美剧"一时风起云涌，为现代话剧寻找新的方向。学生演剧没有追求票房价值的压力，不需完全迎合观众心理，这为话剧剧场艺术的探索创造了条件。1921年4月，原春柳社成员陈大悲来到北京，他系统阐述了"爱美剧"的剧社组织、戏剧排演、化装术、舞台与布景等问题，并将学生业余演剧纳入爱美剧体系。戏剧家们组织、引导、规范着学生演剧，使话剧演出不偏离艺术目的，避免了"文明戏"幕表制所带来的随意性弊端，将话剧艺术引到正确的发展轨道上。

其次，培养了话剧艺术人才。北京的学生话剧是以欧美戏剧为范本的新剧形态。在长期的演出摸索和尝试中，业余的学生演剧得到了欧美留学戏剧家们的专业指导及训练，确保了艺术水准。1926年，著名戏剧活动家、教育家熊佛西接办北京艺专戏剧系，创立了融会中西方戏剧知识，贯通古今戏剧文化的课程体系。同时，他还在多所大学讲授戏剧课程，并担任北师大话剧研究社的指导，要求剧社以公开演出为主，进行正规的排练，指导话剧研究社演出。在北师大建校32周年游艺会上，原定演出话剧《白茶》《千方百计》，熊佛西认为"排演尚欠成熟，若草草路演，不得观众满意，必致妨害话剧本身价值"，而将《白茶》撤演。①早期戏剧教育家们的这种高标准、严要求，为演出的进步打下了基础，因而在学生演剧过程中培养了曹禺、李健吾、焦菊隐等著名戏剧家以及众多的专业戏剧工作者，为中国现代戏剧事业的长足发展奠定了坚实的基础。

最后，促进了北京戏剧文化生态的变迁。北京作为首善之地，传统文化浓厚，观众长期积淀为一种程式化的戏曲审美心理、习惯和模式。高度重视观众的舞台艺术，尤其是处于萌芽阶段的话剧与京城社会之间存在着一种审美疏离。学生演剧继承了新文化运动的成果，将"文明戏"的演剧市俗化扭转为知识分子化，不仅培养了一批戏剧理论家、剧作家及演员，还培养了一批具有现代思想的观众，使话剧这一艺术形式首先在知识分子中站稳脚跟。同时，学生演剧对千余年轻视戏曲及俗文学，轻贱贬低优伶的旧传统、旧意识进行顽强的反抗，为传统戏曲开辟了一条校园传播的路径。

---

① 《今日之师大》，《世界日报》1934年12月9日，第7版。

五　结语

20世纪初，西方戏剧传入中国，形成以上海为主的传播中心。"文明戏"商业运作的弊端导致其颓败衰落，以陈大悲等为代表的戏剧家提出了"爱美的"戏剧运动口号，试图以对艺术的使命感和献身精神摆脱商业操纵，使作为五四文学革命产物的学生演剧登上了中国话剧发展的历史舞台，并成为戏剧运动的主流。

北京高校的学生演剧活动，不仅挽救了"文明戏"的颓势，而且对话剧艺术进行了深入探索，培养了专业人才，同时也培养了以知识分子为主的观众群体，对中国戏剧史的发展产生了深远影响。正如著名戏剧学家董健所言："二十世纪中国戏剧最大的、带有根本性的变化，是它的古典时期的结束与现代时期的开始，是传统旧剧（戏曲）的'一统天下'被'话剧—戏曲二元结构'的崭新的戏剧文化生态所取代，并且由新兴话剧在文化启蒙和民主革命运动中领导了现代戏剧的新潮流。"[①] 学生演剧为话剧的广泛传播鸣锣开道，完成了这一变更，并使北京的戏剧文化呈现出花木扶疏、生机勃发的图景。回顾这段历史，探究民国时期北京高校学生话剧活动的形貌，对当代戏剧文化的发展、繁荣与创新不无裨益。

作者单位：李子淇，北京师范大学艺术与传媒学院
　　　　　王宜文，北京师范大学艺术与传媒学院

（编辑：王丽）

---

① 董健：《中国戏剧现代化的艰难历程——20世纪中国戏剧回顾》，《戏剧与时代》，人民文学出版社，2004，第2页。

运河文化视角下苏沪两地对明清杨柳青年画风格的影响

孙志虹

内容提要　天津杨柳青年画以其清丽细腻、精工雅致的艺术风貌闻名于世。由于杨柳青地处京畿，年画风格的形成往往被认为与宫廷院体画有密切联系。而笔者通过研究发现，杨柳青年画与江南地区绘画，尤其是苏州、上海绘画风格的关系更为密切。而正是京杭大运河的贯通，使得来自苏州、上海的绘画风格、技法才得以借乘人流物流的南风，快捷通畅地到达天津杨柳青并在此生发、衍变，最终促进了杨柳青年画自身特色的形成。

关键词　年画　杨柳青　苏州　上海　京杭大运河

明晚期以降，天津杨柳青逐渐发展为中国重要的年画产地。杨柳青年画以其清丽细腻、精工雅致的艺术风貌，不仅在北方地区独领风骚，而且与地处江南文化中心苏州的桃花坞年画齐名，形成"南桃""北柳"并峙的局面。由于杨柳青地近京都，老一辈的研究者倾向于认为，杨柳青年画是在继承宫廷绘画的基础之上，吸收文人绘画和西洋绘画的特点而自成一体，具有京畿地区艺术的浓郁特色。① 近年来，随着运河文化研究的兴起，杨柳青仰赖明清漕运而逐步繁荣发展的历史脉络日渐清晰，其与运河沿岸

---

① 王树村利用一则流行于北京地区的灯谜"北宗画传杨柳青"，来说明杨柳青年画和宋代宫廷院体画的渊源。参见王树村《民间年画六说》，《美术研究》1986 年第 2 期。冯骥才认为杨柳青"夹峙在京津两地之间"，官商云集，年画为迎合侯门富户需求而具有精工细制的特点。同时，杨柳青兼受宫廷院画和京城刻印传统的影响，具有极强的绘画性和观赏性。参见冯骥才《天津年画史述略》，《民间文化论坛》2009 年第 1 期。

城市和地区舟楫往来中产生的物资、人员、文化交流情况得以发掘和梳理。杨柳青年画所受江南地区尤其是苏州、上海地方绘画风格的影响也在这一学术背景下得以凸显。

明代罢黜海运，京杭大运河成为南方税粮向北方转输的主要渠道。杨柳青因其运河水利之便，加之毗邻京津的地域优势，逐渐从一个冷清的北方渡口小镇发展为人口聚集的水陆驿站和水工重地。同时，位于京杭大运河南端的苏州、杭州等江南重镇，不仅与全国市场有着密切的经济交流，而且还在文化艺术方面始终保持着对其他地区的引领地位。随运河北上而来到杨柳青的，不仅有产自南方的粮食、丝绸和布匹，还有笔墨纸砚、画具画材，以及具有刻书、绘画技艺的江南工匠。

大约在 16 世纪中后期，[①] 原本在江南以刻本绣像为业的戴氏先祖随漕船北上，至杨柳青制作、经营木版年画。[②] 目前留存的杨柳青年画的早期作品大概也可以追溯到这个时期。[③] 一般认为，此应为杨柳青年画之肇始。

一　北宗画传杨柳青

王树村在《民间年画六说》一文中，根据过去北京灯节（正月十五日）时民间流传的一则灯谜"北宗画传杨柳青"，加之文献中对北宋靖康之变的记载，推测部分北宋宫廷画家在被金兵掳至北方后散落民间，流寓于杨柳青，"故杨柳青年画不仅画法多传院体，内容也有不少是元明以前的传统题材"。[④]

"北宗画传杨柳青"，是民间对杨柳青年画中所透露出的宫廷绘画特色的基本认识。晚明董其昌等人提出山水画"南北宗"论[⑤]，以禅喻画，借

① 根据戴氏年画家族第九代传人戴廉增的生卒年（1735~1795），可以推测其先祖大概在 16 世纪中后期来到杨柳青。《杨柳青镇志》等文献记载戴氏先祖自明永乐年间定居杨柳青，但根据戴廉增的生年，此说不确。

② 天津市西青区地方志编修委员会编著《西青区志》，天津社会科学院出版社，2003，第 1048 页。

③ 《明朝八秩荣庆代八宝中堂》是天津杨柳青木版年画博物馆藏最古老的一幅年画，作于明代晚期。杨柳青画馆中收藏的一副贡尖《门神》粉本，也是明末作品。

④ 王树村：《民间年画六说》，《美术研究》1986 年第 2 期。

⑤ 对于"南北宗"论的最先提出者，目前学术界尚存有争议，有董其昌和莫是龙两说。

禅宗"南顿北渐"之说，把我国唐代以来的山水画发展划分为文人画（南宗）和院体画（北宗）两大体系。"北宗画"从此成为院体画的代名词。不可否认，杨柳青年画与宋代院体画有着承续关系，除在风俗时令画、娃娃画和吉祥图等题材内容方面有所继承之外，尤其在"工笔重彩"的手绘风格和技法上，相比其他地区的木版套印年画，更多地体现出宫廷绘画的风貌。但问题是，从宋代院体画到杨柳青年画，到底是直接传承还是间接传承？二者之间有没有过渡的中介或桥梁？如果有，那么这个中介或桥梁在哪里？

前述王树村推测 1127 年靖康之变时，部分北宋宫廷画家在被金兵掳至北方后散落、流寓于杨柳青，而笔者认为这些画家被掳北方不假，但是否流寓于杨柳青则存疑。王的依据是宋人丁特起在《靖康纪闻》中的记载："（靖康二年正月）二十五日，大雪，……金人索内夫人优倡及童贯、蔡京、梁师成、王用家声乐，虽已出宫，已从良者亦要之。……又索教坊伶人、百工伎艺、诸色待诏等，开封府奉命而已。"这段文字只说"又索教坊伶人、百工伎艺、诸色待诏等，开封府奉命而已"，并未提及将这些人掳至北方，但是同书稍后的一则记载"（靖康二年正月）十四十五十六十七日，开封府津遣王公帝姬及宗室等节次出门，哀号之声达于远近。先取官吏百工伎艺家属，至是亦有发遣者，内前至南薰门，贵贱老幼号呼不绝者百余日"，[1] 则可说明金人掳掠部分"官吏百工伎艺家属"离开开封府北去。关于这批工匠的去向，虽然最有可能的是去往当时的都城上京（今黑龙江省哈尔滨市阿城区）服役，但各种典籍皆语焉不详。可能由于路途遥远，中途发生变故而部分散落民间，但是流寓至杨柳青的可能性并不大。

杨柳青的历史虽然可以追溯到北宋景德至元丰年间（1004～1085），[2] 但其早期只是为抵御辽、西夏等军队进攻而设置的一个防御据点。直到金贞元元年（1153），金兵大破辽军，迁都燕京，北方迫切需要南方粮草补给，遂重新改凿本已淤塞断航的隋运河永济渠一段。[3] 新的漕运河道途经杨柳青，由此带来了此地的人口聚集。金贞祐二年（1214），政府在此置

---

① 丁特起：《靖康纪闻》卷下，明抄本。
② 天津市西青区杨柳青镇地方志编修委员会编著《杨柳青镇志》，天津社会科学院出版社，2005，第 3～4 页。
③ 《金史》卷 27《志第九·河渠》。

巡检以管理地方治安，并建镇为"柳口镇"。① 但此时杨柳青尚处于萌芽阶段。事实上，直到明代运河漕运兴起以前，杨柳青始终是一个狭小的水镇渔村，经济、文化的发展极其有限。由以上杨柳青在宋金时期的发展状况可知，1127 年靖康之变时，杨柳青只是一个遍植杨柳以事防御的军事据点，来自北宋宫廷的"百工伎艺、诸色待诏"等即便流落至此，也无生计可言，遑论世代繁衍乃至画艺传承。因此，所谓"北宗画传杨柳青"，应该不会是来自北宋宫廷的直接传承。

北宋末年的靖康之变中，虽有部分"百工伎艺、诸色待诏"被掳至北方，最终服役金廷或散落民间，但是依然有很多北宋画院画家在离乱中辗转南渡，成为南宋绍兴年间画院复兴的中坚力量。根据《画继》《图绘宝鉴》等画史记载，高宗朝中得以复职"画院待诏"的北宋宣和画院画家有李唐、苏汉臣、李迪、朱锐、李安忠、李忠训、刘宗古等。诚如徐建融所言，"南宋前期画院画家的来源，既不是通过大型的壁画创作工程从民间画工中选拔，也不是通过画学的考试，而主要是由宣和画院中辗转而来的"。② 正是这些由北宋画院"辗转而来"的南渡画家，在两宋交替之际保留了北宋宫廷绘画的血脉，并在此基础上开创了南宋院体画在绘画史上的巅峰。

有元一代，院体绘画在崇尚放逸萧散画风的士人中遭到贬抑，即使奉事宫廷的画家亦少有采纳，但在民间尤其是江南地区的民间画工中流绪不断。及至明代，宫廷绘画跨越元代而远绍两宋，院体画再次振兴于宫廷。明永乐十九年（1421），明成祖朱棣迁都北京之后，随着京杭大运河的再次疏浚，杨柳青依托天津卫的交通枢纽优势有所发展。至明代晚期，杨柳青年画已初具形态。以杨柳青北踞京师之地利和运河交通之便捷，似可推测其地年画受到明宫廷院体画影响而形成早期风貌。然而，在笔者看来，这种可能性依然很小。原因在于，明代宫廷绘画以花鸟画成就最为突出，山水画次之，人物画多工整严谨，却鲜有新意。而且，正当杨柳青年画兴起的晚明时代，宫廷绘画已随着朝廷的日趋腐败，以及以"吴派"为代表的文人画的崛起而逐渐销声匿迹。对于年画而言，人物画是其主体，但处

---

① 《金史》卷 27《志第九·河渠》。
② 徐建融：《宋代名画藻鉴》，上海书店出版社，1999，第 73 页。

于晚明时期的民间画师已很难从宫廷绘画中汲取创作的灵感和技巧。因此，从明代院画的发展情况来看，杨柳青年画早期受到宫廷院体画影响的推测应该也是难以成立的。

综上，我们可以看出，"北宗画传杨柳青"之所谓"传"，并非直接传承院体，而应是间接的传承。从宋明宫廷到杨柳青，二者之间的桥梁或中介在哪里？

二　桃花春色暖先开

如前所述，大约在16世纪中后期，戴氏年画世家先祖携画艺来到杨柳青，开始制作、经营木版年画。之后传业19代，至民国时期戴廉增敬记画店停业，年画制作和销售才中断。① 戴氏先祖来自江南，他们为杨柳青带来了先进的刻版和绘画技艺，开启了杨柳青年画的历史。

自宋室南迁以后，中国的文化中心也由黄河流域转移到长江中下游地区。此后直至明清，江南一直是全国首屈一指的经济繁荣、人文荟萃之地。1279年南宋灭亡后，宫廷画艺流落民间。江南作为南宋腹地，院体画虽屡遭文人画家贬抑，却被职业画家和民间画工所继承，相比其他地区更多地保留了流风余韵。明中期吴门四家之中的唐寅和仇英，都曾师从沿袭南宋院体风格的职业画师周臣，又兼受文人画家影响，从而形成了文质兼备、雅俗共赏的画风。其中仇英"初为漆工，兼为人彩绘栋宇，后徙而业画，工人物楼阁"。② 其临习唐宋元历代名画，用功极勤，遂得工笔重彩院体画之真意，精工艳雅又秀逸脱俗，为一时绝笔。

唐寅和仇英生活于其中的明中期苏州社会，工商业之发达、城镇之繁荣、文化之昌盛均居江南之冠，更是无可争议的全国经济文化中心。随着市民阶层的壮大和俗文化的繁荣，主要满足市民阶层文化消费的戏曲小说版画大肆流行，兼具文学、书画和版刻工艺优势的苏州书籍刻印业在明后期得以长足发展，成为与徽州、金陵、建阳比肩的刻书重镇。至万历年间，苏州版画已逐渐摆脱了书籍插图的附庸地位而具备独立的审美价值。

---

① 《西青区志》，第1048页。
② 张潮辑《虞初新志》卷8《戴文进传·画苑三高士传之一》，清康熙刻本。

万历二十四年（1596）刊刻的《顾仲方百咏图谱》被认为是苏州独幅版画初创时期的代表之作，为其后木版年画的出现奠定了基础。现藏日本的《寿星图》（又名《八仙庆寿图》）印有明确的制作年代——万历廿五年仲秋吉旦，被认为是现存最早的苏州年画之一。该画属木版手绘年画，墨线精利，填色艳雅，人物面庞丰润，神态自然，呈现出明显的宋代院体人物画之古雅风貌。

事实上，在早期苏州年画中，我们经常可以感受到扑面而来的宋代院体画气息。现藏日本海杜美术馆的木版套色水印年画《夏花篮筐图》和《秋花篮筐图》作于清初，作者丁亮先是康雍时期活跃于苏州的著名画师，从中我们可以联想到南宋院体画家李嵩的《花篮图》。海杜美术馆所藏其另外几幅清初年画，如《春宵双鸟图》《八面威风》《喜上眉梢》等，亦颇有南宋院体花鸟画遗风。而从《拾全图》《财源画》等清早期婴戏题材年画中，我们又似乎可以遥见跨越两宋的宫廷画家苏汉臣笔下的婴童形象。

前面在对"北宗画传杨柳青"的探讨中，我们已经否定了杨柳青年画中的院体画风直接传承自北宋和明代宫廷的推测。而杨柳青年画于晚明发轫之时，亦正是苏州年画肇兴且保留南宋院画遗风尚且浓郁的时代。鉴于明代中后期苏州在江南地区所处的文化中心地位，我们不难想象，当戴氏先祖从江南来到杨柳青时，所携年画技艺中会不可避免地带有南宋院画的踪影。我们也可以推测，晚明到杨柳青定居的江南画工不止戴氏一家，他们共同将南宋院画风尚带到这里，就此奠定了杨柳青年画四百余年来精丽艳雅的风格基调。

由于桃花坞年画由苏州年画发展而来，后来甚至演变成了苏州年画的代名词，[①] 因此我们或许可以理解为，年画史上的"南桃北柳"，应是指桃花坞年画的形成略先于杨柳青年画，并进而影响了杨柳青年画。从目前现存最早的一幅杨柳青年画《明朝八秩荣庆代八宝中堂》来看，亦呈工笔重彩的院体风貌，但人物面部已有来自西洋画中的明暗表现，因此应该受到

---

① 关于苏州版画和桃花坞版画之间的关系，张晴在《明清的摩登——世界艺术史中的阊门版画》（《美术研究》2019年第2期）一文中，极力想澄清桃花坞年画和阊门版画之间的关系，认为二者的分水岭在于1860年太平天国攻占苏州期间所烧的一场大火。相比阊门版画，桃花坞年画粗制滥造现象比较严重。

了意大利传教士利玛窦来华所带来的油画技法影响，绘制年代在 17 世纪早期，比《寿星图》略晚。另外几幅流落于日本的杨柳青清早期年画如《种种夺魁》《喜禄加冠》《连登三甲》《鲤鱼登龙》等，皆为线版彩绘，赋色清丽典雅，颇有前述苏州年画《夏花篮筐图》的风致，似为模仿苏州年画之套色水印技法。所谓"桃花春色暖先开"，桃花坞年画得苏州书籍版画刻印和宋院体画风气在先，故兴发亦略早于杨柳青年画，当在情理之中。

三　画风南来赖清波

从上述杨柳青年画艺人从江南迁入的记载和"南桃北柳"早期作品的对比中，我们可以看到杨柳青年画初兴时期所受苏州地区桃花坞年画的影响。这种影响在杨柳青年画的后续发展中并未断流。从现存杨柳青年画清中后期作品和相关历史记载中，我们依然可以探寻到来自江南地区绘画风习的熏陶。

杨柳青年画中的仕女美人题材形成于清初，至乾隆时代已成熟完善并具有了鲜明的自身特色。由于杨柳青地处京畿，一般研究者都会从清前期宫廷仕女画中去寻找其渊源流自。但笔者认为，相比于宫廷仕女画，杨柳青仕女美人画图像风格与桃花坞同时期同题材年画更为接近。考虑到明清苏州与杨柳青文化影响力的巨大反差，因此极有可能是苏州桃花坞开创在先，杨柳青风随其后。通过对比清中期桃花坞和杨柳青的两幅《鱼乐图》，我们可以明显地觉察出二者在图像风格上的相似性和演进关系。类似的情况还见于"蟾宫折桂""麒麟送子"等题材中。在雍乾时期，宫廷绘画多掺入西洋画法，采用焦点透视法则表现空间关系，仕女画亦不例外。而同时期及稍后的杨柳青仕女美人图要么没有背景描绘，要么背景描绘较为简单且传统；仕女美人形象虽风流袅娜却质朴刚健，不似宫廷仕女画中那般柔弱；女子身旁多有婴童相伴，甚至形成了专门的"仕女娃娃"题材。这些图像特征都与雍乾时期桃花坞仕女美人图更为相近，当是受其影响绘刻而成。

西洋铜版画自明万历年间由利玛窦带入中国，其明暗、阴影和空间透视技法很快就被徽州、金陵一带的民间木版雕刻技师所借鉴。清雍正乾隆年间，苏州桃花坞年画吸收了欧洲铜版画的表现手法，画面中的建筑、器具和人物服饰多以疏密有致、参差变化的木刻排线表现明暗和阴影，具有较强的立体感和空间感。稍后的杨柳青年画也出现了类似的排线手法，只是似乎并不普遍，排线也相对简率粗疏，且仅在建筑、山水中有所体现，人物服饰中未见。清乾隆时期宫廷之中虽兼有传统版画和西洋铜版画的制作，但二者始终是相对独立的系统，未见有铜蚀版画向木刻版画的渗透。因此，杨柳青年画中出现的模仿铜版画的排线手法，应是来自苏州桃花坞而非宫廷。

清朝末年，杨柳青年画行业日益凋敝。为了力挽狂澜，杨柳青几家大的年画作坊戴廉增、齐健隆、盛兴画店等相继南下，到苏州、上海等地寻访画师，请他们为杨柳青创作年画样稿，其中最为著名者当属海派画家吴友如和钱慧安。吴友如（？～1893）早年为苏州阊门内西街一裱画铺学徒，后因聪敏好学而得到画家张志瀛指点，以仕女画渐闻于世。晚年赴上海，成为《点石斋画报》的主创人员。按照其生平轨迹，其为杨柳青创作画稿时当在苏州，所作多为婴童题材，目前尚存者有《子孙拜相》《丰年吉庆》《欢天喜地》等八幅。[1] 吴友如笔下的童子面庞秀润、情态自然，比杨柳青其他年画中的童子形象更加生动鲜活，带有江南地区绘画特有的灵动气息。钱慧安（1833～1911）自幼习画，青年时已获画名，成为海派画家的代表人物。其于光绪年间受戴廉增、齐健隆两家画店之邀前往杨柳青创作画稿，作品"高古俊逸"而通俗易懂，受到北京、天津乃至山西、山东、东北等地百姓的广泛喜爱。此外，钱氏"妩媚清丽，骨相修雅"的人物造型和转折刚健的线条风格还在一定程度上影响了杨柳青的本地画工。从清末杨柳青著名画师高桐轩的晚年作品中，我们可以明显捕捉到钱慧安的绘画风貌。

除吴友如和钱慧安之外，曾为杨柳青创作过年画的海派画家还有任熊、张熊、张子祥、沙山春、朱梦庐、尹铨等。[2] 而海派画家之所以受到杨柳青年画作坊的青睐，除画风多具江南清雅韵致而能为杨柳青年画带来新的气象之外，更因为上海自1843年开埠以来，得西方现代工商文明和江

---

[1]　参见王树村《吴友如、钱慧安与年画》，《苏州工艺美术职业技术学院学报》2005年第3期。

[2]　王进：《京杭大运河漕运经济对杨柳青木版年画兴起之影响》，《苏州工艺美术职业技术学院学报》2018年第2期。

南传统文化优势的双重滋养，不仅迅速发展为晚清首屈一指的国际化都市，经济地位逐渐超越昔日江南首富之城苏州，更在文化影响力方面后来居上，日益成为引领全国审美范式的风尚之都。

海派画家参与年画创作，为处于清末风雨飘摇中的杨柳青年画暂时注入了新鲜的艺术品性和时代活力。

四　小结

由上我们可以看出，从晚明到清末，在杨柳青年画漫长的发展历史中，始终受到江南地区绘画风尚的影响。过去谈及杨柳青年画的风格渊源时，学者们更多地会将其与京城乃至宫廷的绘画风习、文化氛围结合起来，而笔者认为，地缘关系固然重要，但是由人员、货物流动带来的文化迁播也是考察某种艺术形态或现象生成、演化的重要方面。而正是有赖于京杭大运河的贯通，来自江南苏州与上海地区的绘画风格、技法才得以借乘人流物流的南风，快捷通畅地到达杨柳青并在此生发、衍变，最终促进了杨柳青年画自身特色的形成。

问题在于，京杭大运河贯通南北，水路纵横交错，直接流经乃至间接影响的村镇、城市众多，其中不乏重要的年画产地，如运河沿岸的徐州、济宁、聊城，卫运河沿岸的大名（河北）、滑县（河南），临近运河的东台、武强（河北）、东丰台等地，这些年画产地甚至串起了一条密集的运河年画带，在我国年画史上写下了最为绚丽丰富的篇章。那么，为什么其他大运河系统的年画产地所受江南画风的影响甚微甚至无迹可寻，而杨柳青年画与苏沪画坛遥相呼应？笔者认为，除杨柳青地处京畿，年画风格要迎合京津两地官商乃至皇宫内廷追求雅致精妙的审美需求之外，还与当地特有的自然环境和风物民情有着千丝万缕的联系。

杨柳青北宋时初名"流口"，有众水自此汇流入海之意，后因宋军布防之需，遍植柳树，故称"柳口"。"流口"和"柳口"两个名字，简明地勾画出此地河流纵横、杨柳掩映、风光秀丽的景色特点，而此番景象带有浓郁的江南风味。明清时期，伴随着海运罢黜和漕运兴起，杨柳青因其水利交通之便，逐步发展为商贾辐辏、人口密集的运河市镇，从而也更添富庶繁华的江南水乡韵致。"地名杨柳青，园林隐映可爱。"① "春阴淡淡绿杨津，两岸风来不动尘。一日船窗见桃李，便惊身是卧游人。"② "天津之西有村名杨柳青者，临沟河人家皆曲折随水比屋如绣，树色郁然，风景可恋。"③ 这种优美怡人的自然景致不仅让人联想到江南，更容易引发与之类似的灵感与情思，体现在年画艺术创作中，则不可避免地与苏、沪等江南地区的年画风格产生强烈的应和与共鸣，从而流露出清丽雅致的江南文化气息。

除自然环境之外，明清时期杨柳青的风物民情也多受江南水乡的影响。杨柳青作为运河漕船进入京津的必经之驿，也是四方货物的集散之地，为当地人见识且购买全国优质的土产风物提供了莫大的便利。明清时期杨柳青年画制作所需的原材料，如纸张、颜料、笔、墨等，大多来源于江南地区。④ 时至今日，许多杨柳青镇的年画作坊依然会选择来自苏州的颜料和工具。相比其他更多倾向于就地取材的年画产地，原材料的同源性使杨柳青年画与江南尤其是苏州桃花坞产生了物性的、先在的关联，继而生发出风格的迁延和承续。南来的运河漕船不仅带来了南方物产，还有大量的过客、商户和移民。人口数量的增长和结构的变化，对杨柳青当地的风尚和民情产生了深刻的影响。"杨柳桃花三十里，罟师都惯唱南腔"（清沈峻《津门棹歌》），⑤ 地处北方的杨柳青渔夫"惯唱南腔"，透露出南方风尚的熏陶和浸润。而这里的南方，应主要指江南尤其是吴越地区。"荒陂野火兼渔火，短棹吴歌杂楚歌"（明张宁《夜宿独流》）⑥，"船上买花吴语腻，水滨修禊越人多"（清英廉《津门杂咏》）⑦，"西来打桨东来橹，惯学吴娃唱采莲"（清梅宝璐《潞河棹歌二》）⑧，这些记载南北运河沿线风

---

① 嘉靖《河间府志》卷3《建置志》，明嘉靖刻本。
② 嘉靖《河间府志》卷3《建置志》，明嘉靖刻本。
③ 天津市地方志编修委员会编著《天津通志·旧志点校卷》下册，南开大学出版社，1999，第683页。
④ 参见王进《京杭大运河漕运经济对杨柳青木版年画兴起之影响》，《苏州工艺美术职业技术学院学报》2018年第2期。
⑤ 缪志明编注《天津文史丛刊》第5辑《天津风物诗选》，天津市文史研究馆，1985，第143页。
⑥ 《天津府志》卷39《艺文志》，乾隆四年刻本。
⑦ 英廉：《梦堂诗稿》卷8，《四库未收书辑刊》第9辑第26册。
⑧ 缪志明编注《天津文史丛刊》第5辑《天津风物诗选》，第195页。

情的诗句反映出明清时期自吴、越、楚等地往还、定居天津者甚多，甚至在某种程度上影响了当地的方言和民歌。遍地流传的吴歌越语无形中影响着杨柳青人的言语声音，使其在北方特有的厚重粗犷中掺入了江南的清扬婉转，"至其言语声音，亦随之多曲折而明亮"，① 进而塑造着当地的民风民情，使其在文化属性和审美品格上与江南同气相求，年画风格也与苏州、上海等地遥相呼应。

综上，杨柳青特有的自然环境和风物民情使其相比大运河沿线的其他年画产地更具江南风味，加之此地毗邻且连通京津两大文化高地，贵族、官员、富商和文人互相唱和往还的流风雅韵辐射至此，使这里的年画更增添了与江南画风相近的风雅气息。明清时期贯通南北的京杭大运河为杨柳青带来的，不仅仅是人口的聚集和商业的繁华，还有江南尤其是苏沪两地的文化品格和艺术风尚。正是由于与这种文化品格、艺术风尚的契合与迎合，杨柳青年画摆脱了北方年画的粗放与直艳，形成了清丽精雅的独特面貌。

作者：孙志虹，天津财经大学艺术学院

（编辑：杨楠）

---

① 《天津通志·旧志点校卷》下册，第680页。

"水主沉浮"：清朝雍正年间以来
安西城址变迁原因探析[*]

僧海霞　　曾　磊

内容提要　雍正二年，朝廷取"安定西域"之意在古瓜州地置安西厅，作为中原王朝西进的基地。自此，安西经历了区划层级的五次变动，城址从布隆吉尔迁至疏勒河南岸的大湾，并在南北数公里内移动。自安西建城后，城外流沙堆积，城内破败萧条，从表象看是风沙侵扰，本质则是受潮碱影响。中华人民共和国成立后，安西城内人口急剧增加，建筑密集，潮碱的影响愈发严重，终致迁城。安西城址迁移的历史过程表明，在极端干旱的河西走廊西端内陆河流域的冲积洪积扇区域，地下水位高和水质碱化、矿化等因素，也可能成为城址废弃的主因。

关键词　城址迁移　安西　潮碱

安西地当古瓜州，是清前期朝廷向西域拓展的必经之地和粮草供应基地，清雍正二年（1724）设厅以来，先后经历了厅、卫、府、州、县的区划变动。出口（嘉峪关）人常言，"关（嘉峪关）外三大怪，吐鲁番的热、巴里坤的冷、安西的风"。在河西地区，城址变迁多与风沙侵袭和河道变动相关。安西风沙大且多，是区域发展的重要障碍，风沙侵袭似乎与城址变迁有着某种联系。自清雍正年间安西卫城建成以来，其城址虽有变

---

* 本文为 2019 年度国家社科基金西部项目"元明清时期丝绸之路中国段城市景观变迁研究"（项目号：19XZS032）、国家社会科学基金中国历史研究院重大历史问题研究专项 2021 年度重大招标项目"河西走廊与中亚文明"（项目号：LSYZD21008）的阶段性成果。

动，但变动幅度较小。前贤的研究多集中在行政区划变迁方面。李春元梳理了历史上安西县的建置沿革，但其中对有清一代言之过简。① 王希隆考察了清康熙、雍正、乾隆年间关西五卫的建置沿革及其历史作用。② 刘传飞对安西卫和沙州卫设置时间，及沙州所升卫的具体时间进行了考证。③ 然而，这些研究缺乏对城址变迁过程的关注，也未能揭示安西城址变迁的本质原因。本文拟以清朝雍正年间以来安西城址变迁为线索，探讨内陆河区域影响城址迁移的因素，为西北地区城址兴废研究提供新的解析路径。不当之处，敬请批评指正。

一 "破而不弃"：安西老城二百余年的发展史

瓜州得名甚早，春秋时期即有记载。据《左传·襄公十四年》记载："将执戎子驹支，范宣子亲数诸朝，曰：'来！姜戎氏！昔秦人迫逐乃祖吾离于瓜州。'"又《左传·昭公九年》载："允姓之奸居于瓜州。"杜注："瓜州地在今燉煌。"④ 先秦时期，"瓜州"只是一个地理专名，而不是一个有具体疆界的行政区划。⑤ 北魏孝明帝正光五年（524）置瓜州，瓜州正式作为行政建置名称。唐武德五年（622）复置瓜州，治所在晋昌县（今锁阳城遗址）。⑥ 唐以后，也有人认为瓜州因盛产美瓜而得名，"瓜州，地出美瓜，故取名焉"。⑦ 元至元十四年（1277）再置瓜州，属沙州路，治所在今瓜州县西南瓜州口。明洪武五年（1372）废瓜州。而安西之名，则始于康熙年间。康熙帝在清军于布隆吉尔（今布隆吉）大败噶尔丹部属3000余人后，

① 李春元：《安西县建置沿革考》，李并成、李春元：《瓜沙史地研究》，甘肃文化出版社，1996，第15～21页。
② 王希隆：《清代关西五卫述论》，《兰州大学学报》（社会科学版）1992年第3期，第95～104页。
③ 刘传飞：《清代安西卫、沙州卫设置时间考——兼论沙州所建制的有无》，《敦煌研究》2015年第3期，第104～108页。
④ 孔颖达：《春秋左传正义》卷32，《十三经注疏》第18册，北京大学出版社，2000，第1051～1052页。
⑤ 孙宁：《"瓜州今敦煌"地理认识的形成——以〈左传〉相关注解为中心》，《敦煌研究》2017年第5期，第107～113页。
⑥ 李并成：《锁阳城遗址及其周围古垦区沙漠化过程考》，李并成、李春元：《瓜沙史地研究》，第108页。
⑦ （唐）李吉甫：《元和郡县图志》卷40，中华书局，1983，第1027页。

名此地曰"安西"，取意为"安定西域"，寄托了平定西域之乱的期望。雍正二年设安西直隶厅，① 后改为安西府、安西直隶州，1913 年改为安西县。2006 年 2 月 8 日，中华人民共和国民政部批准将安西县更名为瓜州县。至此，安西作为行政区划名称成为历史，瓜州再次成为区划名称（见表 1）。

表 1　清代以来安西行政区划等级、城址及辖区变迁

区划名称	时间	治城位置	辖区	资料来源
安西厅	雍正二年	布隆吉尔	安西卫、沙州所	《重修肃州新志》
	雍正三年		安西卫、沙州卫、柳沟所	
安西卫	雍正二年			
	雍正六年	大湾（安西老城）	安西卫、柳沟卫、沙州卫	
	雍正十一年			
安西府	乾隆二十四年		渊泉县、玉门县、敦煌县	《中国行政区划通史·清代卷》
	乾隆三十三年	大湾（安西新城）		
	乾隆三十七年		渊泉县、玉门县、敦煌县	
安西直隶州	乾隆三十八年		敦煌、玉门二县	
	乾隆三十九年	安西老城	敦煌、玉门二县	
安西县	1913 年			《安西县志》
安西府	1933 年	安西老城		
安西县	1970 年	安西新城		
瓜州县	2006 年	瓜州县城（安西新城）		

在安西行政区划变迁过程中，学者们对安西卫（厅）的设置时间有争议。王希隆基于《重修肃州新志》和常钧《敦煌杂钞》的记载，认为其设置于雍正元年（1723）。② 前引傅林祥等人的《中国行政区划通史·清代卷》，以及刘传飞在对《清世宗实录》和《大清会典》等史料进行研究的基础上，则认为安西卫设置于雍正二年。两者差异主要在于所用资料来源不同，由于所采用史料属于不同体系，其结论需要进一步论证。刘传飞认

---

① "雍正二年三月，在布隆吉尔设安西卫，移靖逆同知驻布隆吉尔，是为安西厅。"见傅林祥等《中国行政区划通史·清代卷》，复旦大学出版社，2013，第 395 页。

② 王希隆：《清代关西五卫述论》，《兰州大学学报》（社会科学版）1992 年第 3 期，第 95~104 页。

为《重修肃州新志》和《敦煌杂钞》关于安西卫的记载源自乾隆元年的《甘肃通志》，其载"雍正元年置安西同知，治布隆吉，领安西卫、沙州所"。① 而《甘肃通志》编修仓促，加上编修人员缺乏实地调查，致使其对设卫时间的记载有误，却在此后被重复引用形成定论。② 笔者在核校《重修肃州新志》史料过程中也发现，其首页的河西舆图将安西城绘于疏勒河北岸，③ 这一谬误非常明显，说明志书作者对新设立的安西卫地理情况知之甚少。尽管康熙时国家舆图绘制技术已有革新，但西北地区仍沿袭旧法且仅做示意。④ 这一事实说明，基于有实地经历的官员奏疏形成的实录和会典史料，可能比缺乏实地调研的方志资料更为可靠。因此，笔者认同安西卫设置时间在雍正二年。安西设卫之后，安西的行政层级变化更加清晰，政区除南北山区（今属肃北蒙古族自治县）外，仅与敦煌有小范围的边界纠纷，总体与今瓜州县相仿。

安西厅设置后，同知驻布隆吉尔，雍正六年（1728）迁至大湾城。由表1可知，安西老城从雍正六年作为安西州和安西县城直至1970年，其间除乾隆三十三年（1768）至三十九年（1774）短暂迁移至南侧新城外，共计236年。疏勒河从东南向西北方向流经安西城北，因此城址东侧及北侧临疏勒河；衙署位于鼓楼大街，其他建筑则在城内街道两侧规则分布，布局较严整，是典型的行政治城模式。安西城建成之后不久，因房屋易坍塌而不断维修，其维修工程累见于史籍（见表2）。

表2　清至民国时期安西城增修情况

时间	主持者	修筑或补筑原因	结果
乾隆三十三年	陕甘总督吴	以其地碱潮湿墙屋，每逢春季墙屋年年修筑，为居民苦	城南一里许建筑新城
乾隆三十九年	陕甘总督勒	地乏水泉，南门屡有火灾，风沙过多，民安土重迁	修旧城，迁回旧城

续表

时间	主持者	修筑或补筑原因	结果
嘉庆以后		适当风沙中，日夜剥蚀东城，沙淤城碛一里有余，西南城身倒塌三里以上，女墙拆毁殆尽，城门虚设	旧城维修
光绪十二年	知州董麟	河湟回叛	补修完固
光绪二十二年		回匪由南山窜出，自后太平	修城之事，无人过问
1928年	县长曹馥	河凉回叛，县驻军队，移镇肃州。城防空虚，人心惊悸	先推城沙，又用水泄淤沙；修筑城及女墙；补筑炮台三十四座
1931年	马仲英	毁拆城楼御冷，城堞为之丘墟	
1934年	谢璧文		将城垣修补齐全；城楼木料不易，筹款维艰，遂即停止
1943年	中央驻军田团长	西门瓮城全毁，改为汽车路	
1944年秋	县长庄鸿安	北山不靖，大路匪扰	补修城垣，又筑碉楼

资料来源：民国《安西县新志》卷3《建置志·城池》，瓜州县史志办公室，2011，第61~62页。

　　从表2可知，安西城在两百余年的发展历程中，补修城垣是最重要的环节；其次是清理流沙，但从记录看，流沙堆积是常态，清理干净的时候较为少见。雍正六年，安西卫城从布隆吉尔移至大湾，主要原因在于布隆吉尔位置偏东，与靖逆卫城相距较近，距沙州卫过远，因此取三卫的中心地大湾修建新城较为方便。另外，从大湾城周边情况看，应原存在旧城，"先农坛，在外城东南二里，旧有城垣遗址，号杜尔柏津，古碛源流，湮废莫考。雍正六年，因改修坛宇"。① 其中杜尔柏津"在县治东南二里，遗址尚存，源流莫考"。② 尽管不能考知杜尔柏津的源流，但基本可以确定大湾城遗址在旧城或聚落附近，位于河流南岸，地势平坦开阔，自然条件较为适宜。

---

① 《重修肃州新志·安西卫·祠庙·坛壝类》，第452页。
② 民国《安西县采访录·古迹》，瓜州县史志办公室，2011，第394页。

乾隆三十三年，地碱潮湿造成屋墙易坍塌，百姓年年维修负担沉重，安西城再次南迁，"以其地碱潮湿墙屋，每逢春季墙屋年年修筑，为居民苦"。① 然而南迁仅六年，又因"新城失火缺水无救"迁回原址。可见，安西老城虽然潮碱问题突出，但相较新城的缺水问题，老城还是更适宜居住。安西城的两次迁址，都只是在原址基础上向南迁移数里，空间上没有太大变动。然而，安西老城所在地确有其不宜长居之因素，最直接的原因是城墙由于风沙堆积，"虽屡经掘移，而大风时起，数日依然如故"，② 风沙侵蚀对安西城的影响至为明显。

二 "世界风库"：常年风沙对安西老城的侵蚀

安西县城的迁移，很容易让人想到城周积沙对城市的影响。清至民国的众多行记中，屡屡记录积沙与安西城齐高的景象，时至今日，安西仍被称为"世界风库"。③ 安西的风与其所处地理位置有关，进而对安西老城造成了一定影响。

行旅往来所见，清晰再现了安西风大沙多对城市的影响。嘉庆以后，"杜尔柏津间苏赖河流南徙。旧城适当风沙之中，常年不息，日夜剥蚀东城，沙淤城碛一里有余，西南城身倒塌三里以上，女墙拆毁殆尽，人畜任意凭登驰越，城门虚设"，④ "东城积沙，高与城齐，随处可以上下"。⑤ 至1905年，裴景福前往新疆，流沙依然大量堆积在城墙内外，"安西城内约三百户，东门外沙堆与城齐。安西东境至玉门向多大风，相传多风穴。安西东北两门，积沙过城。……城南有土城，已颓废"。⑥ 1925年，陈万里记载其西行至安西，"忽起大风。声如金戈铁马、奔涛怒潮，汹涌而至。东门外沙阜，高齐城墙，颇似正定府。……城中极荒凉，空地颇多"。⑦

---

① 民国《安西县新志》卷3《建置志·城池》，第61页。
② 宣统《安西采访底本》，瓜州县史志办公室，2011，第481页。
③ 李长缨：《根治"世界风库"，造福安西子孙》，李并成、李春元：《瓜沙史地研究》，第250页。
④ 民国《安西县新志》卷3《建置志·城池》，第61页。
⑤ 宣统《安西采访底本》，第481页。
⑥ 裴景福著，杨晓霭点校《河海昆仑录》，甘肃人民出版社，2002，第242~244页。
⑦ 陈万里著，杨晓斌点校《西行日记》，甘肃人民出版社，2002，第77页。

1935年陈赓雅至安西，记载："安西城南门口及东城里墙，现亦为流沙所拥塞。盖安西东西风，甚于南北风，其来也，恒挟细沙以俱扬，若遇城屋树林，稍阻其势，即纷纷下落，积若沙山。闻东（门）外旧有关垣，居民亦颇热闹，惟以缺乏树林，致为流沙所埋。"[1] 不仅安西老城如此，即便是后建的新城亦是如此，"同治间新筑一城，迄今未能竣工，白沙屯壅，高与城齐，十余里即望见焉"。[2] 此城并非同治年间建，但城周沙与城齐则是相同的。无斋于1943年至河西，记载："安西是著名的一年一阵风的地方，从年初一刮到年除夕，为经年不断的大风区域。……安西有新旧两城，乾隆时筑的新城，在旧域（原文为域，应为城——笔者注）的西南，不到3公里；东西两面城垣，被风吹开许多裂口，如倒立排齿。全城被沙掩埋，已有五分之四。现在的安西城（老城），不靠公路，尚有3公里的距离，疏勒河则介于公路与县城的中间。"[3]

安西的风，是河西地区之最，一年中刮风天数远高于周边地区。武威8级及以上大风的天数年均为15.9天，安西则为68.5天。盛行风向河西走廊中东段为西北风，西段为东北风，主要盛行于冬春季节，恰与该区干旱季节相吻合（见表3）。[4] 在戈壁地区，大风总会携带沙，遇城墙阻挡，自然落下，致使城周大量流沙堆积。可见，河西走廊西段的大风天气和风向共同致使安西城东墙外沙堆高耸。

表3　安西县各月平均大风天数及定时最大风速

单位：天，米/秒

月份	平均大风天数	最多大风天数	定时最大风速	月份	平均大风天数	最多大风天数	定时最大风速
1	4.3	11	22.0	4	10.0	18	24.0
2	5.2	15	22.0	5	9.2	18	22.0
3	9.1	23	27.0	6	6.9	13	20.0

---

① 陈赓雅著，甄曛点校《西北视察记》，甘肃人民出版社，2002，第185~186页。
② 袁大化著，王志鹏点校《抚新记程》，甘肃人民出版社，2002，第204页。
③ 无斋：《河西四郡》，〔英〕米德莱·凯伯等：《修女西行》，季理斐译，新疆人民出版社，2013，第177页。
④ 李并成：《河西走廊历史地理》第1卷，甘肃人民出版社，1995，第8页。

月份	平均大风天数	最多大风天数	定时最大风速	月份	平均大风天数	最多大风天数	定时最大风速
7	6.0	15	20.0	10	2.8	11	20.0
8	5.8	12	19.7	11	3.3	8	24.0
9	4.4	11	18.0	12	3.7	10	26.0
				年	70.7	165	27.0

资料来源：安西县志编纂委员会编《安西县志》，知识出版社，1992，第86页。

凭借西行者的记录，可见清至民国时期安西城受风沙困扰的状况，以及东城和南城外流沙堆积与城齐高的景象。表3所示的大风天数和定时最大风速也显示出，每年春末夏初，安西即陷于风沙的袭扰之中，极大地影响了城市面貌。尽管城墙在流沙的掩埋中不断失去保护意义，但是城市并未完全废弃。为了缓解风沙危害，从乾隆年间城市南迁开始，地方官员不遗余力地修补城墙，清理积沙，使城市的面貌得以改善，然而安西城最终还是向南迁移，其原因不在风沙侵袭而在安西老城的水环境。

三　"水主沉浮"：安西老城的水环境及其影响

安西老城自雍正六年建成以来，二百余年间仅有六年迁至城南，迁城原因多被认为是"旧城潮湿，衙署、民房多倒塌，故南迁新城，旧城废"。[①] 从上述西行者的记录来看，人们看到和感受到的更多也是风沙侵袭对安西城的破坏。1969年，政府决定将县城搬迁至安西老城南一公里处，也即乾隆年间所建的安西新城。至1973年，安西老城搬迁基本结束。从乾隆三十三年在安西老城南侧修建新城至1970年再次南迁，安西城在疏勒河南岸的大湾地方南北两度游移。安西城的搬迁不仅与老城所在区域特殊的水环境密切相关，同时也是人口增加、商业繁荣，以及人们生活质量改善的必然结果。

首先，安西城地下水位高。地下水位高造成了城区内潮湿和土壤碱化，这使得房屋墙基碱化并容易坍塌。雍正六年，安西卫城从布隆吉尔迁

---

① 民国《安西县新志》卷3《建置志·城池》，第63页。

至大湾，大湾城周长七里三分，城墙高大厚重，北临疏勒河，城市用水便捷，是理想的行政治所之所在。乾隆三十三年，因老城地碱潮湿，陕甘总督吴达善上奏迁移至新城，“以其地碱潮湿墙屋，每逢春季墙屋年年修筑，为居民苦。乃奏徙其城距旧城南一里许建筑”。[①] 但是这次迁城为时甚短，六年之后又迁回原址，原因是新城“地乏水泉，民又安土重迁，其南门屡有火灾，风沙过多，大为不便”。[②] 经此新建与回迁，安西老城便稳定地成为安西直隶州的州城所在。此后，安西老城在不断的维修中维持下来。

安西老城所在的大湾一带水泉众多，地下水丰富，自建城伊始即如此。“河北岸半里许，有龙神祠……庙庭有乾隆间立碑。碑为乾隆二十五年圣制，其文曰：‘及行其地，而甘泉随地涌出，滃滃然，汩汩然，渟泓渗漉，不特荷殳之士，漱濯清流，而马驼络绎，赴饮不匮。’”[③] 方希孟亦记：“苏勒河绕城如环，溉田约九百斛。坚冰初开，湍流迅悍，人马皆不敢涉。西门内行台整洁，遂留住六日，以待涨消云”。[④] 及至民国时期，陈赓雅亦记：“城北有河，城南有渠，掘地五尺，即逢泉源，地味腴润，极便耕作。”[⑤] 由这些史料来看，安西城因紧邻疏勒河，水源充足。

此外，安西县地势是南北高起，逐渐向盆地中央疏勒河谷地倾斜。县城所在地渊泉镇，海拔1177.8米，是疏勒河中下游干三角洲平原区，由疏勒河洪积冲积物和沉积物组成。平原自东向西南方向微倾斜，地势较平缓。疏勒河在安西城北，北侧又稍高，因此县城所在位置地势平坦且相对较低。这使得安西县城不仅地表水丰富，地下水水位也较高。从图1可以看到，安西县城所在位置水位埋深为4.0米，仅高于疏勒河终端西湖的2.0米。安西县城“泉浅水旺”，因此极度潮湿。

在迁城以前，安西城内的房屋均为土木结构。在低洼潮湿的安西城，土木结构房屋受潮后多顶裂墙倾，使用寿命短，居住不安全。中华人民共和国成立后，安西城镇人口数量和房屋间数迅速增加，房屋潮湿和坍塌带

① 民国《安西县新志》卷3《建置志·城池》，第61页。
② 民国《安西县新志》卷3《建置志·城池》，第61页。
③ 徐松著，朱玉麒整理《西域水道记》（外二种），中华书局，2005，第145页。
④ 方希孟著，李正宇、王志鹏点校《西征续录》，甘肃人民出版社，2002，第127页。
⑤ 陈赓雅著，甄暾点校《西北视察记》，第183～186页。

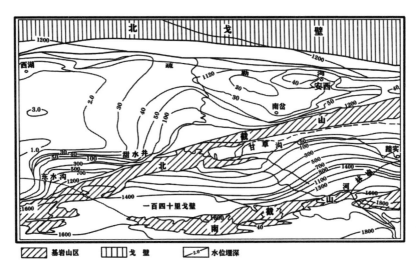

图 1　安西县南片第四系潜水埋深

资料来源：《安西县志》，第 91 页。

来的问题愈发严重。"安西老县城，地势低洼，水位上升，地面潮湿，多
处形成沼泽，每年春秋地面翻浆，城内房屋长者十多年，短者三五年，就
因倒塌而翻修重建。"[1] 据 1968 年统计，安西县城全城危房近百万平方米，
占总数的 30%，不少单位库房潮湿积水，物资霉烂，因此无论从安全角度
还是经济角度看，老城都不再宜居。

其次，水质含碱量和矿化度较高。从安西县河水水质分析数据看，安
西各河流水的 pH 值在 7.9 左右，基本属于微碱性水，矿化度为 0.5～1.7
克/升。整体来看，县境地下水由东向西、由南向北，水质逐渐变差，环
安西城区的含水层矿化度为 1～2 克/升。[2] 潜水蒸发强烈，潜水矿化度比
下部承压水更高，形成了垂直倒置的分带性，[3] 致使地表水的矿化度高于
地下深层水，影响了城内植被的生存。在中华人民共和国成立前，安西老
县城内的寺院中尚存百年古树，东大街个别居民门前也有胸径 1 米左右的
大树。然而在中华人民共和国成立后，老县城内的职工、学生、驻军、居
民虽年年栽植行道树，但屡栽不活，偶尔存活的，也不能很好地生长发

---

① 《安西县志》，第 362 页。

② 《安西县志》，第 92 页。

③ 《安西县志》，第 93 页。

育，这无疑与城内水质盐碱严重有关。

再次，人口增多导致房屋数量急剧增加。安西城内潮湿和水质碱化的问题在安西城建成时就已存在，但是由于城内人口较少，没有造成太大危害，因此也没有必要迁移。清代安西人口总数两万余人，居住在安西城内约千人。方希孟记载，安西州"城周五里，为新、甘咽喉。居民约三百余户"，[①] "城围相当的大，但城内居户不过三四百家，旷地要占全城五分之三"。[②] 直到 1943 年，渊泉镇有人口 7036 人，安西城内人口在 2000 人以内。中华人民共和国成立时，安西县城镇人口为 1968 人，此后每年都有增加，但幅度不大。至 1958 年，城镇人口猛增至 24572 人，此后虽有减少，但总体在万人左右（见图 2）。

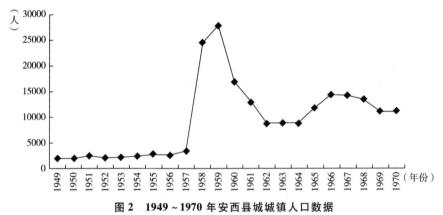

图 2　1949～1970 年安西县城城镇人口数据

资料来源：《安西县志》，第 130～131 页。

安西地区人口增多，居住问题渐趋严重，不得不增建房屋，城内的基础设施也相应增加。中华人民共和国成立初期，安西县城总占地面积 1440 亩，居住人口 2000 余人。机关单位集中在西大街，居民住宅集中于城内中部，房屋均沿街修建，全城建筑面积为 14.7 万平方米（合 220.5 亩），占城区总面积的 15%，其他地方除了一些寺庙建筑外全是碱滩沼泽。当时，一些机关在破旧古庙办公，职工家属多租住民房。1959 年实行私房改革后，大部分职工家属开始租用公产房屋。此后，政府机

---

① 方希孟著，李正宇、王志鹏点校《西征续录》，第 127 页。
② 无斋：《河西四郡》，〔英〕米德莱·凯伯等：《修女西行》，第 177 页。

关进行了扩建，如 1957 年在北大街西侧修建了县委机关办公用房、会议室等，共计 9 栋房屋。在老城西北角新建了 1000 平方米的县委礼堂，这也是安西老城的第一座大型建筑。1958 年，在南大街又新建了"红旗剧院"。1967 年老城西北角新建了县医院住院部及其辅助建筑，如食堂、开水房、库房等。以上这些建筑均为土木结构，直至 1966 年在东大街修建了面粉加工楼，这是安西老城的第一座砖混结构楼房，共 3 层。在迁城之前，除面粉加工楼外，老城的其他建筑全为土木结构，自然容易受潮碱影响，老城房屋倒塌率达 30%。人口和房屋需求的增长，以及土木结构建筑易受潮碱影响的缺点，使得安西老城的居住成本日益提高，迁城成为必然。

复次，城内商业日趋繁荣。1935 年，据高良佐记载，"商业之在安西，萧条景象，仅较玉门为稍胜，总计县城商店仅六七家，均系小本营生"。① 1943 年，"县城内大小商贾，以及摆摊子小营业二十余家"。② 县城内私营商店铺面多集中在十字路口周围和西南大街；小手工业者大部分在东南大街交易，市面萧条。在对私营工商业进行社会主义改造前，全县共有私营商业 108 户（含小商贩），从业者 133 人。③ 改造后，相继设立了军民合作社，后改为安西县供销合作社，并设服务局、百货公司、贸易公司、药材公司、煤炭公司以及五金交电公司等，从业人员数量和经营场所都急剧增加，致使县城内因商业发展而出现的商店、库房等设施成倍增加，商品库存量也成倍增加，潮碱的影响也由建筑蔓延到库房和库存商品，造成商品霉烂，经济损失惨重。

最后，恶劣的生态环境还影响了人们的生活质量。中华人民共和国成立后，虽然安西县城的人口和基础设施都有增加，但城内仍是一派"人少城大，四周荒芜"的景象。空地因碱化土质差，不宜耕种，成为沼泽荒地，出现了"沼泽多，荒草连天，夏季蚊虫多"的问题。同时，由于城内排水设施缺乏，街市和道路混为一体，当积水过多或下雨时，道路翻浆，给人们的出行造成了不便。这意味着随着安西城内人口和建筑的急剧增加，县城内的环境并未有明显改善，尤其是沼泽带来的蚊虫

---

① 高良佐著，雷恩海、姜朝晖点校《西北随轺记》，甘肃人民出版社，2003，第 145 页。
② 民国《安西县新志》卷 3《建置志·实业》，第 119 页。
③ 《安西县志》，第 278 页。

过多等问题，影响了人们的生活质量。在各种因素的作用下，安西县城最终迁移。

四　结语

安西老城建成于雍正六年，至 1970 年正式搬迁至今瓜州县城，前后近两个半世纪，这在环境较为脆弱的西北地区，属于为时较久的城址。安西老城初为安西厅（卫）城，下辖玉门、沙州二卫，城址系由布隆吉尔迁至大湾地方，原因是大湾地方地理位置适中，与东边的玉门卫和西南的沙州卫距离相当。同时，大湾东北方向有杜尔柏津旧城址，其自然环境适宜建城。此后的两百余年间，除乾隆年间六年短暂南移外，安西老城作为安西厅（卫）、安西府、安西州和安西县城，稳定地发挥着政治中心的职能。

安西老城作为清至民国时期中西交通的必经之地，从城市景观构成看，城墙高大厚重，城内衙署、学校、坛庙俱全，且城中心有鼓楼，鼓楼下即有渊泉，是当地"泉浅水旺"的象征；此外，城市地域广阔且地势平坦，街道宽阔且平直。而在旅行者的书写中，安西老城的萧条破败却始终如一。风沙侵扰虽是城市破败的主因，但是在安西是一种常态，并不必然导致城址迁移。中华人民共和国建立后，安西城越来越不宜居住。安西城位于疏勒河南岸，地下水位较高，同时水质的碱化和矿化，以及潮碱问题也极为突出。随着人口的增加和商业的发展，房屋和存储的物资受损严重，影响了城市生产建设；除此之外，城内道路翻浆严重，交通不便，加上城内空地多，形成了沼泽，荒草丛生，这又严重影响了城区人民的生活质量，因此迁城成为必然。这说明最终导致安西老城废弃和迁城的主要原因是"水"，而不是城外淤沙掩埋城墙问题，与西北干旱区城址废弃的路径不尽相同。

概言之，在西北干旱区，城市多因河而建。但在冲积洪积扇扇缘地区，"泉浅水旺"反而成为城市发展的制约性因素。长期地下水位高，造成水质呈微碱性，地表水含碱量升高，并形成潮碱现象。而潮碱对土木结构建筑的墙基及墙体损害极大，并最终导致城址迁移。安西城址迁移是有别于因缺水而迁城的大趋势中的独特个案，其有力地说明了，在干旱区，虽然城址废弃多与缺水有关，但也可能因局部地下水位高且水质碱化而废弃。因此，安西城的迁移，有助于理解西北地区内陆河沿岸城址废弃的多元性。

作者：僧海霞，西北大学历史学院、中国历史研究院
田澍工作室研究员
曾　磊，西北师范大学历史文化学院

（编辑：熊亚平）

晚清黄河北徙影响下的治所城市水患及其应对[*]

——基于濮州、齐东、利津三城的考察

古 帅

内容提要 1855 年黄河于铜瓦厢决口北徙后，给沿岸地区治所城市带来较为严重的水患，基于对濮州、齐东、利津三城的案例考察，本文对其所遭水患及应对措施进行了梳理与分析。由于水患表现形式及持续时间长短不同，加之各治所城市所处地理环境与地方社会形势各异，故在应对措施上存在较大差异，不仅表现在御水工程的建造上，亦体现于治所城市的迁城与否上。由于黄河频繁转徙冲决，濮州不仅被迫另建新治，同时呈现迁址不定于南北二城的局面。在黄河冲决所导致的覆灭性水灾的破坏下，齐东县亦被迫迁建新城。围绕利津城水患防御问题，朝野中形成"迁河"与"迁城"两种主张，随着大治黄河计划的夭折，利津城未能进行迁城，其水患问题最终亦未根除。

关键词 晚清 黄河北徙 治所城市 水患应对

自 20 世纪 80 年代以来，学界围绕中国历史时期的城市水环境问题，形成了极为丰富的研究成果。① 在这些研究论著中，作为水患频发的典型

---

* 本文系国家社科基金青年项目"铜瓦厢决口后黄河下游的河道、灾害与环境（1855～1911）"（项目号：22CZS050）阶段性成果。

① 对这一领域研究成果的总结与梳理，可参考李嘎《旱域水潦：水患语境下山陕黄土高原城市环境史研究（1368～1979 年）》，商务印书馆，2019；白如镜、李嘎《当代中国城市水利史研究评述》，《社会史研究》第 8 辑，社会科学文献出版社，2020。

区域之一，黄河流域水患与城址关系的议题受到众多学者的关注。① 就晚清黄河研究而言，虽有不少学者从灾害史、移民史等视角对黄河水灾进行了考察，但从河患与城市水患应对的角度所展开的研究则较少，② 进一步加强对晚清黄河影响下的城市水患应对研究，不仅有利于拓宽城址变迁研究的路径，亦有利于深化对晚清黄河史的认知。

无论是在历史城市地理研究领域，还是在历史政区地理的研究上，城址变迁问题一直受到学者们的关注，因此不论在理论上，还是在具体案例研究的实践上，学界对城址变迁问题的探索均取得了一定的突破性进展。同时，伴随着区域社会史、环境史等新兴学科研究方法的融入，城址变迁研究也呈现出新的局面。③ 作为众多城址中的典型，治所城市往往因其特殊性而备受学界关注，对"内力"与"外力"影响下的治所城市各种复杂境况的深入考察，将进一步拓宽城址变迁的研究路径，推进研究理论的创新。

作为黄河变迁史上的最后一次大改道，清咸丰五年（1855）黄河决口北徙无疑对铜瓦厢以下的沿黄地带产生了重大影响，治所城市水患问题即为诸多影响之一。黄河北徙后，由于当时清廷正忙于平定内乱而无暇顾及，历经咸丰、同治，铜瓦厢以下黄水漫决严重，无论是筑埝以防水患，还是对治所城市水患的防御，多为地方性的自救行动。光绪初期，山东黄河沿河大堤建成以后，上游水患形势趋于减缓，而伴随来水增多，中下游水患则趋于严重。光绪中后期，清廷遂开始加强对黄河下游河道的整治。在黄流漫决之下，其沿岸地带每座城池均遭到一定的冲击，而那些位于黄水顶冲地带的治所城市所受破坏更重。面对黄水侵扰，其沿岸治所城市水

① 对该领域研究成果的总结与梳理，可参考吴朋飞、刘德新《审视与展望：黄河变迁对城市的影响研究述论》，《云南大学学报》（社会科学版）2020 年第 1 期；段伟、李幸《明清时期水患对苏北政区治所迁移的影响》，《国学学刊》2017 年第 3 期。

② 田家怡、田静：《1855 年黄河改道大清河与下游两座古城的湮没探析》，《黄河文明与可持续发展》第 10 辑，河南大学出版社，2014；段伟：《黄河水患对明清时期鲁西地区州县治所迁移的影响》，《中国社会科学院研究生院学报》2021 年第 2 期。

③ 参见李嘎《旱域水潦：水患语境下山陕黄土高原城市环境史研究（1368～1979 年）》；王聪明《双城记：明清清淮地区城市地理研究》，社会科学文献出版社，2020；古帅《宋代以来山东东平城地理研究——以城址迁移和城市水环境为中心的考察》，《社会史研究》第 8 辑；马剑、张宇博《洪水与战事中的清代绵州迁治研究》，《历史地理研究》2021 年第 2 期。

患形势如何？地方政府又是采取哪些措施加以应对的？下文将以濮州、齐东、利津等治所城市为例，探讨晚清黄河北徙影响下的治所城市水患及其应对。

一 南北二城间的徘徊：濮州城水患及其应对

濮州置于隋开皇十六年（596），领鄄城、范县、观城、朝城等县。元代鄄城为濮州治。明洪武二年（1369）废鄄城县，濮州降为县。明景泰三年（1452），因黄河水患，濮州徙治濮阳王村（今河南省范县濮城镇），属山东东昌府。清雍正七年（1729）濮州升为直隶州，十三年降为散州，改属山东曹州府。

早在明代，由于黄河时常北泛，濮州城的水患就较为严重。明正统时，黄河决口，水失其道，濮州城首当其冲，时任知州毛晟汝上奏朝廷，并于原城北三十里处的王村另建新城。① 此次黄河北徙后，由于濮州城处于黄流泛滥的顶冲地带，故其水患之严重可想而知。黄河频繁决口造成水灾泛滥，更时常浸及濮州城。② 在此形势下，濮州城已无法起到阻避洪水的作用，遂于南岸另建新治。时任山东巡抚阎敬铭在给朝廷的奏折中对此有所描述，"窃查黄河自兰仪漫口以来，濮州州城四面均被水浸，因于南岸筑圩，移徙州民，以为新治，冀可劳来安集。嗣黄流渐复南徙，新圩仍多水患，是以官兵民役，每转移于新旧两城之间为迁避"。③ 虽然迁建新治，但在黄水的频繁侵扰之下，濮州城出现了官民在新、旧两城之间辗转避难的局面，黄水泛滥给濮州城带来的影响可见一斑。

在晚清濮州城所遭受的诸多水患中，同治五年（1866）的水灾尤为惨

① 甘泽：《濮州新城记》，宣统《濮州志》卷8《艺文》，《中国地方志集成·河南府县志辑》第23册，上海书店出版社，2013，第381页。
② 对于黄河铜瓦厢决口改道以来的濮州城水患，史志中明确记载的有：咸丰十一年，河决金堤，城外大水；同治四年（1865）正月十七日，黄水入城，官民皆荡析无定居；光绪十二年（1886）七月初三日，河决滑县五间屋，黄流围州城；光绪十三年五月二十七日，河决开州，城外水深丈余；光绪二十九年，"南岸河决夹堤焦庙，北岸河决开州白岗，州城外大水"。（以上均参见宣统《濮州志》卷2《年纪》，《中国地方志集成·河南府县志辑》第23册）这里只是地方志书中的相关记载，濮州城实际所遭水灾次数应远多于此。
③ 中国水利水电科学院水利史研究室编校《再续行水金鉴·黄河卷》，湖北人民出版社，2004，第1293页。

重。对于此次灾情，阎敬铭在奏折中写道：

> 本年黄流盛涨，倍于往昔，臣节次通饬沿河各属，加意修护埝堤。惟六七两月，大雨滂沱，连宵彻旦，雨水广多，从来未有。各处河湖并涨，皆成汪洋，黄流尤奔腾汹涌……惟濮州当黄流顶冲，新旧城圩，均在巨浸之内。本月二十七日，据濮州知州葛恩荣禀，七月初旬内大河喷淤溯注，南岸新圩四外皆水，无处取土修防。当于十一日率领兵民，移住旧城，希图暂避。讵十四、十五等日，霖雨倾盆，河声如吼。至二十二日申刻，东面水势，高出城基数尺，建瓴直灌，城内水深丈余，民舍官衙，同被浸没。[①]

很显然，此次水灾是由罕见的连月大雨诱发的。在如此巨大的水灾中，位于黄流顶冲地带的濮州新、旧二城均遭水淹，濮州知州葛恩荣一面"率同绅民男妇，赶避城基较高之处"，一面安置其他灾民。面对这样的大灾难，朝廷也批准了阎敬铭"补修城北堤工，以工代赈"的救灾措施。[②]

通过前述水患形势，我们对濮州城所处地理环境有了更深的认识：其一，位于黄水顶冲地带，易受水患；其二，地势低洼，[③] 易积水成灾；其三，黄河在金堤南北的频繁迁徙，加重了濮州城的水灾。显然，由连月大雨引发大水灾毕竟是偶发性事件，黄河在此处频繁迁徙漫溢才是造成濮州城连年水灾的主要因素。在这样的地理环境之中，若要减轻黄水的危害，加强城池建设和筑建堤坝就成了必不可少的防御措施。

对于濮州城的城池建设，山东巡抚丁宝桢在奏文中称："迨同治十年（1871），黄流渐向南移，城基复行涸出。臣当饬前濮州知州葛恩荣重新建

---

① 《再续行水金鉴·黄河卷》，第 1293 页。

② 针对阎敬铭的奏折，朝廷谕内阁："山东濮州地方自黄河漫口后，州城久被水浸，居民于南岸筑圩迁避。本年阴雨兼旬，黄流盛涨，致新旧城圩均被淹没。该处水灾荡析离居，实属可悯。阎敬铭见已筹款体恤，即督饬该知州妥为散放，务使实惠均沾，毋令一夫失所。其城北金堤岁修之费，并着宽为筹备，赶紧兴修，以工代赈。"参见王先谦《同治朝东华续录》，沈云龙主编《近代中国史料丛刊三编》第 97 辑，台北：文海出版社，2006，第 818～819 页。

③ 同治十年八月十三日，山东巡抚丁宝桢在给朝廷的奏折中提到，"山东曹州府属濮州，地势最洼，自咸丰六年（应为五年——笔者注）兰工决口黄水为灾，迄今十数年，被灾过重"。参见中国第一历史档案馆编《咸丰同治两朝上谕档》第 21 册，广西师范大学出版社，1998，第 226～227 页。

筑，俾复旧规。以帑项支绌，经费难筹，臣督饬南运委员等竭力自行筹办，未尝分毫挪动库款。历时几及年余，始将城身及外濠一律修竣，颇为坚实。"① 不难看出，迟至同治十年，随着黄水大溜的逐渐南移，濮州城的积水才慢慢退去。在濮州本地经费难筹的情况下，丁宝桢"未尝分毫挪动库款"，并"督饬南运委员等竭力自行筹办"，最终将濮州城身及城外壕沟修浚完善。不过到光绪元年（1875），情况又发生了变化，濮州城所遭黄河水患形势又紧张起来。

随着山东黄河上游河段南岸大堤的建成，紧邻黄河北岸且逼近黄流的濮州城，在夏秋大汛期间极易遭受黄水的浸淘。面对此情，丁宝桢遂准许了濮州地方的请求，"于司库筹发银一万两，解交该州核实办理"，督饬该州"相度地势，兴筑护城堤一道"。此次护城堤的筑建，无疑具有安抚地方灾民的意义，② 对于防御黄水侵扰而言，亦实为不可或缺之举。

自濮州城池及护城堤重加修护后不久，原迁出灾民陆续归返。但自堵筑黄河侯家林、石庄户两次决口之后，濮州城的水患形势又有了新的变化，所谓"仍将黄河拦入濮境，向所涸为肥田者，半又付之波臣"。在此情形下，山东省抚计划加高培厚位于濮州城北的金堤。这一工程不仅难度极大，而且即使修筑完竣，"亦只能保全堤北庄村，而附城多里民田尽付汪洋矣"。③ 濮州地方遂组织人员修建城南大堤并作为官堤，同时请求拨款加筑护城堤。濮州城的水患形势与黄河堤防建设紧密相连，成为其水患应对中的主要特点。

虽然光绪初年山东黄河上游大堤已建成，濮州城水患亦因之而减轻，但这并不意味着其水患的彻底消除，邻境水灾的波及，亦给濮州城带来一定的威胁。光绪十三年五月二十七日，直隶开州大、小辛庄民埝漫口，当时"两省（直隶、山东）界址已在中洪，实难辨认……开、濮连界之处犬牙相错，濮州地处开州下游，漫口以后冲刷多系濮境，知州恩奎因漫水淹及城厢，遂

---

① 罗文彬编《丁文诚公（宝桢）遗集》，台北：文海出版社，1967，第1431页。
② 丁宝桢记述道："今年为日正长，民穷力竭，更难措置。且本年春旱，该州二麦无收。又系水套，素为贼匪出没之所，深恐饥民枵腹不堪，流而为匪。"
③ 王希孟：《上抚宪创修夹堤护城堤状》，宣统《濮州志》卷8《艺文》，《中国地方志集成·河南府县志辑》第23册，第434页。

即赶回救护，未能及时盘筑裹头，致埝身多被冲刷"。① 很显然，犬牙交错的政区地理格局不利于开、濮、曹一带的黄河治理，加重了地方在黄河堤埝建设与城池水患防御上的困难，此为濮州城水患防御的另一特点。

二 迁址另建新城：齐东城水患及其应对

金天会年间改邹平之赵严口为齐东镇，在金宣宗兴定年间，元兵筑城于镇，是为立城之始。至元宪宗二年（1252），升镇为县，以镇城为县城，是为齐东县之肇端。②

齐东城地势低洼，北邻大清河，东面和西面分别是减水河与坝水河。这三条河流致使齐东城屡遭水患之苦，"每遇秋水，大清河攻城北面，减水河受大清之旁溢围城东南"。③ 城西的坝水河也时常泛滥为灾，在此情形下，"齐东一邑，大清北荡，减沟南泻，坝水西倾，环城患水"。④ 最终出现了"民间庐舍，枕河而居，河流暴涨，烟火鳞鳞，皆宛在水中，害莫大焉"⑤ 的局面。

为治理水患，邹平县令计划开通漯河将涝水通过陈恺沟（即减水河）排入大清河，后经时任齐东县令据理力争遂告罢。后因久雨，三河交溢，齐东环城患水，时人董见心认为"齐东之城，不会漯河亦坏，只争迟速，拟先徙城而后开河"。⑥ 且不论其是否意欲以邻为壑，齐东城及其附近的水患形势由此可见一斑。

由于大清河水患的侵扰，齐东知县覃志京曾稍移城池，同时筑建二石坝，使民获安数十年，但由于长时间受水流侵蚀，石坝也早已毁坏。对于

---

① 中国第一历史档案馆编《光绪朝朱批奏折》第98辑，中华书局，1995，第439页。

② 民国《齐东县志》卷2《地理志》，《中国地方志集成·山东府县志辑》第30册，凤凰出版社，2008，第348、362页。

③ 王绪：《请罢决河议》，康熙《新修齐东县志》卷8《水患》，《中国地方志集成·山东府县志辑》第30册，第290页。

④ 刘希夔：《三河水患考》，康熙《新修齐东县志》卷8《水患》，《中国地方志集成·山东府县志辑》第30册，第291页。

⑤ 周以勋：《头钟记》，康熙《新修齐东县志》卷8《杂录编》，《中国地方志集成·山东府县志辑》第30册，第311页。

⑥ 周以勋：《头钟记》，康熙《新修齐东县志》卷8《杂录编》，《中国地方志集成·山东府县志辑》第30册，第311页。

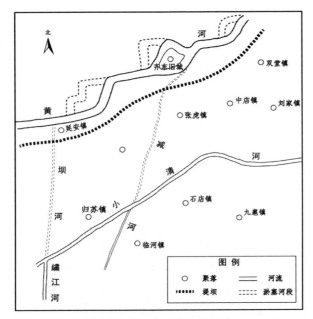

图1　晚清齐东县境地理形势

资料来源：底图采自华林甫、李诚等《德国普鲁士文化遗产图书馆藏晚清直隶山东县级舆图整理与研究》（下）（齐鲁书社，2015）第342页《呈阅阜县全境地舆图》。

地势低洼且有三河之患的齐东城来说，城内短距离的转移以及在城外筑堤建坝，似均难以抵挡住持续而频繁的水患侵袭，最终在黄河决口之下，齐东城被迫改徙他处。

清光绪十八年（1892），"黄河决，县城漂没，仅存东南一隅"。① 此处所说的"黄河决"即时年黄河在齐东城附近决口改道南流，而齐东城首当其冲。在此情形下，知县王儒章"具呈省署，有迁城之请"。② 对地势低洼的齐东城来说，此次河决徙流无异于一场灭顶之灾。为进一步加深对当时形势的认识，参看时任山东巡抚福润奏折中的记述：

> 济南府属之齐东县，三面临河，形如釜底。每遇伏秋汛涨，水辄灌入城内，城垣大半坍塌，坛庙亦多倾圮，衙署民房十坍八九。虽连

---

① 民国《齐东县志》卷1《地理志》，《中国地方志集成·山东府县志辑》第30册，第343页。对此次黄河水灾，民国《齐东县志》卷2《地理志》中亦有记载："清光绪十八年，（因）黄水灌城，衙署为墟"。

② 民国《齐东县志》卷2《地理志》，《中国地方志集成·山东府县志辑》第30册，第348页。

年修筑护堤借资捍卫，无如逼溜太近，一经淘刷，仍复奇险环生，劳费几同虚掷。①

黄河未决之时，齐东城因地势低洼，且有三河之患，因此水灾严重。经此河决，惨遭黄水侵袭的齐东城到了"非另行择地改建城垣不可"的地步。在王儒章向山东省抚禀请迁城的第二年冬，知县康鸿逵"奉准迁城于九扈镇"。② 在省抚的委托下，齐东新城址是由时任山东省布政使汤聘珍与赈抚局官员一起实地勘定的。新城址虽已选定，但由于经费紧张，随后的迁城和修建并非易事。对此，汤聘珍等在勘察报告中称：

> 查得该县境内距城三十里之九扈镇，地处高原，未经黄水，可图改建。而修筑砖城，建造坛庙衙署，需费不赀。惟有因陋就简，将该处土圩培厚加高，并于四面量加展拓，作为土城。应修各工即以旧城内之料物，拆卸应用，不敷者量为添置，但求规模初具，崇朴黜华，撙节估计共需银二万两。该县连年灾歉，满目疮痍，招集灾民，以工代赈，洵属一举两得。至旧城居民，已多给资迁徙。其未迁者，大率倚河干埠头为生。如以后愿居新城，仍照章给予迁费，不愿者听其自便。惟河干既有埠头，商民交易，须设一分防之员，以资弹压。该县城汛外委未便分驻，又无额设县丞。查同府所属之齐河县县丞，政务较简，堪以改为齐东县分防县丞。一切俸廉役食，原有额编可支，毋庸另议。③

对一县而言，其治所城市的迁移无疑是地方上的大事，由迁城所导致的各种后果均应加以考虑。可以说，无论是在新城地理位置的选取上，还是在节省迁城费用、维护地方稳定等问题上，上述迁城方案中的考虑都是较为周全的，山东巡抚福润亦认为此办法"均甚妥协，需费尤为节省"。在此情势下，福润也下令在赈捐款项中筹拨银两，同时令候补知州冯德华

① 中国第一历史档案馆编《光绪朝朱批奏折》第 99 辑，中华书局，1996，第 412 页。
② 民国《齐东县志》卷 2《地理志》，《中国地方志集成·山东府县志辑》第 30 册，第 348 页。
③ 《光绪朝朱批奏折》第 99 辑，第 412~413 页。

和齐东知县尽快兴工移建，且务必在伏汛之前竣工。

齐东新城于清光绪二十年（1894）四月十五日竣工，其城垣"就该镇原有圩墙迤逦而北接连拓地修建"，① 占用地亩"俱系购自民间"。由于建造新城时为省工省费，监修委员冯德华"苟简从事，工料未坚"，以致"屡坏屡补，未及十年即已颓废不堪"，且"迭次河决，流离荡析，民不能安其居"。② 据此看来，迁址另建齐东新城为一时无奈之举，而非一劳永逸之策，迁建后的新城仍难逃黄水侵扰。

三 "迁河"抑或"迁城"：利津城水患及其应对

金明昌三年（1192）升永利镇为利津县，属山东东路滨州刺史郡，元明时属山东济南府滨州，清时属山东武定府。黄河北徙后，利津县境的土地开发与利用、水路运输与商贸等均因之受到较大影响，③ 频发的水患更给紧邻黄河的利津城带来很大侵扰。对于当时利津城面临的水患形势，地方士人有较好的总结与回顾："咸丰五年，铜瓦厢决口，黄河北徙，经直隶之东、长、开等处，山东之濮、范、寿等处，至张秋镇入大清河循途归海。其初，大清河以上时见横溢，先决于濮、范，继决于曹、郓。厥后上游建堤，贾庄堵口，筦束甚固，由是河水愈注下游矣。利津以一县之壤地，纳千里之洪波，其城东南隅当河之冲，近滩之处淤垫日高，状如仰釜，最称险要。所设护城石坝、挑水坝与民堤灶坝等，此筑彼溃，甚至一堤一埽有岌岌不能支终日者，冬春豫防，夏秋力御，修闭之役，无岁无之"。④ 很显然，由于紧邻黄河，在晚清山东黄河上游大堤筑成之后，伴随来水量的大增，清光绪时期的利津城已到"此筑彼溃"，甚至到了"一堤一埽有岌岌不能支终日"的危急境地。面对这一形势，清廷与利津地方采

---

① 民国《齐东县志》卷2《地理志》，《中国地方志集成·山东府县志辑》第30册，第348页。
② 袁馥春等纂修《齐东县乡土志·序》，清宣统二年（1910）刊本，《中国方志丛书·华北地方》第7册，台北：成文出版社，1976，第4页。
③ 古帅：《黄河因素影响下的山东西部区域人文环境（1855～1911）》，《中国历史地理论丛》2020年第3期。
④ 光绪《利津县志》卷2《舆地图第一》，《中国地方志集成·山东府县志辑》第24册，凤凰出版社，2008，第300页。

取了哪些应对措施，其防御效果又如何呢？

1. 咸同年间利津城水患及其防御

清咸丰六年（1856）夏，黄水冲塌县城东南护城石坝，并冲开城垣一百余丈；咸丰七年、八年重修石坝；咸丰九年四月，筑土坝三道于南关街心坝之西，五月修石坝；咸丰十一年春修城堤，八月抢修靠城挑水坝南坝。① 不难看出，为抵御黄河水患，此一时期的利津城主要是加强护城堤、护城石坝、挑水坝等的修建。由于利津城东南隅距河最近，护城石坝的作用显得极为重要，所谓"坝之所以扞鸿波者，城壘所资以为藩，田畴所赖以为卫，而庐舍人民所视以为保障也"。②

利津城地处大清河尾闾，一旦大清河决溢，则有其鱼之患，为防御水患，邑令程士范始创护城石坝。自建坝后，享其利达七十年之久，后屡经河患，坝基被水侵蚀。在道光二十年（1840）秋间暴雨的侵袭下，大清河上游及其各支流汇水建瓴而下，冲圮石坝十余丈，后经重修，利津城民众享其利达二十年。③ 但自黄流北徙夺大清河入海后，则几乎每年都受到黄水决溢的威胁，每年都要对石坝进行加固修护。

至清同治时期，利津城所遭黄河水患愈演愈烈，仅靠护城石坝已难以抵御，城池的防御措施亦渐趋复杂，埽工、土埝、圈堤等多重防御手段遂均加以施用。在同治初期的三年内，仅对护城堤坝或埽工进行重修，水患稍重的同治二年（1863）也只是于当年六月抢筑城坝。但至同治五、六年间，黄水对利津城垣的冲击则明显加重。同治五年七月，"黄水冲塌城东南新坝及旧坝石桥……南门东城垣冲塌三十余丈……自七月后，东南城续塌共五十余丈"，在此情势下，先后于利津城南门外筑土埝，并于城缺口处抢筑护堤。除此之外，同治六年春又筑城内圈堤，并加筑南北横坝一道，东城炮台以南至旧石坝头，重厢护堤。同年四月，又于河东开引河并加筑圈堤。虽在防御水患上投入如此之多的财力物力，但至同治六年的汛

① 光绪《利津县志》卷2《舆地图第一》，《中国地方志集成·山东府县志辑》第24册，第300页。
② 孙慧愔：《重修护城石坝记》，光绪《利津县志》卷2《利津文征·碑记》，《中国地方志集成·山东府县志辑》第24册，第459页。
③ 孙慧愔：《重修护城石坝记》，光绪《利津县志》卷2《利津文征·碑记》，《中国地方志集成·山东府县志辑》第24册，第459页。

期，"自南城至东门一带，共坍塌一百五十余丈……八月，水溢西乡、大田等庄，直灌西门"。① 在如此严重水灾的袭击之下，利津地方遂于城北筑横坝，并于东门外加筑大堤，同时开南门南北大坝泄积水入黄河，并筑圈堤。同年十月，在圈堤溃而复筑的情况下，复于圈堤上接修坯墙，并于墙外加筑护堤。

由上述可以看出，除黄水对利津城的直接冲击外，黄河于他处漫溢之水的灌入亦是不可忽视的破坏性力量。面对这种情况，单一的水患防御措施显然已难以抵御黄水如此频繁之侵袭，为此修筑护城石坝、城外土埝、圈堤、埽工等多种措施在利津同时并举，并辅以挑挖引河、筑挑水坝等多种疏导措施。这些措施均为应急性举措，也从侧面反映出当时利津城垣水患之重。

同治五年，负责山东河工事宜的潘骏文对利津城及永阜、永利二盐场进行了实地勘察，对于利津城的水患形势，潘氏记述道：

> 自黄河灌入大清河，水势湍激，西面日见塌宽。数年来将县城南门外民居百余家，渐次刷去。虽历经修筑石坝、三合土坝保护，亦并蛰塌。东岸滩嘴挺入河心，距城不过十数丈，故挑溜愈近。本年直从东南城根，溃墙而入，与城内之积水迋相连。因有城脚隔碍，故水退后，转得挂淤。又南门迤西十余丈，堤身迎溜之处亦有蛰塌，其势直对城之西南隅，若此处再向里塌，更虞夺溜。现测城外临河一带，多系陡崖，水深丈余不等。惟城根外略无余土，厢埽则无坝台，兼有塌卸之城墙砖皮，土石坝身巨块，横亘水中，埽亦不能到底，故王前令所拟于城墙面修做圈堤及城脚内增培土埝两条均难得力，惟对岸挑引河一策尚属可行。②

据此可见，伴随着黄水冲蚀渐趋加重，利津城蛰塌亦愈演愈烈，修筑或加固石坝、土埝、圈堤等水利设施已不具备现实条件，即使将这些设施建成完工亦难奏效。在此情形之下，潘骏文提出在黄河对岸挑挖引河的应

---

① 光绪《利津县志》卷2《舆地图第一》，《中国地方志集成·山东府县志辑》第24册，第300页。
② 潘骏文：《潘方伯公遗稿》，清代诗文集汇编编纂委员会编《清代诗文集汇编》第732册，上海古籍出版社，2010，第589页。

对之策。由于挑挖引河工程量大、造价高，故而潘氏又给出另一方案，即"于（利津城）南门上游豆腐店迤西三十余丈做一挑坝"，这样可以"逼刷对岸之滩嘴"，以达到省工省费的目的。他认为最保守的方案则是，"于南门迤西蛰塌之上游稍有嫩滩之处，就老滩做小直土坝数道，用碎石盘头"，这样做"亦能挑溜使开，不至愈往内刷，但使坐弯之处渐成背溜，自能挂淤，以后下埽筑堤始可着力"。① 很显然，经过实地勘察，潘骏文所提供的御水之策是极为周全且具体可行的，同时也体现出利津城在防御水患问题上的复杂性与高难度。②

2. 光绪年间利津城水患及其防御

至光绪时期，水环境形势又有所变化：其一，河道淤塞导致漕运艰难；其二，山东黄河上游大堤建成，来水增多。在这样的形势下，要维持漕运并防御黄河水患，对黄河下游河段的疏浚与整治势在必行。而要疏浚山东黄河下游河段，利津城的水患问题是必须解决的。光绪元年（1875）至八年（1882），利津地方对护城堤、埽坝、石坝等御水设施的加固整修几乎一直没有中断。③

光绪五年（1879）二月，夏同善上奏请求疏治黄河下游并处理利津城的水患困局，奏文中对当时利津城所处水患形势记述道："利津县城逼河太近，南门半为土埋，不能启闭，东门关厢房屋荡然无存，并外城亦已圮入河中。且其地当大河正冲，其下水深莫测，情形岌岌可危。丁宝桢抚东时已有迁城之议，今又相隔数年，倘再不急筹善策，难保不尽付洪流，一邑财赋，数万生灵，所关实非浅鲜。"④ 利津城的问题不仅关乎黄河下游的治理，更关系到"一邑财赋，数万生灵"，该奏议让我们对利津县城的水患形势有更进一步的认识。在此基础上，夏同善提出了具体整治措施：

---

① 潘骏文：《潘方伯公遗稿》，《清代诗文集汇编》第732册，上海古籍出版社，2010，第590页。
② 这种难度不仅仅体现在利津城临河多陡崖、取土困难等施工的地理条件上，亦体现在资金筹措困难、防御技术不高等方面，比如在施工人员与技术方面，潘骏文在前引文中亦有补充，"前二策均有桩埽工程，非调黄河汛弁不谙做法"。
③ 光绪《利津县志》卷2《舆地图第一》，《中国地方志集成·山东府县志辑》第24册，第300页。
④ 光绪《利津县志》卷2《利津文征·奏议》，《中国地方志集成·山东府县志辑》第24册，第432页。

"能迁则迁，否则必宜设法保护，或将对城河湾之处审度形势，开之使直，以挽其冲。再于城岸险处仿照康熙年间令回空粮船装载石块运赴河工之法，令回空盐船载石块以填之，抑或作大筏盛坚土垫之以培其根。"① 其后不久，广寿、钱实廉亦提出防御利津城水患的办法，即"或沿东岸河岸，排桩筑塘；或于顶溜处，作挑水坝数道"。② 很显然，无论是夏同善的措施，还是广寿、钱实廉的治理主张，均未超出前述潘骏文的整治方案，在治理方案的详细程度上亦难与潘氏相比。在此情势下，朝廷"先后谕令文格，妥筹复奏"，而文格则饬令潘骏文再次前往查勘。③ 潘骏文之后的周恒祺到任后，在实地考察后就利津县城水患问题又做了详细汇报。

清光绪五年九月，周恒祺在奏折中就实地踏查利津城的情况及防患措施禀报道："该城东南门外，正当黄水坐湾。近则大溜侧注东城隅，情形较重。民间曾以舟载石，填成小坝两段。坝旁为回溜所激，日就淘深，现用埽段厢护。测量该处水深四丈，汛落亦在三丈以外。旧坝系乱石堆成，只能就势加高。若欲展宽接长，填入深水，势恐无从立脚。惟有于东城关厢圮处，拓平余地数丈，排钉桩木，横筑坦坡石堤数十丈，以为保护东门之计。其东门以南土堤，一律培厚帮高，以防盛涨。再于东南角当冲处，酌建斜坝一道，以纾急溜东注之势。倘将来河行变迁，自可相机妥办。即将东城缩让数丈，亦无大碍。"如此一来，"既省迁城建置之扰，亦免徙民安插之难"。④ 从光绪后期的情况来看，这样的方案似乎也只是治标不治本的权宜之计，利津县城的水患困局依然未能根除。

至光绪后期，朝廷又有大治山东黄河的计划，并命李鸿章进行全面勘查。若要彻底整治山东黄河，利津县城的问题仍旧是不得不面对的一个难题。在此问题上，作为李鸿章的幕僚并随同勘查过山东黄河的时贤朱采提出了自己的看法。他认为，若要彻底解决利津城水患问题，有"迁河"与"迁城"两种办法，不过二者皆存在一定的难度。其中迁河的困难有四点：

① 光绪《利津县志》卷2《利津文征·奏议》，《中国地方志集成·山东府县志辑》第24册，第432页。
② 《再续行水金鉴·黄河卷》，第1592页。
③ 《再续行水金鉴·黄河卷》，第1592～1593页。
④ 朱寿朋编《光绪朝东华录》，沈云龙主编《近代中国史料丛刊三编》第98辑，台北：文海出版社，2006，第792页。

其一，能不能成功迁河并无把握；其二，迁河需用经费太多；其三，迁河工程巨大；其四，易诱发民怨。迁城的难度有两点。其一，迁城所耗费用巨大；其二，迁城所带来的迁民安置等问题难以解决。对于这两种办法，朱采分析认为，持"迁河"之说者认为把利津城旁边的黄河河道裁弯取直，才是永保利津城免于水患的安全之举。而且以为开挖新的河槽并非难事，因迁河所导致的坟墓迁移数目亦不甚多。但持此论者不知另辟新地取土挖河之艰难，而开挖新河工程之巨大、耗费之多，所淹没房屋、坟墓之多，都需要慎重考虑。而持"迁城"之论者认为"迁河费大而事险，迁城费小而事稳"。不过据朱采初步核算，利津迁城用银当多于十万两，"而城内外居民数千户，富者恋土，贫者无资。纵劝导与津贴兼施，恐亦甚难措手"，[①] 此亦需慎重考虑。

可以看出，至光绪后期治理黄河时，在处理利津县城的问题上，已形成"迁河"与"迁城"两派观点。当然，这两种主张应不是光绪时期才出现的，而是黄河北徙之初似乎就已形成。而此时迁河或迁城呼声的再次高涨，是顺应朝廷意欲彻底整顿山东黄河的形势而做出的反应。但由于工程巨大，且存在很大风险，再加上资金难筹、民恋旧土等一系列难题，无论是迁河还是迁城，都不是最切合实际的解决方案，朱采对此也都一一予以否定。面对水患形势的新变化，他提出了新的方案。

不同于光绪初期的水患形势，随着黄河溜势转移，利津城垣东南角处的险峻形势已趋于减弱，东城门一带因"正当吃紧之处"而形势渐趋严峻：

> 查利津县治东南门外，正值黄流坐湾之处，上首斜对十余里之遥有沙嘴滩斜挑河流，以致溜势直冲城根，东南角城垣塌陷约二百丈。近来溜头渐移向北，东门城门关王庙阶前正当吃紧之处。迤南大寺庙基一带，虽尚有回溜淘刷，而已挂新淤，再迤而南近门之处长成新滩。究其原故，顶溜坐湾之处，日久湾深，往往下移。又斜对岸之沙嘴滩，虽能斜挑溜势，然为日已久，刷去不少，是以渐移而北。[②]

① 朱采：《清芬阁集》，沈云龙主编《近代中国史料丛刊》第 273 辑，台北：文海出版社，1967，第 191~192 页。

② 朱采：《清芬阁集》，沈云龙主编《近代中国史料丛刊》第 273 辑，第 192~193 页。

显然，水患形势发生改变之后，若要加强利津城的水患防御，不仅要增强东城门外的堤防建设，还需考虑黄河河道的弯曲状况及淤积趋势。有鉴于此，朱采认为应在利津城东门以南黄水大溜渐趋逼近之处择地修建一两座上窄下宽、三面包护的坝基，同时将对岸的沙嘴滩切成"川"字形沟道以杀水势，待石坝稳立后，再逐渐对其加固，最终达到遏制黄水怒流增加泥沙淤积的效果。这样利津城基终将渐趋恢复，之后可再修筑城垣建造石塘加以巩固。

在朱采看来，此一措施不仅"不致虚縻帑项"，且在"溜势渐移，水势稍定"的情形下，"果能建坝切滩，办理得法，若非（黄河）异常盛涨之年，似可无害"。① 由此可见，位于黄河顶冲且频遭黄水重创的利津城，始终未能走出迁城这一步，其中迁城资金问题、水患形势的变化以及护城与治河技术的成熟，都是不容忽视的重要因素。但朱氏方案是否真能彻底消弭利津县城的水患困境呢？从其"似可无害"的语气看，朱采本人对此亦没有绝对把握。随着光绪后期大治黄河计划的夭折，利津城的水患问题最终也没能根除。

四　结语

自1855年黄河铜瓦厢决口北徙后，黄水对沿岸治所城市均造成很大的破坏。通过本文研究可以看出：黄河北徙后，地势低洼且位于黄流顶冲地带的濮州旧城，已难以抵御大水侵扰，遂另建新城，濮州官民辗转避难于新旧两城之间；清光绪十八年黄河决口改道后，地势低洼且有三河之患的齐东城因遭黄水重创，不得不择地另建新城；由于紧邻黄河河道，晚清时期的利津城连年遭受黄水侵袭，利津地方除通过加筑城垣，修筑护城堤、护城石坝、土埝、圈堤等方式增强防御能力外，还采取加固黄河埽工、挑挖引河、筑挑水坝等多种手段减轻水患。

对于治所城市水患应对这一议题的研究，不仅需要对治所城市所处环境的"个性"进行深入挖掘，还应对水患来源及其作用形式展开细致探究，在此前提下，再将两者紧密结合起来，最终才能形成对治所城市水患

---

① 朱采：《清芬阁集》，沈云龙主编《近代中国史料丛刊》第273辑，第191～192页。

及其应对的全面认知。本文中三座治所城市，虽同样遭受黄水冲击，但由于黄河水患的表现形式及持续时间长短不同，再加之各治所城市所处地理环境与地方社会形势各异，故而在应对黄河水患时采取的措施呈现出了较大差异，这种差异不仅表现在前述御水工程的建造上，亦体现在治所城市的迁移与否上。就濮州城而言，黄河北徙后，其主河道在治城所处的平原区域内频繁移徙，在大雨与黄水巨流的共同侵袭下，濮州被迫另建新治。与濮州城有着相似的地势特征，在黄河决口改道所导致的覆灭性水灾的破坏下，齐东县亦被迫迁建新城。

光绪初年上游黄河大堤建成后，处于山东黄河上游沿岸的濮州城等治所城市所遭水患顿减，然而伴随上游来水的增多，距离黄河最近的利津城水患形势却更趋严重，与濮州、齐东二城相比，其所遭水患侵扰时间最长。至光绪中后期，随着清廷对黄河治理的重视，利津城水患防御成为治河的一部分并与黄河治理紧密结合起来。围绕利津城水患防御问题，朝野之间形成"迁河"与"迁城"两种主张，但随着大治黄河计划的夭折，利津城没能实施迁城，其水患问题最终亦未能解决。

作者：古帅，山东财经大学文学与新闻传播学院

（编辑：成淑君）

近代天津的公共卫生[*]

——英国影响下的流变与承续

王若然　青木信夫　徐苏斌

内容提要　19 世纪下半叶，英国的城市治理模式在两次鸦片战争后进入中国，同时带来了西方医学与公共卫生的理念与实践，并影响到后期的城市规划与建设。以近代开埠城市天津为例，1860～1937 年，其公共卫生与城市环境受到英国军队、宗教团体、海关、工部局、都统衙门等不同力量的影响。这些直接与间接的传播途径，从政策、理论、实践等多方面塑造和影响了城市公共卫生与环境的建设，并表现出破坏性与革新性、连贯性与承续性多元并存的特点。

关键词　天津　公共卫生　城市人居环境

18 世纪英国开始工业革命，城市人口激增造成环境污染，传染病时有发生，但也推动了细菌学、免疫学、公共卫生等学科研究的不断发展与突破。19 世纪 40 年代，英国开始将公共卫生与城市建设导则相联系，并进行系统化的公共卫生建设。① 作为当时扩张范围最大的帝国主义国家，英

---

*　本文为国家自然科学基金面上项目"东亚近代英国租界与居留地的规划与建设比较研究"（项目号：51878438）、国家自然科学基金面上项目"近代东亚地区法国租界规划建设比较研究"（项目号：52178021）、中国国家社科艺术重大项目"中国文化基因的传承与当代表达研究"（项目号：21ZD01）的阶段性成果。
①　1842 年，有英国"公共卫生之父"之称的查德威克（Edwin Chadwick）完成了具有划时代意义的《大不列颠劳动人口卫生状况调查报告》（*Report on the Sanitary Condition of the Labouring Population of Great Britain*）。基于该报告，19 世纪 40 年代，英国颁布了《消除滋扰和传染病法案》《公共卫生法案》，成立了公共卫生专门机构，标志着英国开始了系统的公共卫生建构。

国对近代中国的公共卫生与环境建设发展等多个方面均影响深远。

19世纪初，英国教会派遣的传教士即以医疗途径进入中国进行传教。鸦片战争后，通商口岸城市相继开埠，英国军医跟随军队一并进入中国。同时，频发的传染病疫情促使由英国主导的海关颁布检疫条例，进一步推动了公共卫生制度体系的形成与完善。海港检疫等制度的形成，又逐步规范了城市医疗与公共卫生的多重方面。从20世纪开始，以租界工部局为代表的机构开始建立并完善公共卫生制度体系，并将之纳入城市建设的关键环节。天津作为近代唯一包含九国租界的开埠城市，较早受到西方多国影响，其中，又以英国影响的时间最长、范围最广、程度最深，包括英国军队、传教士、海关官员、租界管理机构以及以英国人为主导之一的都统衙门等多方力量的影响，在开港城市中极具代表性。

目前关于以英国为代表的西方公共卫生理念与实践在中国的传播和影响研究，受军事、传教、海关等复杂因素影响，档案较为分散、未成系统，多以医疗传教士的文化传播、[①] 19世纪《海关医报》档案研究[②]为代表。对于天津等开埠城市，以刘海岩[③]、任云兰[④]为代表的学者从历史学角度做出了深入研究。此外，查克拉巴提（Pratik Chakrabarti）[⑤]、罗芙芸（Ruth Rogaski）[⑥] 等国外学者则关注帝国主义和医学的关系，以及殖民扩张背景下的卫生理念传播过程及其带来的现代性影响。然而，囿于年代久

[①] 余新忠、杨璐玮：《马根济与近代天津医疗事业考论——兼谈"马大夫"与李中堂"兴医"的诉求歧异与相处之道》，《社会科学辑刊》2012年第3期；刘祺：《西方医学在近代中国（1840～1911）——医术、文化与制度的变迁》，博士学位论文，南开大学，2012；郭辉：《马根济与近代天津西式医疗机构的建设》，《中国国家博物馆馆刊》2018年第7期。

[②] 佳宏伟：《十九世纪后期厦门港埠的疾病与医疗社会——基于〈海关医报〉的分析》，《中国社会历史评论》第14卷，天津古籍出版社，2013；王少阳、杨祥银：《晚清浙江通商口岸的疾病统计与分析——以〈海关医报〉为例》，《浙江档案》2012年第8期；杨祥银、王少阳：《〈海关医报〉与近代温州的疾病》，《浙江学刊》2012年第4期。

[③] 刘海岩：《20世纪前期天津水供给与城市生活的变迁》，《近代史研究》2008年第1期。

[④] 任云兰：《近代天津租界的公共环境卫生管理初探》，《史林》2013年第5期。

[⑤] 〔英〕普拉提克·查克拉巴提：《医疗与帝国：从全球史看现代医学的诞生》，李尚仁译，社会科学文献出版社，2019。

[⑥] 〔美〕罗芙芸：《卫生与城市现代性：1900～1928年的天津》，作舟译，《城市史研究》第15～16辑，天津社会科学院出版社，1998；〔美〕罗芙芸：《卫生的现代性：中国通商口岸卫生与疾病的含义》，向磊译，江苏人民出版社，2007。

远、档案开放度不足，获取一手资料难度较大，关于早期传播与影响的研究仍相对较少，缺少系统研究挖掘其演变过程和承续关系的成果，且尚有大量英国一手档案、教会史料和照片未被充分利用。

本文在前人研究的基础上，基于中外一手史料，以 1860 年英租界划定至 1937 年日军占领天津为时间限定，剖析近代天津在此期间的公共卫生发展与城市人居环境建设如何受到英国不同主导力量的影响，以及各因素之间的联动关系，以此追溯近代西方医学与公共卫生在中国传播的源头与演变，探究不同因素为城市发展带来的破坏与革新、连贯性与承续关系等。

一 1860～1880：英国军医与医疗传教士的进驻

1860 年第二次鸦片战争后天津开埠，作为首个英军进驻的中国北方城市，天津的气候与香港、上海等差别甚大，城市环境与卫生也较为恶劣，因此军医作为军队健康的重要保障首先进入天津，随之而来的医疗传教士则将西方医疗理念与实践扩展到当地居民。

1. 天津的环境与卫生

在气候条件方面，英国属温带海洋性气候，四季温和湿润，温差较小，而天津与英国城市气候截然不同。天津位于中国北方沿海，属于温带大陆性季风气候，四季分明。春秋"干风吹扬尘土，其势甚狂，几乎无日无之"，夏季湿蒸炎热异常，隆冬则"寒威彻骨，溪水结冰，非卧暖炕拥煤炉不足以过冬"。[①] 此外，由于地处九河下梢，水患多发，海河淤塞严重，城墙附近护城河污水泛滥。19 世纪下半叶，天津多次发生大暴雨和洪灾，数百万人受灾。

在城市环境方面，根据英国军医在 19 世纪 60 年代的记载，[②] 天津人烟稠密，交易频繁，漕运繁荣，但周围的村庄除了沼泽地就是低洼地，沼泽周围干燥的地方则布满坟墓。两三百座巨大的盐坨在海河下游的河岸上排列着。土房鳞次栉比，城墙多有坍塌，周围有大量垃圾、粪便，水质浑

---

① 张焘：《津门杂记》，沈云龙主编《近代中国史料丛刊》第 57 辑，台北：文海出版社，1970，第 165 页。

② 〔英〕查尔斯·亚历山大·戈登：《一个英国军医的中国观察实录》，孙庆祥、计莹芸译，学林出版社，2018，第 86～88、291 页。

浊，城内街道两侧延伸出错综复杂的狭窄小巷。在当时的西方人眼中，是"从来没有到过的最肮脏、看上去最贫穷的地方"，"破烂不堪的肮脏茅屋彼此之间被一道道狭窄的通潮沟渠隔开，沟渠两边是荒芜的、无人管理的小道"。① 由于缺乏供水、排水和排污系统，寄生虫引起的疾病较常见，致命疾病主要为肝炎、痢疾、霍乱、腹泻等，夏天的住院率和死亡率相对较高。② 1900 年，英国人在日记中描述天津饮水状况：由于井水都是咸的，当地人不得不将水用桶打上来后，放在大缸中沉淀，待杂质和盐分沉淀下去后再过滤饮用。③ 此外，根据英国军医的观察，天津人不喜建造高于一层楼的住宅，这恰巧避免了人群在有限空间中过于密集而导致的流行病暴发。④

在医疗卫生方面，西方人到来之前，天津本土医疗为中国传统医学，采用"望闻问切"的"四诊法"，教育体系以师徒制为纽带，理论观念以阴阳五行学说为基础，治疗手段以外敷内服中草药为主，辅以针灸、推拿等。19 世纪的天津，时有霍乱、斑疹伤寒、鼠疫等烈性传染病疫情。

2. 医疗与环境的改进

19 世纪 60 年代首次进入天津的英军、英国传教士等极易染上疾病。据当时的英军档案统计，平均每千人中有六七十人死亡。⑤ 因此英军进入天津后，即因保障健康的需要开始着手推进城市公共卫生的改进工程。

1860 年 9 月，英军在海光寺军营附近开设临时军医院，即天津最早的西医医院。英军高级医官查尔斯·亚历山大·戈登（Charles Alexander Gordon）于 1860 年 12 月抵达天津，经考察后认为天津四季分明、温差较大的特点，是除环境卫生外造成疾病的重要原因之一，因此戈登向指挥官提出了对军营和军医院在"取暖、通风、采光、厕所、清洁"等方面的建议。但由于医疗条件有限，当时病重的伤员仍被运往设施较完备的香港治疗。

1860 年 11 月 16 日，英军在天津老城东门附近正式开设总医院（Ge-

---

① 〔英〕雷穆森：《天津租界史（插图本）》，许逸凡、赵地译，天津人民出版社，2009，第 81~84 页。

② 刘海岩编《近代外国人记述的天津》，天津人民出版社，2018，第 208 页。

③ Mitford, *The Attache at Peking*, London: Macmillan and Co., Limited, 1900, p. 52.

④ 〔英〕查尔斯·亚历山大·戈登：《一个英国军医的中国观察实录》，第 292 页。

⑤ *Army Medical Department. Statistical, Sanitary, and Medical Report for the Year 1861*, London: Harrison and Sons, 1862, p. 113.

neral Hospital）。医院共包括"总医院、办公室、兵营医院、中国医院"（General Hospital, Officers Quarters, Barracks Hospital, Native Hospital）①四部分，可容纳 250 名患者（见图 1）。其中，在戈登的建议下，中国医院于 1861 年 1 月初建立，旨在接收中国病人、传播西方医疗技术、改善当地人对英国人的印象。西医带来了手术、氯仿麻醉、输液等治疗方式，打破了中国传统医疗理念与实践。戈登在日记中记录道："我们热切希望当地人能享受欧洲科学所带来的福惠，当地人对我们的既有观念能有所改观，对我们产生更多好感。"② 医院收治了接踵而来的病人，而中国官方并没有对此表态，直至 1862 年春，英国从天津撤军，老城东部的医院也随之关闭。

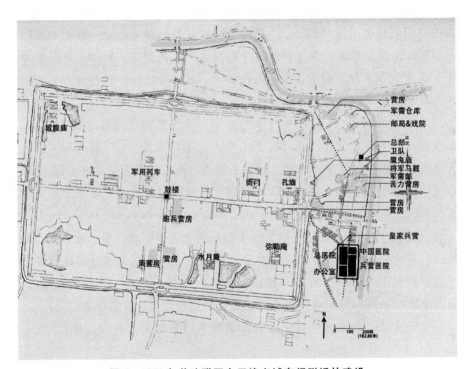

图 1   1861 年英法联军在天津老城东门附近的建设

资料来源：笔者自绘，底图参考 Gordon, Charles Alexander, *China from a Medical Point of View in 1860 and 1861*, London：J. Churchill, 1863, p. 145。

---

① Gordon, Charles Alexander, *China from a Medical Point of View in 1860 and 1861*, p. 145.
② 〔英〕查尔斯·亚历山大·戈登：《一个英国军医的中国观察实录》，第 399 页。

　　除军医外，由西方教会派遣的医疗传教士对于近代公共卫生的萌芽亦有重大影响。英军撤军后，天津随军门诊部交由英国伦敦会管理，1868 年更名为基督教伦敦会医院。1879 年，苏格兰传教士医生马根济（John Kenneth Mackenzie）加入该医院，他坚信"医学传教士来到中国是为了推进耶稣基督的事业"。[1] 由于空间和条件所限，1879 年 5 月，伦敦会向当时的直隶总督李鸿章建议扩建医院。马根济也在给李鸿章的信中请求总督支持兴建医院的计划，支持他的医疗传教事业，他本人不要任何薪酬，只需总督出资建设医院和购买药品。同年 8 月，马根济治愈了身患重疾的李鸿章夫人，一时名声大噪，并且得到李鸿章的极大信任和支持。李鸿章先是在衙门外的大王庙开设一间专门诊所，但由于求诊人数众多，妨碍了衙门工作，又在旁边的曾公祠专门留出了一个院落，供马大夫接诊病人，也可接待住院病人，并在门外挂牌匾"Free Hospital"（施医院）。由于求诊者众多，而曾公祠内空间狭小，只能开设门诊而不能收治需住院的患者，远道而来的患者住宿多有不便，院址距离医护人员居住的租界遥远，往返亦不便。[2] 于是，李鸿章又在海大道（今大沽北路）建设医院新址，由李鸿章牵头、本地华商士绅共同出资捐赠的总督医院（Viceroy's Hospital，又称马大夫医院）在当年秋天开工建设并于次年投入使用。

　　简言之，在天津开埠的前二十年，军医作为确保军队身体健康的重要环节，为帝国主义军事侵略与扩张提供了支持，而专门面向当地人建立的医院，则带来了全新的医疗方式。此后，接续军方的医疗传教士，则开始寻求当地官员的支持与合作，将西医向更为广泛的大众普及。医疗以其相对中立的位置，从文化上对传统城市造成冲击的同时，也为天津带来了现代化的医学与卫生理念。但军医的目的仅限于在战时保障军队健康，传教士则为了打消当地人的顾虑与敌意，以医治身体的方式取得信任以便传教，并非意在真正建设与改变当地环境，因而尽管当时已提出通风、采光、厕所的清洁等卫生理念，但相关措施并未真正实施。尽管如此，这些早期的理念与有限的建设仍然在客观上为天津后一个世纪的公共卫生与城

---

① Mary Isabella Bryson, *John Kenneth Mackenzie: Medical Missionary to China*, London: Hodder and Stoughton, 1891, p. 396.

② "Tientsin, Opening of the Viceroy's Hospital," *The North - China Herald and Supreme Court & Consular Gazette* (1870 - 1941), 1880, p. 5.

市环境埋下了现代化的种子。

二 1881～1897：海港检疫与医学教育的兴起

19 世纪 80～90 年代，由于海关的发展和国际贸易的需要，海港检疫章程和医学校开始出现，标志着天津公共卫生进入初步发展阶段。

1. 海港检疫

19 世纪 80 年代，英国主导建设的海关开始产生重要影响。在国外疫病的背景下，天津海关学习借鉴英国海外殖民地和上海租界的先例，于 1883 年开始引入海港防疫理念。

1863 年，中国海关税务司、英国人赫德（Robert Hart）建立海关医官（Customs Medical Officers）制度，并从英国选派医学院毕业生赴中国任职。1870 年，中国各开埠城市的海关医官开始逐年提交海关医报（Reports of the Medical Officers），旨在调查记录当地中外居民的医疗与卫生信息，对于中英医学界和公众均意义重大。[1]

1873 年，东南亚霍乱疫情蔓延，英国在印度与东南亚的殖民地均下令要求海关医官对进出口船舶进行检疫。上海江海关率先重视起中国的海港检疫，并拟定了《各国商船从有瘟疫海口来沪由关派医查验料理以免传染章程》，[2] 为中国口岸施行检疫制度之开端。1879 年，霍乱在日本肆虐。1880 年 5 月 26 日，天津海关税务司德璀琳（Gustav von Detring）在给时任津海关道的信中，建议天津制定海港检疫章程。"日本国瘟疫甚剧……所有由该处驶来船只，自应照例前查，以免津人传染。上海现已开办，天津亦宜照办。本司今早与各领事商议，拟派扦手在大沽口外专司稽查……假半月后再察访该国病势减少，再当酌撤也。"[3] 1883 年，天花、霍乱等传

① *China Imperial Maritime Customs. Medical Reports*, *for the Half - Year Ended 31ˢᵗ March 1897*, *53ʳᵈ Issue*, Shanghai: Statistical Department of the Inspectorate General of Customs, 1898, pp. 1 - 3.

② Statistical Department of the Inspectorate General, *Shanghai Despatches*, Inspector General's Circulars, No. 276, 1873. 台北中研院人文社会科学研究中心地理资讯科学研究专题中心，Modern China and the Imperial Maritime Customs 数据库，http://gis.rchss.sinica.edu.tw/cmcs/wp - content/uploads/2013/04/0531896. 10 - 1897. 03. pdf.

③ 《德璀琳为防日本瘟疫而稽查船只等事札津海关道郑藻如》，天津市档案馆、天津海关编译《津海关秘档解译》，中国海关出版社，2006，第 219 页。

染病再次于周边国家流行，津海关参考上海经验，拟定了《进口船只传染病症章程》。这是天津最早的海港检疫章程，规定共六条，大致内容如下：（1）在通商口岸发现传染病症状后的上报程序；（2）来自疫区的船只在靠岸前应待医生上船查验；（3）船上如有患病者则需隔离、进行货物熏洗，隔离时间由医生和船只所属国领事馆商定；（4）医生查验后上报理船厅和船只所属国领事；（5）仿照厦门类似章程中的隔离10日办理；（6）违反章程者，华人送地方官、洋人送领事官查办。[1] 1899年，鼠疫自蒙古开始流行，营口、牛庄亦有感染。天津海关修订了《天津港卫生检疫章程》，[2] 由驻津领事、海关税务司、海关医官共同制定，并于同年公布。章程共九条，在之前章程的基础上更加细化了涉疫船只进港的检疫和隔离程序，包括悬挂检疫旗、设置指定锚地（见图2）、48小时强制隔离制度、在锚地附近设置疑似感染者的隔离场所，并规定了发现疑似病例后，人员和船只分别隔离和消毒的程序。此外，还对海关医官的查验工作做了更为具体的要求，包括早7点至晚6点的工作时间、向领事提交报告的程序、检疫通行证的发放等。津海关税务司"以其巨大的热情和勇气做了一切努力防止这个恶魔闯到这里"，施行了更加严格的检疫隔离政策，因而未受鼠疫波及。[3]

1900年，由海关建议修建的大沽检疫医院（Taku Quarantine Station）在海河右岸大沽炮台附近设立。[4] "医院占地7亩，包含带有浴室和厨房的一等病房八间，二等和三等病房九间，四等病房一栋，隔离病房20间，医

① 《津海关道拟〈进口船只传染病症章程〉》，《津海关秘档解译》，第223~224页。

② *China Imperial Maritime Customs. Medical Reports, for the Half - Year Ended 30ᵗʰ September 1899, 58ᵗʰ Issue. Special Series：No. 2*，Shanghai：Statistical Department of the Inspectorate General of Customs，1900，pp. 24 - 29. 台北中研院人文社会科学研究中心地理资讯科学研究专题中心，Modern China and the Imperial Maritime Customs 数据库，http：// gis. rchss. sinica. edu. tw/cmcs/wp - content/uploads/2013/04/0581899. 04 - 09. pdf（原文为英文，中文为笔者自译）。

③ 《1899年津海关第58号医学报告》，《津海关秘档解译》，第237页。

④ H. R. Robertson，Dr. H. Rennie Robertson's Report on the Health of Tientsin. For the Twenty - One Months Ended 30ᵗʰ September 1899，*China Imperial Maritime Customs. Medical Reports, for the Half - Year Ended 30ˢᵗ September 1899, 58ᵗʰ Issue. Special Series：No. 2*，pp. 24 - 29. 台北中研院人文社会科学研究中心地理资讯科学研究专题中心，Modern China and the Imperial Maritime Customs 数据库，http：//gis. rchss. sinica. edu. tw/cmcs/wp - content/uploads/2013/ 04/0581899. 04 - 09. pdf。

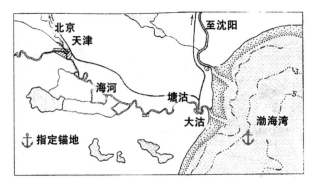

图 2　1900 年大沽港口检疫指定锚地

资料来源：部分注释笔者自绘，底图来自 Tientsin and the Taku Bar，http：//chinamarine. org/ Home/Maps. aspx，最后访问日期：2021 年 5 月 26 日。

官宿舍和医务调剂室 6 间。此外，还有高压蒸汽消毒室、仓库、储藏室、火葬场。"①

2. 医学教育

在海港检疫制度推行的同时，医疗传教士在天津创办医学教育。由于医院人手不足，马根济无暇顾及传道事宜，决定兴办医学校。1881 年，总督医院附属医学馆（Viceroy's Hospital Medical School）成立。时逢留美幼童回国，马根济便在李鸿章的支持下，从中招收部分学生进入医学馆学习。课程包括当时西方先进的解剖学、内科学、外科学等，学生在学校学习西医理论知识，在总督医院进行实践。此外，医学馆还借鉴英国的医生执照考试系统，实行系统的医生执照考试，颠覆了传统的师徒制与家族传承制度，使医疗与公共卫生从业人员的选拔更加科学与严格。

1888 年春天马根济去世后，李鸿章停止了对医院的经济和人员支持，总督医院被伦敦会收回。1893 年，李鸿章创办北洋医学堂，将原医学馆合并（见图 3），聘用英国海关医官、医学馆毕业生为教师。北洋医学堂是中国自主创办医学学校之基础，为中国近代医学的发展培养了诸多人才，不仅选派优秀毕业生出国深造，还特别为北洋海军培养军医人才，对近代洋务运动有一定影响。

简言之，19 世纪的后 20 年，天津公共卫生进入初步建设阶段，在海

---

① 王文正编《天津卫生检疫百年史 1895～1995》，天津教育出版社，1995，第 4 页。

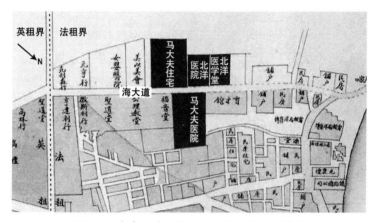

图 3 马大夫医院、住宅和北洋医院、医学堂

资料来源：笔者自绘，底图参考 1895 年英法德租界全图。天津市规划和国土资源局编著《天津城市历史地图集》，天津古籍出版社，2004，第 71 页。

关税务司的提议和监督下，施行了严格的针对烈性传染病的防疫与隔离制度，在进出口贸易发达的港口城市引入了现代卫生理念。医疗传教士则开始兴办学校培养人才，通过医治身体和传授学问，触动人们的内心以达到传教的目的，[①] 并依靠本土官方力量的支持，减少其传教与文化宣传可能遇到的阻碍。医学馆培养了第一批了解中西文化的本土医学人才，成为中国自主创办的北洋医学堂的基础。

三 1898～1937：公共卫生政策的系统化

1898 年，以英租界工部局章程在卫生与建筑方面的系统化规定为标志，天津公共卫生与城市环境进入了系统化的建设阶段。

1. 公共卫生政策的系统化

20 世纪初的天津正处于各国租界间以及本土机构竞相发展博弈的阶段，因而除工部局外，还有都统衙门、海河工程局等机构针对各自的管理范围和目的而实施的公共卫生政策。同时，在医疗中发挥作用的传教士也逐渐被第一批本土培养的医疗人士取代。

---

① Mary Isabella Bryson, *John Kenneth Mackenzie: Medical Missionary to China*, pp. 209 – 210.

自 1860 年开埠至 1898 年，天津英租界最高市政管理机构——工部局（British Municipal Council）在城市环境方面的政策较为基础，主要针对土地、税务和法律等问题。1887 年的《英国租界现行规则》，尚未有特殊的卫生与防疫规定。① 直至 1898 年，工部局参考上海经验颁布了《天津英租界扩展界土地章程》，② 首次正式在卫生与建筑方面制定条例，规定为了健康，需要保证如下条件："建筑留有充分的空间以保证空气的流通；与建筑有关的排水设施，有抽水设备之厕所、茅厕，壁炉灰坑以及化粪池；暂时或长期关闭不适合居住的建筑或部分建筑；禁止在这样（环境不佳）的建筑中居住。"③ 开始对通风、卫生、排水、防火等进行规范。

此外，20 世纪也是天津租界大规模发展建设时期。由于天津地势低洼，英租界内洼地沼泽遍布，早期海关医官报告中即反复提到水源、排水、洼地填埋、绿化种植对于人口健康与公共卫生的重要意义。20 世纪初，天津英租界最早的自来水厂管道铺设完成，原定租界已建设相对成熟。租界工部局开始进行扩充界和推广界的吹填洼地工程建设，同时修筑墙子河两岸的土墙，将英租界一带河坝改造成花园堤岸（见图4），当时的墙子河沿岸已是一派小桥流水人家的田园景象。

1900 年 7 月，八国联军在天津成立都统衙门（Tientsin Provisional Government），开始临时政府接管时期，直至 1902 年 8 月清政府收回。在此期间，英、日、俄分别派一名军官，共同主持都统衙门事务并成立临时政府委员会，设置附属机构包括总秘书处、巡捕局、卫生局、库务司、军事部、司法部。根据 1900 年颁布的《天津城行政条例》，临时政府负责的事务包含"在临时政府所管辖区域内及其周围地区采取卫生防疫措施，预防发生流行疾病和其他病患"，并设置专门的卫生局统筹负责卫生事务，聘请医生德博施（Depasse）负责卫生工作，筹备建造医院、卫生督查等。卫生局还成立专门小组，从"查找流行病发病源头、监督疫苗接种、建立卫

---

① 天津档案馆编《天津租界档案选编》，天津人民出版社，1989，第 60 ~ 68 页。

② *To Hankow and from Newchwang and Tientsin*, 1898, London：Foreign Office. CO 228/1286. The National Archives, UK.

③ 刘海岩译《天津租界市政章程法规选》，《近代史资料》总 93 号，中国社会科学出版社，1998，第 116 ~ 166 页。

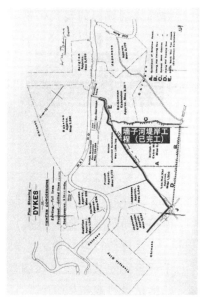

图 4 （左）1917 年英租界内吹泥填地进展 （右）1917 年墙子河堤坝修筑示意

资料来源：笔者自绘，底图参考 Engineer's Department, *Works Report for 1918*, British Municipal Council Tientsin, Tientsin：Tientsin Press Limited, 1919, pp. 79, 82。

生统计数据" 三方面进行卫生监督工作。[1]

此外，19 世纪末，英国领事、商人、海关税务司等组织成立海河工程局（Hai – Ho Conservancy Board），并聘请曾任都统衙门工程局局长的英国工程师林德任顾问，开始推进以保障通商运输和改善人居环境为目的的海河疏浚计划，并在 1902~1920 年相继完成从天津城区至大沽口的海河裁弯取直与疏浚工程。

1902 年，都统衙门撤离天津，由直隶总督袁世凯接管。袁世凯保留了都统衙门卫生局，延聘了部分原英、法职员，招聘北洋医学堂的毕业生，更名为天津卫生总局，是本土公共卫生管理事业的肇始。1903 年，颁布《天津卫生局防疫章程》。[2] 章程共八条，对于疫病的巡防、上报、收治、消毒、尸体处理措施、城市间的流动与控制等做出规定，并在之前颁布的相关章程的基础上进一步细化了市内、火车站、港口的检验检疫方案。

---

① 倪瑞英、赵克立、赵善继译《八国联军占领实录：天津临时政府会议纪要》（上），天津社会科学院出版社，2004，第 254 页。

② 《天津卫生局防疫章程》，《北洋官报》第 192 期，1903 年，第 13~14 页。

2. 城市人居环境的现代化建设

1919 年，以英租界四部分合并及颁布统一的《天津英租界工部局条例》为开端，天津租界区进入了整体的现代化建设阶段。公共卫生体系建设进一步完善，并成为影响城市建设的关键因素。此阶段依然是本土与租界工部局并行管理，但本土力量逐渐成熟，在政策制定和实践操作上都更为具体化，在城市建设、公共卫生、医疗、防疫、教育等多方面都有更为系统的发展。

同年，英租界原订租界、扩展界、推广界、南扩充界（原美租界）四部分和两个工部局正式合并，颁布统一的《天津英租界工部局条例》，并参照上海的租界章程起草了相关卫生条例，在建筑防火、排烟、排水、施工安全、人行道通行等方面，均做出了规定。① 1922 年的《天津英租界市政信息手册》则正式以法律强制规定卫生排水设施与化粪池的安装计划，以现代化的化粪池取代传统的粪车，并将化粪池污水管与新建设的下水管道相连，将新式卫生间设备普及英租界全域。②

1925 年，工部局进一步颁布更为具体的《驻津英国工部局营造条例暨卫生附则》，从通风、采光、排水、室内外卫生设施、监管、安全、防火、空气质量等方面详细规定了建筑的公共卫生标准。③ 自此，"卫生设备执照请求书"（Sanitary Installation Certificate）正式纳入"建筑准单请求书"（Application for Permit to Build）申请附件中，标志着建筑工程的申请，必须同时将屋内及屋外给排水、排烟等卫生设备纳入考量，并需通过工部局工程师的防漏泄试验。在人员方面，还规定了建筑项目需要配备相应的卫生设备工程师和工匠。④

1925 ~ 1937 年，英租界工部局建筑师安德森（Henry McClure Anderson）规划的"围墙道花园"开始建设，英租界义路金公园（Elgin Garden）、久不利花园（Jubilee Park）、皇后花园（Queen Park）相继完成建设并开放。此外，1920 ~ 1930 年，吹泥填地工程持续进行，并开始了各租界

① 刘海岩译《天津租界市政章程法规选》，《近代史资料》总 93 号。
② British Municipal Council Tientsin, *Handbook of Municipal Information*, Tientsin: Tientsin Press, 1922；〔英〕雷穆森：《天津租界史（插图本）》，第 291 ~ 292 页。
③ 天津市档案馆编《英租界档案》第 8 册，南开大学出版社，2015，第 3485 ~ 3777 页。
④ 《英租界档案》第 8 册，第 3624 页。

协调配合的墙子河疏浚工程和其他道路改造工程。

在机构设置方面，1928 年，天津卫生总局更名为天津特别市卫生局，并扩大了管理范围，包括医疗卫生、食品卫生、环境卫生、医院建设、传染病预防。① 20 世纪 20 年代，河北新区、三岔河口等地的本土医院相继成立，截至 1934 年共有 8 个市直属卫生机构，包括全科医院、戒烟等专门医院、医学学校、卫生稽查训练班等。1932 年，中国海港检疫管理处在上海成立，伍连德任首任处长。同年，天津海港检疫管理处成立，具体工作的实施参照 20 世纪 30 年代初期颁布的《海港检疫章程》，并逐年发布各地的《海港检疫所报告》，② 首任处长由张凤藻担任，标志着海港检疫权从洋员手中收回，开始了华人主导下的港口检疫工作。

由此可见，20 世纪初天津英租界对扩展界和推广界的填地建设工程开启。与原订租界集中的商业和官方建筑不同，扩展界与推广界的土地功能多为居住、娱乐等，因而对于公共卫生与人居环境的规划格外注意。同时期开始的海河疏浚和墙子河改造工程，同样保证了良好的居住与运输条件。此外，在都统衙门结束统治天津后，由华人接管的天津卫生总局作为中方主导的第一个公共卫生机构，奠定了本土卫生管理的基础。20 世纪 20 年代开始，租界工部局与当地卫生部门并行发展，出台了以法律强制约束的公共卫生相关政策，并对于市政建筑工程也有了更为详细的规定，包括道路、排水等市政基础设施，以及医疗、公园等公共设施两部分。在 30 年代之后，本土主导力量逐渐取代外国影响，开始了现代化的城市人居环境建设。

1937 年 7 月卢沟桥事变爆发后天津沦陷，城市大部分地区被日军和伪政府控制，英法租界成为"孤岛"，英国对天津公共卫生与城市环境的影响力大幅下降。1939 年 6 月至 1940 年 6 月，日军封锁英租界长达一年。1941 年 12 月，日军彻底占领英租界。至 1943 年 1 月，英国与汪伪政府签订《关于取消英国在华治外法权及其有关特权条例》。

---

① 天津市地方志编修委员会编著《天津通志·卫生志》，天津社会科学院出版社，1999，第 5 页。
② 上海出入境检验检疫局编著《上海卫生检疫发展史》，上海古籍出版社，2012，第 36 ~ 37 页。

四　结论

综上分析，英国医学与公共卫生理念自19世纪下半叶开始进入天津本土传播，英租界的公共卫生与人居环境建设在不同时期由军队、宗教团体、海关、工部局等不同力量主导，表现出不同特点，并随时间发展逐步系统化，可分为"起始进驻、初步发展、系统建设"三个阶段（见表1）。这些不同的传播途径，表现出破坏性与革新性、连贯性与承续性多元并存的特点，对天津近代卫生与城市环境发展具有深远影响。

表1　天津近代公共卫生与人居环境建设受到的英国影响分期

时间	阶段	主导影响因素	特点
1860～1880年	起始进驻阶段	军医，医疗传教士	现代医学开始出现，影响范围具有局限性
1881～1897年	初步发展阶段	海关，医疗传教士	海港检疫与防疫理念出现，开始人才培养
1898～1937年	系统建设阶段	工部局，都统衙门，本土机构	工部局开始制定公共卫生政策，医疗传教士被第一批本土医疗人士取代；卫生政策开始法制化和具有强制性，英国管理人员逐渐被本土机构取代，开始系统的现代化建设

在破坏性与革新性上，这些随帝国主义和殖民主义进入中国的力量，其最初目的在于保障帝国军队和移民的健康、贸易的正常进行、文化霸权的传播。但由于传染病的风险，也同时需要保障当地的卫生状况，因此具有破坏与革新的双重性。在军事占领之后，医学成为帝国霸权"合理化宣传"的手段之一，以治愈疾病、缓解痛苦确立权威地位。同时，制度与技术的传播也加强了帝国主义的主导地位，从武力管控逐步转型至文化霸权。另一方面，这些力量客观上为中国带来的革新亦不可忽视，包括政策、制度、观念、技术、理论革新。在政策上，通过制定专门的医疗与公共卫生政策奠定了20世纪初本土卫生与防疫机构的基础，并将卫生的考量与城市基础设施和公共设施建设紧密结合；在

制度上，建立了医疗报告制度、病例制度等；在观念上，使公众的关注点从传统局限的个人卫生转到广义的公共卫生，重视城市人居环境与卫生的关系；在技术上，引入西医的手术、麻醉等技术，颠覆了中国传统医疗卫生；在理论上，包括防疫理念的产生、传染病学的引入，以及对城市交通枢纽防疫的重视。此外，甲午战争之后，中国民族意识普遍觉醒，民族主义情绪日渐高涨。天津第一批受过现代医学教育的华人逐渐成为本土医学的中坚力量，推动了本土医疗卫生的并行发展，并在 20 世纪上半叶逐渐完善成熟。最终在海关控制权、租界行政权收回后，摆脱了西方的控制，开始了华人主导下的公共卫生体系建设。

而连贯性与承续关系，则集中体现在机构和人员的变化中。中国政府第一所自主创办的西医学校——北洋医学堂，是由医疗传教士建立的医学馆演变而来，在教师聘任上，其仍以医学馆时期的医疗传教士、海关医官为主。天津本土卫生局则是由医学馆培养的人才任职，直接承续都统衙门卫生局而来。本土海港检疫制度的基础则是由英国海关医官建立的海港检疫制度。工部局则通过基础设施和公共设施的建设，直接改善和塑造了城市人居环境（见图 5）。

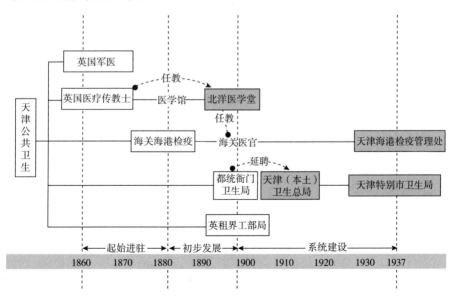

图 5　天津公共卫生系统的英国影响与承续

1860～1937 年，天津公共卫生与城市环境受到英国不同力量的影响。这些在英租界的卫生人员、机构与制度使西方医学与公共卫生理念在天津传播，除直接传播外，亦包括机构的延续，人员的延聘、任教等间接影响，它们从政策制度、理论观念、实践技术等多方面塑造和影响了城市公共卫生与环境的建设。

作者：王 若 然，天津大学建筑学院
青木信夫，天津大学建筑学院
徐 苏 斌，天津大学建筑学院

（编辑：任云兰）

1932 年天津霍乱疫情与政府
应对研究

杨　楠

内容提要　1932 年，全国发生了大规模霍乱，疫情于 6 月上旬蔓延至天津，9 月上旬被扑灭，历时 3 个多月。面对迅速传播的疫情，天津市政府发挥了防治的主导作用，在疫情蔓延的不同时期采取了不同举措，取得了较好的防控效果。纵观整个疫情防治，通过政府的强力介入，强制施行疫苗注射，依靠卫生事务室、公安局、社会局等多行政主体相互协同配合，调动基层官员与组织积极性，引导发挥社会各界力量等，天津初步构建了相对完善的地方卫生防疫体系。但由于地方财政拮据，卫生行政职能机构的频繁裁撤以及公共卫生防疫资源相对不足等因素，制约了防疫效果进一步提升。

关键词　霍乱　天津　政府应对　疫情防治

1932 年，全国 20 多个省发生了霍乱，造成众多人员感染和死亡。据卫生署报告，疫情"蔓延之广，达二十一省区，三百零三城市，染疫者达十万人，死亡者近三万四千人，疫势之盛可想而知矣"。① 此次疫病波及范围广，死亡人数多，天津也未能幸免，成为近代以来天津有明确感染人数最多的一次疫病。目前，学界对霍乱、鼠疫等突发性流行传染病的研究主要集中在疫病流行、近代公共卫生制度、地方性疫病等方面，已形成较多

---

① 《民国二十一年之霍乱》，《中华医学杂志》（上海）第 19 卷第 1 期，1933 年，第 39 页。

研究成果。① 具体到 1932 年的霍乱，既有全国性综合研究，② 也有对陕西、广州、哈尔滨、天津等的地方性研究。③ 其中对天津防疫的研究主要集中在民间力量参与防疫层面，尚未在城市公共卫生体系构建层面进行深入研究。

一 天津1932年霍乱的发生与传播

1932 年的霍乱是一场全国性疫情，4 月下旬首先在上海发现，后沿水路和陆路交通在全国蔓延，5 月在南方大城市传播，6 月开始向北方发展，随后蔓延至全国。6 月上旬疫情传入天津，据《益世报》报道，1932 年 6 月 3 日，天津塘沽地区发生了霍乱，其性猛烈，传染迅速。6 月 6 日，据同德医院报告，有苏文旨者患霍乱症。④ 截止到 6 月 7 日，塘沽地区患者已达 30 余名，死亡 10 余人。大沽方面，亦有 20 余名被传染者，一二日中，死亡者达 6 名之多。⑤ 此时霍乱主要集中在天津的塘沽、大沽地区。

① 代表性研究主要有余新忠《清代江南的瘟疫与社会：一项医疗社会史的研究》，中国人民大学出版社，2003；〔日〕饭岛涉《鼠疫与近代中国：卫生的制度化和社会变迁》，朴彦、余新忠、姜滨译，社会科学文献出版社，2019；谢高潮《浅谈同治初年苏浙皖的疫灾》，《历史教学问题》1996 年第 2 期；余新忠《嘉道之际江南大疫的前前后后——基于近世社会变迁的考察》，《清史研究》2001 年第 2 期；李玉尚《近代中国的鼠疫应对机制——以云南、广东和福建为例》，《历史研究》2002 年第 1 期；李玉偿《环境与人：江南传染病史研究（1820～1953）》，博士学位论文，复旦大学，2003；曹树基《国家与地方的公共卫生——以 1918 年山西肺鼠疫流行为中心》，《中国社会科学》2006 年第 1 期；高飞《"帝国医疗"的"飞地"：1942 年上海华界霍乱流行与汪伪市府的应对》，《日本侵华南京大屠杀研究》2019 年第 3 期；等等。
② 余新忠：《瘟疫下的社会拯救：中国近世重大疫情与社会反应研究》，中国书店，2004。
③ 张萍：《脆弱环境下的瘟疫传播与环境扰动——以 1932 年陕西霍乱灾害为例》，《历史研究》2017 年第 2 期；张萍：《环境史视域下的疫病研究：1932 年陕西霍乱灾害的三个问题》，《青海民族研究》2014 年第 3 期；刘炳涛：《1932 年陕西省的霍乱疫情及其社会应对》，《中国历史地理论丛》2010 年第 3 期；崔占龙、夏泉：《民国时期广州市政府应对公共卫生危机的举措及评价——以 1932 年霍乱为例》，《暨南学报》（哲学社会科学版）2020 年第 2 期；樊冬实：《民国时期哈尔滨霍乱研究（1919～1932 年）》，硕士学位论文，哈尔滨师范大学，2015；朱慧颖：《天津公共卫生建设研究（1900～1937）》，天津古籍出版社，2015，第 87～101 页。
④ 《天津市政府第一周霍乱公报》，《天津市政府公报》第 44 期，1932 年 7 月，第 72 页。
⑤ 《虎烈拉蔓延可危》，《益世报》1932 年 6 月 10 日，第 6 版。

6 月 9 日，天津河北铁道外，工业试验所有患霍乱职员 3 人，当日死亡。① 10 日，本市四区三所内小王庄、辛庄两村，又发现疑似霍乱病者 20 余人。② 从 9 日到 15 日，疫情已经由郊区蔓延至市区，河北区、老城厢、南门外等地出现患者，患病人数大量增加，多达百人左右，死亡者也有多人。在佟楼西张少圃宅、河北难民收容所、侯家后九道湾胡同、南门外蓝桥、党部后门等地出现了霍乱死亡患者。前往日、法租界注射防疫针者增多。③ 6 月 15 日，天津的霍乱疫情全面暴发。

6 月 18 日，天津的《大公报》《益世报》《新天津》等媒体开始对疫情进行连续性报道，特别是对死亡人数、死亡患者发现地、患疫人数和集中暴发地做了详细报道，一直持续到 7 月初疫情减弱以后（见表 1）。其中，6 月 21、22 日，疫情发展最为迅猛，死亡人数和患病人数达到峰值。6 月 21 日，《大公报》报道："统计最近五日来，全市平均每日因患时疫而死者约在三四十人左右。"④《新天津》也报道："21、22 两天，市立医院治疗霍乱人数，共一百一十人。男性占八十七人，女性占二十三人。据公善社人称，本社及分社（二十六处）因疫症死亡，贫苦无法收殓者，施材已达三百数十余具。"⑤ 在陈家沟子、铁道外杨家店、宋家庄、南乡八里台、河东郭庄子、东浮桥南、西广开、城西曹庄子、南市、津北宜兴埠等地均出现患急性时疫死亡者。⑥ 可见，这时的疫情以市区为中心向四周蔓延，并逐渐向北平、河北省境内蔓延。北平市政府为防疫情蔓延，27 日"派该府袁祚廙持函赴北宁路局接洽"。⑦ 29 日《大公报》报道："津中虎疫蔓延及雄、宜。"⑧ 随后，河北"省境青县、香河等县，近亦发现霍乱流行症"。⑨

---

① 《虎烈拉蔓延可危》，《益世报》1932 年 6 月 10 日，第 6 版。
② 《防范津塘霍乱症》，《新天津》1932 年 6 月 11 日，第 6 版。
③ 《蔓延极盛的霍乱吐泻》，《大公报》1932 年 6 月 15 日，第 7 版。
④ 《病疫盛行中之津市》，《大公报》1932 年 6 月 21 日，第 7 版。
⑤ 《市乡虎疫》，《新天津》1932 年 6 月 23 日，第 6 版。
⑥ 《市乡虎疫》，《新天津》1932 年 6 月 23 日，第 6 版。
⑦ 《平市拒虎市府与北宁路合作》，《大公报》1932 年 6 月 28 日，第 4 版。
⑧ 《保定防预虎疫》，《大公报》1932 年 6 月 29 日，第 5 版。
⑨ 《虎疫仍在继续发展》，《益世报》1932 年 6 月 30 日，第 6 版。

6月底以后，天津的状况逐渐好转，疫情得到控制，报纸对霍乱的相关报道逐渐减少。但仍时有发生或反复，如7月3日、4日两天传染病医院均未新添患者，但在5日又收留3名患者。①7月6日又增加19人，死亡2人。②"迩来市区虎疫，经各慈善机关尽力防范注射，施药治疗，及市公安局严密取缔各种传播媒介之结果，已渐次肃清，每日虽有患者，亦甚寥寥且无危险性。"③

对于郊区的乡村而言，由于地处偏僻，信息闭塞，卫生防疫措施不到位，缺少医疗救治机构和医生，疫情一直在延续。"昨（7月16日）据乡区五所郑庄来人谈称，该地近三日来，虎疫蔓延甚形猖獗，一日中染者三十余人，因而致死者六人。"④7月18日《益世报》报道："现在津郊各乡发现虎势甚烈，死者日达二三十名。"⑤可见，疫情的发生发展，因时而异，因地而异，这就要求对疫情的防控在不同阶段实施不同的应对之策，并逐步完善防控措施。

表1　1932年6月中下旬天津霍乱死亡患者及患疫人员概况

时间	死亡患者发现地点及人数	患疫人数及地点	资料来源
6月18日	侯家后中街东酱房胡同1人	小刘庄一带患者8人、财政局1人、谦德庄12人	《新天津》6月19日
6月19日	南市富贵庄1人、南关下头1人	法租界八号路1人	《新天津》6月20日
6月20日	乡区小刘庄谦德庄一带每日死亡达10余人；市区北开仙源里1人、南门外及大舞台西2人、河东地道外1人、河北五马路怡经里1人、南市首善大街大顺里1人、北乡胡家园村1人、南市三不管6人	姚家台正义里三十五号院内，马有普全家5口均染时疫；市立医院人员谈，三日来所诊患者约60人；另外，马大夫医院诊断患者几十人	《大公报》6月21日

① 《虎威已稍煞》，《庸报》1932年7月6日，第5版。
② 《霍乱患者》，《庸报》1932年7月7日，第5版。
③ 《虎疫！》，《益世报》1932年7月17日，第6版。
④ 《虎疫！》，《益世报》1932年7月17日，第6版。
⑤ 《乡间闹虎疫》，《益世报》1932年7月18日，第6版。

时间	死亡患者发现地点及人数	患疫人数及地点	资料来源
6 月 21 日	市区虎疫患者平均日死三四十人。至 21 日，报请地方法院检验者 7 人死于时疫，其中侯家后鸿祥铁工厂 1 人、谦德庄西瑞合成地毯工厂 1 人、下瓦房某工厂 1 人、南市三不管空注 2 人、南市庆云茶园后及大舞台后各 1 人；另外，公安局 1 人、南门外二区六所界内 3 人		《大公报》6 月 22 日
6 月 22 日	宜兴埠村一日之间死亡 20 余人		《大公报》6 月 23 日
6 月 23 日	法租界 1 人、万德庄义顺里 2 人	市立医院收容 34 人	《大公报》6 月 24 日
6 月 24 日	据法院验时疫死亡者 8 人，其中英租界 1 人、南市芦庄子南头 1 人、河东老火车站 1 人、海下挂甲寺 1 人、看守所内 1 人、南市口乐 1 人、三不管复兴里 2 人		《新天津》6 月 25 日
6 月 25 日		传染病医院收治 8 名虎疫患者	《大公报》6 月 26 日
6 月 26 日	地方法院检验者 11 人死于时疫，其中有记录的为：谦德庄万德里 1 人、闸口电话局北 1 人、小红桥北 1 人、三不管福泉小店 1 人、三不管阐桥南 1 人、西头习艺所 1 人、监狱 3 人、看守所 1 人、无名者 1 人		《新天津》6 月 27 日
6 月 27 日	法院检验 5 人死于时疫：南市第一池澡堂 1 人、三不管永和成店内 1 人、海光寺大桥下 1 人、看守所 1 人、小西关外 1 人。市府卫生事务室制表统计死亡 1 人	据卫生事务室统计记录，患者 32 人，发病地点在河东、河北、英法租界、万德庄、杨庄子等处	《新天津》6 月 28 日、《益世报》6 月 30 日
6 月 28 日	据卫生事务室制表统计死亡 1 人	据卫生事务室统计记录，患者 18 人，发病地点在金家窑、南关下头、小刘庄等处	《益世报》6 月 30 日

续表

时间	死亡患者发现地点及人数	患疫人数及地点	资料来源
6 月 29 日	据公安局报告三区一所四合轩胡同 1 人、一区二所闸口大街 1 人、四区六所师范学校旁 1 人、东于庄后街 1 人、白庙村前街 1 人	市立医院和传染病医院报告患者 22 人，发病地点为谦德庄、小白楼、塘口子、俄菜市场、三不管、英租界及特一、三区等处	《益世报》7 月 1 日
6 月 30 日	死亡 1 人	据市府报告发现患者 25 人	《新天津》7 月 1 日

资料来源：据《大公报》《益世报》《新天津》整理。

二 天津市政府疫情防治的主要举措

在这次疫情防治中，天津市采取了以政府为主导，卫生事务室、公安局、社会局等多行政机构协同配合的方式应对，在疫情发展的不同时期，天津市政府采取了不同的防治对策。

（一）疫情暴发前：针对时疫的综合性防治

自 1932 年入春以来，天津市瘟疫流行，尤以猩红热、麻疹最为严重。为了预防疫病，天津市公安局提出"首重卫生"，命令各区所"转谕辖境各学校及娱乐场、公共聚集处所，务须力求清洁"。① 随后，因苍蝇为肠胃性传染病的重要媒介物，市府决定提前举办灭蝇运动。② 4 月 15 日下午，天津市政府召开防疫会议，报告了宣传、调查、治疗、检验四项防疫办法。宣传方面，利用广播、报纸等扩大防疫宣传；调查方面，严格要求各区所如遇有急性患者从速报告，各街间邻长随时注意报告患者，各医师遇有传染病人或疑似症状者立即报告市府，租界内发现传染病患者随时通知市府；治疗方面，组织消毒队，设立巡回诊疗车，扩充传染病医院病床，

---

① 《预防猩红热》，《大公报》1932 年 4 月 7 日，第 7 版。
② 《灭蝇运动提前举办》，《大公报》1932 年 4 月 14 日，第 7 版。

购备血清疫苗进行预防注射；检验方面，添设细菌检查部。

会议还决议"由慈善联合会拨款一万元交由市府卫生室代办防疫事宜。在防疫宣传费外，拨数百元交公善社作抬埋费用，余均拨传染病医院作临时经费"。① 这些举措的实施为众多传染病的有效控制提供了保障，更预防了后期霍乱的流行。

（二）疫情早期：多措并举，以预防为主

1. 及时公开疫情信息

疫情发生后，市卫生事务室第一时间要求传染病医院等机构将住院患者情况以日报表的形式上报，并组织汇编每周霍乱公报。公报详细汇总患者姓名、年龄、发病地点、发病日期、送往医院或已故等信息，② 并"按周呈报省府及代电卫生署，分送各机关查照"，③ 以便政府发布科学的防治政令，采取正确的防治措施。同时，还通过《大公报》《益世报》《新天津》等媒介把霍乱周报向市民公布，使公众能及时了解疫情发展情况，提高防护意识。

2. 卫生事务室拟定防范措施

当塘沽发生霍乱后，天津卫生事务室即刻前往调查核办，并急速返津，以便复验，确定是否为真性霍乱。④ 卫生事务室拟定四项防范办法，呈请市长签核施行。⑤ 具体办法为：（1）令饬公安局遵照部颁污物扫除条例，转令所属按户施行清洁检查，并取缔饮食小贩，厉行灭蝇；（2）函达津浦北宁两铁路局暨天津海港检疫所施行水陆检疫；（3）拟呈请省政府在塘沽设立临时检疫所实行防疫，并饬水上警察实施海河检疫；（4）拟请以传染病医院暨市立第一、第二医院收容霍乱病人，并饬各该医院实施预防注射。⑥

3. 进行宣讲，指定定点医疗救治机构

6 月 10 日，市政府首先命令市立第一、第二医院和传染病医院收治霍

---

① 《时令病进行中积极防疫》，《大公报》1932 年 4 月 16 日，第 7 版。
② 《市府卫生室霍乱报告》，《大公报》1932 年 6 月 15 日，第 7 版。
③ 《防疫呼声渐低虎疫暗中依旧蔓延》，《大公报》1932 年 7 月 12 日，第 7 版。
④ 《本市发现霍乱患者》，《庸报》1932 年 6 月 10 日，第 5 版。
⑤ 《防范津塘霍乱症》，《新天津》1932 年 6 月 11 日，第 6 版。
⑥ 《天津市政府第一周霍乱公报》，《天津市政府公报》第 44 期，1932 年，第 228 页。

乱患者，并提出如果患者过多不能容纳，将设置临时收容所。6月11日，市卫生事务室侯主任在青年会宣讲，讲解霍乱的危险和如何预防。① 6月12日，市公安局通令各区，告知商人注意防范。② 6月14日，市政府命令市立医院及传染病医院为收容治疗患者的地方医院。③

4. 施行水陆交通检疫

6月10日天津市政府决定在各码头及交通重要地点，设立临时防疫检验所。④ 6月13日，始对由上海驶入天津的轮船一律遵照海港检疫章程，由检疫医官实行检查。⑤ 随着疫情的加剧，6月14日除呈请省府在塘沽设立临时检疫所施行防疫外，还通知水警协助，施行海河检疫。函请北宁、津浦两路管理局，天津海港检疫所迅速实施火车站及内河海口船只检疫。⑥

（三）疫情中后期：预防与救治并举

1. 加大防疫宣传与提倡卫生清洁

天津霍乱疫情全面暴发后，市政府通过张贴布告、报纸宣传等形式告知市民霍乱的危害以及预防对策。6月15日，政府印发布告，告知市民"此症传染极快，危险万分，若不赶快医治，在数小时内可送命"，⑦ 一旦发现被传染，患者应快速送医，并把"病人的吐泻物，用生石灰或臭药水严格消毒"。⑧ 17日，天津县府也训令"各自区长，督同各乡长勤告人民讲求卫生，慎勿饮用不洁饮食"。⑨ 20日，公安局要求，"卫生警察严查各处清洁，市民不得随意倾倒秽土、秽水及便溺"，"所有粪车及秽水车不得由热闹地界及中午时内运输"，特别提出如有患疫死亡病人，"当于最短时间饬其家属葬埋，不得停放不殓"。⑩ 水上公安局也要求各河分局如有小贩

① 《本市发现霍乱患者》，《庸报》1932年6月10日，第5版。
② 《虎烈拉公安局通令防范》，《新天津》1932年6月12日，第6版。
③ 《蔓延极盛的霍乱吐泻》，《大公报》1932年6月15日，第7版。
④ 《本市发现霍乱患者》，《庸报》1932年6月10日，第5版。
⑤ 《虎疫海关决检验沪来轮船》，《大公报》1932年6月13日，第7版。
⑥ 《市当局急谋扑灭良策水陆两将实施检查》，《新天津》1962年6月15日，第6版。
⑦ 《积极防霍乱》，《大公报》1932年6月16日，第7版。
⑧ 《积极防霍乱》，《大公报》1932年6月16日，第7版。
⑨ 《虎讯》，《新天津》1932年6月19日，第6版。
⑩ 《时疫盛行勿妄信邪说》，《大公报》1932年6月24日，第7版。

在各码头售卖陈腐不洁食物，以及梅汤、冰激凌等冷食，"应一律严加取缔，以重卫生"。①

2. 购备疫苗和施行免费注射

天津市政府利用媒体，呼吁市民"凡是未病的人趁早去注射预防针，可免传染的危险"，② 期望通过注射疫苗来阻断疫情传播。但在疫情初期，由于费用过高，注射人员较少。于是，市政府积极筹措资金购买疫苗，鼓励市民注射。随着疫情加剧，天津市开始推行免费疫苗注射。6 月 23 日，市政府要求市属机关职员注射霍乱预防血清以资预防。③ 27 日，市府已筹款向北平订购疫苗，并指定定点医院免费注射。④

3. 积极开展医疗救治和检验

由于霍乱的快速传播，天津的感染和死亡人数不断增多。市政府购买旁氏霍乱疫苗百瓶备用，要求市立医院配制救急药水千瓶，分送各处以应急需。⑤ 为了及时救治患者，市长决定"除定市立两医院及传染病专治霍乱，并拟指定私人医院数处负责诊治"。⑥ 随后又拟成立临时传染病医院，地址业经择定特二区曹家大楼（未实行）。⑦ 政府还组织了巡回诊疗队，"每日出发各处，尽量施诊"，⑧ 自 7 月 4 日起，逐日出发到指定地点实施免费诊治。⑨ 卫生事务室还成立了检验细菌一部，"派专员详细检查患者的痰沫、血液及便溺等"，⑩ 以鉴别真假霍乱。

4. 谣言的流传与平息

伴随疫情发展，"瘟神下界""闹白莲教""张天师下界"等谣言逐渐在天津流传。市民深感恐慌，争相购买吊钱、香烛等物。一些迷信的解毒方法被四处张贴，"各处墙上发现迷信救灾之法。初本在华界，近且延及

---

① 《预防虎疫忙》，《大公报》1932 年 6 月 26 日，第 7 版。
② 《积极防霍乱》，《大公报》1932 年 6 月 16 日，第 7 版。
③ 《时疫盛行勿妄信邪说》，《大公报》1932 年 6 月 24 日，第 7 版。
④ 《防止杂疫将实施普遍注射》，《大公报》1932 年 6 月 27 日，第 7 版。
⑤ 《虎讯》，《新天津》1932 年 6 月 19 日，第 6 版。
⑥ 《虎疫与预防》，《大公报》1932 年 6 月 22 日，第 7 版。
⑦ 《虎讯》，《大公报》1932 年 6 月 24 日，第 7 版。
⑧ 《市府诊疗车出动》，《庸报》1932 年 6 月 22 日，第 5 版。
⑨ 《巡回诊疗车》，《大公报》1932 年 7 月 6 日，第 7 版。
⑩ 《虎威尚炽加紧预防》，《大公报》1932 年 6 月 25 日，第 7 版。

各租界"。① 公安局要求"一体查禁，以除迷信，而安人心"。② 社会局除派人员秘密调查造谣生事者外，还于6月24日发出布告通知市民"万勿轻信谣言"。③ 虽然社会、公安等局张贴布告严禁谣言，但造谣者"且复在通衢街道散放荒诞不经之传单，满纸胡云"。因此，7月，社会局决定"以正颓风，除派员四处密缉造谣生事者，严予惩办而伸法纪外，并函公安局负责协助"。④

三 天津霍乱疫情防治的成效与原因

从6月6日同德医院首次上报霍乱病例起，天津市政府就开始编辑霍乱周报，到9月7日不再有新的病例，共连续报道了17周。此次霍乱疫情在津流行长达3个月，历经94天才被控制。从传染病医院和市立第一、第二医院的报告统计看，这次天津霍乱疫情病患798人，死亡43人。⑤ 对于当时人口过百万的天津而言，此次防控成效显著，利用较短的时间控制住了疫情。

（一）天津市政府疫情防控效果显著的原因

1. 天津霍乱疫情暴发较晚，民众有一定防范意识

此次霍乱于4月26日在上海发现，紧接着蔓延到长江沿岸，在天津暴发较晚。但天津各大报刊对疫情的相关报道从4月就已开始，比如《大公报》从4月27日开始报道上海、芜湖、武汉等地的疫情。6月8日，天津公安管理局登报指出，"五月份发生霍乱症者十八县，患者一百三十二人。通令各县公安局急谋救治之法，以遏传染"。⑥ 这些报道提高了天津市民的防范意识，再加上市政府前期对其他类型流行传染病的宣传与防控，对阻止霍乱在天津大规模流行具有重要意义。

① 《社会局对邪说严予纠正》，《新天津》1932年6月24日，第6版。
② 《神权支配下之天津民众》，《大公报》1932年6月20日，第7版。
③ 《时疫盛行勿妄信邪说》，《大公报》1932年6月24日，第7版。
④ 《邪说弥漫乱散传单决予以逮捕》，《庸报》1932年7月5日，第5版。
⑤ 《天津市政府第十七周霍乱公报》，《天津市政府公报》第47期，1932年，第130～131页。
⑥ 《社会花絮》，《大公报》1932年6月8日，第7版。

2. 政府强力推行，疫苗免费注射

国民政府时期，天津几乎每年都有疫病袭扰，以严格、强有力的防疫措施来保护市民的生命安全已成为市政府重要的行政理念。6 月底，市救济事业联合委员会拨款 2000 元交由红十字会购备疫苗，免费"强迫商民注射"，① 并会同社会局、公安局、自治监理处及红十字会等，协商制定了具体注射办法。办法规定：由各公安所长及街长等自行于界内觅地筹设义务注射预防霍乱疫苗事务所，医生姓名、每日注射人数和所用药品数目，每周五上报给救济事业联合委员会。7 月 4 日，"由公安局通饬所属各区所遵办，并函各自治区按照施行"。② 政府强制施行疫苗注射，提高了疫苗接种量。据《天津海港检疫所报告》记载，天津此次共计 4 万人接种霍乱疫苗，③ 有效控制了疫情的传播。

3. 市政府统筹，各行政机构共同参与防疫

天津城区出现霍乱病例后，市政府逐步构筑起一套职能相对完善且相互配合的卫生防疫组织体系。该体系中，市政府统筹决策，制定和颁布防疫章程，指定定点医院，设立临时防疫检验所等；卫生事务室作为职能部门，负责防疫章程拟定，防疫事务宣传，指导、监督医院等工作；公安局承担了防疫措施的具体落实和稽查监督职责；社会局、教育局等行政机关通过宣传卫生防疫知识、平息谣言等方式参与防疫；北宁、津浦铁路管理局和天津海港检疫所进行水陆检查。天津调动了各行政机构的积极性，机构之间相互配合，共同御防疫情。

4. 设立临时防疫处所，弥补基层社区和乡村防疫不足

面对疫情，天津各个区、所、街的官员和自治机构通过筹措资金购买疫苗、设立临时防疫处所、免费注射疫苗等方式参与防治。比如，南市一区六所第七编街街长副高义清等人"鉴于近来虎疫甚形猖獗，医治稍迟，危于生命，为了广泛救济，特集款购得大批十滴水，委托南市广善大街仁慈医院代施"。④ 临时防疫处的设立，也取得了显著成效，12 天内救治感

---

① 《虎疫之敌免费注射防疫针》，《大公报》1926 年 6 月 28 日，第 7 版。
② 《虎威》，《新天津》1932 年 7 月 3 日，第 6 版。
③ 《天津海港检疫所报告》，伍连德、伍长耀编《海港检疫管理处报告书》第 3 册，卫生署，1933，第 92 页。
④ 《患虎疫者注意》，《新天津》1932 年 6 月 18 日，第 6 版。

染时疫者242人，死亡1人。① 在农村地区，乡区五所所长马惠"特召集各村长副开会，讨论防疫问题。……在各村内设立临时防疫所"。② 这些举措既弥补和改善了基层街所和乡村卫生医疗资源的不足与分布不均衡，对基层疫情防控发挥了重要作用，也是基层政府官员发挥积极性，对构建城市基层卫生防疫体系的一种探索。

5. 引导社会力量共同参与防疫，弥补政府防疫力量不足

自1932年入春以来，天津市政府面对疫情，屡屡受困于经费紧张，多次同当地绅商、慈善机构协商，希望能得到协助。"惟本年卫生事务改由市政府直接办理，经费之筹措颇感困难。"③ 在政府引导下，红十字会购买预防霍乱的疫苗，从6月22日开始为市民免费注射。④ 公善社连同26处分社，在近一周时间施舍棺材300多具。⑤ 各药店和慈善人士也施舍药品，例如隆顺榕、达仁堂、万全堂等多家药店积极响应，捐助暑药多种。⑥ 可见，民间力量在此次防疫过程中发挥了重要作用。

（二）天津疫情防治中不利因素分析

1. 天津市政府财政拮据

突如其来的霍乱疫情，导致大多数城市防疫资金紧缺，天津尤甚。自天津出现疫情以来，因财政紧张，政府未能做出及时、有效的防控。"防范似嫌疏忽，渐至蔓延各地"，疫情加剧后，政府当局"仍未筹拨专款以谋其事"。⑦ 卫生事务室不得不拟请市府将华商赛马会加赛所得款项，拨一部分作为市府防疫费用。⑧ 财政的拮据导致天津市防疫资金短缺，当霍乱疫情暴发时，政府无法及时开展防控，避免疫情的蔓延。

2. 卫生行政职能机构的频繁裁撤与变动

天津是较早设置专门卫生行政机构的城市，1900年8月，占领军把欧

---

① 《南市患疫统计》，《新天津》1932年7月8日，第6版。
② 《市府诊疗车出动》，《庸报》1932年6月22日，第5版。
③ 《灭蝇》，《大公报》1932年4月19日，第7版。
④ 《虎疫与预防》，《大公报》1932年6月22日，第7版。
⑤ 《要命的猛虎》，《大公报》1932年6月23日，第7版。
⑥ 《要命的猛虎》，《大公报》1932年6月23日，第7版。
⑦ 万友竹：《今夏霍乱概况一束：华北虎疫披猖》，《广济医刊》第9卷第7期，1932年，第16~17页。
⑧ 《谈虎色变》，《大公报》1932年6月21日，第7版。

洲市政管理模式移植到天津，创建了专门管理卫生防疫事务的机构——卫生局。卫生局的卫生防疫事宜由外国医生负责，卫生事务与警察事务分离，这一模式使天津公共卫生事业起步较高。[①] 但卫生局设立后几经变动，人员编制也大为缩减。[②] 1932 年，卫生局变为卫生事务室，隶属市政府秘书处，下分医务、保健、防疫三个组。卫生事务室设主任一人，技术员、事务员、办事员若干人，分任其事。[③]

面对霍乱疫情，卫生事务室无法完全承担和行使职能，开展有效的疫情防治。时人感叹："仅在市府设有医务室，置主任一员，职员三五而已，津市政费除解军费外，月有亏损，以三五人执行此无款之卫生事务，宜乎?"[④] 政府只好命令公安局遴选"体格健壮而粗通文字之警士数十名，于最近期间假市政传习所开班训练"。[⑤] 遴选卫生警察，以弥补卫生防疫人员的不足。

3. 天津市公共卫生资源相对不足

据《申报年鉴》统计，当时天津的西医有 138 人，全国排名第六；中医有 827 人，全国排名第五；拥有 57 家医院，虽然全国排名第一，但拥有病床数仅为 414 张，全国排名第六。[⑥] 整体来看，天津的医院普遍规模较小、病床较少、救治能力有限，天津的医疗资源在全国范围内并没有太大优势。

据《天津海港检疫所报告》统计，霍乱流行期间，天津能收纳病患的医院只有 6 家，即市立第一医院、市立第二医院、英国隔离医院、国际霍乱免费医院、北洋医院和马开西医院。[⑦] 其中，市政府指定的定点收治医院市立第一、第二医院仅有床位 80 张，市传染病医院仅有"医师两人、药剂

---

① 路彩霞：《天津卫生局裁撤事件探析——清末中国卫生管理近代转型的个案考察》，《史林》2010 年第 3 期，第 11 页。
② 对于民国时期天津城市卫生机构裁并重设的现象已有学者研究，详见余新忠《另类的医疗史——评杨念群著〈再造"病人"〉》，《近代史研究》2007 年第 6 期；朱慧颖《天津公共卫生建设研究（1900～1937）》，第 20～36 页。
③ 天津市政府市志编纂处编《天津市概要》（下）《卫生编》，百城书局，1934，第 1 页。
④ 万友竹：《今夏霍乱概况一束：华北虎疫拔猖》，《广济医刊》第 9 卷第 7 期，1932 年，第 16～17 页。
⑤ 《虎疫与谰言》，《大公报》1932 年 6 月 19 日，第 7 版。
⑥ 《国内各大城市医药设施状况表》，申报年鉴社编《第二次申报年鉴》，申报馆特种发行部，1934，第 1169 页。
⑦ 《天津海港检疫所报告》，伍连德、伍长耀编《海港检疫管理处报告书》第 3 册，第 93 页。

生一人、护士三人"。① 传染病医院虽然添置了医疗器械、消毒药品，还聘请了临时医护人员，但医疗资源仍不能满足救治的需要。《广济医刊》载，天津当时出现了"每日必有死亡之患者，竟以市立医院无法收容"② 的情况。

四　结语

1928 年，国民政府卫生部在南京成立，中国的公共卫生事业即以此开端。卫生部先后颁布了《传染病预防条例》及其施行细则、国家卫生服务的"三年计划"（1931～1934 年），并制定了一系列管理与预防的办法。卫生部的设立及传染病防治条例与管理办法的相继实施，为天津市 1932 年霍乱疫情的防治提供了制度性保障。

天津市政府在疫情防治中的对策与措施具有一定的可行性。首先，市政府强制性推行疫苗免费注射，此举措见效快，力度大；其次，市政府统筹与各行政机构共同参与的协同共治型防疫体系，既符合现代公共医疗管理制度的科学性，也符合传染病防治的统筹效益原则；最后，临时防疫处所的设立与天津基层官员、基层组织的积极参与，开启了中国现代疫情防治的应急处理模式。

不过，天津在这三个月的疫情防治过程中也留下了一些值得牢记的教训。从当时有 4 万人注射霍乱疫苗的数据来看，对于一个拥有 125 万人口的全国第三大城市来说，天津的疫苗接种率并不高。若不是采取强制性措施，实际接种率可能会更低。这反映出当时的天津人普遍缺乏现代防疫知识，对个人生命健康权的保障意识也不足，这与中央政府公共卫生体系初步建立直接相关。因此，亟须通过国家公共卫生管理机构给予制度性的安排，同时，也需要尽快对广大人民群众进行生命健康意识的启蒙。

作者：杨楠，天津社会科学院历史研究所

（编辑：熊亚平）

---

① 《天津市概要》（下）《卫生编》，第5页。
② 万友竹：《今夏霍乱概况一束：华北虎疫披猖》，《广济医刊》第9卷第7期，1932年，第16～17页。

稿　约

《城市史研究》创刊于 1988 年，是目前国内最早的城市史研究专业刊物，由天津社会科学院历史研究所主办，现为中国城市史研究会会刊，一年两期，由社会科学文献出版社出版发行。

一、本刊欢迎具有学术性、前沿性、思想性的有关中外城市史研究的稿件，涉及的内容包括城市政治、经济、社会、文化、环境及与之相关的地理、建筑、规划等多学科和跨学科研究成果。对选题独特、视角新颖、有创见的文稿尤为重视。

二、文章字数一般应控制在 15000 字，优秀稿件可放宽至 3 万字，译稿在本刊须首发，并附原文及原作者的授权证明，由投稿人自行解决版权问题。

三、来稿除文章正文外，请附上：

（一）作者简介：姓名、所在单位、职称、学位、研究方向、邮编、联系电话、电子邮箱；

（二）中文摘要：字数控制在 150～200 字；

（三）中文关键词：限制在 3～5 个；

（四）文章的英文译名；

（五）注释：一律采用脚注，每页编号，自为起止。具体格式请参见《社会科学文献出版社 2012 年学术著作出版规范》第 17～25 页，下载地址：http：//www.ssap.com.cn/pic/Upload/Files/PDF/F6349319343783532395883.pdf。

四、本刊有修改删节文章的权力，凡投本刊者视为认同这一规则。不同意删改者，请务必在文中声明。

五、本刊已加入中国学术期刊（光盘版）全文数据库，并许可其以数字化方式在中国知网发行传播本刊全文，相关作者著作权使用费与稿酬不再另行支付，作者向本刊提交文章发表的行为即视为同意我刊上述声明。

六、为方便编辑印刷，来稿一律采用电子文本，请径寄本刊编辑部电子邮箱：chengshishiyanjiu@163.com。来稿一经采用，即付样刊两册。未用稿件，一律不退，三个月内未接到用稿通知，可自行处理。文稿如有不允许删改和做技术处理的特殊事宜，请加说明。

请与《城市史研究》编辑部联系。联系方式：电子邮箱 chengshishiy-anjiu@163.com。

本刊地址：天津市南开区迎水道7号天津社会科学院历史研究所

邮编：300191；电话：022 - 23075336

更多咨讯欢迎搜索关注城市史研究公众号。

《城市史研究》编辑部

图书在版编目（CIP）数据

城市史研究. 第 45 辑 / 任吉东主编. --北京：社
会科学文献出版社，2022.11
ISBN 978 - 7 - 5228 - 1005 - 8

Ⅰ.①城… Ⅱ.①任… Ⅲ.①城市史 - 文集 Ⅳ.
①C912.81 - 53

中国版本图书馆 CIP 数据核字（2022）第 203763 号

城市史研究（第 45 辑）

主　　编／任吉东

出 版 人／王利民
责任编辑／李丽丽
文稿编辑／徐　花 等
责任印制／王京美

出　　版／社会科学文献出版社·历史学分社（010）59367256
　　　　　地址：北京市北三环中路甲 29 号院华龙大厦　邮编：100029
　　　　　网址：www.ssap.com.cn
发　　行／社会科学文献出版社（010）59367028
印　　装／唐山玺诚印务有限公司

规　　格／开　本：787mm × 1092mm　1/16
　　　　　印　张：20.75　字　数：337 千字
版　　次／2022 年 11 月第 1 版　2022 年 11 月第 1 次印刷
书　　号／ISBN 978 - 7 - 5228 - 1005 - 8
定　　价／128.00 元

读者服务电话：4008918866